Børge Mogensen

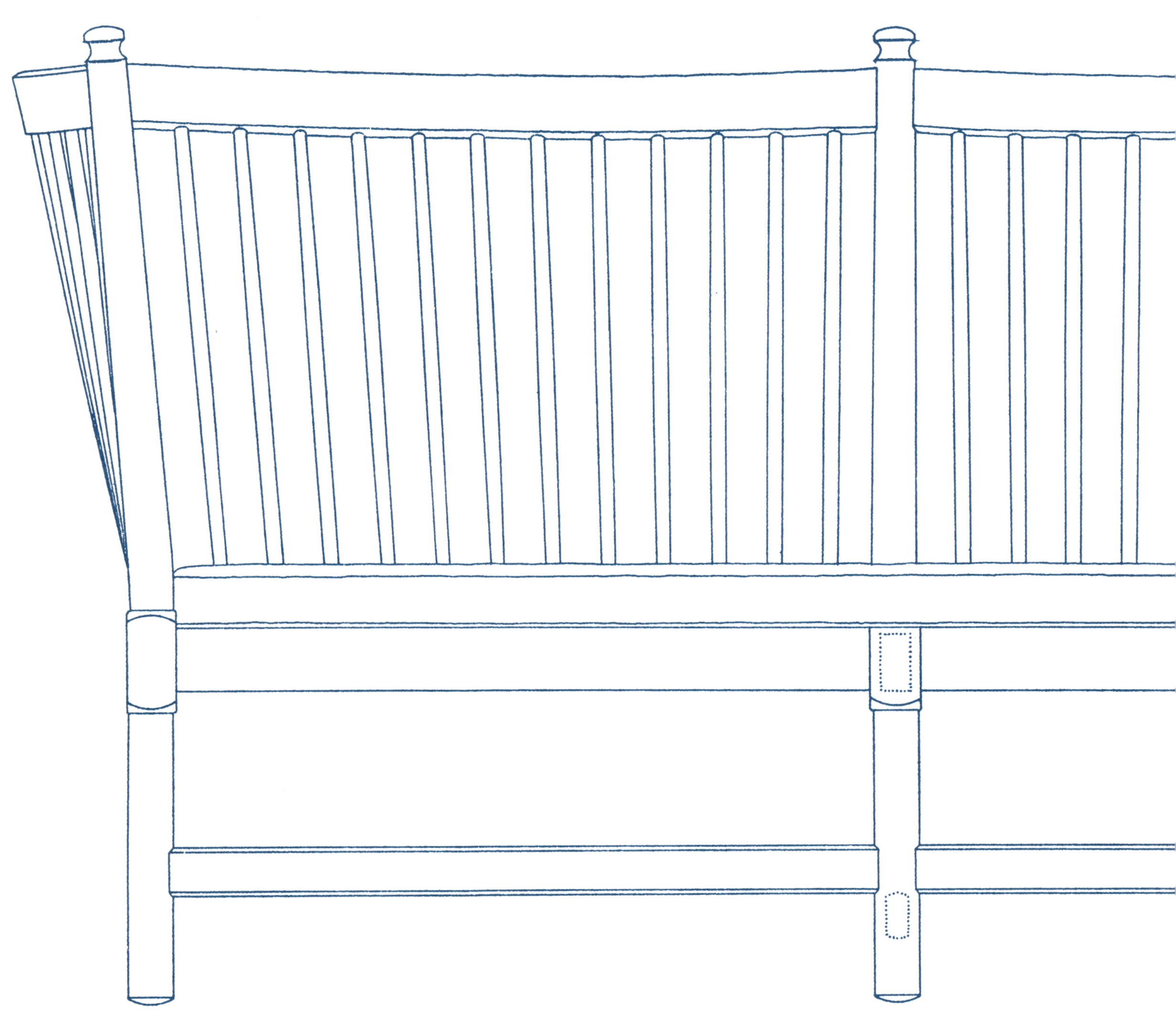

Børge Mogensen

Michael Müller

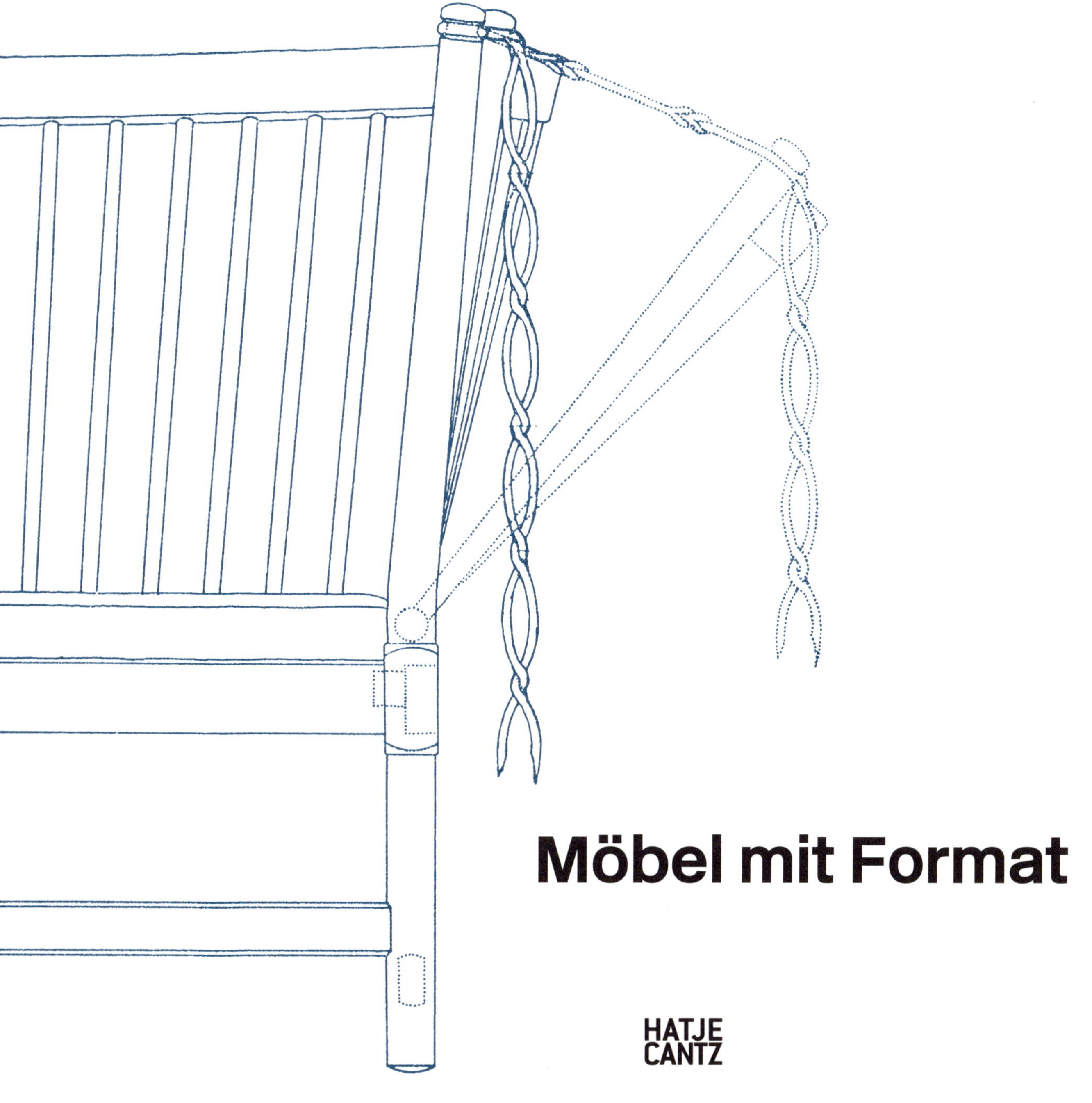

Möbel mit Format

HATJE
CANTZ

Inhalt

**»Ich versuche immer, Dinge zu kreieren,
die dem Menschen dienen,
mit dem Menschen im Mittelpunkt,
anstatt auf Teufel komm raus
den Mensch den Dingen anzupassen.«**

Vorwort

2014 würdigte unser Museum Børge Mogensen anlässlich seines 100. Geburtsjahres mit einer großen Ausstellung. Im vorliegenden Band ist es dem Kulturjournalisten Michael Müller gelungen, die Ausstellung zusammenzufassen und um neues Material zu ergänzen. Das Buch bietet einen Überblick über einen der bedeutendsten Möbelarchitekten der dänischen Geschichte – einen Möbelarchitekten, dessen Lebenswerk einen festen Platz im dänischen Selbstverständnis hat.

Schlichte, funktionale Qualitätsmöbel aus Holz für den täglichen Gebrauch sind charakteristisch für Mogensens Schaffen. Fast alle Dänen sind mit seinen Designs vertraut, so sehr sind Børge Mogensens Möbel in den letzten 70 Jahren Teil unserer Heime und des öffentlichen Raums geworden. Die Möbelserien der Verbrauchergenossenschaften FDB, die Teakmöbel der Søborg Möbelfabrik, die Stühle der Fredericia Stolefabrik und nicht zuletzt die Øresund-Serie zeugen vom Genie dieses Möbelgestalters. Zugleich verkörpern sie die Geschichte der Entwicklung Dänemarks von einer Mangelgesellschaft zum modernen Wohlfahrtsstaat.

Børge Mogensen forderte, Möbel sollten ehrlich, klar und schlicht sein, nicht Stilimitate ohne echte Substanz. Für ihn spielte bei der Wohnungseinrichtung der Mensch die Hauptrolle, nicht die Möbel. Vielleicht könnte man sagen, dass sein Projekt auf eine Art Wohnhygiene hinauslief, bei der es aber nicht bloß um Staub und Flusen ging, sondern um eine Seelen- und Designhygiene. Mogensen arbeitete am liebsten mit Holz und Leder. Von Zeit zu Zeit experimentierte er auch mit Stahl oder einer ausgefalleneren Formensprache. Aber er kehrte immer wieder zu den Grundtugenden ehrlicher, schlichter und einfach herstellbarer Holzmöbel zurück.

Børge Mogensens Design sprach den genügsamen Verbraucher an, der Qualität suchte, aber keinen Protz. Den Intellektuellen mit Sinn für die Haltung, die im Design zum Ausdruck kam. Und auch den Käufer mit gehobenen Ansprüchen, der sich gediegene Ledermöbel der oberen Preisklasse gönnen wollte. Die Möbelikone *Spanischer Stuhl* bündelt Mogensens Lebenswerk mit seiner ganz eigenen Kombination von hochwertigen Naturmaterialien, verarbeitet zu einer enorm ausdrucksstarken und zugleich streng zurückhaltend-extravaganten Form.

Mein besonderer Dank gilt Kirsten Jensen und Nina Udby Granlie vom Museumsteam für ihre Recherchen sowie dem Verfasser Michael Müller für die enorme Arbeit, die in dieser Publikation steckt.

Karen Grøn, Direktorin des Kunstmuseums Trapholt

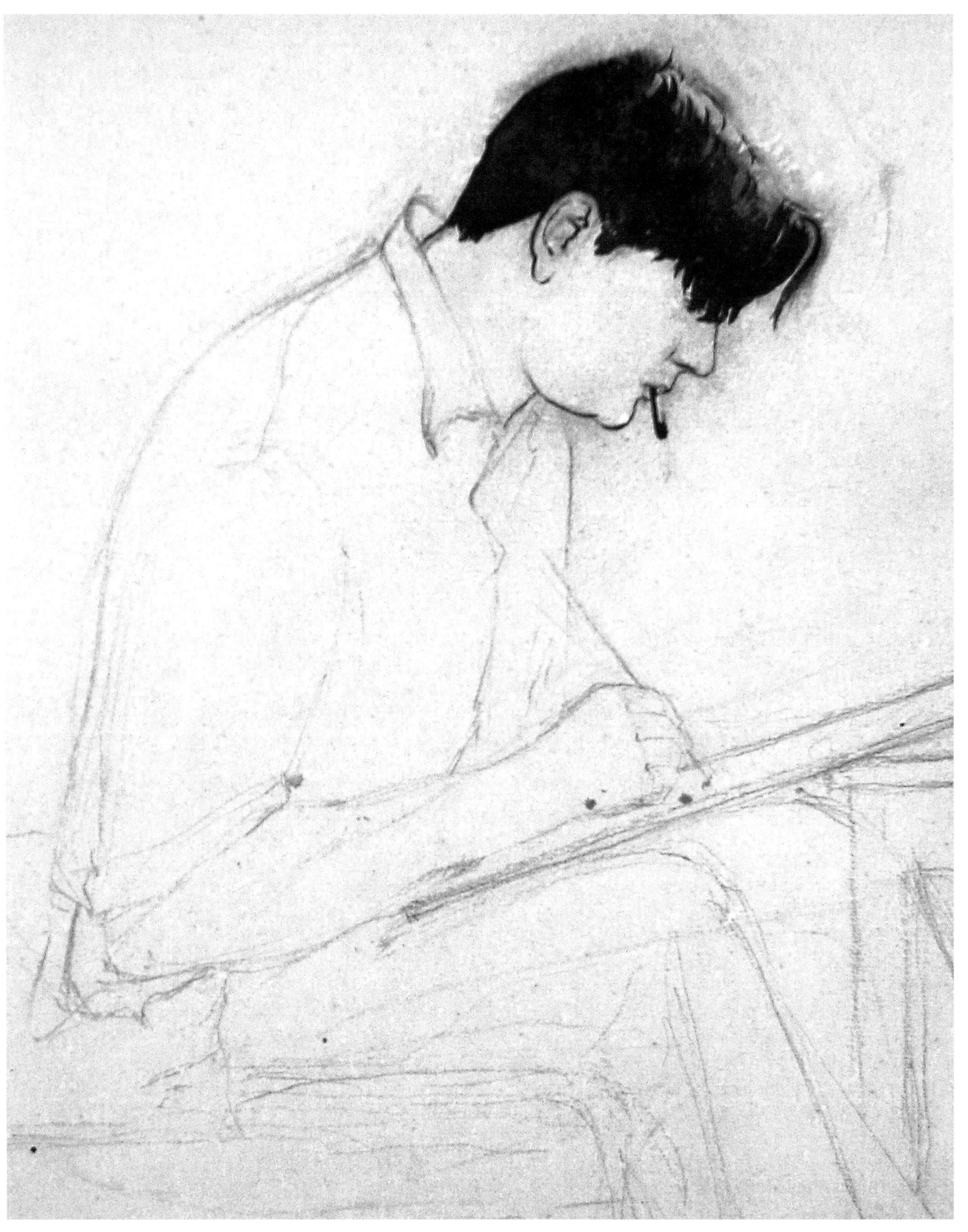

Porträt des intensiv arbeitenden, jungen Børge Mogensen, gezeichnet von seinem engen Freund Hans J. Wegner. Die beiden lernten sich schon mit 22 Jahren kennen, als sie 1936 ihre Ausbildung an der Kunsthandwerkschule begannen.

Einleitung

»Børges Möbel vereinen – wie er selbst auch – Selbstbewusstsein und Bescheidenheit. Ihr unprätentiöser Auftritt entspricht seinem Wunsch, dass sie ganz der individuellen und freien Entfaltung ihres Benutzers dienen mögen. Doch sie sind nicht einfach neutral, sie haben eine aktive Präsenz, sie haben Format.«

So charakterisierte der Architekt Arne Karlsen die Möbel Børge Mogensens in seiner Lobrede anlässlich der Verleihung der C. F. Hansen Medaille beim Jahresfest der Königlich Dänischen Kunstakademie 1972. Børge Mogensen ging es nie um den schönsten, experimentell gewagtesten Möbelentwurf. Er wollte demokratische Möbel schaffen und meinte damit: Möbel, die für die wachsende Mittelschicht relevant waren. Langlebig und dennoch erschwinglich. Und nicht zuletzt: funktional. Mogensen ging es darum, Gebrauchsmöbel herzustellen, die an den menschlichen Körperbau angepasst waren. Gediegenes Handwerk, durchdachte Konstruktion, soziales Engagement und Qualität der verwendeten Materialien waren wesentliche Merkmale seiner Möbelproduktion. Die Maserung von Eichenholz und der warme Glanz von Kernleder waren für ihn schöner als detailreiche Ornamente und die runden Formen des organischen Modernismus.

Børge Mogensen (1914–1972) war einer der bedeutendsten Möbeldesigner Dänemarks. Die Möbel, welche er im Lauf seiner über 30 Jahre währenden Karriere schuf, gelten inzwischen als Klassiker und zählen zu den wichtigsten Werken in der Geschichte des dänischen Möbeldesigns. Mogensen war ungeheuer produktiv: Alles in allem gelangten mehrere Hundert seiner Entwürfe in die Produktion. Bei seinem Tod hinterließ er über 4000 Möbelzeichnungen und Skizzen, die zumeist im Original erhalten sind. Doch nicht alle: Einige verbrannte Mogensen kurz vor seinem Tod. Er wollte nur seine besten Arbeiten hinterlassen.

Mogensen wurde durch die sogenannte Klint-Schule beeinflusst. Von 1938 bis 1941 war er Schüler des Architekturprofessors Kaare Klint (1888–1954), der die Möbelklasse der Architekturschule an der Kopenhagener Kunstakademie leitete. Hier wurde er in der Arbeitsmethode der Klint-Schule ausgebildet, deren Grundlage die detaillierte Vermessung der menschlichen Anatomie war. Wie kaum ein anderer Vertreter seiner Generation sollte Mogensen diesen Ansatz fortführen. Im gesamten Verlauf seines Wirkens entwickelte er seine Möbel anhand sorgfältig durchgeführter Vermessungs- und Proportionsstudien. Wenn er ein Schranksystem entwarf, maß er die Länge eines Mantels und die Breite eines gefalteten Hemds, und wenn er an einem neuen Stuhl arbeitete, orientierte er sich entsprechend an den Maßen des menschlichen Körpers.

Wie viele bedeutende dänische Möbeldesigner des 20. Jahrhunderts war Mogensen stark vom Funktionalismus geprägt. Dieser begann seinen Siegeszug in den Jahren nach dem Ersten Weltkrieg und erlebte mit der *Stockholm Exhibition* 1930 seinen Durchbruch in Skandinavien. Diese Ausstellung führte Impulse aus den 1920er-Jahren weiter, in denen der schweizerisch-französische Architekt Le Corbusier (1887–1965) und der Gründer des Bauhauses Walter Gropius (1883–1969) dem europäischen Modernismus den Weg gewiesen hatten. Wie Kaare Klint und Børge Mogensen passte Le Corbusier seine Möbel dem menschlichen Körper an, seine ikonische Chaiselongue *LC4* aus dem Jahr 1928 ist dafür ein gutes Beispiel. Damit enden aber schon die Gemeinsamkeiten. Im Gegensatz zu Le

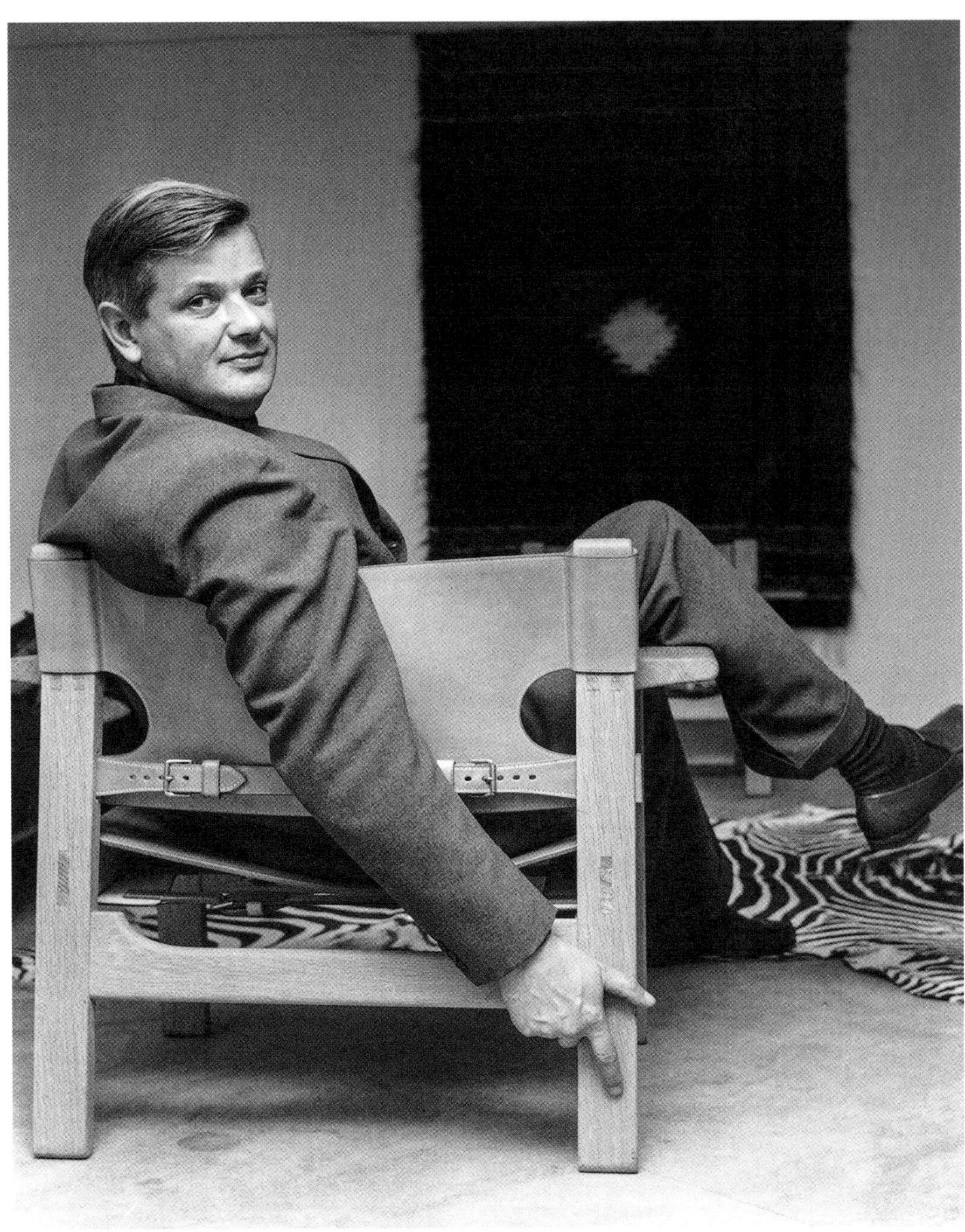

Zeit seines Arbeitslebens verlor Mogensen nie das idealistische Ziel aus den Augen, Qualitätsmöbel für die breite Bevölkerung herzustellen. Hier sieht man ihn in seinem zur Ikone gewordenen *Spanischen Stuhl*, den er 1958 für die Möbelausstellung der Tischlerinnung entwarf. Die Aufnahme entstand anlässlich dieser Schau.

Corbusier lehnte Mogensen die Forderung der Modernisten ab, mit der Tradition zu brechen und sich neuen Baumaterialien wie Stahl, Glas und Beton zuzuwenden. Er stand dem dänischen Architekten und Professor an der Kunstakademie Kay Fisker (1893–1965) näher, der den Funktionalismus mit der dänischen Bautradition zu verbinden suchte – eine Bautradition, die sich der Arbeit mit bewährten Baustoffen wie Holz und Ziegelsteinen verschrieben hatte. Fisker teilte Mogensens Ansicht, dass es besser sei, sich nicht Hals über Kopf in Experimente mit einem kaum erprobten Material wie Stahl zu stürzen.

Børge Mogensen und seine gleichaltrigen Kollegen Hans J. Wegner (1914–2007) und Finn Juhl (1912–1989) wollten weg von den schweren, üppig gepolsterten Möbeln im behäbigen Klunkestil der Gründerjahre. Diese junge Generation verfolgte einen völlig anderen Zugang zum Möbelbau. Die modernen Möbel, die ihnen vorschwebten, sollten Leichtigkeit ausstrahlen und flexibel benutzbar sein.

Im Unterschied zu einigen seiner Architektenkollegen beschäftigte sich Mogensen allerdings weniger mit der neuen organischen Formensprache, dem Internationalen Stil und den neuen Werkstoffen, die nach dem Zweiten Weltkrieg mehr und mehr Verbreitung fanden. Vielmehr bezog er sich primär auf die Tradition. Oft nahm er sich traditionelle Möbelformen vor und versuchte, sie zu verbessern und weiterzuentwickeln. Zwar wagte er sich auch einige Male an die Arbeit mit Stahl und Formholz, aber solche Experimente mit neuen Materialien und Techniken waren nie charakteristisch für sein Schaffen. Er fand ein reiches Betätigungsfeld in der Arbeit mit Holz und der Verfeinerung überlieferter Möbeltypen – und damit nicht zuletzt in der Demokratisierung der dänischen Wohnkultur. Während eines großen Teils seiner Karriere entwarf er Möbel im Hinblick auf Massenproduktion, zu Preisen, die für die breite Bevölkerung noch erschwinglich waren.

Børge Mogensens Möbel sind geprägt von einer schlichten, rationalen Formensprache. Ihnen wohnt eine Ehrlichkeit und Ruhe inne, die über die mathematischen Proportionen hinausweist, auf deren Grundlage sie entworfen sind. Auch wenn sie aus hochwertigsten Materialien gefertigt sind, wirken sie nie protzig oder aufdringlich.

Børge Mogensen legte stets größten Wert darauf, dass man in seinen Möbeln gut saß. Er wollte Möbel für das Volk schaffen – nicht Objekte, die nur im Museum stehen. Ein Möbelstück musste flexibel verwendbar und alltagstauglich sein. Stets sollte der Mensch im Mittelpunkt stehen, nicht die Möbel. Je weniger Aufmerksamkeit sie beanspruchten, so seine Überlegung, desto mehr Raum bot sich den Bewohnern zur freien Entfaltung.

Von 1940 bis 1970 schuf Mogensen einige seine beliebtesten Entwürfe, die während der Blütezeit des dänischen Wohlfahrtsstaats in zahlreichen Schulen, Pflegeheimen und Krankenhäusern Einzug hielten. Doch auch in Mietwohnungen und die ab den 1950er-Jahren vermehrt gebauten Typenhäuser der dänischen Mittelschicht, die an der Bodenständigkeit und guten Qualität der Möbel Gefallen fand. In diesem Sinn war Mogensen der wichtigste Möbelarchitekt der Dänen, kein anderer dürfte mit seinen Entwürfen einen so großen Teil der Bevölkerung erreicht haben wie er.

Von seinen frühen Jahren als Leiter des Büros für Möbeldesign der FDB (Fællesforeningen for Danmarks Brugsforeninger: Verbrauchergenossenschaften Dänemarks) bis zu seinem Tod verfolgte Mogensen das soziale Ziel, gute Lösungen für die grundlegenden Fragen des Wohnens zu finden. Er arbeitete mit fast allen Möbeltypen, wobei er danach strebte, sich für jedes Möbelstück der ultimativen Form zu nähern. Wie bei einer Reihe anderer Architekten dieser Zeit war es sein Wunsch, der ganz gewöhnlichen Familie praktische, preiswerte und moderne Möbel zugänglich zu machen. In durchaus aufklärerischer Absicht: Man wollte zeigen, dass es möglich war, sich auch ohne viel Geld und mit wenig Platz vernünftig und geschmackvoll einzurichten.

Mogensen war ein Idealist. In Beiträgen für Zeitungen und Fachzeitschriften hielt er der dänischen Möbelbranche mehr als einmal eine Standpauke. Ohne ein Blatt vor den Mund zu nehmen, warf er seinen Kollegen vor, ihrer Verantwortung gegenüber dem Verbraucher nicht gerecht zu werden, indem sie bei ihren Möbelentwürfen der Form höheren Stellenwert einräumten als der Funktion. Während seiner gesamten Laufbahn spielte er in der Möbelbranche nicht nur als Architekt, sondern auch als Kritiker eine wichtige Rolle.

Børge Mogensen strebte nach der reinen Form. Er wollte den wesentlichen Kern eines Möbelstücks freilegen, indem er alles Überflüssige entfernte. Seine schlicht und unprätentiös auftretenden Entwürfe gewinnen ihre Ausdruckskraft aus ihrer einfachen und stringenten Linienführung. Vielleicht ist das einer der Gründe, weshalb sich seine Möbel nach wie vor so großer Beliebtheit erfreuen.

Heute gilt Børge Mogensen als Inbegriff dänischer Möbelkunst: Er entwickelte seine schlichten, funktionalen Möbel mit Respekt vor der traditionellen dänischen Formensprache. Möbel, die sich in ihre Zeit fügten – und gleichzeitig auf das 21. Jahrhundert vorauswiesen, in dem sich Schlichtheit und Funktionalität als Wesensmerkmale dänischen und skandinavischen Designs erweisen.

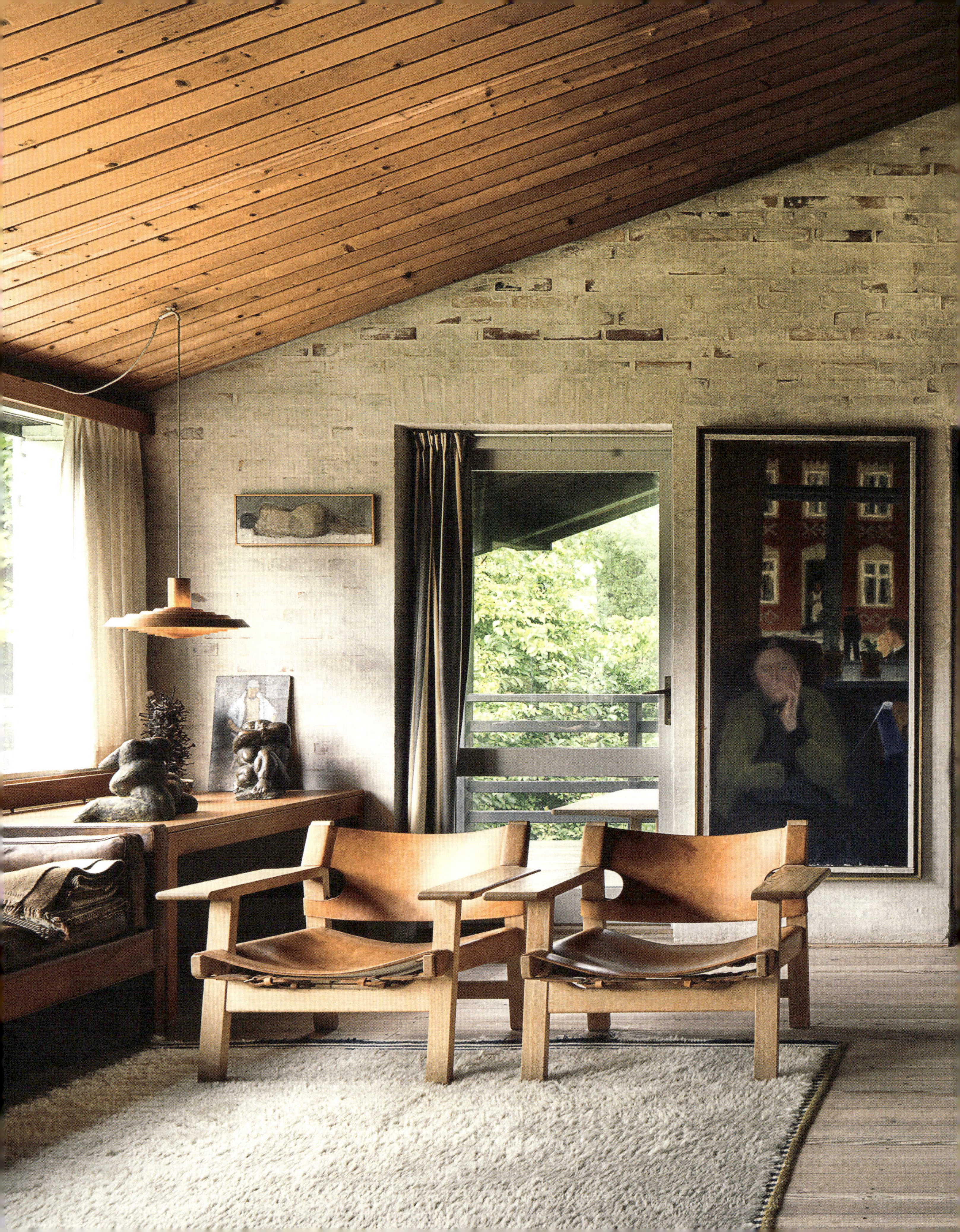

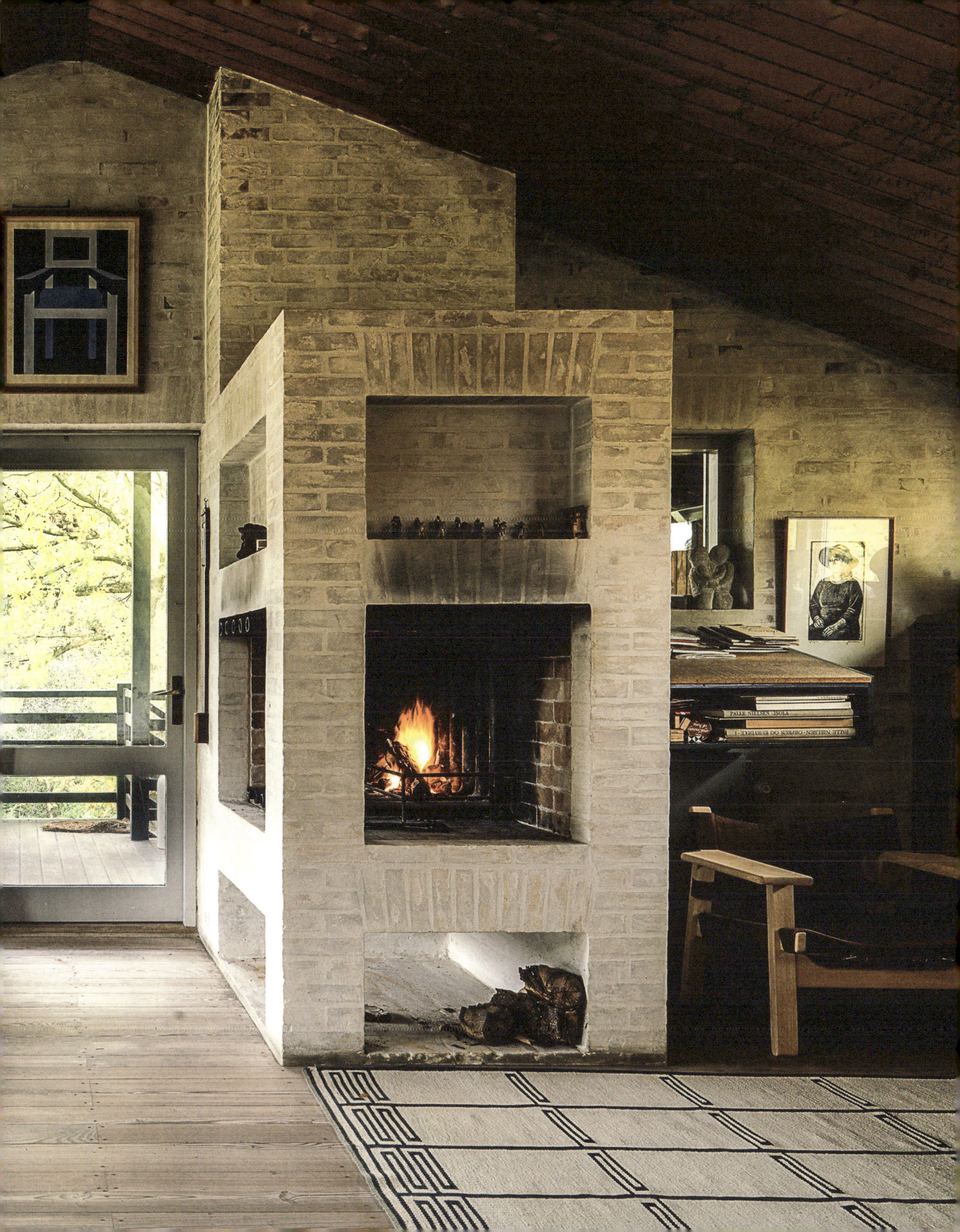
PALLE NIELSEN · ISOLA
PALLE NIELSEN · ORFEUS OG EURYDIKE · I

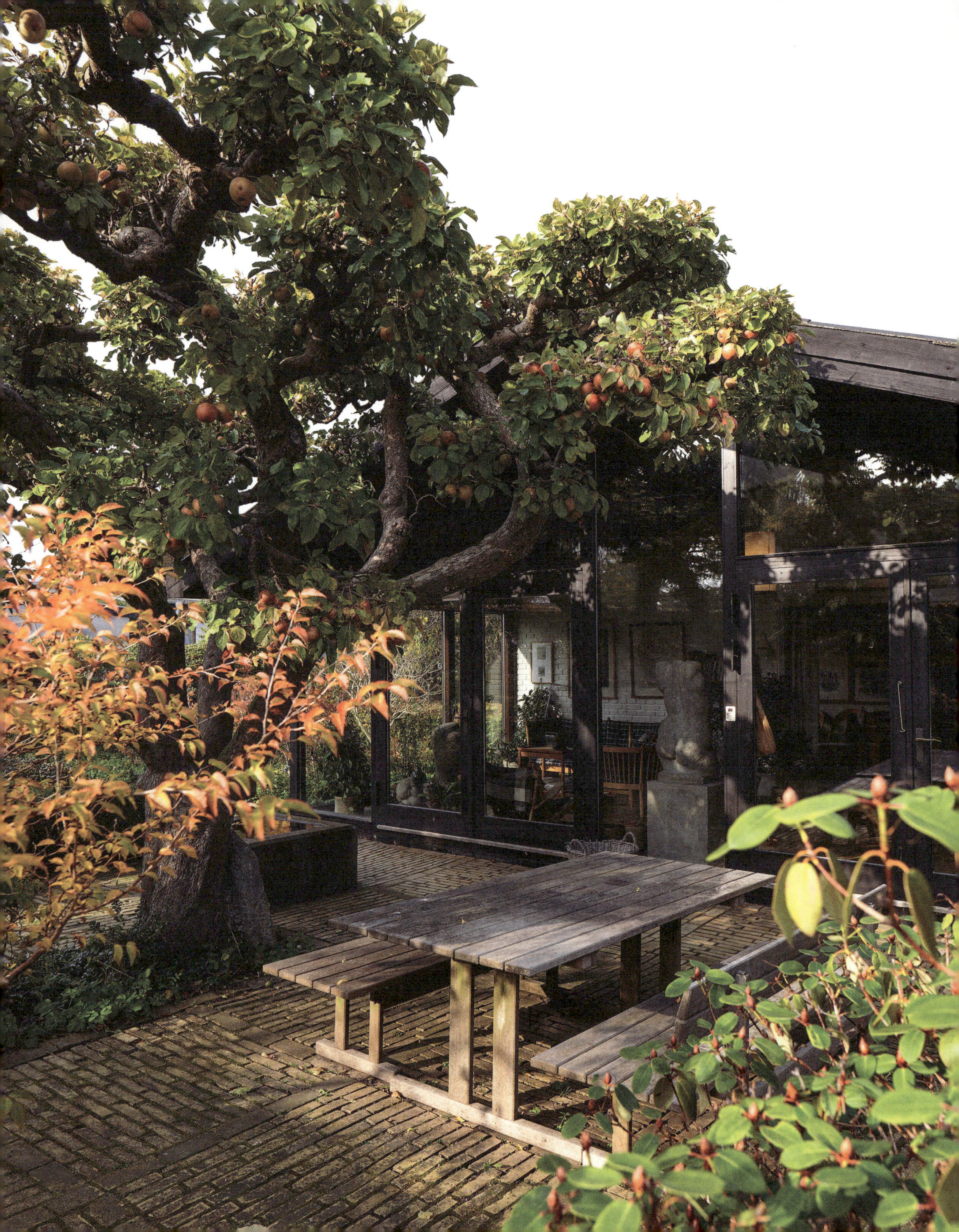

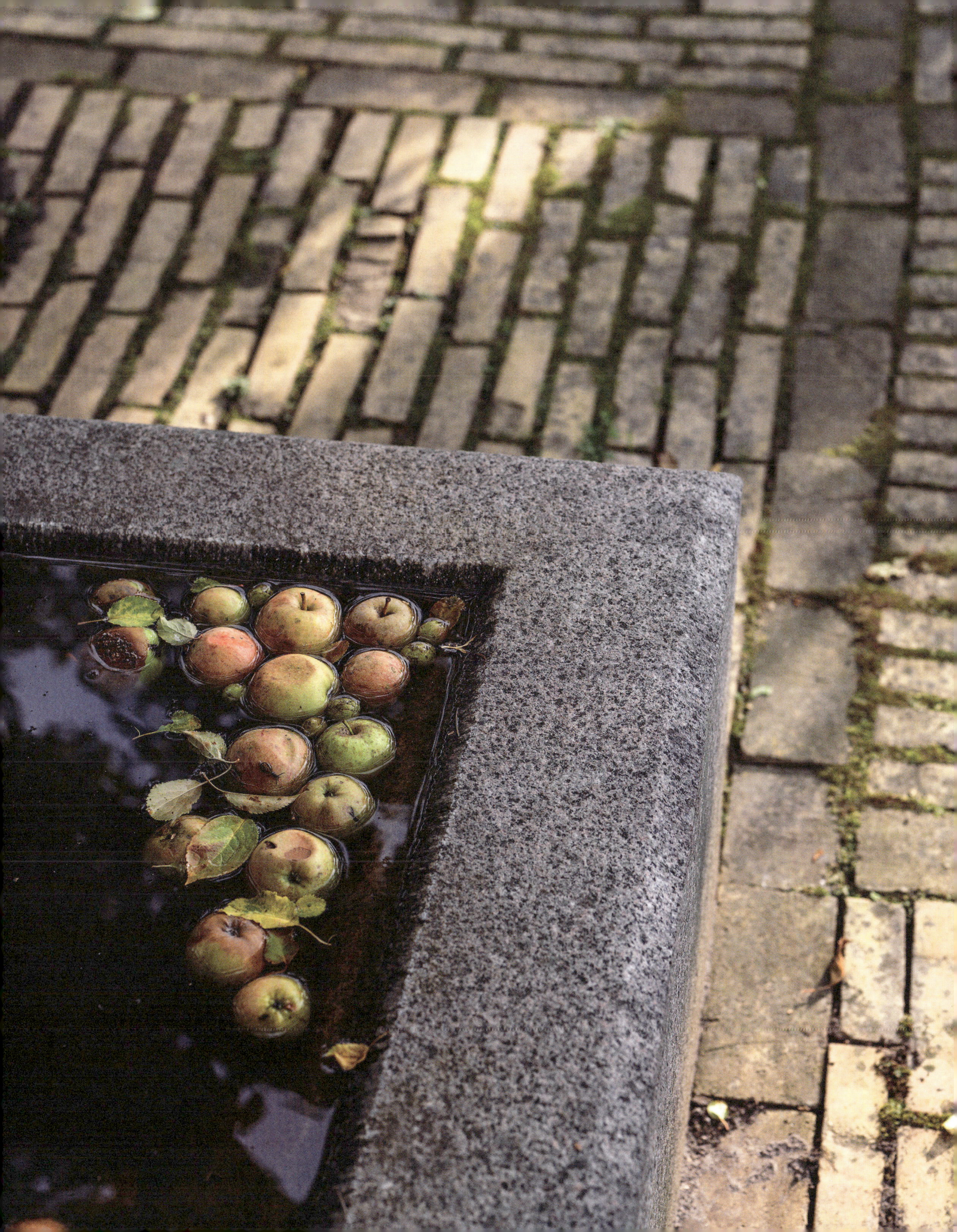

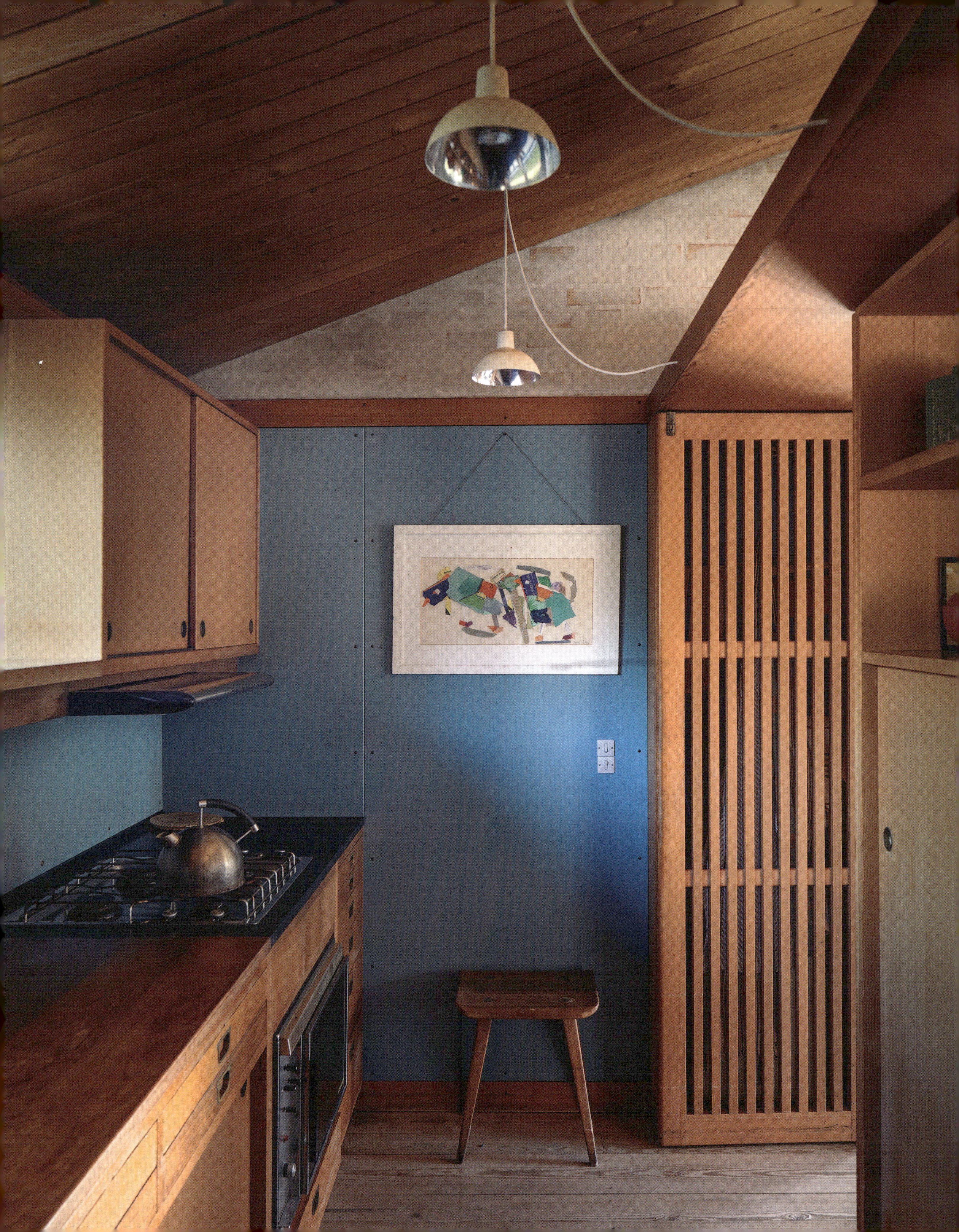

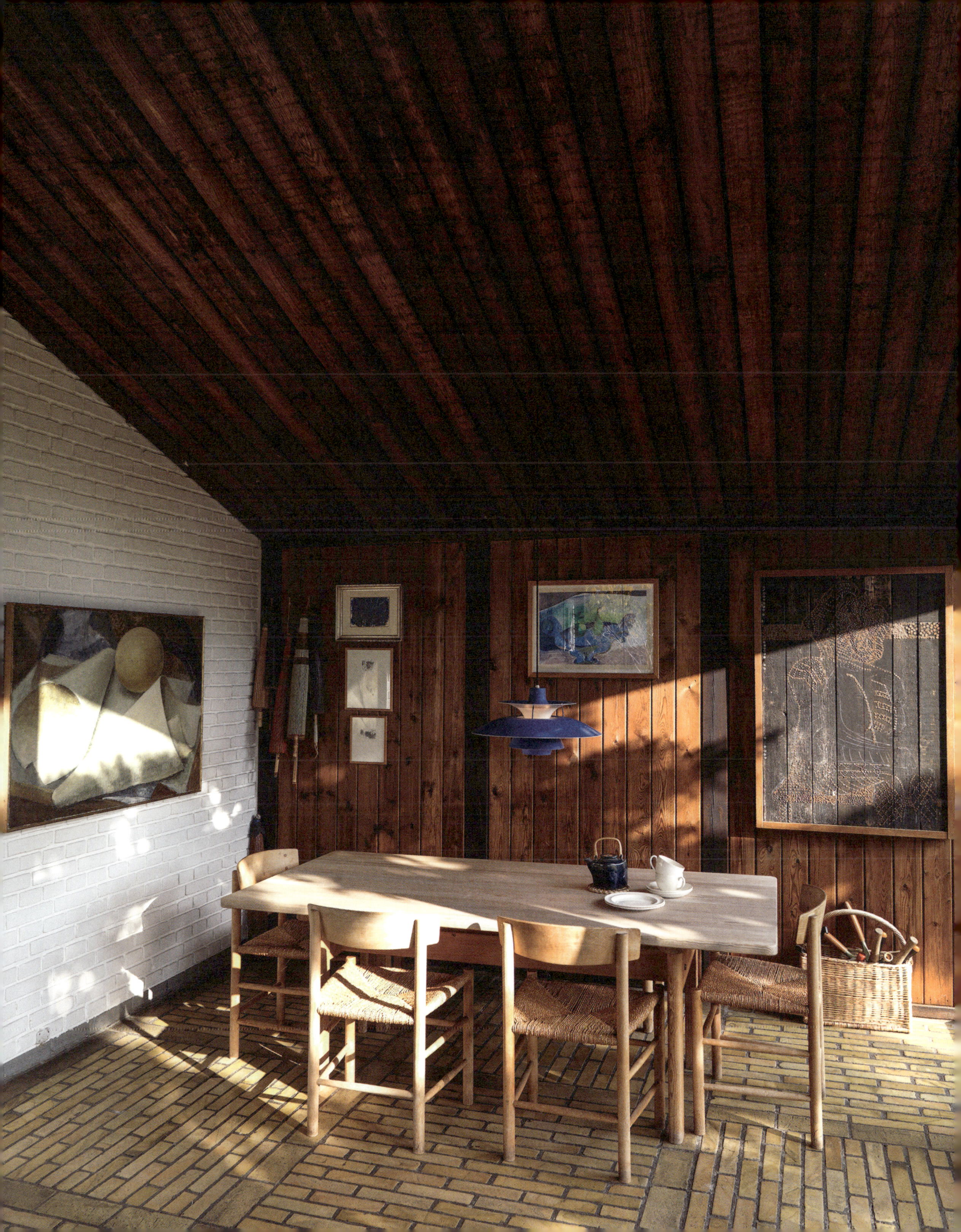

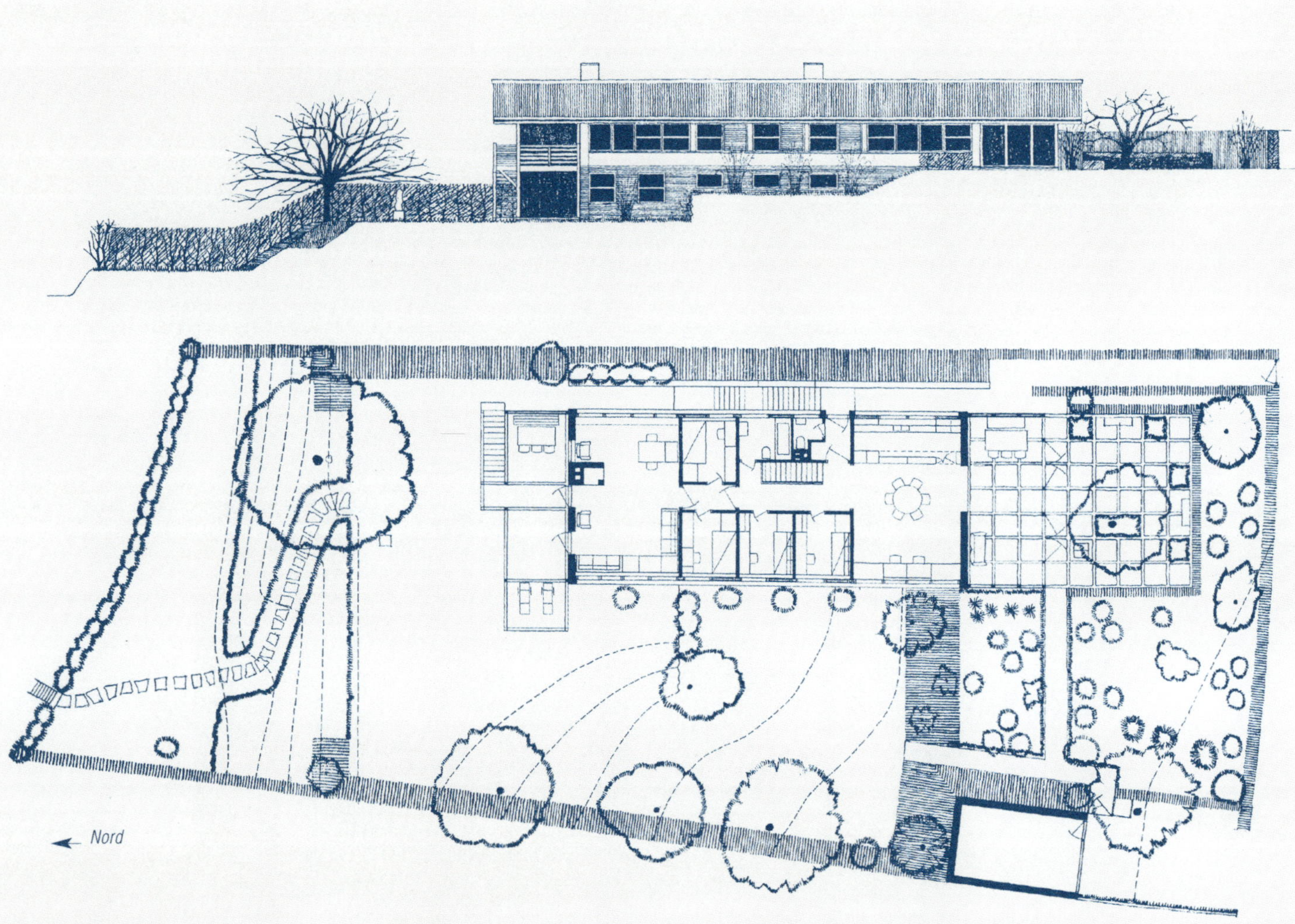
Nord

Das Haus am Soløsevej

Von 1957 bis 1958 war Børge Mogensen Bauherr eines Gebäudes, das er zusammen mit den beiden Architekten Arne Karlsen (geb. 1927) und Erling Zeuthen Nielsen (1910–1981) geplant hatte. Das Haus am Soløsevej in Gentofte war nicht verschwenderisch groß: Es bot gerade so viele Zimmer mit so viel Platz, wie Mogensen und seine Familie benötigten, und nicht mehr (Abb. S. 12–18, 20–27).

Bedingt durch seine Lage an einem Hanggrundstück besaß das Gebäude zur Straße hin eine Etage, zur Gartenseite zwei. Im oberen Stockwerk wohnte die Familie, das untere beherbergte Mogensens Zeichenatelier. Von den insgesamt 230 Quadratmeter Fläche entfielen 104 auf das untere Stockwerk. Natürlich war das Haus, das mit seinem offenen Grundriss ganz dem Zeitgeist entsprach, mit vielen von Mogensens eigenen Möbelkreationen eingerichtet. Die Dachschrägen der lichten, großzügigen Räume waren mit Fichtenholzpaneelen verkleidet, der Fußboden bestand aus massiven Kiefernholzdielen. Die Wände waren teils mit Douglasienholz vertäfelt, teils ließ eine dünne Schicht Schlämmputz ihre Ziegelsteinstruktur zur Geltung kommen. Unter den Fenstern und entlang der Wände waren Elemente seines Schranksystems *Boligens Byggeskabe* eingebaut. Der *Bibliothekstisch* von 1958 mit einigen *Volksstühlen* bildete den Essbereich, im Kaminzimmer thronten die beiden ersten Exemplare des *Spanischen Stuhls* gegenüber einem von Mogensen eigens für diesen Ort entworfenen Sofa (später als *Botschaftssofa* bekannt), und an einer Wand standen zwei frühe Exemplare des *Schalenstuhls*.

Die Einrichtung war stark von Mogensens Interesse für zeitgenössische Kunst und Kunsthandwerk geprägt, mit Kunstwerken von Svend Wiig Hansen (1922–1997), Albert Mertz, Ib Geertsen, Knud Agger und Mogens Bøggild, Keramiken von Gertrud Vasegaard, Lampen von Poul Henningsen und Teppichen von Vibeke Klint. In einem von Kaare Klint entworfenen Rahmensystem hatte Mogensen Grafiken von Palle Nielsen (1920–2000), Elsa Nielsen und Dan Sterup-Hansen angeordnet. Er empfand die freie Kunst als perfektes Gegengewicht zu den klaren Linien des Hauses und der Möbel. Keramiken, Skulpturen, Gemälde und Grafiken rundeten den Wohnraum ab und trugen zu der harmonischen Gesamtwirkung bei.

Die Küche mit kleinen Fenstern und einer langen Arbeitsplatte wirkte zunächst recht bescheiden. Doch ihre Funktionalität steckte im Detail: Alle Schränke und Schubladen waren maßgefertigt, mit Platz sparenden Schiebetüren und Schubladengriffen aus Messing. Die Aufteilung der Fächer berücksichtigte die Abmessungen wichtiger Gebrauchsgegenstände, die Schubladen verfügten über sinnvolle Unterteilungen. Auf praktischen Arbeitsflächen zum Ausziehen ließ sich Brot schneiden oder Essen anrichten.

Den Wintergarten, der 1962 angebaut wurde, zierten der erste *Jagdsessel* und ein *Sprossensofa* mit dem charakteristischen blau karierten Polsterbezug von Lis Ahlmann. Mit seinen vielen Grünpflanzen, den Panoramafenstern und gelben Ziegelfliesen, die zu der nach Süden gehenden Terrasse weiterführten, bildete der Wintergarten einen Übergang vom Haus zum Garten. Kaare Klints Sohn Morten Le Klint (1918–1978) hatte ihn nach japanischem Vorbild angelegt. Zur Ausstattung der Terrasse gehörten ein Wasserbassin, eine Torsoskulptur von Svend Wiig Hansen und Gartenmöbel aus Mogensens *Ermelund*-Serie, die ihren Namen dem angrenzenden Waldgebiet Ermelunden verdankte.

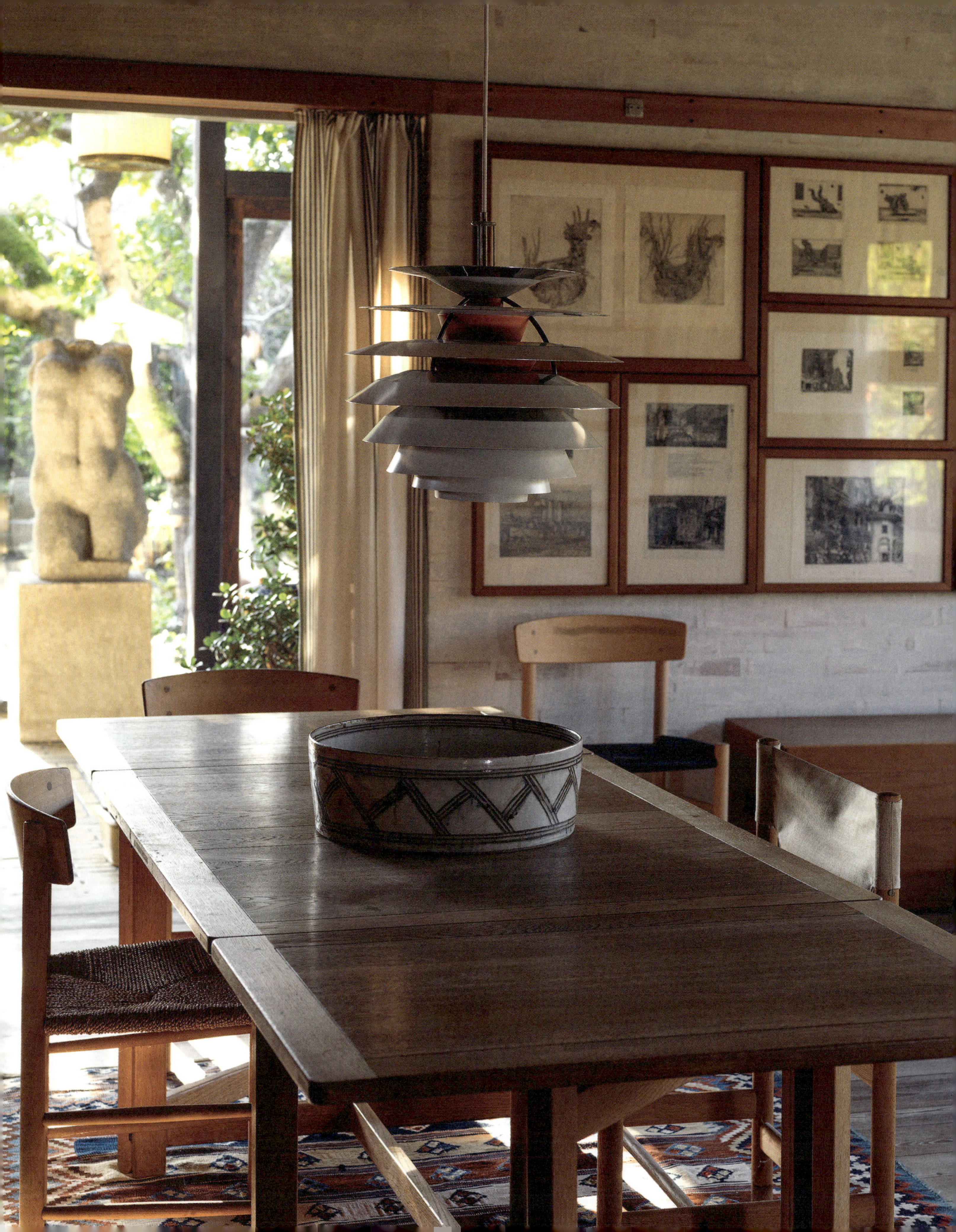

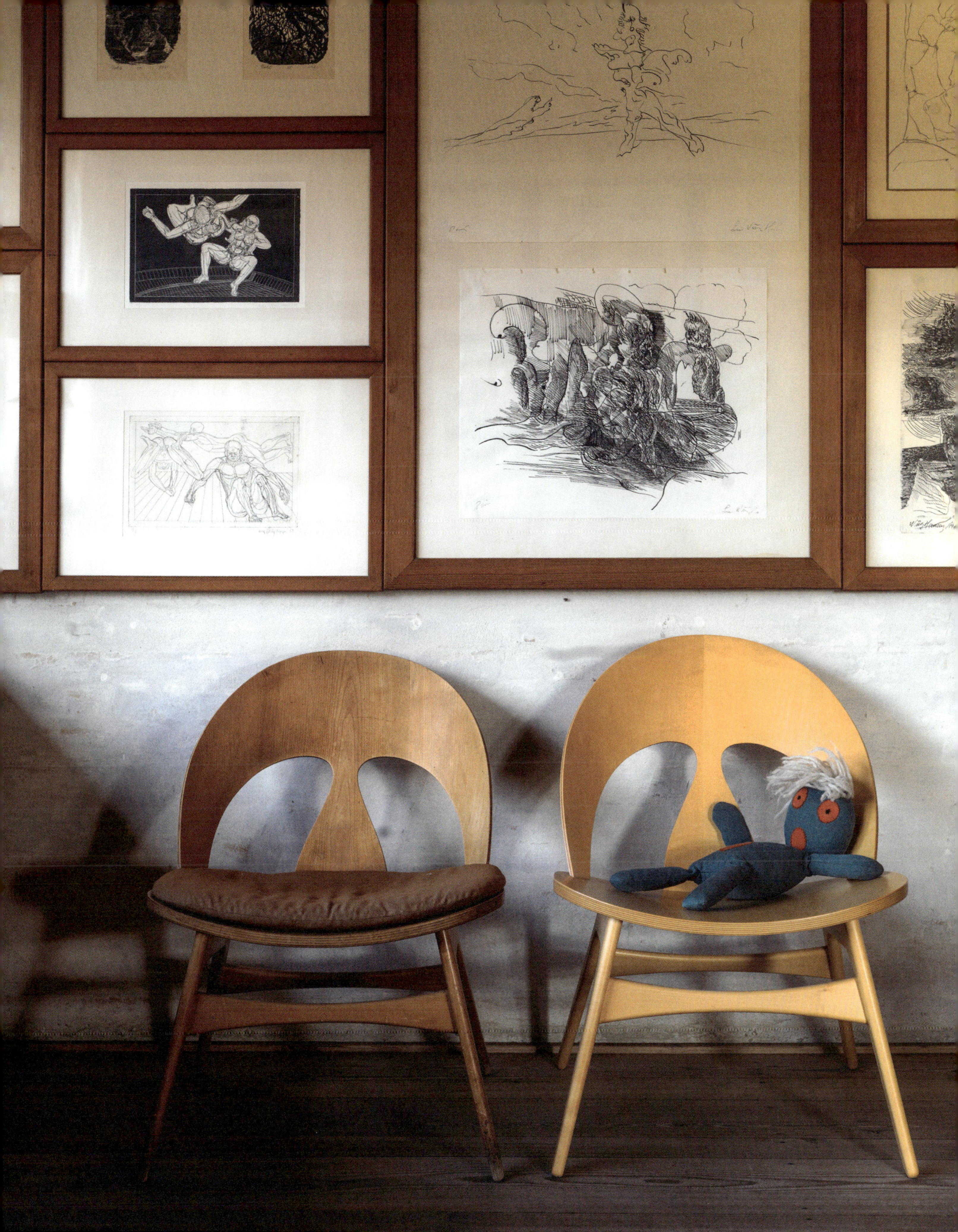

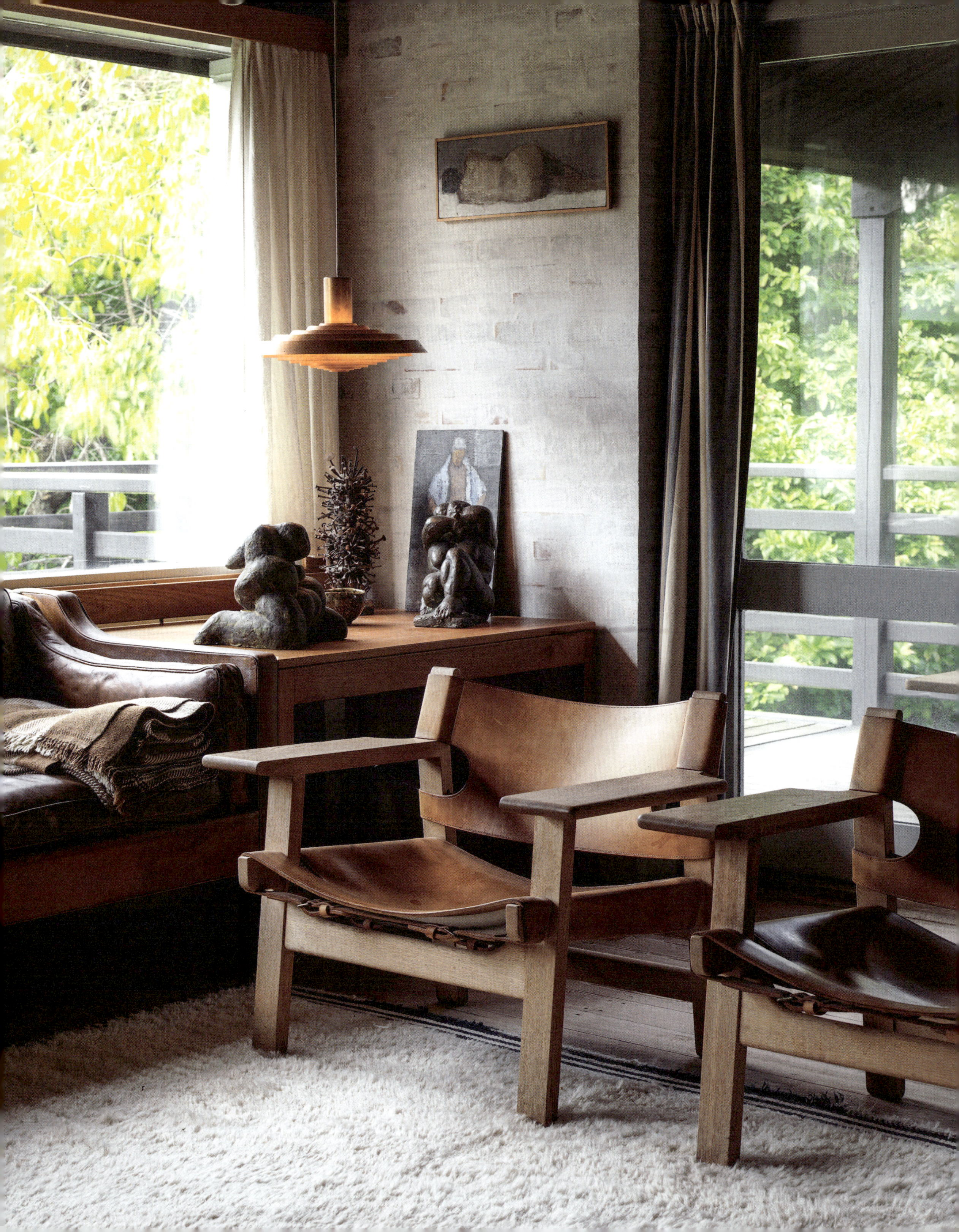

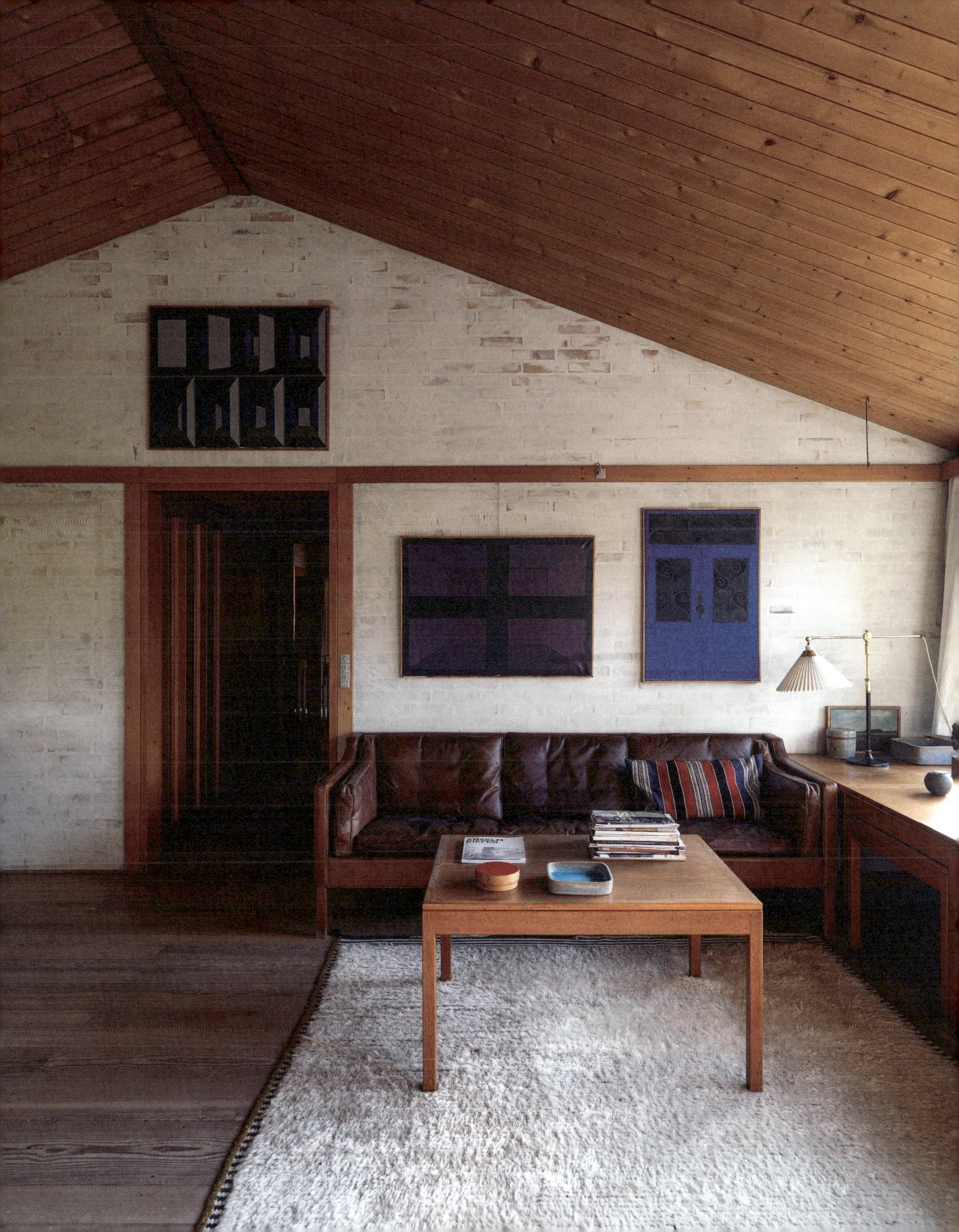

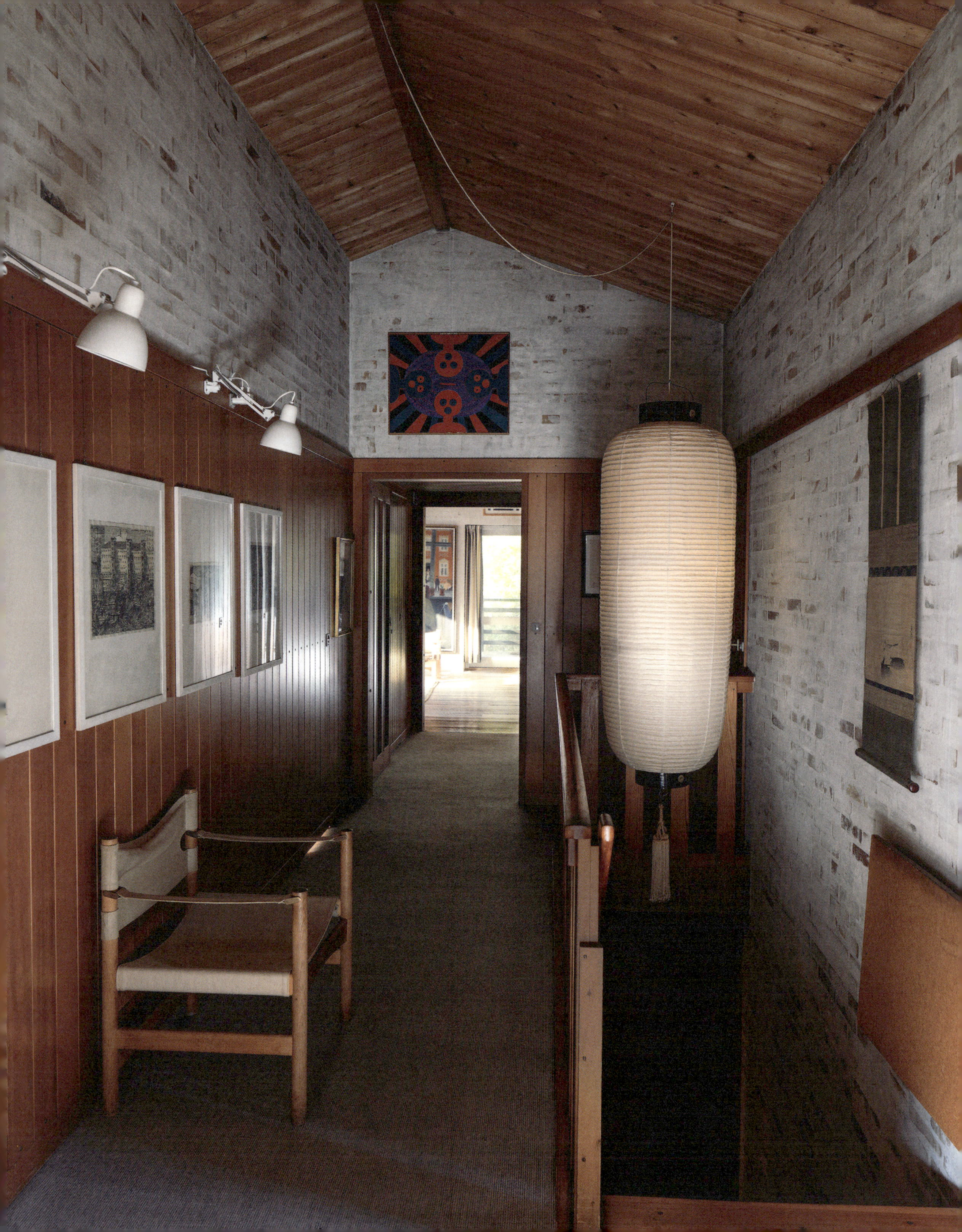

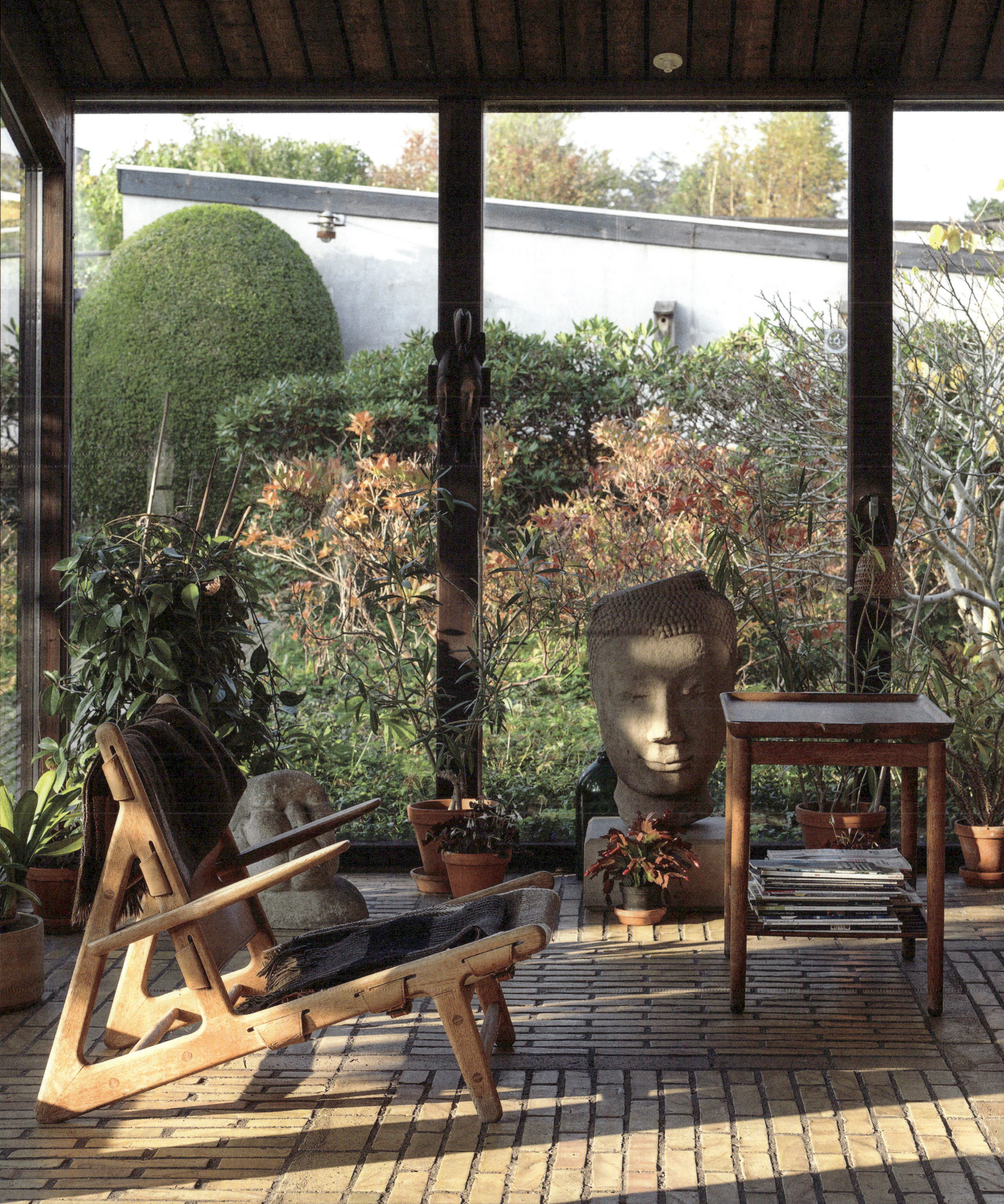

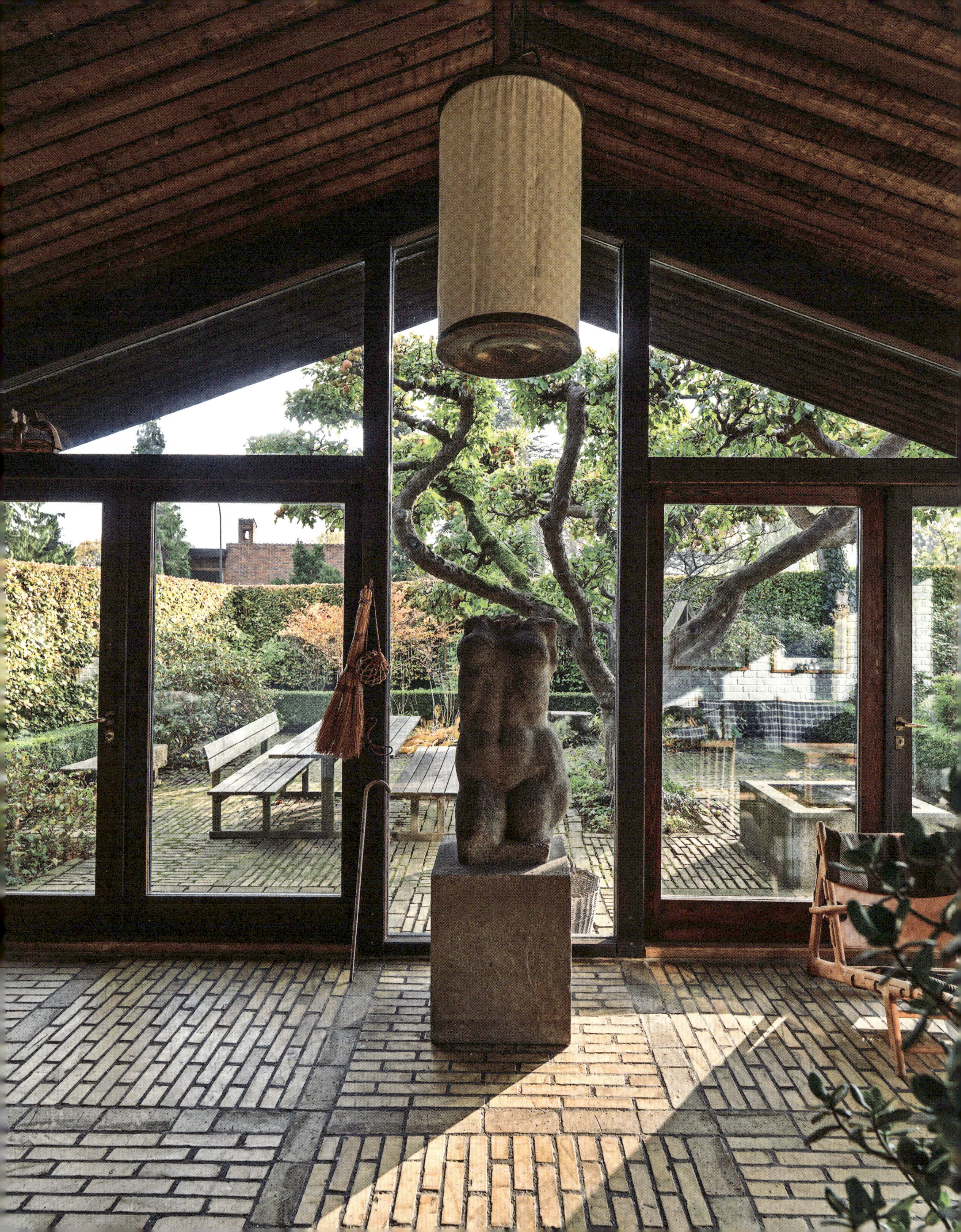

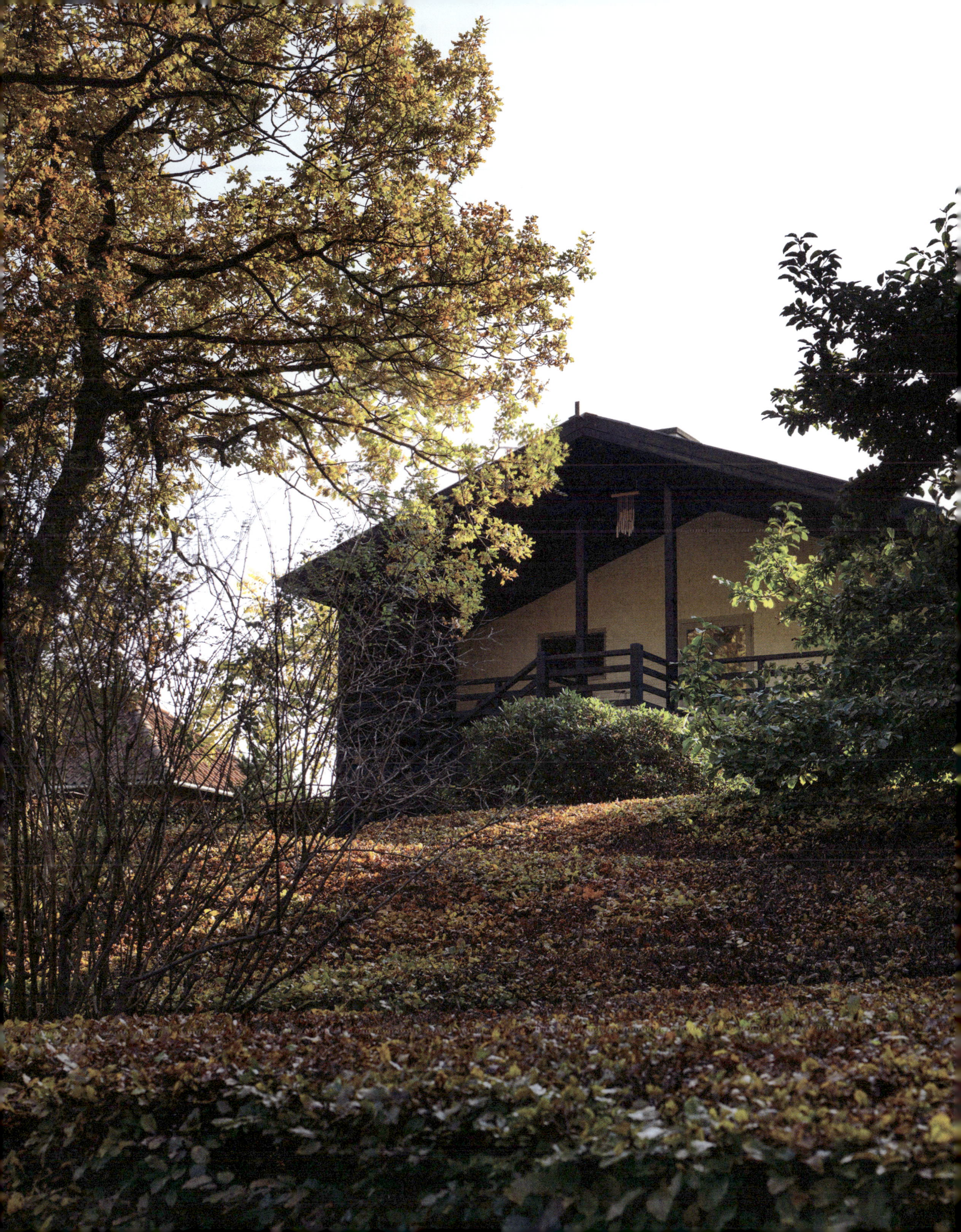

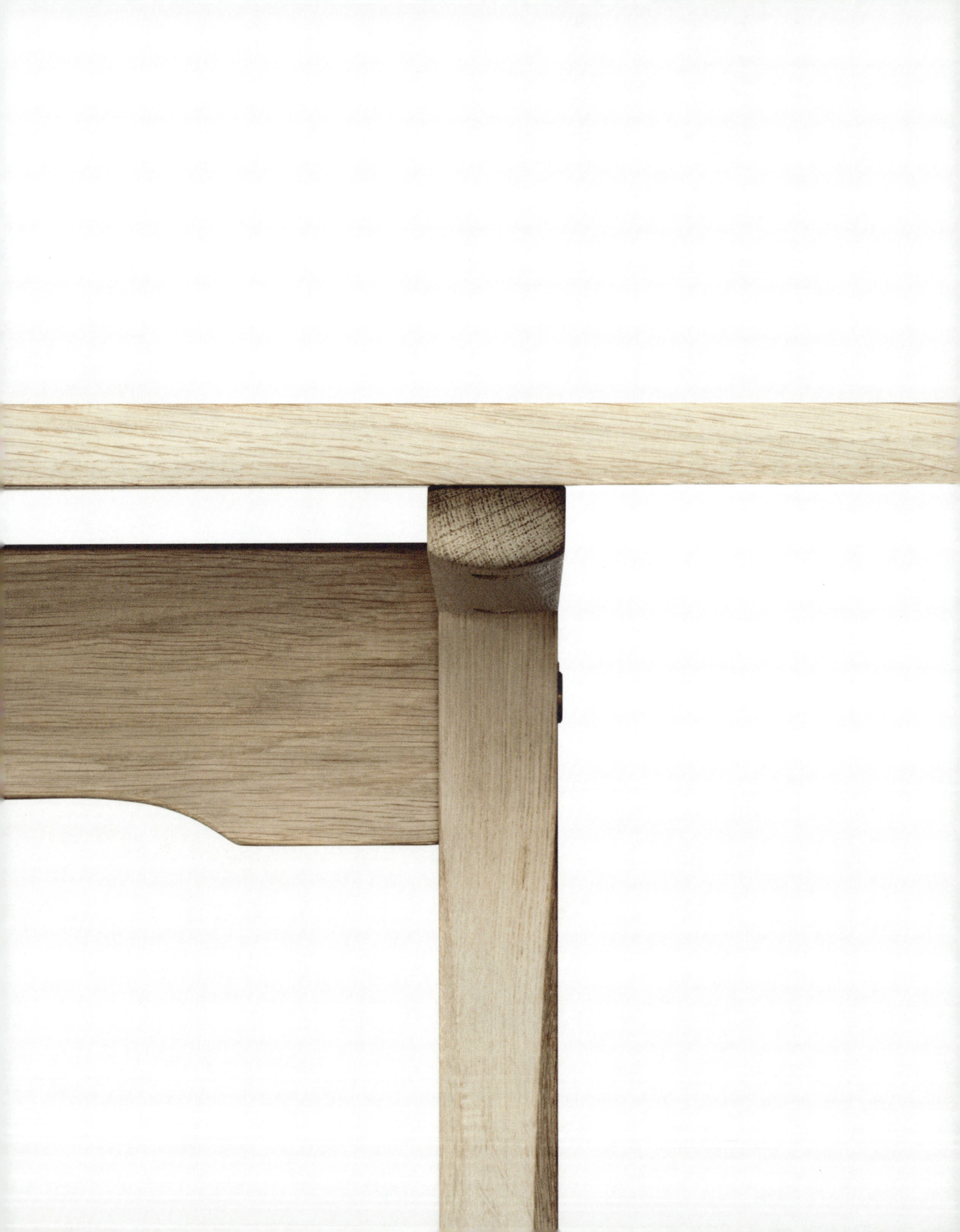

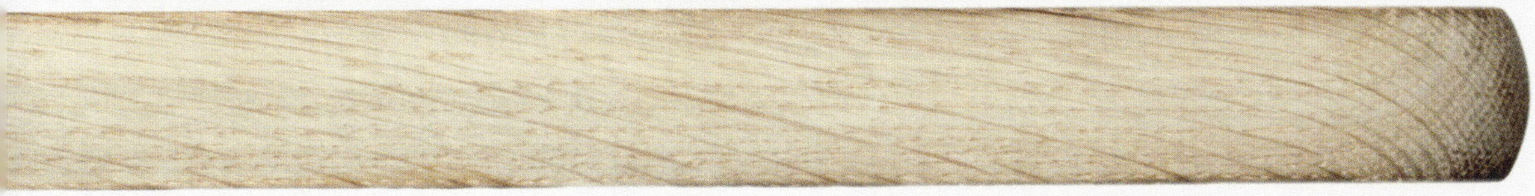

Jung und unbeirrbar

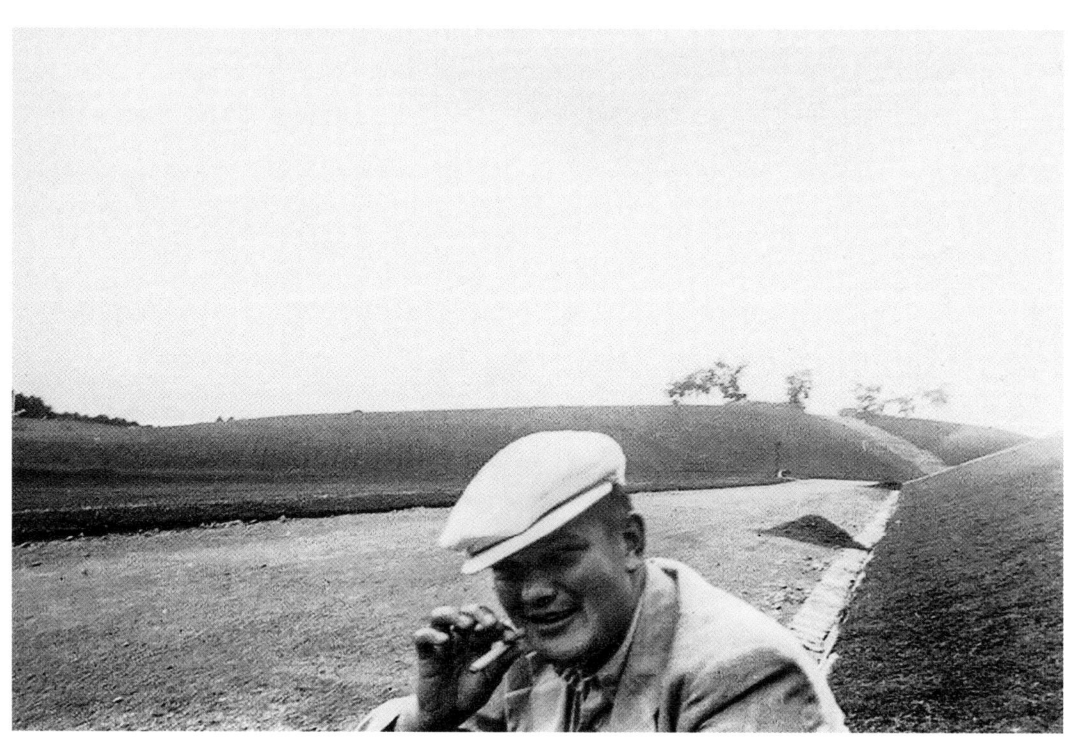

Børge Mogensen vor der Landschaft Nordjütlands, die ihm so viel bedeutete. Der Designer wurde in Aalborg geboren, wo er auch aufwuchs. Nach seiner Lehrzeit zog er nach Kopenhagen und verbrachte dort den größten Teil seines Lebens, doch der Kontakt mit der jütländischen Natur war ihm immer wichtig. 1969 baute er sich in Lynderup am Limfjord ein Sommerhaus, das noch heute in Familienbesitz ist.

Vom Limfjord nach Kopenhagen

Ende der 1950er-Jahre unternahm Børge Mogensen mit seinen Söhnen Thomas und Peter eine Fahrt von Kopenhagen nach Nordjütland. Er wollte ihnen den Wald Rold Skov zeigen und fuhr mit ihnen auch zu Madum Sø, dem größten See der Region Himmerland, mit seinem von Kiefern und Buchen gesäumten Ufer. Nun stand er wieder inmitten jener Landschaft, die ihn von Kindesbeinen an geprägt hatte und auch in seinem späteren Arbeitsleben als Möbelgestalter nicht loslassen sollte. Am Ufer des Sees war er gleichsam an seinen Ausgangspunkt zurückgekehrt: zur Natur und ihren Materialien.

Hier, im Norden Dänemarks, lagen seine Wurzeln. Børge Mogensen wurde am 13. April 1914 in Aalborg geboren, wo er als mittleres von drei Kindern aufwuchs: seines älteren Bruders Harald und seiner jüngeren Schwester Agnete. Sein Vater Niels Mogensen verdiente als Arbeiter in einer Ziegelei gerade so viel, dass die Familie über die Runden kam. Seine Mutter, Else Katrine Kirstine Pedersen Møller, besorgte in der Wohnung an der Vesterbrogade im Herzen von Aalborg den Haushalt. Der junge Børge Mogensen wusste mit der Schule nicht viel anzufangen. Aus Büchern machte sich der Junge genauso wenig wie aus der Kirche, zu der seine Mutter ihn mehrmals in der Woche schleifte. Dagegen entwickelte er schon früh eine besondere Vorliebe für Holz und hatte Freude daran, mit den Händen zu arbeiten. Auf Streifzügen am Limfjord las er Holzstücke auf, die er nicht müde wurde zu betasten. Draußen in der Natur fand er, was er in der Schule vermisste. Er war nun einmal nicht intellektuell oder akademisch veranlagt, sein Herz schlug für das Handwerk. Doch in der Stube zu hocken und bloß Holzmännchen schnitzen, dazu

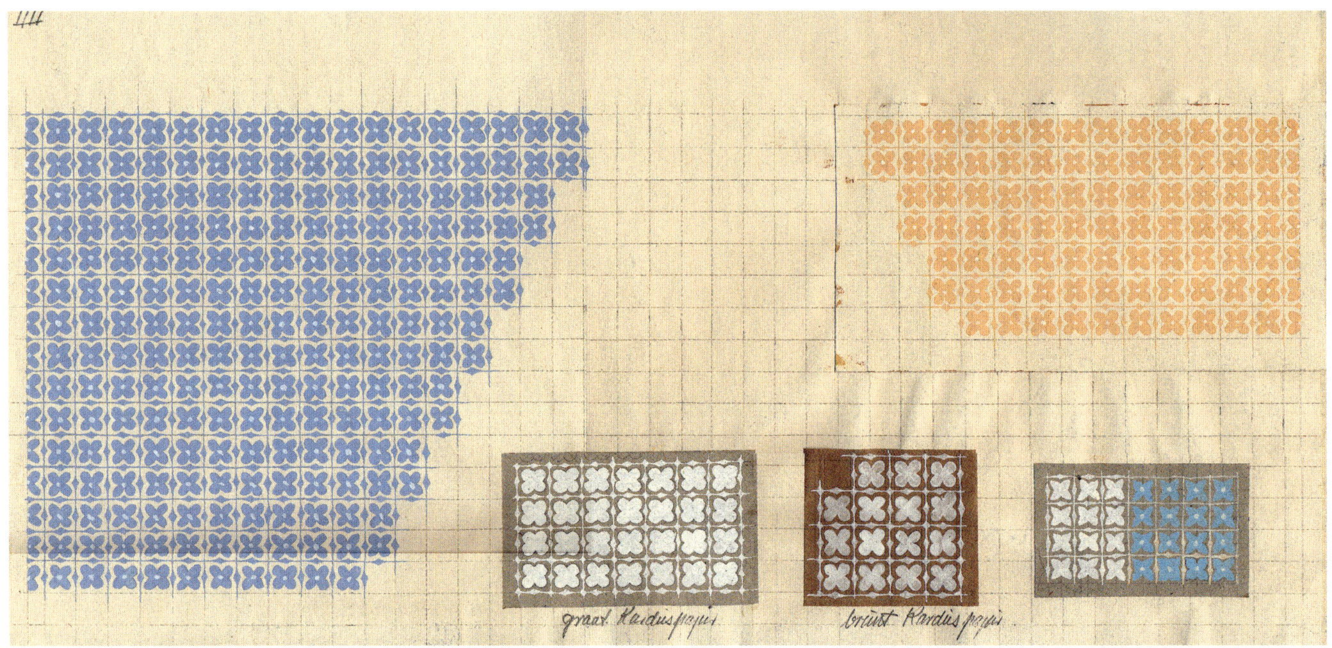

hatte er keine Lust. Er wollte Entwürfe zeichnen und sie mit Holz umsetzen. Tischler wollte er werden!

1930 begann Mogensen in Aalborg eine Lehre in einer Tischlerwerkstatt, für einen monatlichen Lehrlingslohn von etwa 30 bis 40 Kronen. Dabei gehörte es auch zu seinen Aufgaben, Särge für Begräbnisse zu tischlern. Große Herausforderungen hatten diese Lehrlingsjahre zwar nicht zu bieten, doch lernte er die Arbeitsabläufe des Tischlerhandwerks in ihrer ganzen Vielfalt kennen und erwarb sich so eine solide handwerkliche Grundlage. Vier Jahre später reiste er mit dem Gesellenbrief in der Tasche nach Kopenhagen, Aalborg und die Provinz waren für ihn ein abgeschlossenes Kapitel. Er wollte sich als Tischler weiterentwickeln und er hatte sein Interesse für die Möbelkunst entdeckt, nachdem er schon neben seiner Tischlerlehre einen karierten Skizzenblock mit Zeichnungen gefüllt hatte. So bewarb er sich erfolgreich um einen Platz in der Tischlerklasse der Kunsthandwerkschule, die er von 1936 bis 1938 besuchte. Schnell fasste er Fuß in der Großstadt Kopenhagen, wo er in der Store Kongensgade eine kleine Wohnung mietete.

Die Kunsthandwerkschule war im frisch restaurierten Gebäude des Kunstindustriemuseums (heute Designmuseum Danmark) in der Bredgade untergebracht, wo bis 1910 das Kongelig Frederiks Hospital gelegen hatte. Die Architekten Ivar Bentsen (1876–1943) und Thorkild Henningsen (1884–1931) hatten

An der Kunsthandwerkschule erhielten die Schüler unter anderem Unterricht in Zeichnen und Aquarellieren – nützliche Fertigkeiten für den Entwurf von Möbeln oder anderen Objekten. Allerdings war Möbelgestaltung im Ausbildungsverlauf ganz zuletzt vorgesehen. Eine typische Aufgabe, die auch Børge Mogensen zuvor zu meistern hatte, waren Tapetenmuster. Diese hübschen Proben seines Könnens stammen aus dem Jahr 1938.

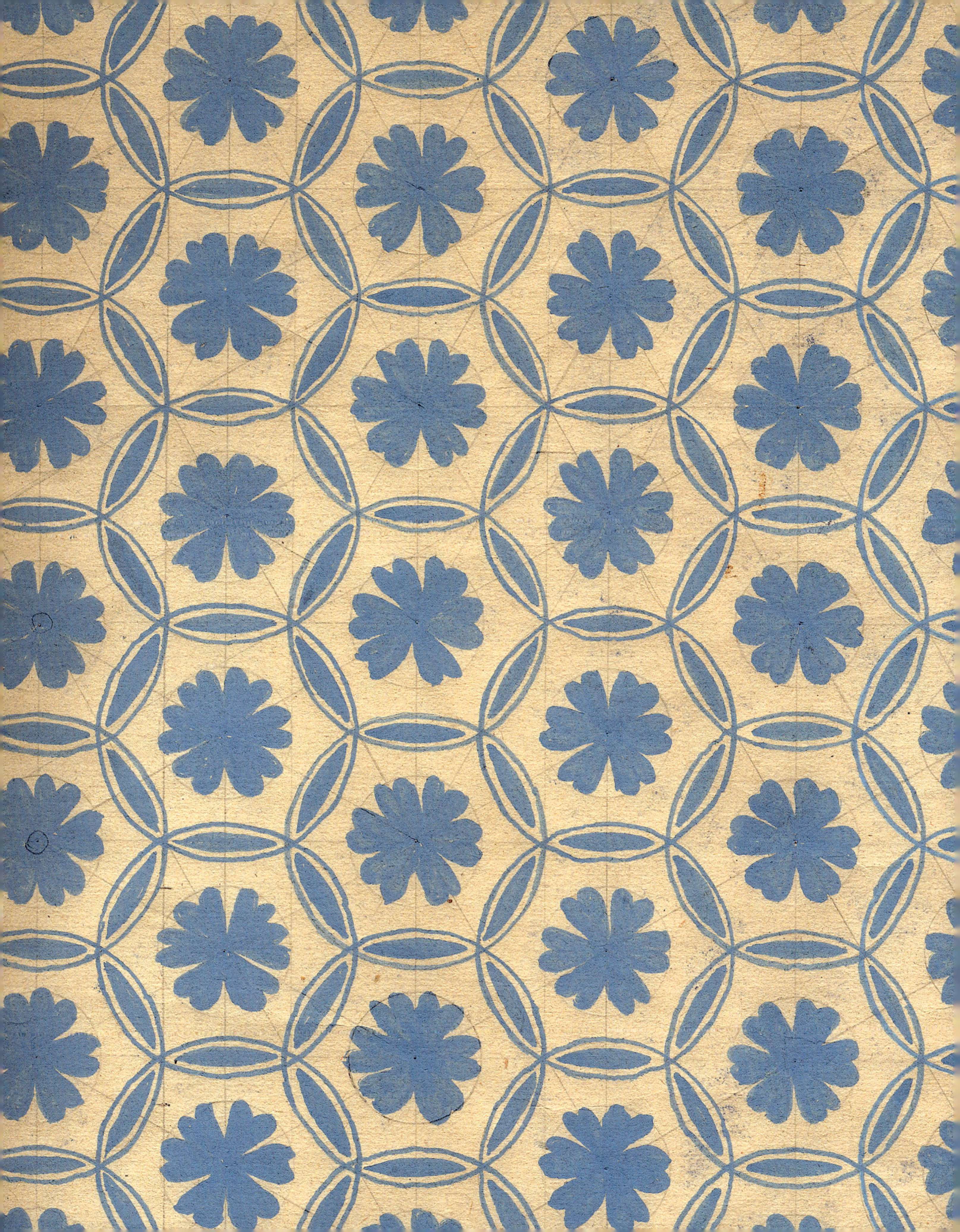

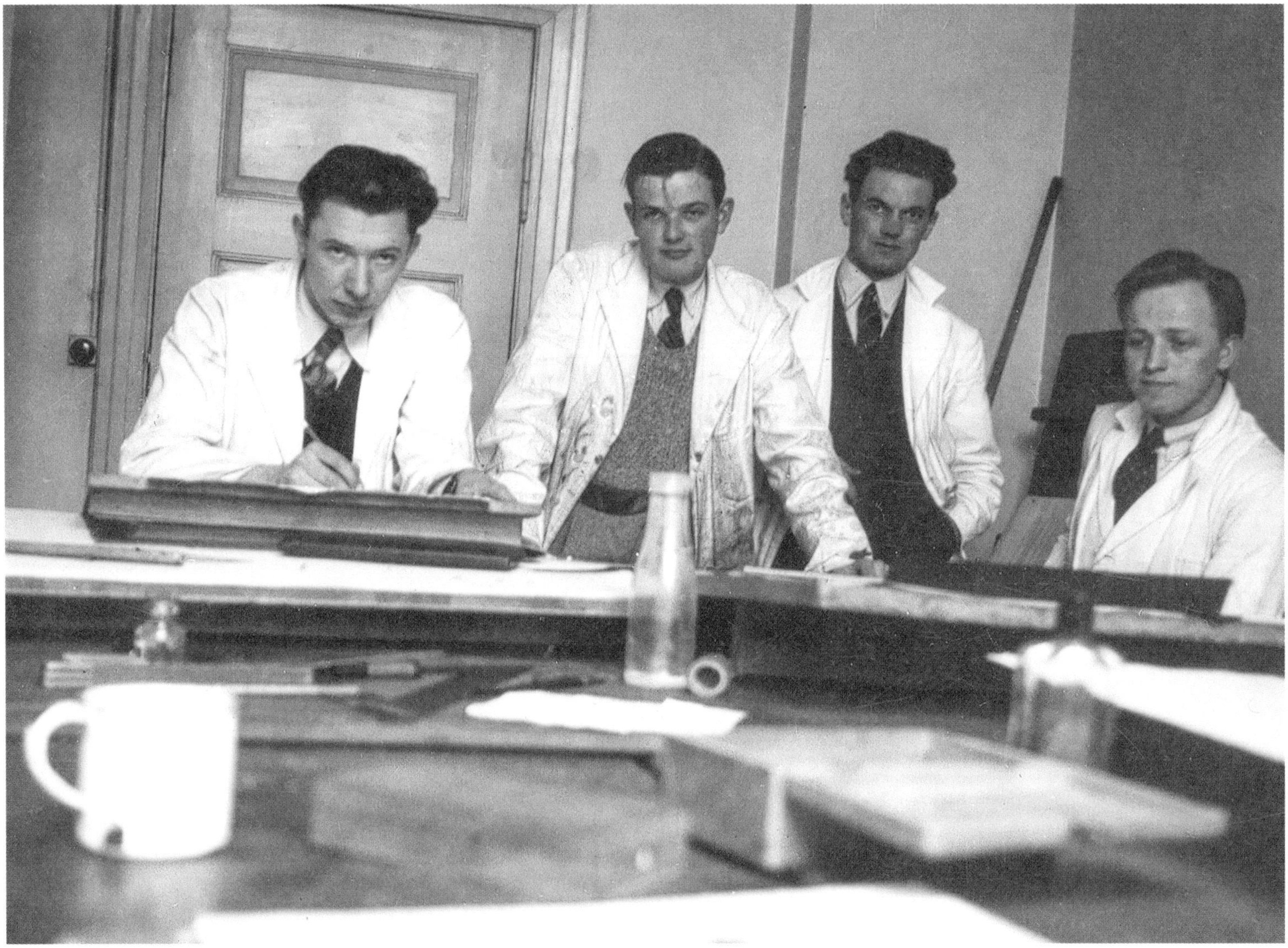

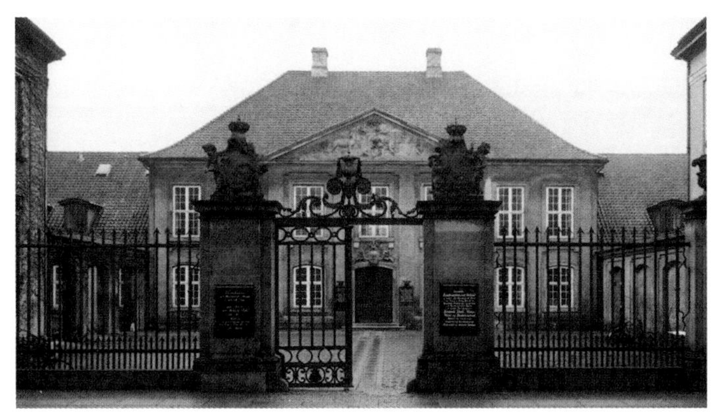

Mogensen besuchte an der Kunsthandwerkschule dieselbe Klasse wie Hans J. Wegner (links im Bild), was der Beginn einer lebenslangen Freundschaft war. Obwohl ursprünglich gleichermaßen von der Klint-Schule geprägt, entwickelten Mogensen und Wegner später jeweils einen ganz anderen Stil. Mogensen blieb Klints Prinzipien treu, während Wegner nicht nur streng funktionalistisch, sondern auch mit Mitteln des organischen Modernismus arbeitete.

Rechts
Trotz ihrer Verschiedenheiten knüpften Mogensen und Wegner als Schüler an der Kunsthandwerkschule früh enge Bande. Dieses Aquarell eines Stuhls stammt von Mogensen – von Wegner gibt es ein fast identisches Blatt. Gut möglich, dass die beiden jungen Studenten Seite an Seite vor derselben Aufgabe saßen.

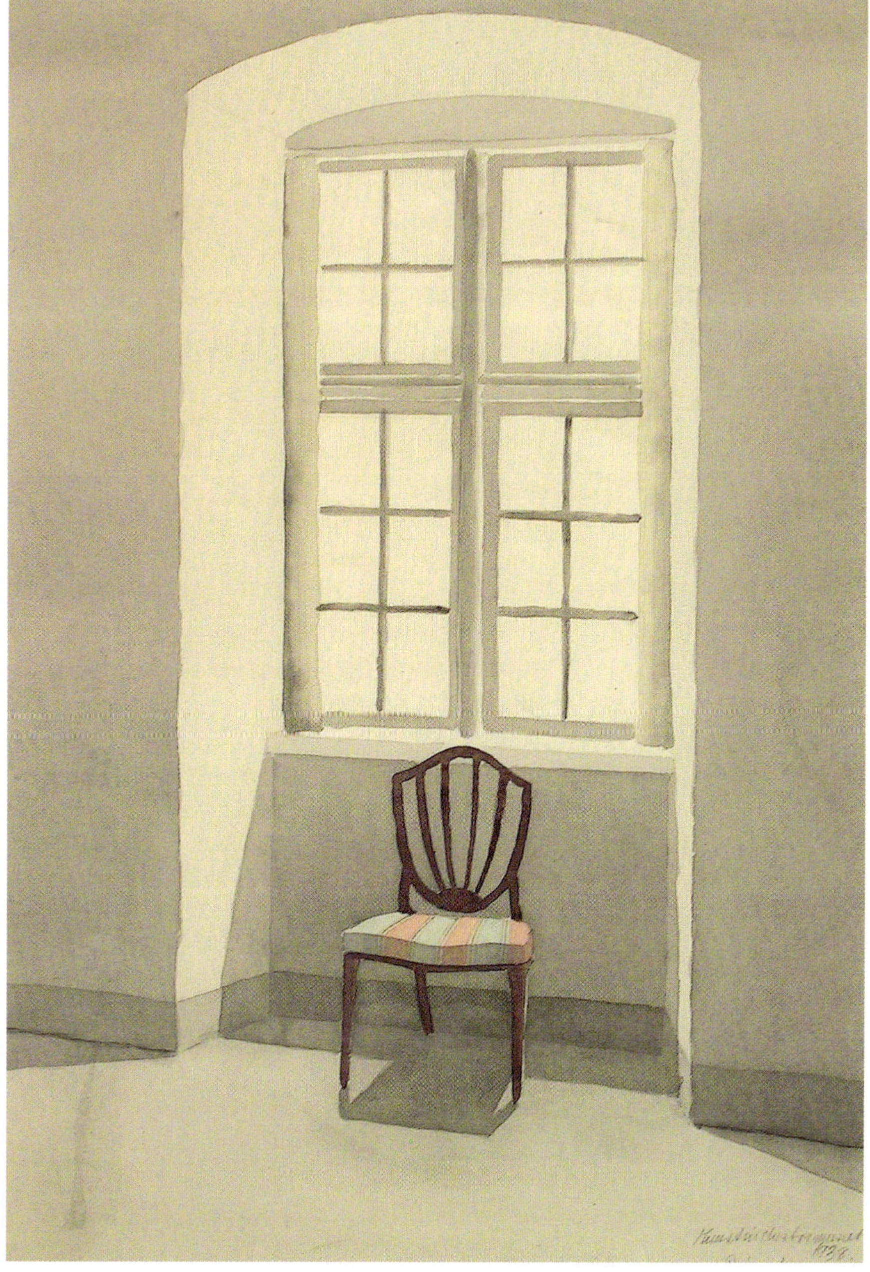

Die Kunsthandwerkschule war im Kunstindustriemuseum untergebracht (dem heutigen Designmuseum Danmark), wo man zu Unterrichtszwecken häufig Gebrauch von den Sammlungen des Museums machte.

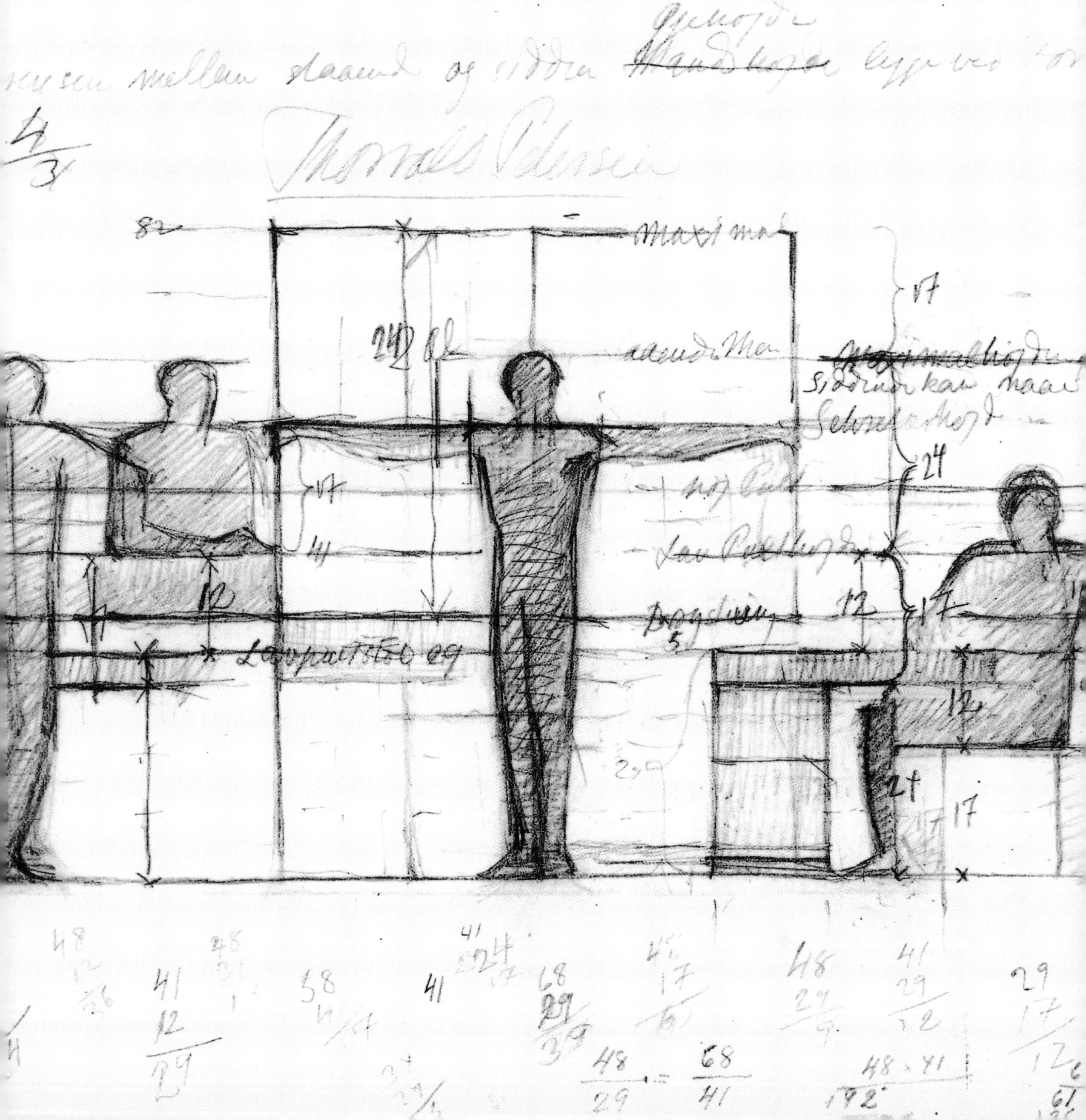

...sen mellem staaende og siddende ~~Mandehøjde~~ Øjenhøjde lægges ved ...

4/3

Thomas Pedersen

82

Maximal

17

24

staaende Mand

Siddende kan naae

41

12

Lav Reolhøjde

12

17

5

24

17

48 29

zusammen mit dem Architekten und Möbelgestalter Kaare Klint (1888–1954) eine Ausschreibung für die Umgestaltung des ehemaligen Krankenhauses in ein Museum gewonnen. Die eigentliche Restaurierung des 1752 bis 1757 im Stil des Rokoko errichteten Gebäudes lag schließlich in den Händen Ivar Bentsens, während Kaare Klints Aufgabe der Innenumbau war. Eben dieser Kaare Klint sollte später für Børge Mogensen eine der wichtigsten Inspirationsquellen bei seiner Arbeit als Möbeldesigner werden.

An der Kunsthandwerkschule perfektionierte Mogensen seine zeichnerischen Fähigkeiten und spezialisierte sich dabei zunehmend auf die Gestaltung von Möbeln. Nebenher war er im Zeichenatelier des Architekten Mogens Koch (1889–1992) angestellt. In seiner Zeit an der Kunsthandwerkschule lernte er auch den fast gleichaltrigen Möbeltischler Hans J. Wegner kennen, mit dem er später während seiner ersten Arbeitsjahre beruflich eng eng liiert war – und mit dem ihn eine lebenslange Freundschaft verbinden sollte.

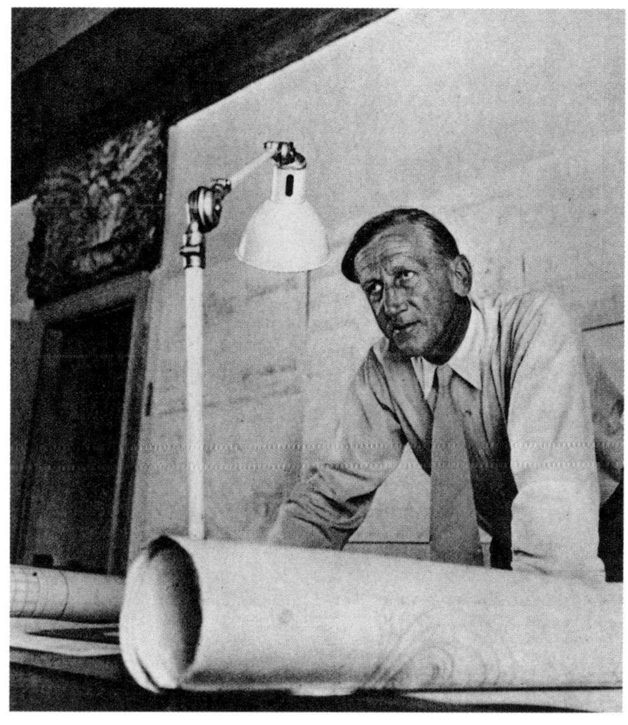

Als Schüler Kaare Klints an der Kunstakademie

Nach der Kunsthandwerkschule wechselte Mogensen zur Kunstakademie, in die Möbelklasse der Architekturschule. Die 1754 gegründete Königlich Dänische Kunstakademie hatte ihren Sitz in Schloss Charlottenborg am Kongens Nytorv. Auf Initiative von Kaare Klint war die Architekturschule 1924 um die Schule für Möbelkunst und Raumgestaltung erweitert worden, mit Klint selbst zunächst als Dozenten und später als Professor. Klint, der seine Möbel auf Grundlage exakter Vermessungen der menschlichen Proportionen entwarf, hatte erste Proportionsstudien für industriell herstellbare Möbel bereits 1917 vorgenommen. Dabei verfocht er einen strikten Funktionalismus, der sich in der Schlichtheit seiner Entwürfe widerspiegelt.

Kaare Klint ging es weniger darum, eine neue Formensprache zu entwickeln, als vielmehr darum, altbewährte Möbeltypen weiterzuentwickeln und dabei zu vereinfachen, und plädierte für die Fortführung der Tradition. Warum ganz von vorn anfangen, wenn eine Möbelform bereits ihren Wert bewiesen hatte? Daher distanzierte er sich auch von der Ästhetik des Bauhauses (1919–1933) und dessen Forderung nach einem Bruch mit Tradition und historischen

Kaare Klint war einer der bedeutendsten Wegbereiter des dänischen Funktionalismus. Sein Gestaltungsansatz machte Schule und prägte ganze Generationen dänischer Möbeldesigner.

Børge Mogensen führte Kaare Klints wissenschaftlichen Zugang zur Möbelgestaltung fort, der auf genauen Vermessungen und Berechnungen beruhte. Die von Klint gezeichnete Skizze auf der gegenüberliegenden Seite illustriert die Umsetzung menschlicher Proportionen in einen Möbelentwurf.

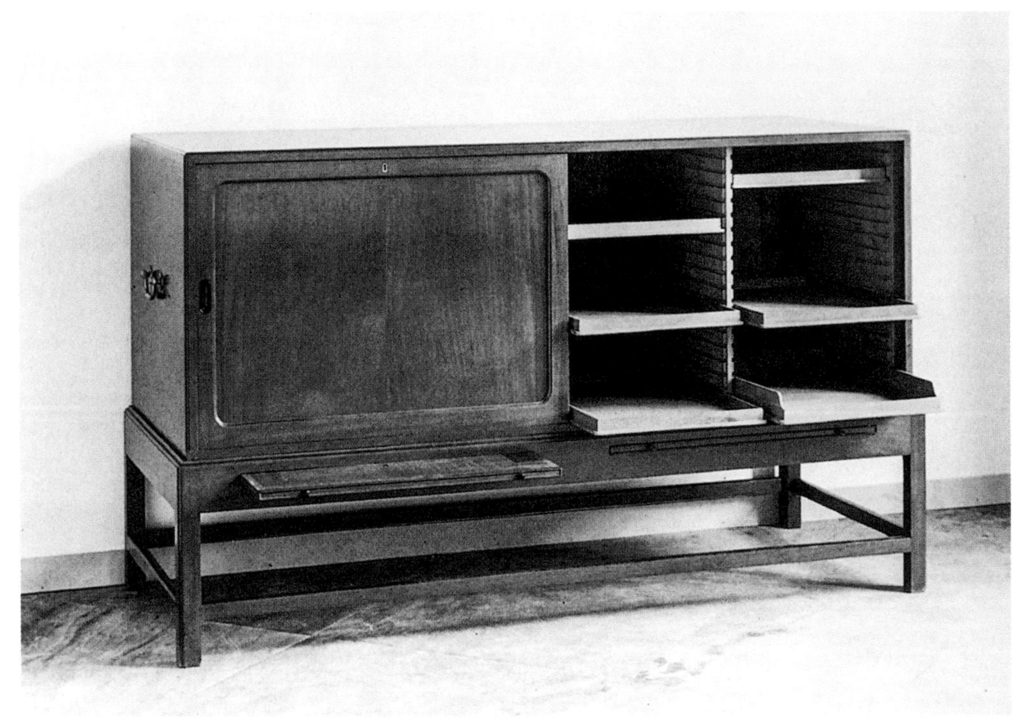

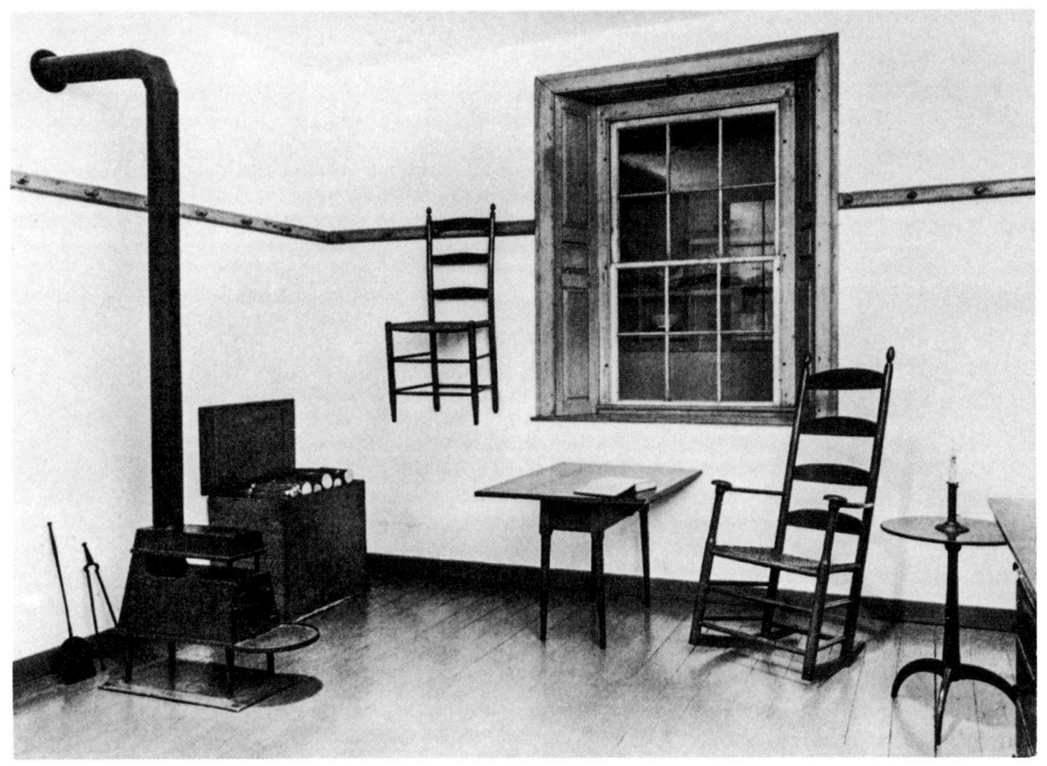

Zwischen der funktionalen, nüchternen Ästhetik der Shaker-Möbel und der Klint-Schule gab es zahlreiche Berührungspunkte. Klint vermittelte seinen Schülern die Methoden und Formprinzipien der Shaker weiter, von denen er selbst stark beeinflusst war. Diese etwa hängten Stühle, die sie gerade nicht benötigten, an die Wand, wo sie als Raumschmuck dienten.

Diese Anrichte von Kaare Klint aus dem Jahr 1938 bot auf engem Raum Platz für ein komplettes zwölfteiliges Service. Trotzdem war alles mit wenigen Griffen zugänglich. Der hohe Gebrauchswert der nüchternen Konstruktion verriet den Einfluss der Shaker-Möbel.

Der *Kirchenstuhl*, den Klint 1936 für die Bethlehemskirche im Kopenhagener Stadtteil Nørrebro entwarf, zeigt sich von Shaker- und spanischen Sprossenstühlen inspiriert, was sich an der Form der Rückenlehne gut erkennen lässt. Mit der Gesangbuchablage an der Rückenlehne spiegelt der Stuhl seinen Verwendungszweck. Børge Mogensens *Volksstuhl* aus dem Jahr 1947 war eine Weiterentwicklung von Klints *Kirchenstuhl*.

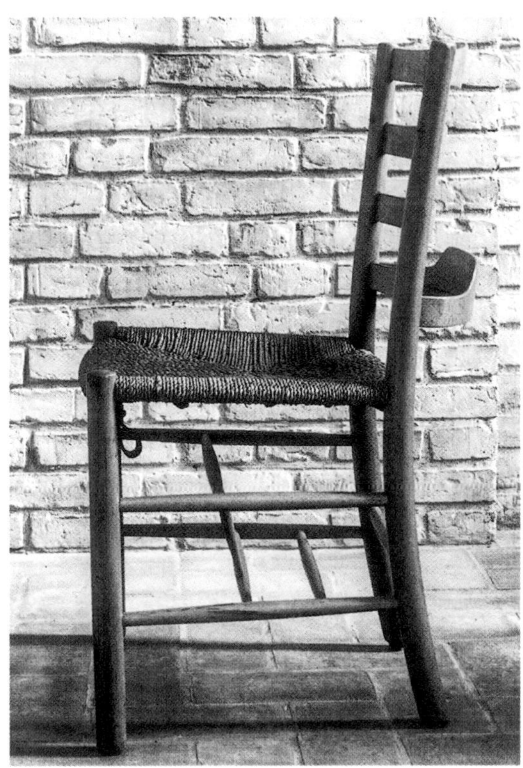

Möbelformen, nach Experimenten mit neuen Werkstoffen und einer modernen Formensprache. Als er 1927 seinen *Roten Stuhl* schuf, der von einem englischen Chippendale-Möbel inspiriert war, behielt er die Form des Stuhlgestells im Wesentlichen bei, stattete den Stuhl jedoch mit einer leicht gepolsterten, lederbezogenen Rückenlehne aus. Ohne an der althergebrachten Konstruktion des Stuhls zu rütteln, gelang es ihm, im Rahmen der Tradition zu bleiben und dabei trotzdem den Sitzkomfort zu verbessern.

Mit Kaare Klints durchaus rigiden Vorstellungen war Mogensen bereits an der Kunsthandwerkschule in Berührung gekommen. Denn deren Leiter, Orla Mølgaard-Nielsen (1907–1993), war als ehemaliger Schüler Klints eifrig um die Verbreitung von dessen Ansätzen bemüht. Sowohl Kunsthandwerkschule wie Architekturschule der Kunstakademie waren spürbar von der Ästhetik der Shaker beeinflusst, einer amerikanischen freikirchlichen Glaubensgemeinschaft, die aus dem Quäkertum hervorgegangen war. Ein sorgfältiges Studium der Shaker-Möbel in den Sammlungen des Kunstindustrlemuseums war Bestandteil der Ausbildung, vertieft durch die Lektüre von Fachliteratur über Möbel, Lebensweise und die Gestaltungsprinzipien der Shaker, die Klint seinen Schülern auf die Leseliste setzte. Einfachheit und Schlichtheit waren kennzeichnend für die Formensprache der Shaker. Ihr Verhältnis zu den Gegenständen des täglichen Gebrauchs war strikt funktional. Die praktische Nützlichkeit stand im Vordergrund, da in ihren Augen alle Möbel und sonstigen Gegenstände als Werkzeuge dienten. Kein Wunder, dass viele dänische Funktionalisten mit großem Interesse die Ästhetik der Shaker studierten, deren Zugang zur Möbelgestaltung stark an ihren eigenen erinnerte: Funktion über alles, Reduktion der Formensprache auf ein Minimum und letztlich die Überzeugung, dass Schönheit des Materials und Schlichtheit der Konstruktion Zierde genug sind. Die Shaker hegten beispielsweise eine Vorliebe für Klapp- und filigrane Stühle, die man bei Nichtgebrauch platzsparend und dekorativ an die Wand hängen konnte.

Kaare Klints Zugang war ganz ähnlich. Zudem legte er stets größten Wert darauf, dass seine Schüler über solide Grundlagenkenntnisse verfügten, von der Möbelkonstruktion über Holzverbindungen bis zu den Eigenschaften der verschiedenen Holzarten. Børge Mogensen erwies sich als gewissenhafter Schüler, vor allem wenn es um Klints detaillierte Vermessungsstudien ging, die in der Ausbildung zum Möbelarchitekten ein völliges Novum darstellten. Für Klint waren beim

Möbelentwurf künstlerische Ambitionen und Experimente völlig fehl am Platz. Stattdessen vertraute er bei der Weiterentwicklung von Möbeltypen auf eine wissenschaftliche Vorgangsweise. Mogensen und seine Mitschüler lernten, den menschlichen Körper genau zu vermessen und sich bei ihren Entwürfen nach den anatomischen Gegebenheiten zu richten. Ein Schrank durfte gerade so hoch sein, dass man noch gut an die obersten Fächer kam, und bei der Sitzhöhe eines Stuhls war auf die Unterschenkellänge des Benutzers zu achten.

Noch systematischer ging es bei der Arbeit an Aufbewahrungsmöbeln zu, wenn etwa den Schülern die Aufgabe gestellt wurde, ein komplettes Service zu vermessen, von Tellern über Gläser bis zum kleinsten Besteckteil. Die Messergebnisse wurden in Standardisierungseinheiten umgewandelt, die die Basis für die Dimensionierung etwa einer Anrichte oder eines Geschirrschranks mit Platz für ein komplettes Service für 12 Personen bildeten. Ausgehend vom Platzbedarf eines Glases oder Tellers, konnten sie die optimalen Abmessungen eines Tabletts oder Schrankfachs bestimmen.

Der vom Funktionalismus geprägte Unterricht legte erstmals – und das war in der Geschichte des dänischen Möbeldesigns völlig neu – größeren Wert auf die Funktion eines Möbelstücks als auf dessen Stil oder Form. Klint erteilte den wuchtigen, historisierenden Möbeln der damaligen Zeit eine klare Absage. Nicht länger sollte ein Stuhl einem Kunstwerk Konkurrenz machen, sondern funktional und schlicht sein. Pionier, der er war, lehnte er die geschwungenen Formen und Verzierungen des Skønvirke-Stils ab, einer dänischen Spielart des Jugendstils mit nationalromantischen Einflüssen. Zu seinen Markenzeichen gehörten schlichte vierkantige Tisch- und Stuhlbeine mit klaren Linien.

Über seine einflussreiche Tätigkeit als Dozent hinaus schuf Kaare Klint auch eine Reihe bekannter Möbel wie den *Kirchenstuhl* (1936), den *Roten Stuhl* (1927), den *Safaristuhl* (1933) und das *Barcelonasofa* (1929). Außerdem übernahm er bedeutende Einrichtungsaufträge für Museen und staatliche Institutionen, etwa die Inneneinrichtung des Thorvaldsen Museums und die Möblierung des Amtssitzes von Ministerpräsident Thorvald Stauning in Kopenhagen. Wenngleich einige seiner Möbelentwürfe Stilepochen überdauerten und heute als Klassiker gelten, verdankt sich Kaare Klints zentrale Bedeutung in der Geschichte des dänischen Möbeldesigns vor allem seinem Unterricht an der Kunstakademie. Er formte eine ganze Generation dänischer Möbelgestalter, die im Verbund mit fortschrittlich denkenden Tischlermeistern und Möbelproduzenten unter der Bezeichnung »Danish Modern« nach dem Zweiten Weltkrieg internationales Renommee erlangten. Mit diesem Erfolg erreichte die funktionalistische und organische Formensprache ihren Höhepunkt, deren sich dänische Möbeldesigner seit den 1930er-Jahren bedient hatten. Ihre Stunde war gekommen, nachdem ausländische Journalisten die Möbelausstellungen der Tischlerinnung besucht, in internationalen Zeitungen und Magazinen über dänisches Mobiliar geschrieben hatten und dadurch Kunden und Einkäufer im Ausland auf das solide Tischlerhandwerk und die moderne Formgebung der dänischen Möbel aufmerksam machten. Vor

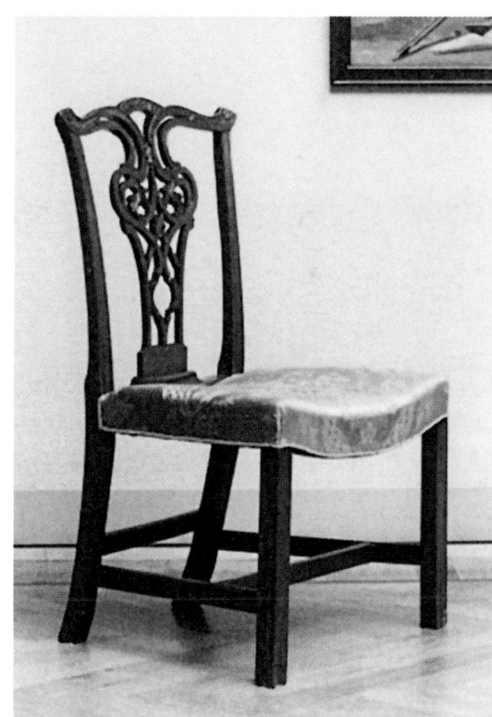

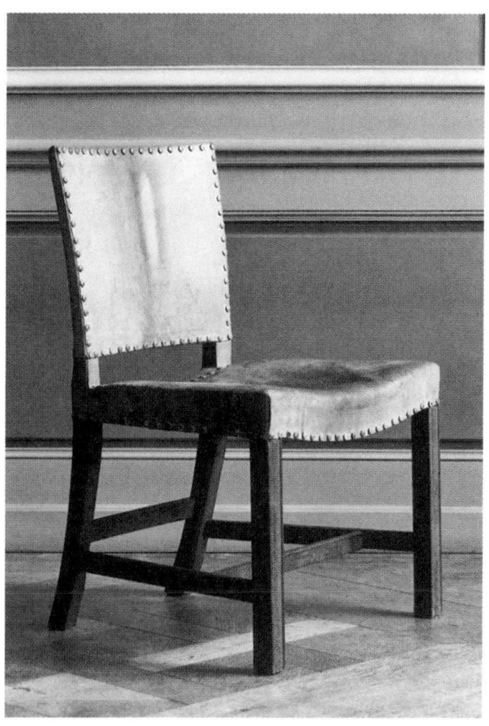

Die sogenannte Klint-Schule studierte historische Möbeltypen besonders im Hinblick auf deren Weiterentwicklung. Kaare Klints besonderes Interesse galt Chippendale-Stühlen des 18. Jahrhunderts (links oben) mit ihrer charakteristischen Rahmenkonstruktion. Sein *Roter Stuhl* (rechts oben), den er 1927 für den Festsaal des Kunstindustriemuseums entwarf, ist deutlich von der Konstruktion dieser Stühle inspiriert.

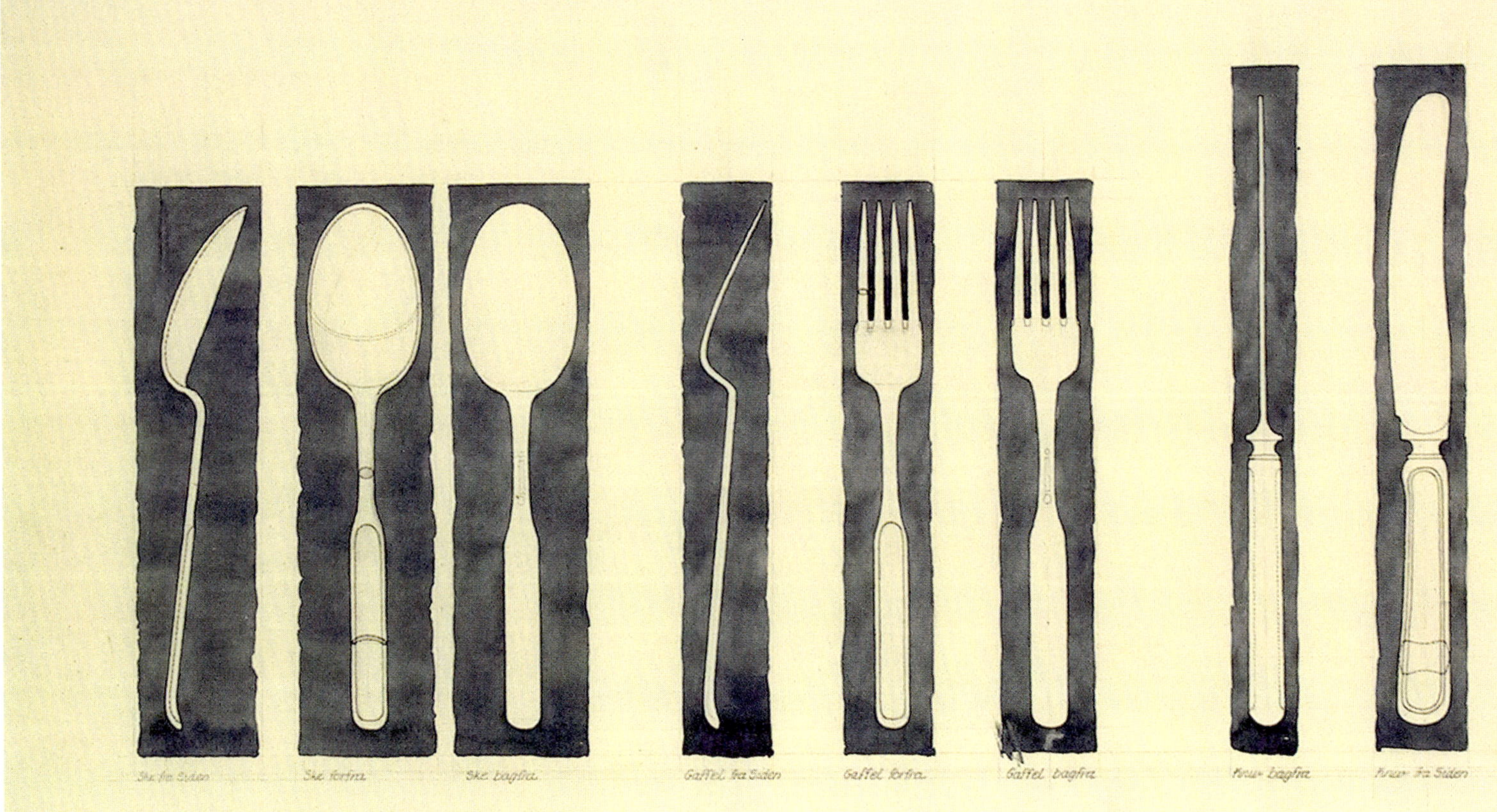

Mit diesem gleichermaßen präzisen wie ästhetischen Aquarell für einen Designwettbewerb von Horsens Silberwarenfabrik stellte Børge Mogensen sein zeichnerisches Können unter Beweis. Die Schüler der Kunsthandwerkschule lernten, regelkonform technische Zeichnungen anzufertigen, die sich als Vorlage für die Produktion eigneten.

allem Hans J. Wegners *Runder Stuhl* (1949), Finn Juhls *Häuptlingsstuhl* (1949) und Arne Jacobsens in Serie hergestellten Stühle *Die Ameise* und *Serie 7* von 1952 beziehungsweise 1955 ließen die Nachfrage schier explodieren.

Da die Klint-Schule sich in so hohem Maße auf nüchterne Erkenntnis und exakte Studien stützte, blieb wenig Raum für individuelle Sichtweisen und kreative Höhenflüge ihrer Schüler. Børge Mogensen kam Kaare Klints methodische Vorgehensweise jedoch entgegen, und er erledigte sein Pensum an Aufgaben und Zeichnungen mit mustergültigem Fleiß. Während und nach seiner Zeit an der Kunstakademie arbeitete er als Assistent in Klints Zeichenatelier, und auch im weiteren Verlauf seiner Karriere gehörte er zu den Möbeldesignern, die den Methoden der Klint-Schule weitgehend treu blieben.

Børge Mogensen besuchte von 1938 bis 1941 die Architekturschule der Kunstakademie. Als Schüler der Möbelklasse war er seinem Traum, eigene Möbel zu entwerfen, ein gutes Stück näher gekommen, und die Arbeitsmethodik, die er so gründlich gelernt hatte, sollte ihm in seinem späteren Wirken gute Dienste leisten.

Die Möbelausstellungen der Tischlerinnung

In den prägenden Jahren seiner Ausbildung hatte sich Børge Mogensen zu einem äußerst fähigen Zeichner entwickelt. Er hatte einige bemerkenswerte Aquarelle angefertigt, etwa den Entwurf einer Besteckgarnitur für eine Ausschreibung von Horsens Silberwarenfabrik. Sein Hauptaugenmerk aber galt den Möbeln. 1939 hatte er, noch als Schüler der Kunstakademie, zum ersten Mal an der Möbelausstellung der Tischlerinnung teilgenommen, die in jenem Jahr im Kunstindustriemuseum ausgerichtet wurde. Diese jährliche Veranstaltung fungierte als wichtige Plattform, auf der die fähigsten Möbelarchitekten ihre neuesten Möbel präsentieren und sich gegenüber anderen positionieren konnten. Die Ausstellung war 1927 als Reaktion auf das schwindende Interesse an Tischlermöbeln ins Leben gerufen worden. Schuld daran waren die Möbelfabriken, die seit Anfang der 1920er-Jahre billige, industriell gefertigte Möbel auf den Markt brachten. Diesem massenproduzierten Mobiliar wollte man neue Tischlermöbel entgegensetzen. In ähnlicher Weise hatten dänische Architekten und Designer,

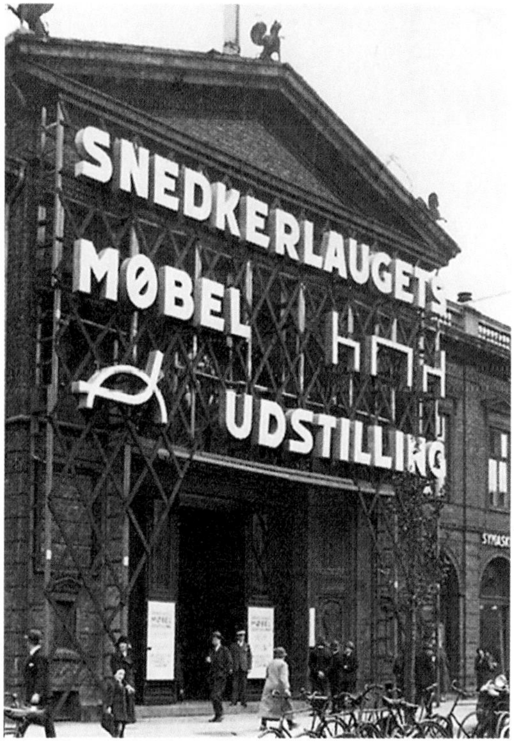

Von 1927 bis 1966 spielten die jährlichen Möbelausstellungen der Tischlerinnung eine maßgebliche Rolle für die Entwicklung des dänischen Möbeldesigns. Hier zeigte die Branche, was sie zu bieten hatte, hier wurde diskutiert. Nicht nur die Möbelgestalter inspirierten sich gegenseitig, auch das Publikum konnte sich ein Bild von den laufenden Entwicklungen machen. Ganze 23-mal nahm Børge Mogensen von 1939 bis 1962 an der Innungsausstellung teil. Dabei tat er sich auch als Kommentator und Kritiker der Ausstellungen hervor, wobei er keinen Hehl daraus machte, dass die Dogmen der Klint-Schule für ihn Maß der Dinge waren.

1939 nahm Børge Mogensen zum ersten Mal an der Möbelausstellung der Tischlerinnung teil. Die Tische, die auf dieser Arbeitszeichnung in Aquarelltechnik zu sehen sind, waren Teil seines ersten Ausstellungsstands. Beide Tische sind in ihrer Schlichtheit und geometrischen Gestaltung typisch für die Klint-Schule.

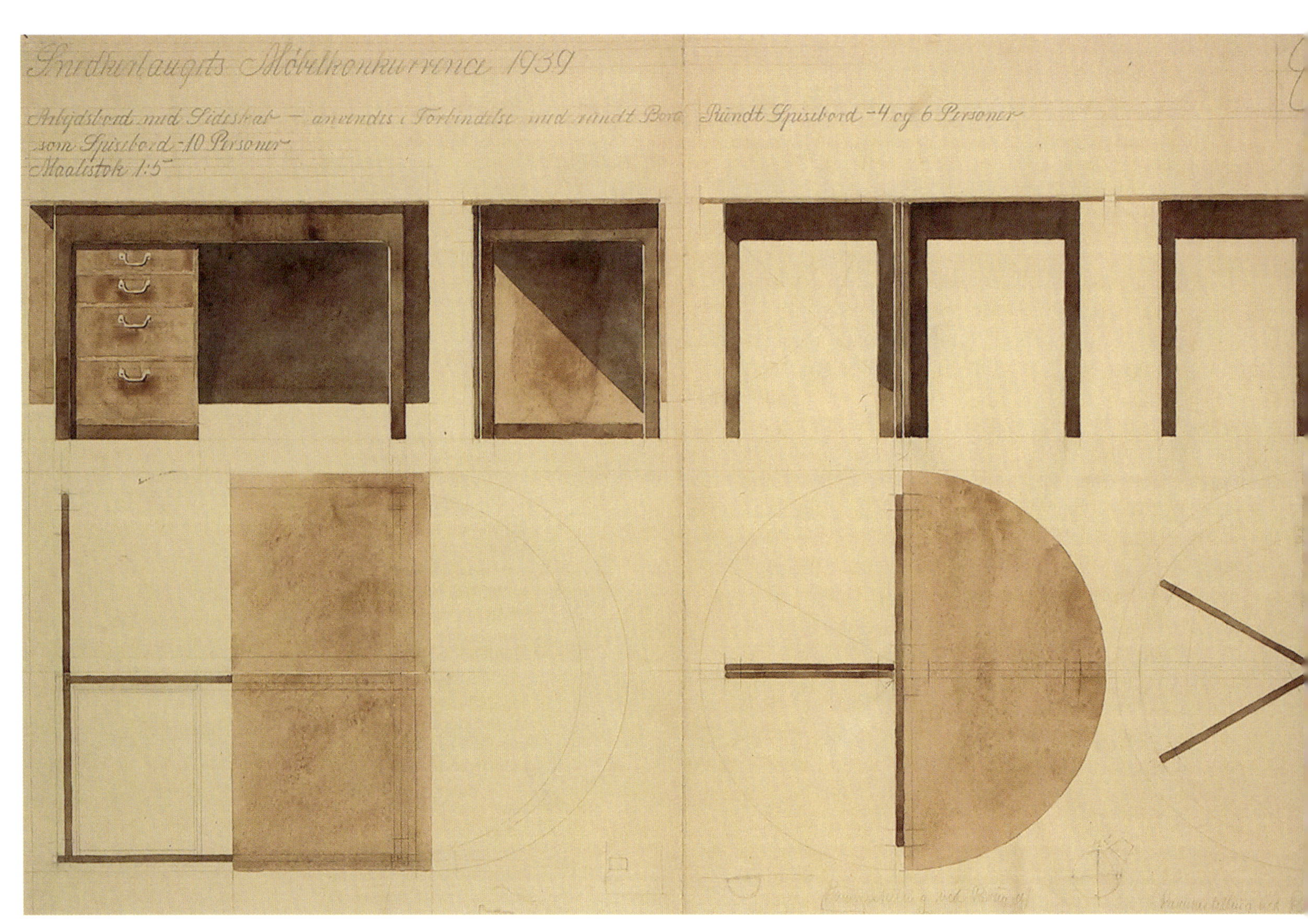

wie der Silberschmied und Formgeber Kay Bojesen (1886–1958), im Jahr 1931 *Den Permanente Udstilling* (Die Ständige Ausstellung) in Kopenhagen begründet, einen Verkaufsraum, in dem das Beste präsentiert wurde, was Dänemark an Kunsthandwerk und Kunstgewerbe zu bieten hatte. Auch das Geschäft BO, das, 1925 eröffnet, später unter dem Namen Illums Bolighus bekannt wurde, bot den dänischen Möbeldesignern eine wichtige Plattform.

Die Zwischenkriegszeit war eine Zeit des Umbruchs, in der man verschiedene Bereiche der dänischen Gesellschaft auf den Prüfstand stellte. In der Möbelindustrie war die Zeit reif für Experimente und Diskussionen über Zweck und Ziel der dänischen Möbelkunst. Seit Anfang der 1930er-Jahre hatten Tischlermeister und Architekten auf der Ausstellung der Tischlerinnung moderne, funktionalistische Möbel vorgestellt, an Ständen, die wie kleine, pfiffig eingerichtete Wohnungen wirkten. Meist arbeiteten die Architekten mit einem Tischlermeister zusammen, der die verwirklichten Entwürfe an seinem Stand präsentierte. Die Ausstellungen dienten den Möbeldesignern als Versuchslabor, wo sie mit unterschiedlich teuren Hölzern experimentieren und neue Einrichtungstrends demonstrieren konnten. Primär richtete sich diese Ausstellung an die Möbelbranche: Hier inspirierten sich Möbeldesigner gegenseitig. Die Messe stand aber auch Privatbesuchern offen, die sich Anregungen für eine modernere Einrichtung ihrer eigenen vier Wände holen wollten.

Zweifellos trugen die Ausstellungen der Tischlerinnung als Forum für Diskussionen und den Austausch von Ideen maßgeblich zum großen Erfolg dänischer Möbelkunst in den 1950er-Jahren bei. Besonders die Pionierarbeit von Børge Mogensen, Hans J. Wegner und Finn Juhl hatte großen Anteil an dieser Entwicklung. 1966, nach beinahe vierzig Jahren, fand die Ausstellung ein letztes Mal statt. 23-mal hatte Børge Mogensen zwischen 1939 und 1962 daran teilgenommen. Von Zeit zu Zeit hatte er beim Architektenwettbewerb der Möbelausstellung Entwürfe eingereicht oder fungierte selbst als Mitglied der Jury. Bei jeder Ausstellung feilte er besonders an der Präsentation seiner Möbel. Er zeichnete den Grundriss seines Stands, auf dem er die Aufstellung der Möbel genau markierte, und suchte dazu passend Gardinen, Plaids, Tischtücher, Geschirr und Beleuchtung aus. Nichts blieb dem Zufall überlassen.

Mogensen, Juhl und Wegner – ein Abgrenzungsversuch

Schon zu Beginn seiner Karriere stellte Mogensen hohe Ansprüche an seine Arbeit. Nie gab es an Qualität und Proportionen der Möbel, die er auf der Innungsausstellung zeigte, auch nur das Geringste auszusetzen. Mit seiner rationalen, schmucklosen Gestaltung war er ein klarer Vertreter der Klint-Schule. Dabei ist es interessant zu sehen, dass sich bei Hans J. Wegner schon die Anfänge einer freieren, eher skulpturalen Formensprache abzeichneten, während Mogensens Entwürfe zur selben Zeit völlig frei von expressiven Kurven waren. Wegners erster Esszimmerentwurf für die Möbelausstellung des Jahres 1938 war noch stark an die Klint-Schule angelehnt. Allerdings tanzte er schon damals mit seinem *Stangerup-Stuhl* (benannt nach dessen erstem Käufer) ein wenig aus der Reihe: Geschwungene Armlehne und lässige Attitüde dieses Lehnstuhls verrieten, dass sich hier etwas Neues anbahnte. Unmissverständlich deutlich wurde dies 1944, als Wegner, von Anhängern der Klint-Schule kritisiert, mit seinem *Fischschrank* aufwartete. Auf den ersten Blick wirkte dieser Schrank wie ein mustergültiges Erzeugnis der Klint-Schule – kantige Linien und eine einfache, saubere Konstruktion. Wenn man ihn aber öffnete, stand man vor einer von Wegner selbst ausgeführten, die ganze Front bedeckenden Intarsienarbeit. Ein deutliches Signal Wegners an die Klint-Schule, dass er Regeln, Schultradition und Funktionalismus als Ausgangspunkt betrachtete, den er beherrschte. Doch er konnte und wollte mehr, was er 1947 mit seinem skulpturalen *Pfauenstuhl* unter Beweis stellte, mit dem er sich endgültig von der Klint-Schule lossagte.

Anfangs kritisierte Børge Mogensen Wegners Ausdruckssprache als zu leger und gewagt. Ganz gleich womit dieser – oder Finn Juhl – auf der jährlichen Möbelausstellung anrückten, ganz gleich wie experimentell ihre Möbel waren, Mogensen hielt an Funktion und Vernunft als Leitgedanken der Klint-Schule fest und ließ sich nicht vom organischen Modernismus verführen. Juhl, der sich der organischen und freien Formensprache noch stärker verschrieben hatte als Wegner, stand in einem Spannungsverhältnis zur Sachlichkeit des Funktionalismus. Er hatte großes Interesse an neuen Gestaltungsmöglichkeiten, doch soziale Kriterien spielten für ihn eine geringere Rolle als für Mogensen. Er ließ sich von der freien Kunst, abstrakten Formen, den internationalen Strömungen allgemein inspirieren, was sich an einigen seiner Möbelentwürfe deutlich erkennen lässt: etwa dem Sofa *Der Poet* (1941), dem Sessel *Der Pelikan* (1940) und dem *Häuptlingsstuhl* (1949). So sehr die jungen Möbelgestalter sich gegenseitig schätzten und während ihrer Karriere auch immer mal wieder zusammenarbeiteten, sie gehörten doch recht unterschiedlichen Lagern an. Eine wesentliche Trennlinie verlief zwischen dem streng rationalen Funktionalismus und einem eher spielerischen, experimentierenden organischen Modernismus.

Erste Möbelentwürfe

Als Børge Mogensen 1939 im Alter von 25 Jahren sein Debüt bei der Möbelausstellung der Tischlerinnung gab, trugen seine Möbel noch deutlich die Handschrift Kaare Klints, der ihm auch persönlich bei der Einrichtung seines ersten Messestands geholfen hatte. Für den Tischlermeister Ove Lander hatte Mogensen ein Arbeits- und ein Esszimmer in Kiefer entworfen. Die Stühle waren zum Teil von englischen Chippendale-Stühlen beeinflusst, mit Sitzflächen aus Rohrgeflecht. Hier zeigte sich schon früh Mogensens Talent für funktionale Möbel, doch hatte er – und wer konnte es ihm verdenken – noch nicht seinen endgültigen Ausdruck gefunden.

Auf derselben Ausstellung präsentierte Mogensen ein Studentenzimmer. Er hatte es zusammen mit seinem Studienkameraden Aage Windeleff für den Tischlermeister Erhard Rasmussen entworfen, der von da an die Mehrzahl von Mogensens Prototypen für die Ausstellungen der Tischlerinnung anfertigte. Die Einrichtung bestand aus Schlafcouch, Couchtisch, Kleiderschrank und Schreibtisch: leichte, funktionale Möbel für einen jungen Studenten. Einigen Journalisten vor Ort fiel die Einfachheit der Möbel auf. In der *Berlingske Tidende* etwa war zu lesen: »Hier haben wir ein Zimmer für einen jungen Studenten. Die praktischen Möbel, angefertigt von Tischlermeister Erhard Rasmussen, zeigen, wie gut man es verstand, sich auf bescheidenem Raum einzurichten.« Mit diesem Studentenzimmer ließ Mogensen sein soziales Engagement durchscheinen. Die Einrichtung nutzte den Platz optimal. Die Möbel bestanden aus dänischer Lärche, die Bezüge stammten von Lis Ahlmann (1894–1979) – der Beginn einer langjährigen Zusammenarbeit zwischen Mogensen und der dänischen Weberin.

Lis Ahlmann zählt zu den wichtigsten Erneuerern des dänischen Textildesigns der Zeit. Für einen Großteil seiner Laufbahn lieferte sie Mogensen Möbelstoffe. Die beiden hatten sich über Kaare Klint kennengelernt, für dessen *Kugelbett* von 1938 sie den Bezug gewoben hatte. Und auch für eine Reihe seiner Polstermöbel hatte sie Stoffe gefertigt. Später wob sie Textilien für verschiedene der Möbel, die Mogensen in den 1940er-Jahren auf der Innungsausstellung präsentierte. Durch ihre Zusammenarbeit mit Klint und später Mogens Koch hatte sie ein Gespür dafür entwickelt, Möbel und Stoff zu einer Einheit zu verschmelzen. Eigentlich hatte Ahlmann Kunstmalerin werden wollen, schloss jedoch 1929 unter der renommierten Weberin Gerda Henning (1891–1951) ihre Ausbildung an der Webschule des Kunstindustriemuseums ab, die später Teil der Kunsthandwerkschule wurde. Fünf Jahre

Mogensen war 1939 gleich mit zwei Ständen auf der Innungsausstellung vertreten. Der erste Stand war eine in kubanischem Mahagoni gehaltene Ess- und Arbeitszimmerkombination. Die Form der Stuhlbeine und die charakteristische Konstruktion ist englischen Chippendale-Stühlen entlehnt, das auffällige Brett der Rückenlehne dagegen geht auf eine chinesische Tradition zurück, die Mogensen damals (wie viele seiner Kollegen) genau studierte.

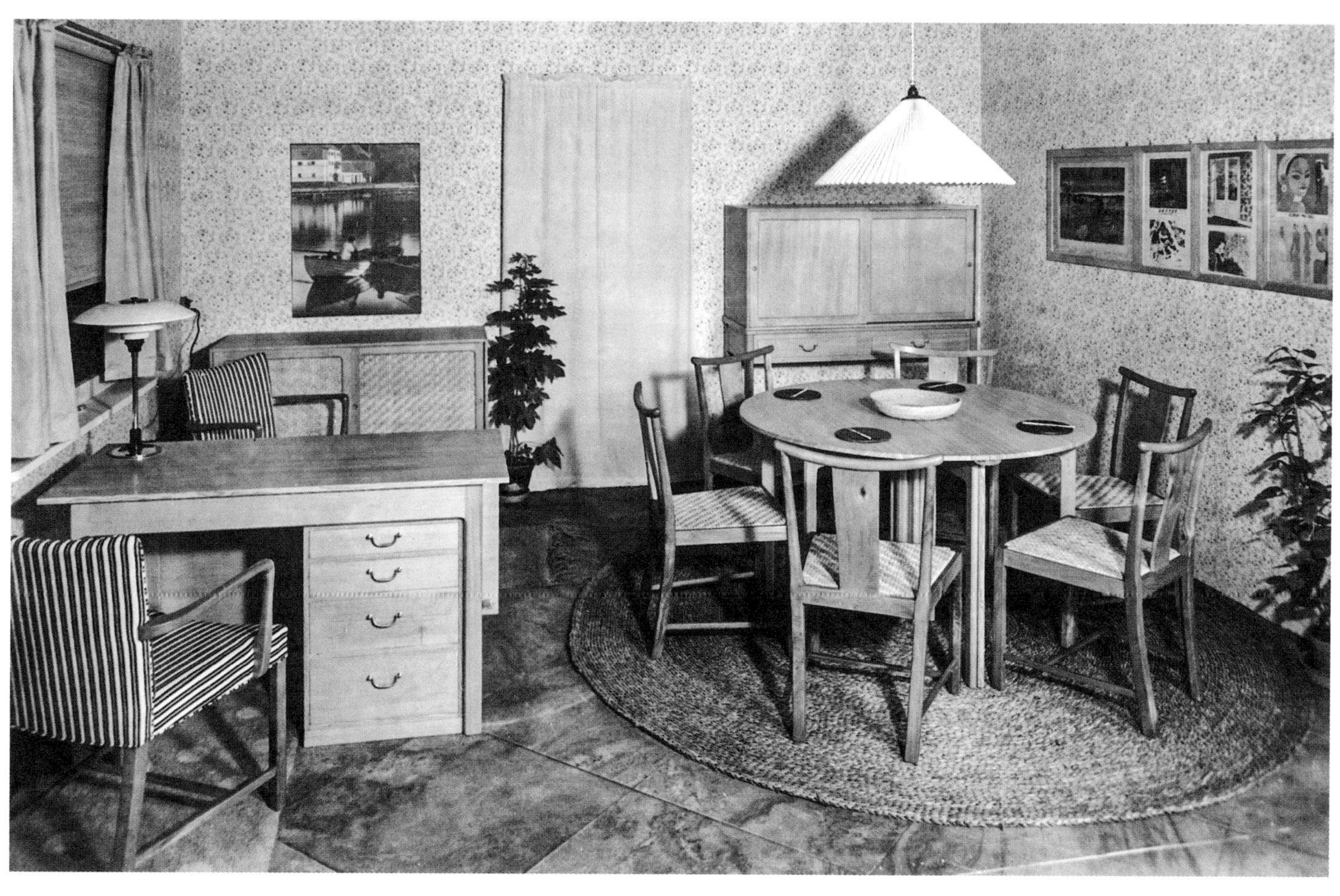

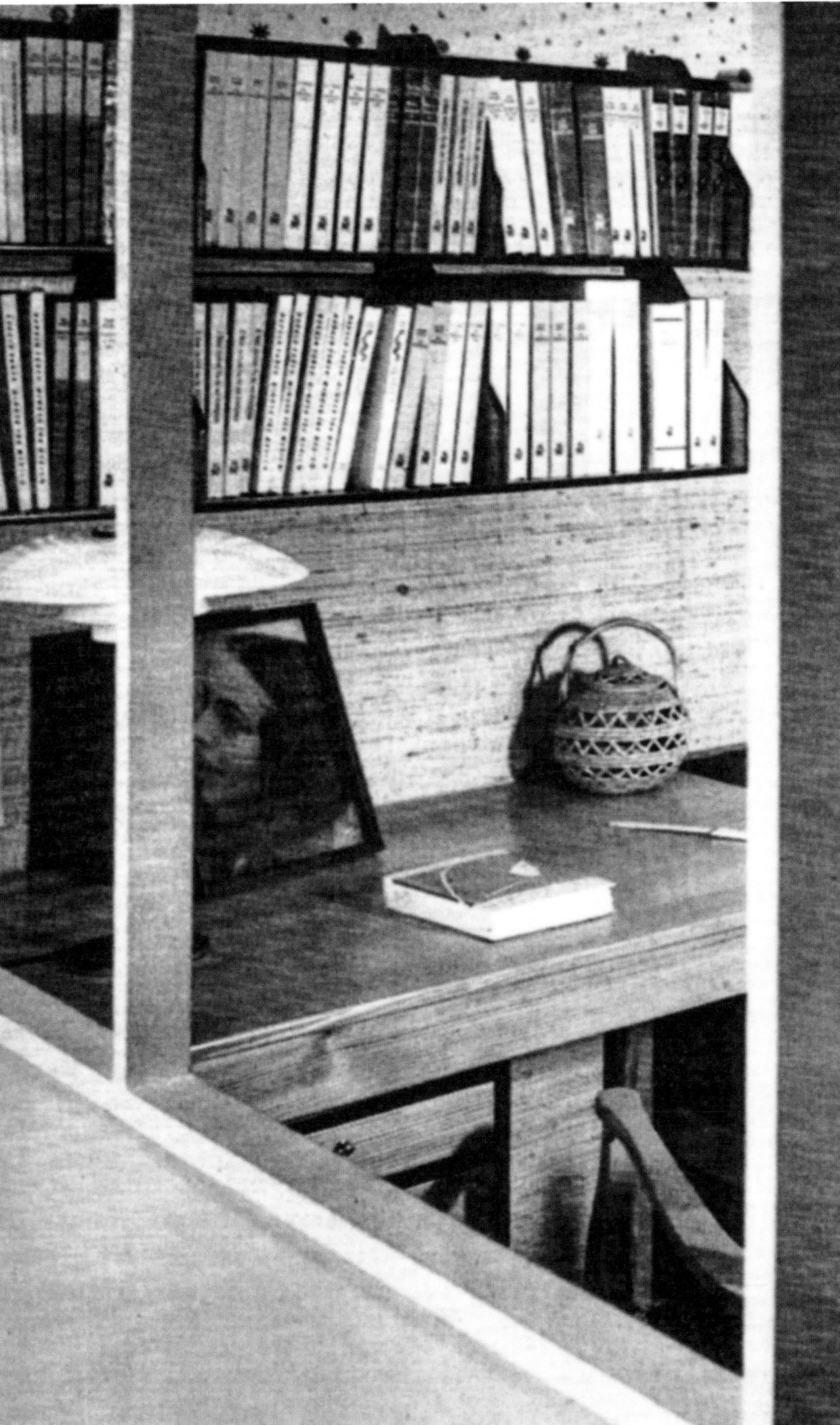

Gemeinsam mit seinem Studienkameraden Aage Windeleff präsentierte Mogensen auf der Innungsausstellung 1939 auch diese Studentenzimmereinrichtung. Mit Blick auf das begrenzte Platzangebot boten sich multifunktionale Lösungen wie eine Schlafcouch und ein kombinierter Arbeits- und Esstisch an. Die ganze Einrichtung bestand aus Lärchenholz, die Bezüge waren Webarbeiten von Lis Ahlmann.

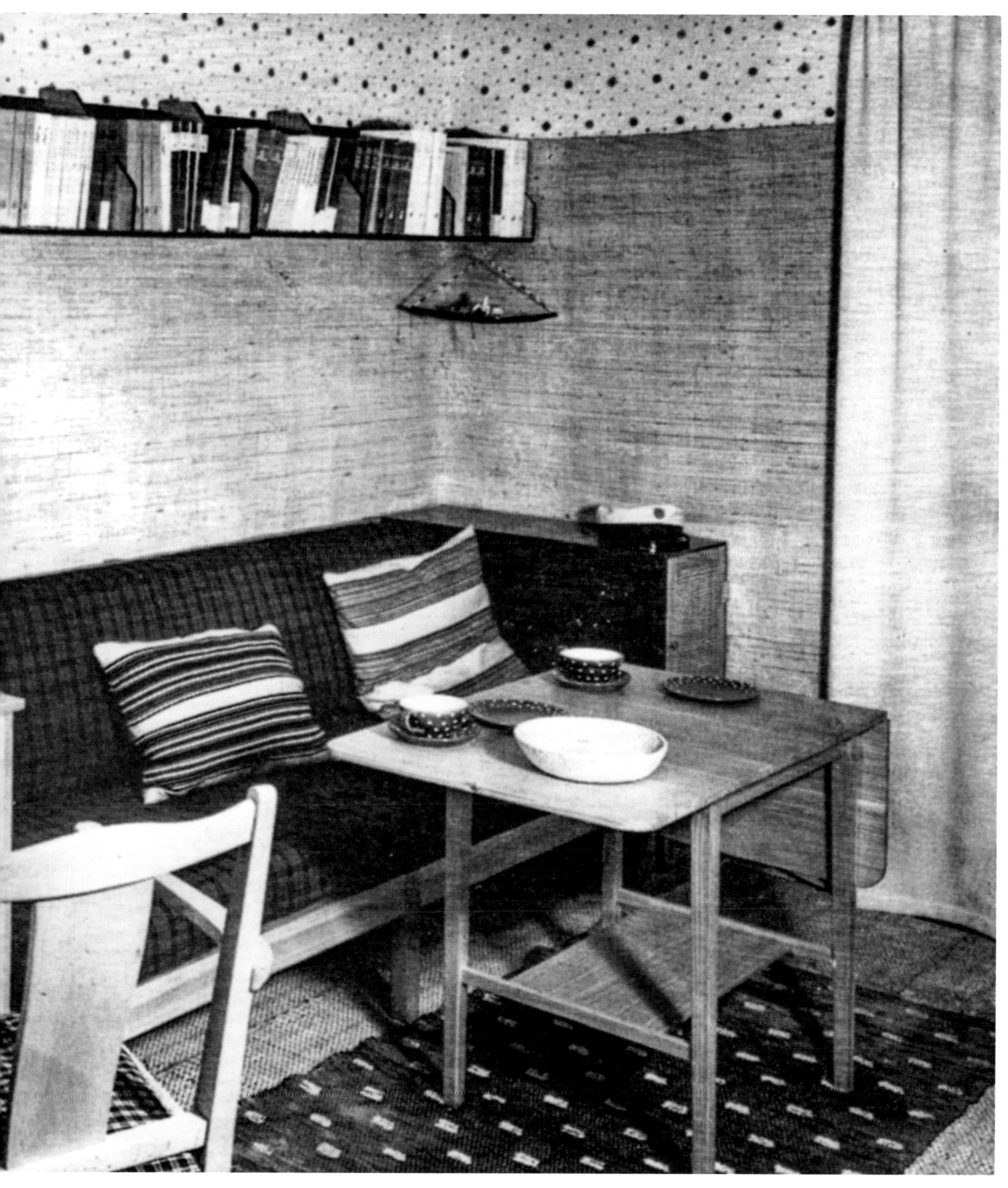

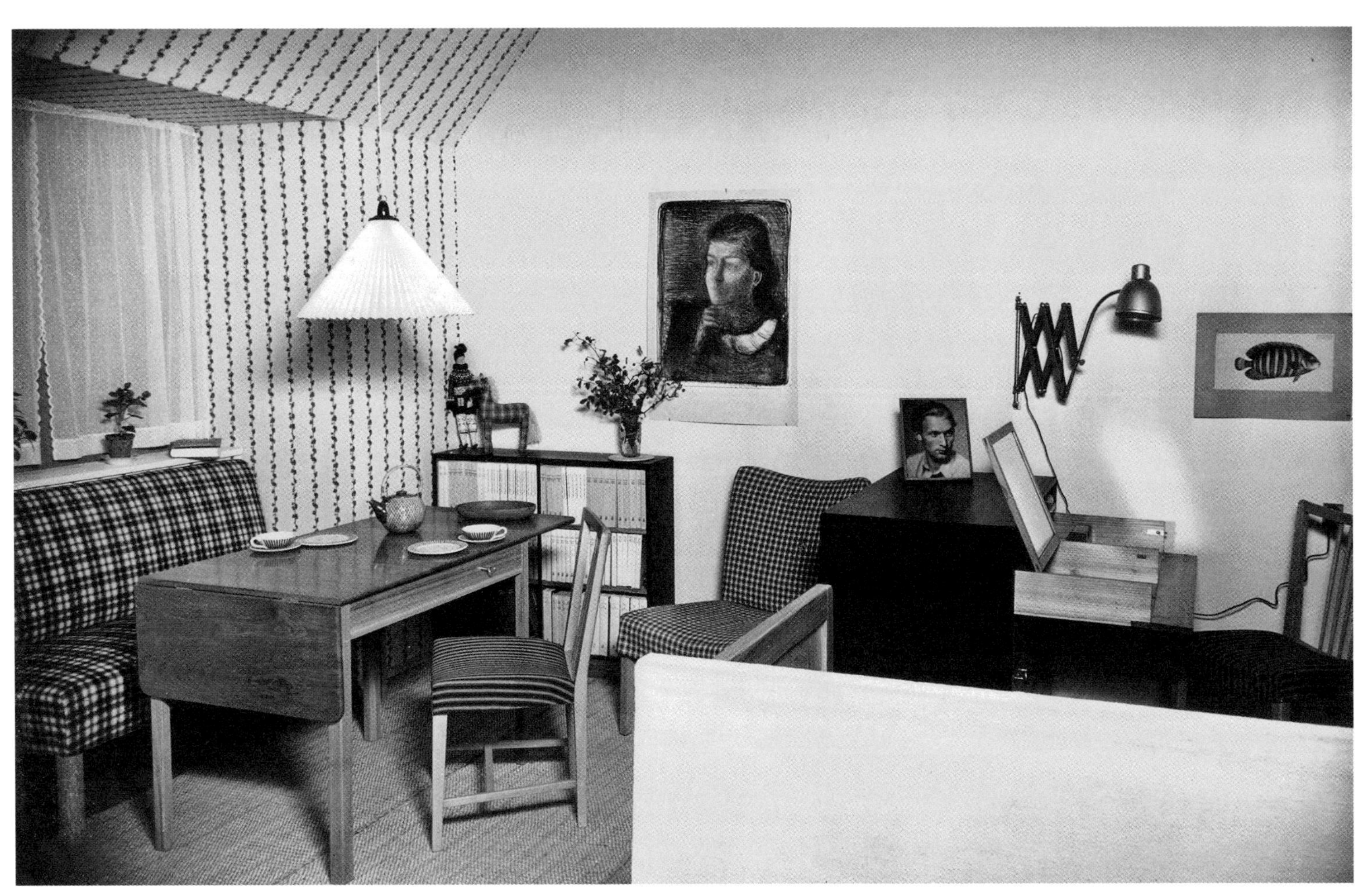

1940 entwarf Mogensen dieses Dachzimmerinterieur, dessen Bezeichnung »Hannes Giebelzimmer« auf eine Zeichenserie Arne Ungermanns über die Hausangestellte Hanne Hansen zurückging (Abb. rechts). Auch regten englische Stühle das Design an, und wie zuvor steht die Einrichtung ganz im Zeichen schlichter Funktionalität.

danach etablierte sie am Sankt Knuds Vej im Kopenhagener Stadtteil Frederiksberg ein eigenes Textilatelier. Wie Mogensen arbeitete sie mit Naturmaterialien, besonders Baumwolle, Wolle und Leinen. Sie war dabei fest in der Tradition verwurzelt und beschäftigte sich intensiv mit den schlichten Mustern des dänischen Bauernstils, die sie verfeinerte und moderner gestaltete. Kaare Klint soll einmal gesagt haben, die Textilien von Lis Ahlmann erinnerten ihn an die tanzenden Lichtreflexe, die von den glitzernden Wellen im Kanal vor seiner Wohnung in Christianshavn durch die Sprossenfenster an die Zimmerdecke gemalt wurden.

Möbel für Hanne und Peter

Auf der Innungsausstellung des Jahres 1940 verfolgte Børge Mogensen einen ähnlichen sozialen Ansatz wie mit seinem Studentenzimmer des Vorjahrs. Diesmal mit einer voll möblierten Dachwohnung, die er »Hannes Giebelzimmer« nannte. Hier kam sein Sinn für Raumnutzung und Funktion voll zur Geltung. Ein begeisterter Rezensent schrieb in der Zeitung *Politiken*: »Hanne müsste man sein! Hübsch wohnt sie, das junge Ding! Ja, kein bisschen dröge ist das, was die Tischler hier geleistet haben, so ernst sie es mit ihrer Arbeit auch genommen haben.«

Die Anregung zu »Hannes Giebelzimmer« bezog Mogensen durch die Zeichenserie »Hanne Hansen«, die einen festen Platz in der Wochenbeilage von *Politiken* hatte. Zeichner der Serie war der in Dänemark später recht bekannte Arne Ungermann (1902–1981), von dem unter anderem die Illustrationen zu Jens Sigsgaards Kinderbuch *Palle allein auf der Welt*, den Satirezeitschriften *Blæksprutten* (Tintenfisch) und *Svikmœllen* (Zwickmühle) sowie dem politischen Blatt *Kulturkampen* stammen. Und nicht zu vergessen die Titelvignetten des 24-Teilers *Matador,* dem größten Straßenfeger der dänischen Fernsehgeschichte. Von 1935 bis 1958 schilderte Ungermanns Serie das Leben Hanne Hansens als Hausangestellte bei der Familie Olsen. Die Zeichnungen kreisten um die kleinen Dinge des Alltags und aktuelle Begebenheiten der Zeit. Ungermann wollte den einfachen Leuten eine Stimme geben, und eben diesen Gedanken führte Mogensen auf der Möbelausstellung weiter.

1941 zeichnete Mogensen für Erhard Rasmussen die Einrichtung einer Zweizimmerwohnung für junge Leute, ein Wohnungstyp, der sich in den 1930er-Jahren

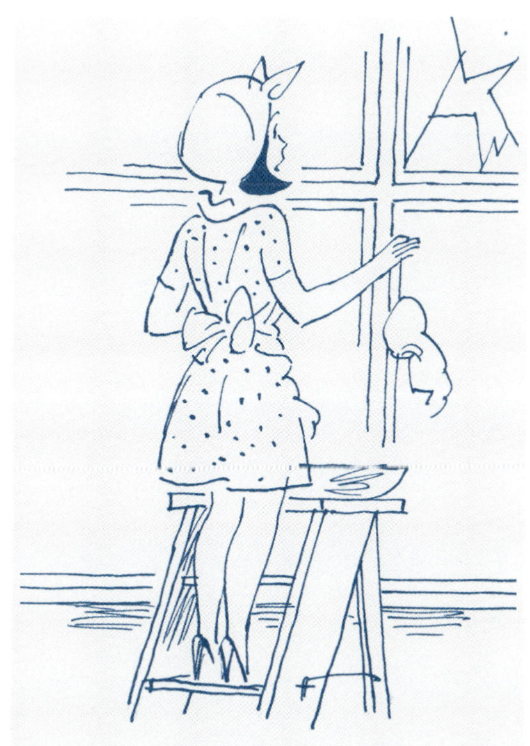

auf der Möbelausstellung fest etabliert hatte. Erneut wollte er die junge Generation ansprechen und zeigen, dass sich mit dem richtigen Dreh auch kleine Wohnungen in der Stadt geräumig einrichten ließen. Außer einer Esszimmerkombination in Kirschholz entwarf Mogensen ein gepolstertes Zweisitzersofa mit fast quadratischen Seiten und gerader Rückenlehne. In mehreren Besprechungen wurde er für seine zurückhaltenden Entwürfe gelobt, doch in der *Berlingske Aftenavis* stand zu lesen: »Diese Zweizimmerwohnung mit Wohnküche ist die reinste Puppenstube, zu zierlich für ausgewachsene Menschen, aber in einem netten, nüchternen Stil. Nur für die persönliche Note werden die jungen Leute wohl selbst sorgen müssen.«

Ungeteilten Beifall dagegen erhielt Mogensen für eine Geschirranrichte, bei der er eine elegante Lösung für ein altbekanntes Problem gefunden hatte: wie nur an hinten gestapeltes Geschirr herankommen, ohne die vorn stehenden Objekte wegräumen zu müssen? Zwei an den Türinnenseiten befestigte Geschirrtabletts schufen Abhilfe. Beim Öffnen der Anrichte wurden einem Gläser und Tassen entgegengeschwenkt, Teller, Kannen, Schalen und andere schwere Sachen ließen sich bequem erreichen.

Zwei Jahre später, auf der Innungsausstellung 1943, setzte Børge Mogensen seine Arbeit an der Einrichtung von kleinen Dachgeschosszimmern fort. Mit »Peters Kammer« verfolgte er die Absicht, der Jugend im Dänemark der Besatzungszeit zu zeigen, wie smart und modern es sich auf wenigen Quadratmetern wohnen ließ. Was brauchte man mehr als eine Schlafcouch, einen kombinierten Couch- und Arbeitstisch und einen leichten Sprossenstuhl mit filigraner Lehnenkonstruktion, die an Kaare Klints *Faaborg-Stuhl* von 1914 erinnerte. Das Ganze in hellen Materialien: Eiche, Buche und Kiefer.

Dänische Hölzer setzten sich in den 1940er-Jahren immer stärker durch, zumal die Materiallage nach der deutschen Besatzung Dänemarks im Jahr 1940 zunehmend schwierig wurde. Vor allem exotische Hölzer wie Teak und kubanisches Mahagoni waren kaum mehr zu beschaffen. Zudem erlaubten produktionstechnische Fortschritte jetzt die industrielle Verarbeitung von Buchenholz, das man bisher eher gemieden hatte, weil es sehr stark »arbeitet«.

Trotz des Krieges hatte die Möbelbranche gut zu tun – Dänemark exportierte während des Zweiten Weltkriegs sogar mehr Möbel ins Ausland als vorher. Nach Kriegsende erlebten die ausländischen Holzarten zwar nach und nach ein Comeback, doch

Für die Ausstellung der Tischlerinnung 1941 zeichnete Børge Mogensen Möbel für eine Zweizimmerwohnung. Das unprätentiöse Esszimmer lag ganz im Trend der Zeit, ohne sich in irgendeiner Weise abzuheben. Deutlich erkennbar der noch übermächtige Einfluss der Klint-Schule auf den jungen Mogensen. Früh zeigen sich aber auch schon hier das für Mogensen typische solide Handwerk und sein Sinn für Funktionalität.

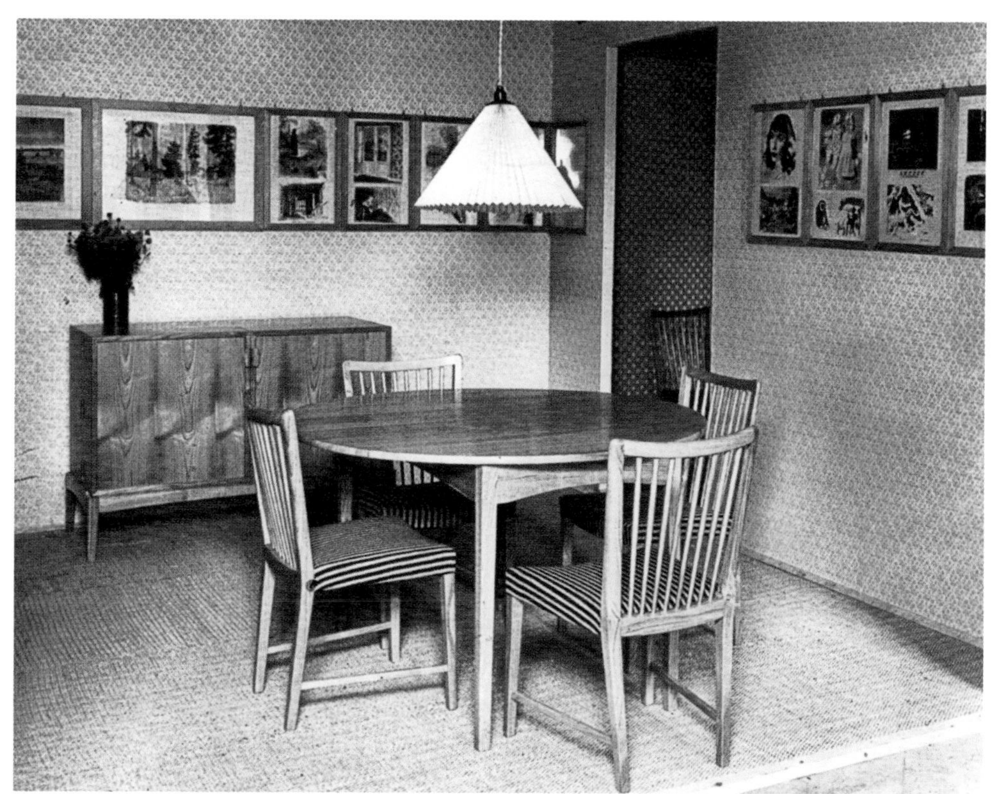

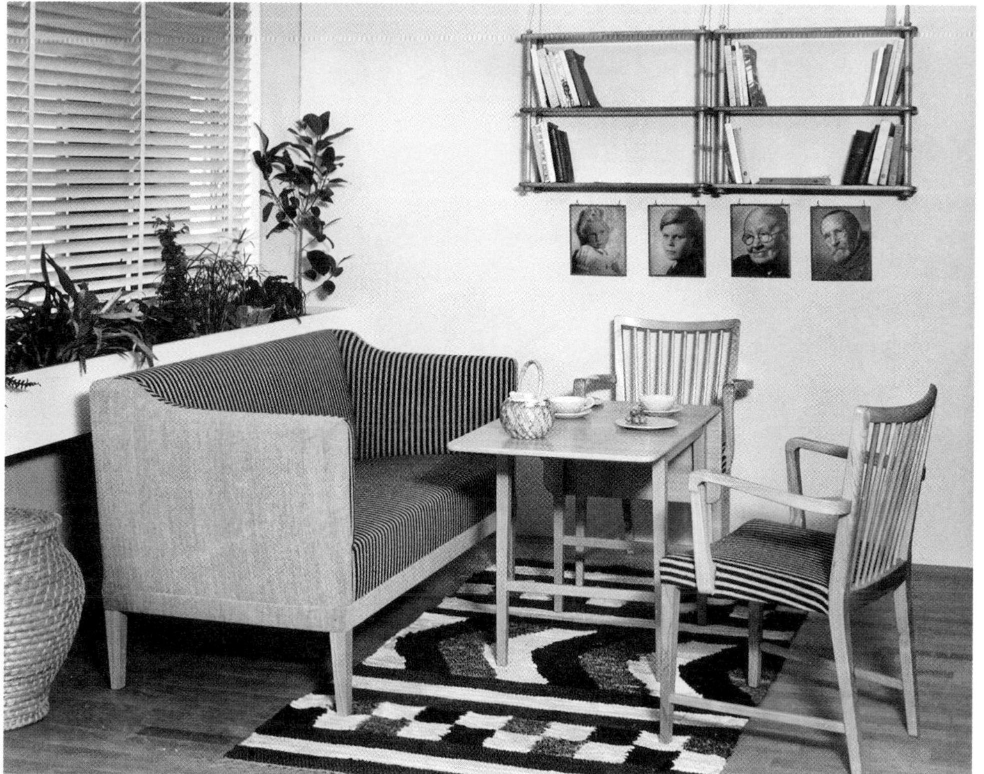

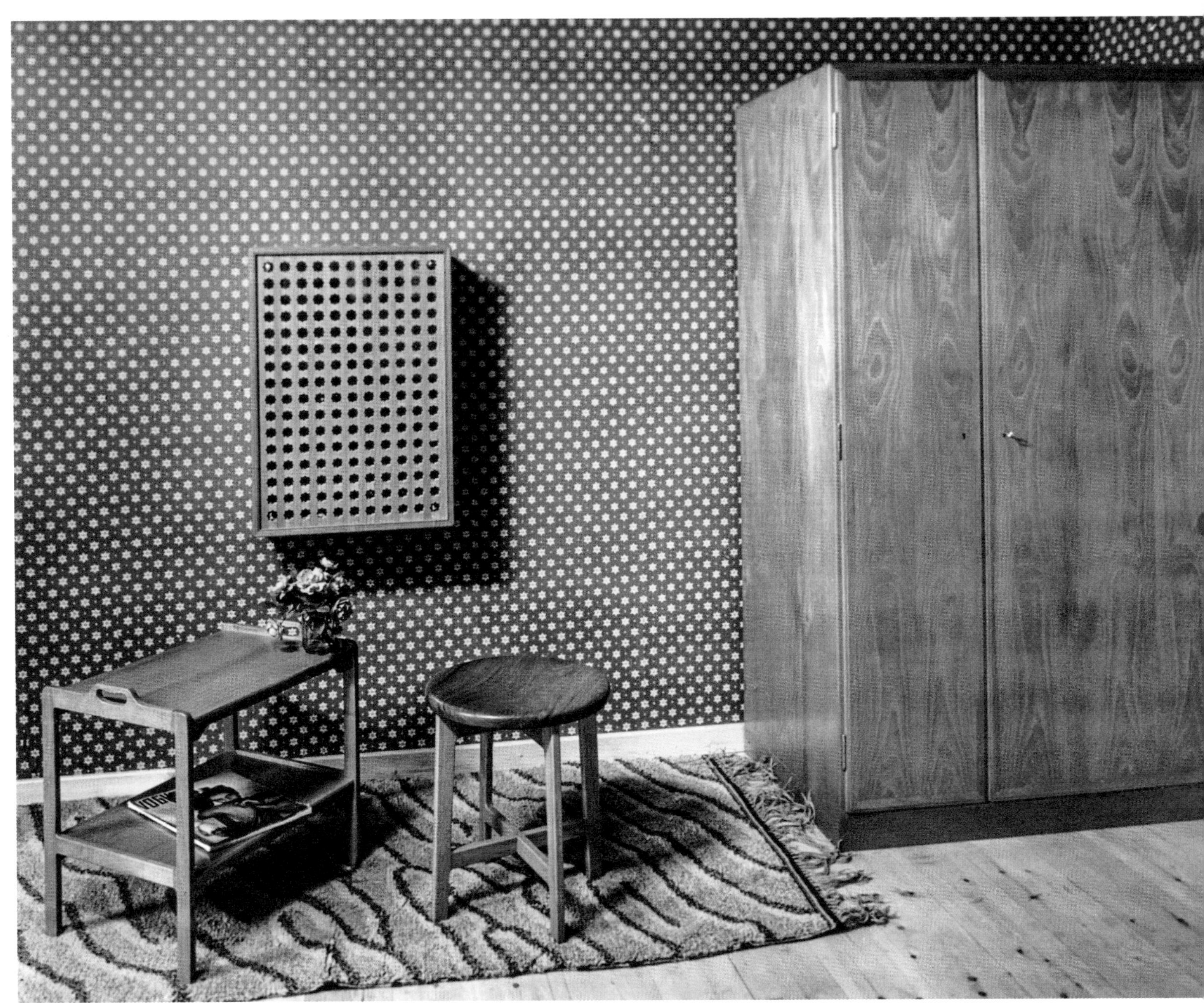

Die Einrichtungsgegenstände für das »Damenzimmer« von 1942 zeichneten sich gegenüber dem, was Mogensen bisher auf der Innungsausstellung präsentiert hatte, durch eine größere Liebe zum Detail aus. Das Schmink- und Frisierschränkchen glänzte mit einer Reihe verschieden großer Ablagen und Schubfächer, und die beiden großen, justierbaren Spiegel an den Innenseiten der Schranktüren erlaubten es, sich von allen Seiten zu betrachten. Dazu zeigte Mogensen einen Beistelltisch mit passendem Hocker, wahlweise in Esche oder kubanischem Mahagoni.

inzwischen hatten zahlreiche dänische Möbelgestalter verinnerlicht, dass die Verwendung heimischer Hölzer niedrigere Preise möglich machte, und damit eine größere Käuferschicht.

Auch wenn sein eigentlicher Durchbruch noch bevorstand, hatte sich Mogensen seit seinem Debüt bei der Ausstellung der Tischlerinnung 1939 doch fraglos als Möbelgestalter etabliert, mit dem man rechnen musste. Mehr und mehr machte er sich als einer jener jungen, die Innovation vorantreibenden Designer bemerkbar, die mit unkonventionellen Einrichtungsideen frischen Wind in die Wohnkultur brachten. Journalisten der Magazine und Tageszeitungen wurden auf ihn aufmerksam, wobei Mogensen es nicht immer schaffte, seine Messestände rechtzeitig zur Pressevorstellung am Tag vor der Eröffnung fertigzustellen. Børge Mogensen war ein Perfektionist. Unbeirrbar, und ohne Kompromisse zu machen, arbeitete er so lange, bis er auch mit dem letzten Detail restlos zufrieden war. Noch keine 30 Jahre alt, war er mit dem, was er als Schüler Kaare Klints an der Kunstakademie und mit seinen ersten eigenen Tischlermöbeln auf den Innungsausstellungen an Erfahrung gesammelt hatte, bestens für alles Weitere gerüstet.

»Peters Kammer« nannte Mogensen dieses Jungenzimmer, das er 1943 präsentierte. Der Stuhl war eine deutliche Verneigung vor den englischen Windsorstühlen und insbesondere Kaare Klints *Faaborg-Stuhl* von 1914. Die hellen, dänischen Holzarten (Eiche, Buche und Kiefer) sollten später kennzeichnend für seine Möbel werden.

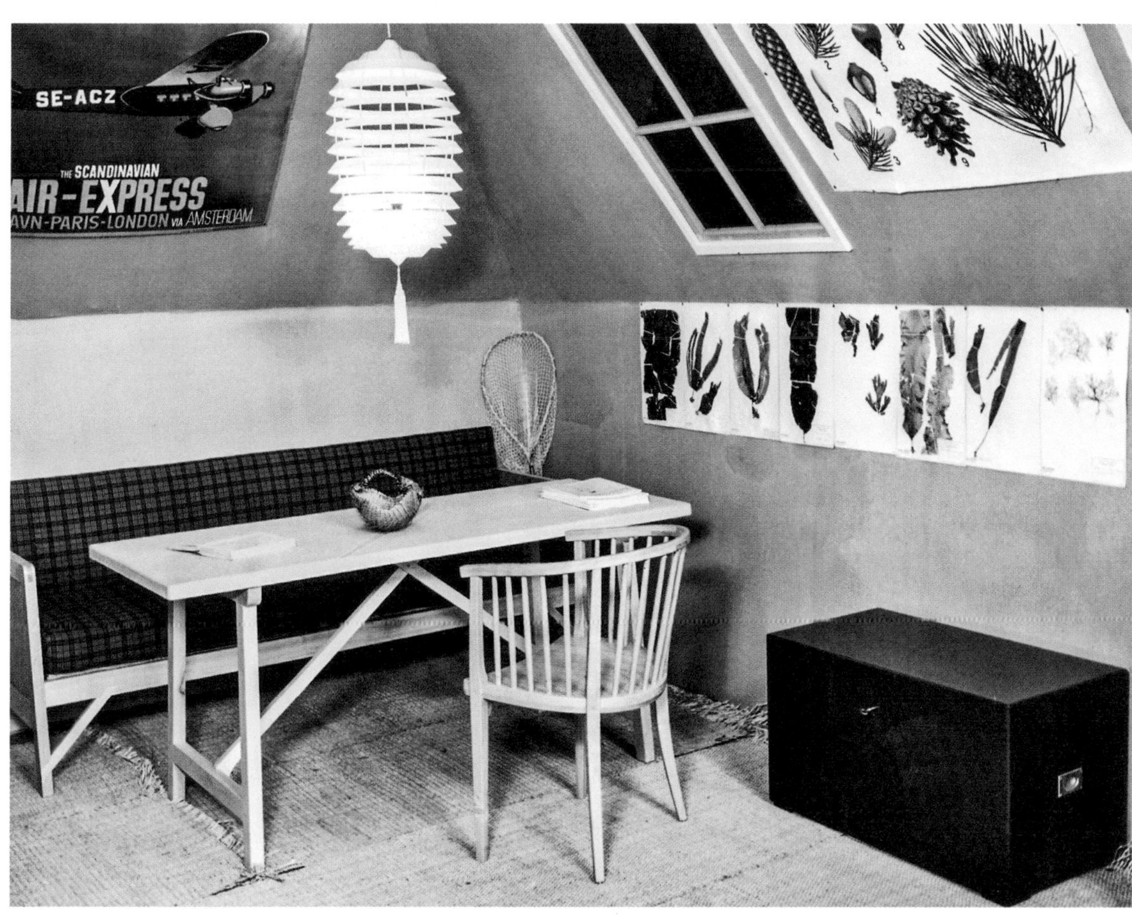

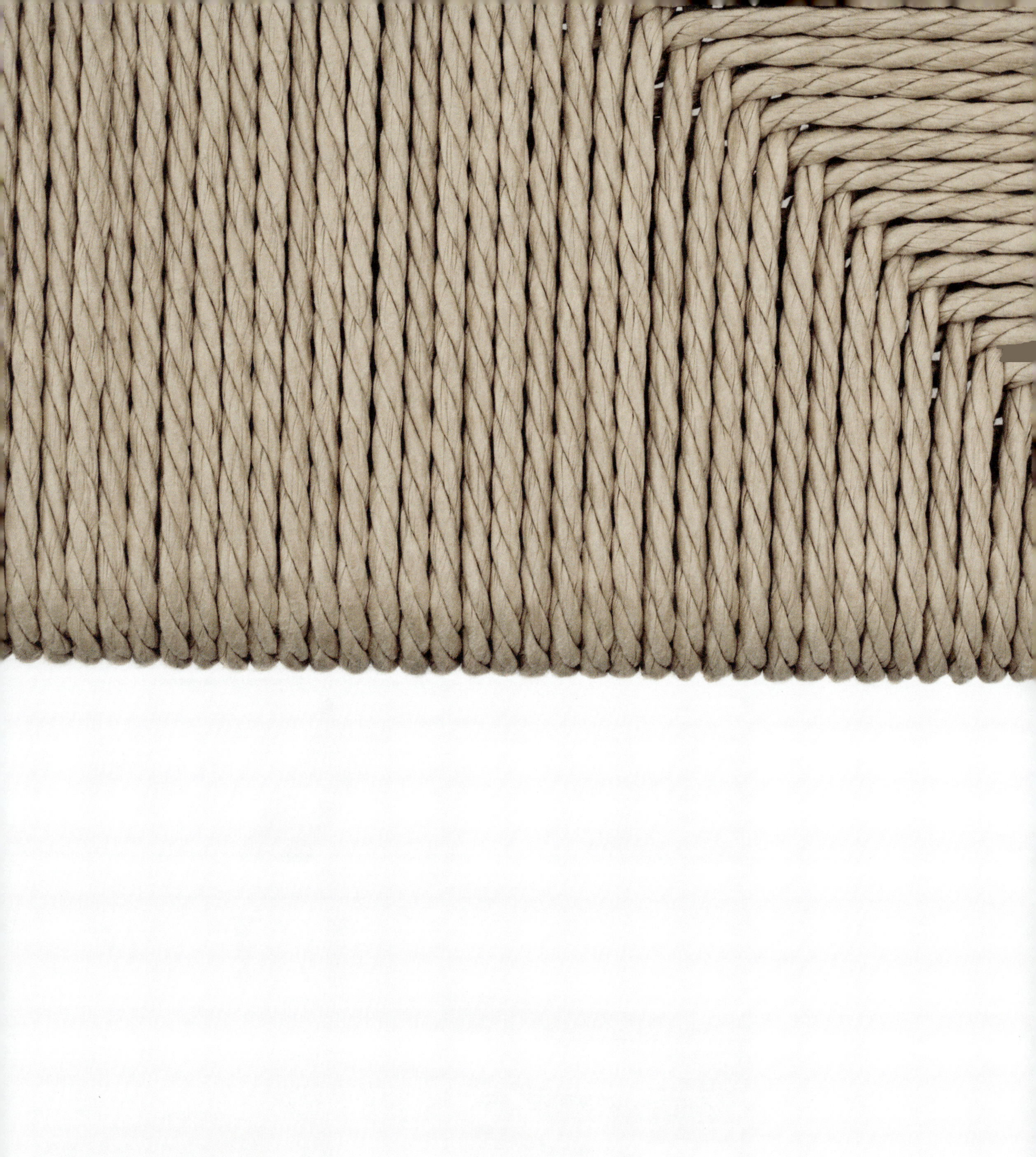

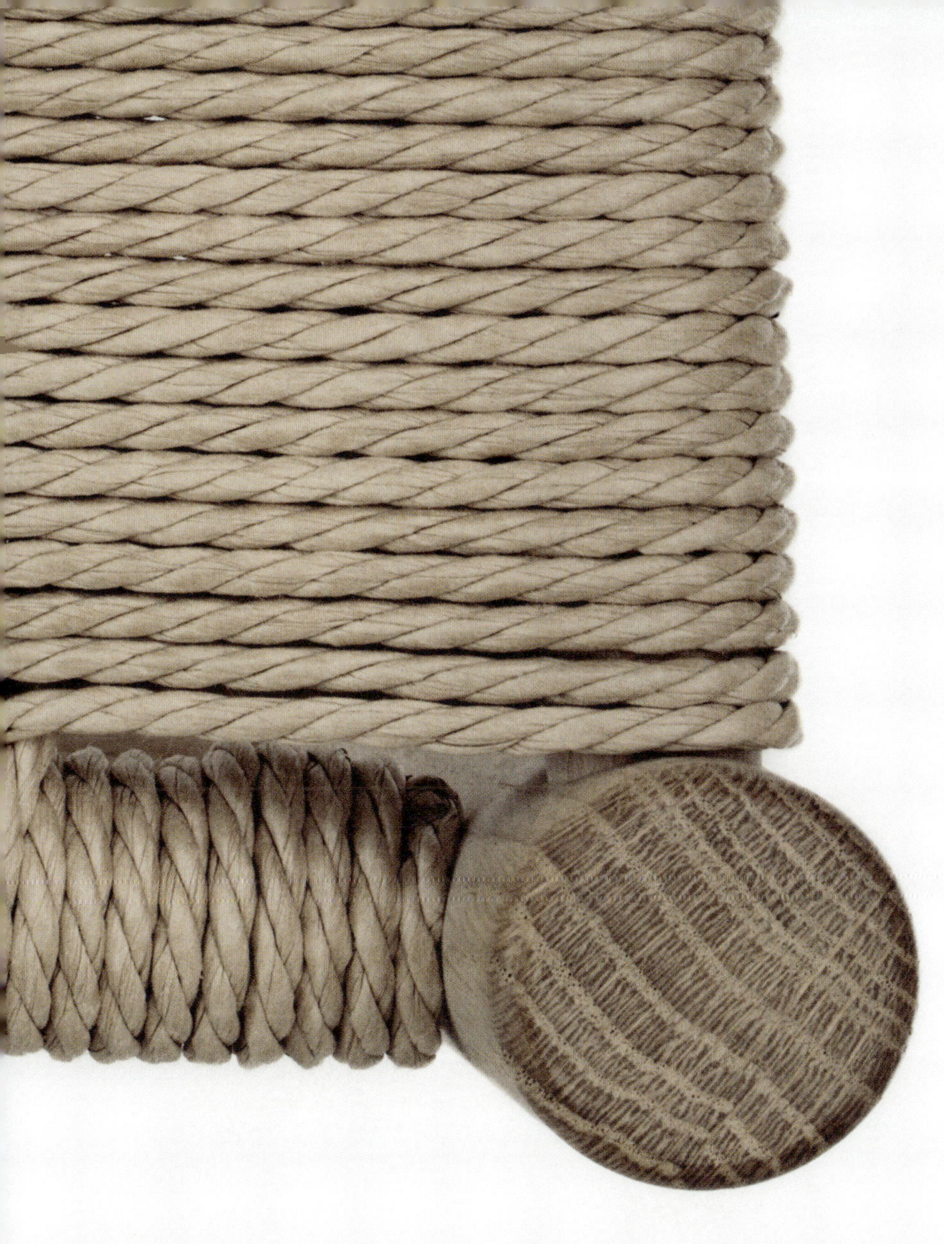

FDB – Möbel fürs Volk

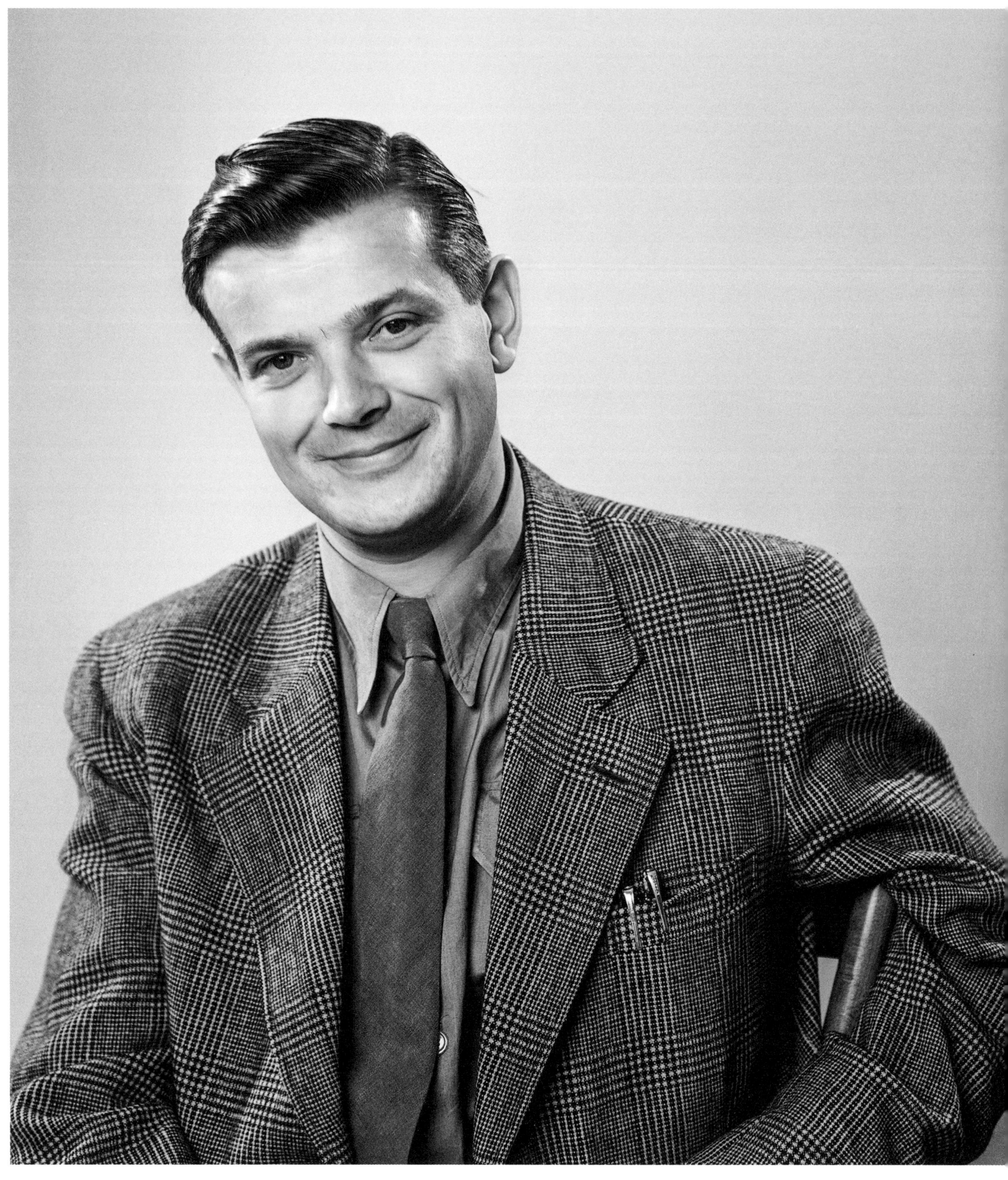

1942 wurde Børge Mogensen im Alter von nur 28 Jahren Leiter des neu gegründeten Büros für Möbeldesign des dänischen Verbrauchergenossenschaftsverbands FDB. Bei seiner Arbeit an den Möbeln der FDB verfolgte er den funktionalistischen Ansatz der Klint-Schule weiter. Mogensens Gespür für eine schlichte, strenge Formensprache passte perfekt zur Absicht der FDB, leichte und moderne Möbel herzustellen.

Leiter des Möbeldesignbüros der FDB

Børge Mogensens leidenschaftliches Interesse für alltagstaugliche, günstige Möbel war schon früh einigen führenden Architekten aufgefallen, die seine Arbeiten auf den Ausstellungen der Tischlerinnung gesehen hatten. Insofern war er eine nahe liegende Wahl, als der Verband der Verbrauchergenossenschaften Dänemarks FDB 1942 einen Leiter für sein neu gegründetes Büro für Möbeldesign suchte – ein Zeichenbüro speziell für die Entwicklung industriell herstellbarer Möbel. Der Architekt und Professor an der Kunstakademie Steen Eiler Rasmussen (1898–1990) beriet die FDB in den 1940er-Jahren als Konsulent und hatte die Aufgabe, ein Grundlagenkonzept für die Produktion von Volksmöbeln durch die FDB zu entwickeln. Er kannte Børge Mogensen von der Kunstakademie und empfahl ihn dem ehrgeizigen Generaldirektor der FDB, Frederik Nielsen. Schon kurz darauf trat der nur 28 Jahre alte Mogensen die Stellung als Leiter des Zeichenbüros an und machte sich daran, preiswerte, moderne Möbel für die breite Bevölkerung zu entwerfen.

Die im Jahr 1896 gegründete FDB (Fællesforeningen for Danmarks Brugsforeninger) hatte bereits 1929 dem Architekten M. K. Michaelsen (1929–1964) die Leitung eines neuen Architektenbüros anvertraut. In den 1930er-Jahren hatte dieser auch an der Entwicklung mehrerer Möbelprogramme mitgewirkt, doch erst zu Beginn der 1940er-Jahre behauptete sich die Idee einer eigenständigen Möbelproduktion mit einem ausschließlich auf Möbeldesign spezialisierten Zeichenbüro. Frederik Nielsen und Steen Eiler Rasmussen waren sich einig, dass das Angebot an modernen, preiswerten Möbeln für den Durchschnittsverbraucher zu wünschen übrig ließ. Damit lagen sie nicht ganz verkehrt, denn in den Jahren vor dem Zweiten Weltkrieg dominierten weniger erschwingliche Tischlermöbel, die sich nicht industriell herstellen ließen. Mit der Produktion von Qualitätsmöbeln, die sich auch eine Durchschnittsfamilie leisten konnte, wollte die FDB zwei Ziele erreichen: das Niveau der dänischen Wohnkultur heben und gleichzeitig die Wohnkultur demokratisieren. Ein Schritt auf diesem Weg bestand darin, der allgemeinen Bevölkerung neue, rationale Einrichtungskonzepte nahezubringen. Ein solches Projekt lag ganz auf einer Linie mit den Möbelentwürfen, die Børge Mogensen bisher auf den Ausstellungen der Tischlerinnung gezeigt hatte. Kurz vor seiner Anstellung durch die FDB unternahm er eine Studienreise nach Schweden, auf der er sich intensiv mit schwedischen Sprossenstühlen auseinandersetzte. Bei Fabrikbesuchen eignete er sich wertvolles Wissen darüber an, wie man Qualitätsmöbel industriell und kostengünstig herstellen konnte. Möglich wurde diese Studienreise durch ein Stipendium der Dänischen Industrie- und Handelskammer in Höhe von 1000 Kronen. Als Mogensen nach einem Monat wieder zurück nach Kopenhagen kam, steckte er voller Ideen, die ihn bei seiner Arbeit für das Zeichenbüro der FDB beflügelten.

Seine erste Aufgabe war keine geringere, als ein komplettes Möbelprogramm auf die Beine zu stellen. Diese Mammutarbeit nahm ihn von Herbst 1942 bis Frühling 1944 in Beschlag. Fast zwei Jahre lang saß Mogensen im Möbeldesignbüro der FDB in der Njalsgade auf Amager und arbeitete an der umfangreichen Kollektion. Immer wieder einmal lag er dabei mit Frederik Nielsen im Clinch. Der Generaldirektor der FDB war eine seltene Mischung aus knallhartem Geschäftsmann und glühendem Idealisten. Was Mogensen und Nielsen jedoch verband, war der Traum von einer demokratischeren Wohnkultur. Wie viele andere funktionalistische Möbelgestalter war Børge Mogensen fertig mit den alten Klunkestil-Möbeln und dem, was er »Fleischer-Garnituren« nannte: mit Schnörkeln verzierte Sekretäre und dunkle, wuchtige Sofas, die kostbaren Platz raubten und nicht von menschlichen Proportionen her gedacht waren. »Es gibt keinen Grund, weshalb eine Sofagarnitur aussehen muss wie ein mit Wasser aufgepumpter Schinken«, stichelte er und fügte hinzu: »Warum soll man eine kleine Wohnung bis zum Gehtnichtmehr mit plumpen, unpraktischen Möbeln vollstopfen, wenn man stattdessen in Schränke und Tische investieren kann, die weniger wuchtig und so raffiniert gemacht

In den 1940er-Jahren richtete die FDB in einigen größeren Städten sogenannte Probewohnungen ein. Hier konnte der interessierte Kunde einfach ins Geschäft spazieren und dort gewissermaßen Probe wohnen. 1944 machte das Möbelgeschäft der FDB in der Frederiksborggade in Kopenhagen den Anfang.

In fruchtbarer Zusammenarbeit mit dem Generaldirektor der FDB, Frederik Nielsen, entwickelte Børge Mogensen in den 1940er-Jahren eine Reihe moderner Möbel für die breite Bevölkerung. Trotz Materialknappheit der Weltkriegsjahre gelang es ihnen, ein komplettes Möbelprogramm auf die Beine zu stellen und die dänische Wohnkultur zu modernisieren. Im Bild zu sehen: Frederik Nielsen (zweiter von rechts) neben Børge und Alice Mogensen vor Nielsens Haus in Frederiksberg.

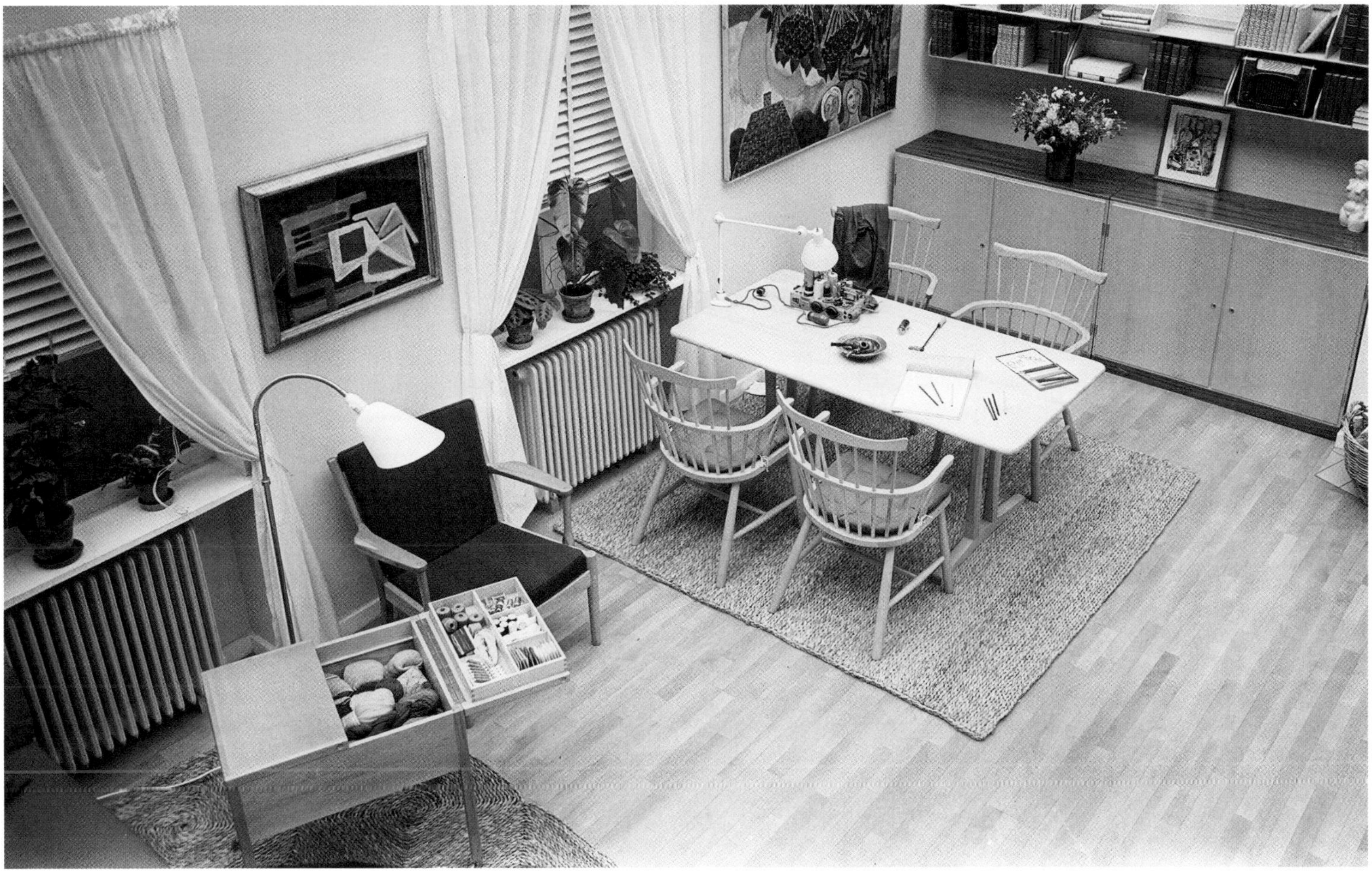

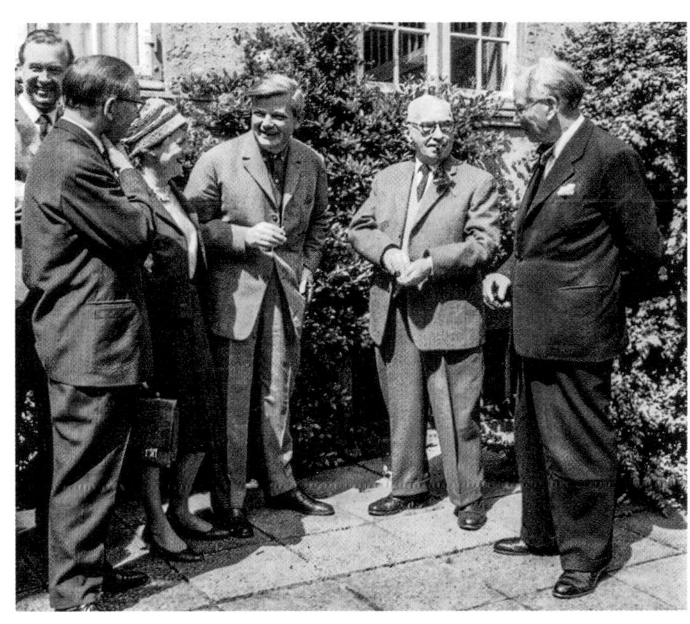

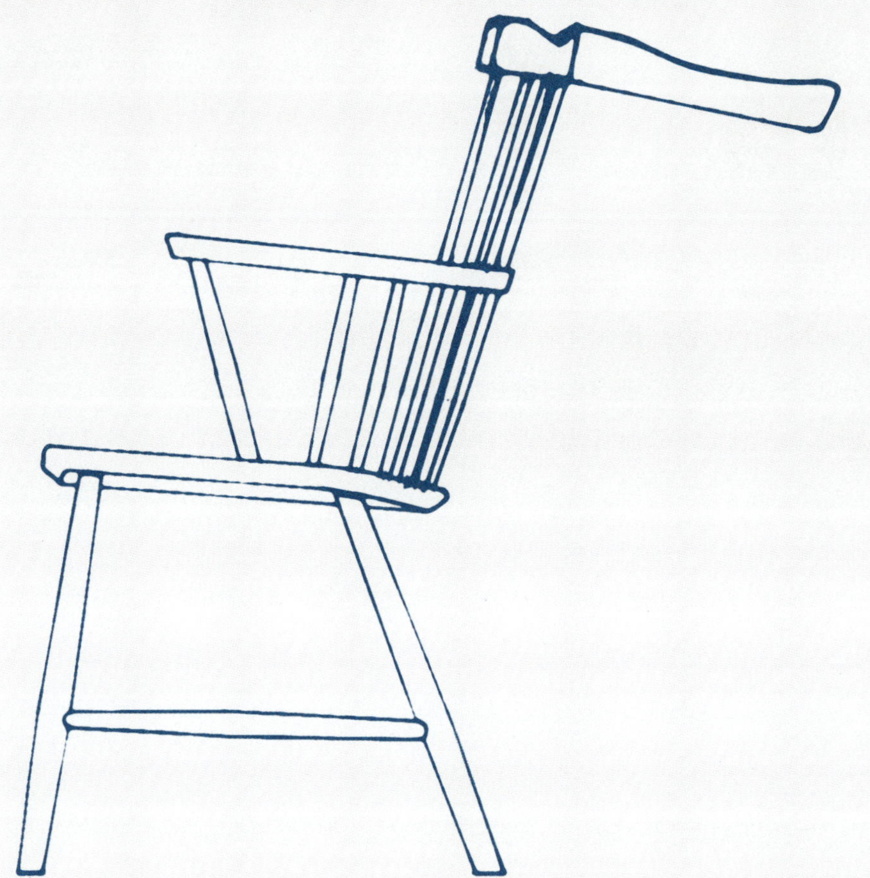

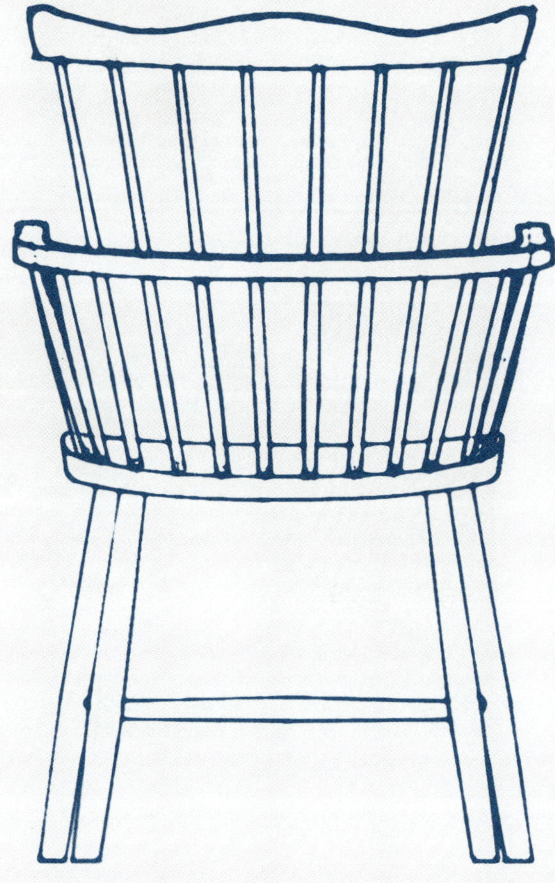

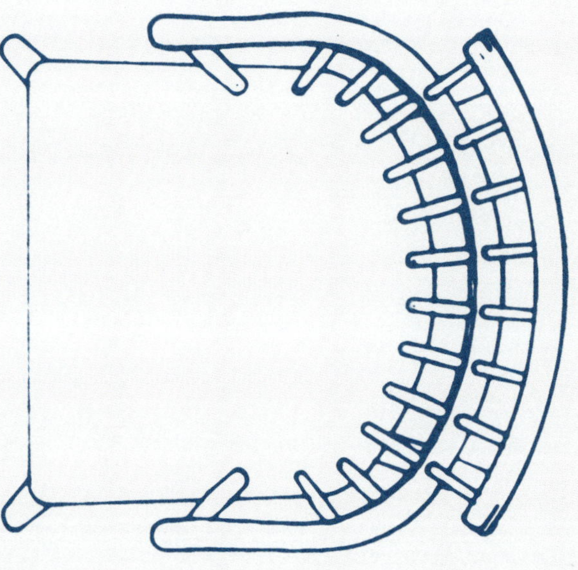

Ausgehend vom englischen Windsorstuhl, vereinte dieses solide und doch leichte Sitzmöbel aus lackiertem Buchenholz Esszimmer- und Lehnstuhlelemente in sich. Mit seinen einfachen, gedrechselten Sprossenstäben eignete sich der Stuhl hervorragend für die industrielle Herstellung. Der Windsorstuhl avancierte zu einem der großen Verkaufserfolge der FDB, und 2013 legte Coop (in Nachfolge der FDB) diesen Stuhl zusammen mit anderen Möbeln aus dem Sortiment der FDB neu auf.

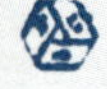

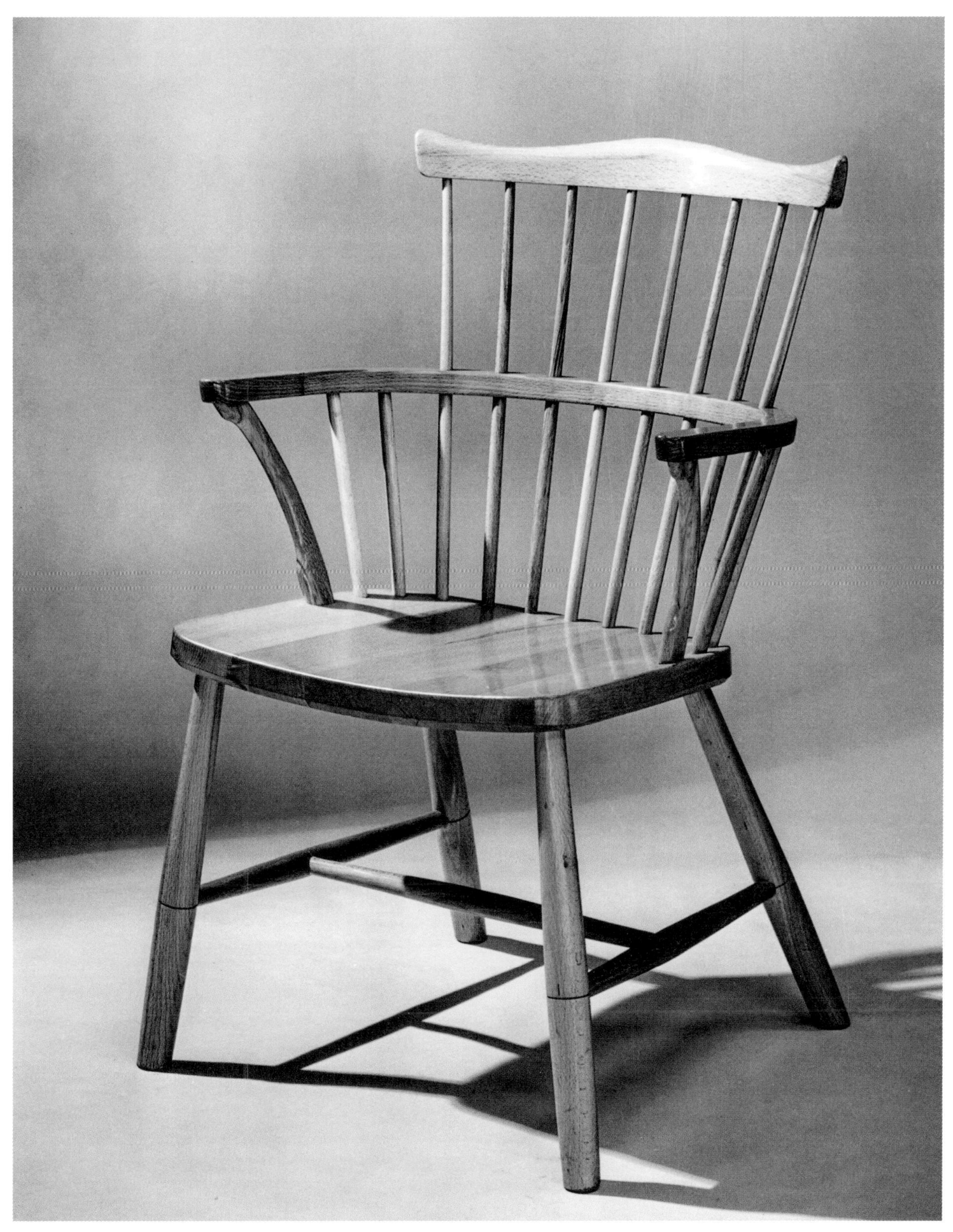

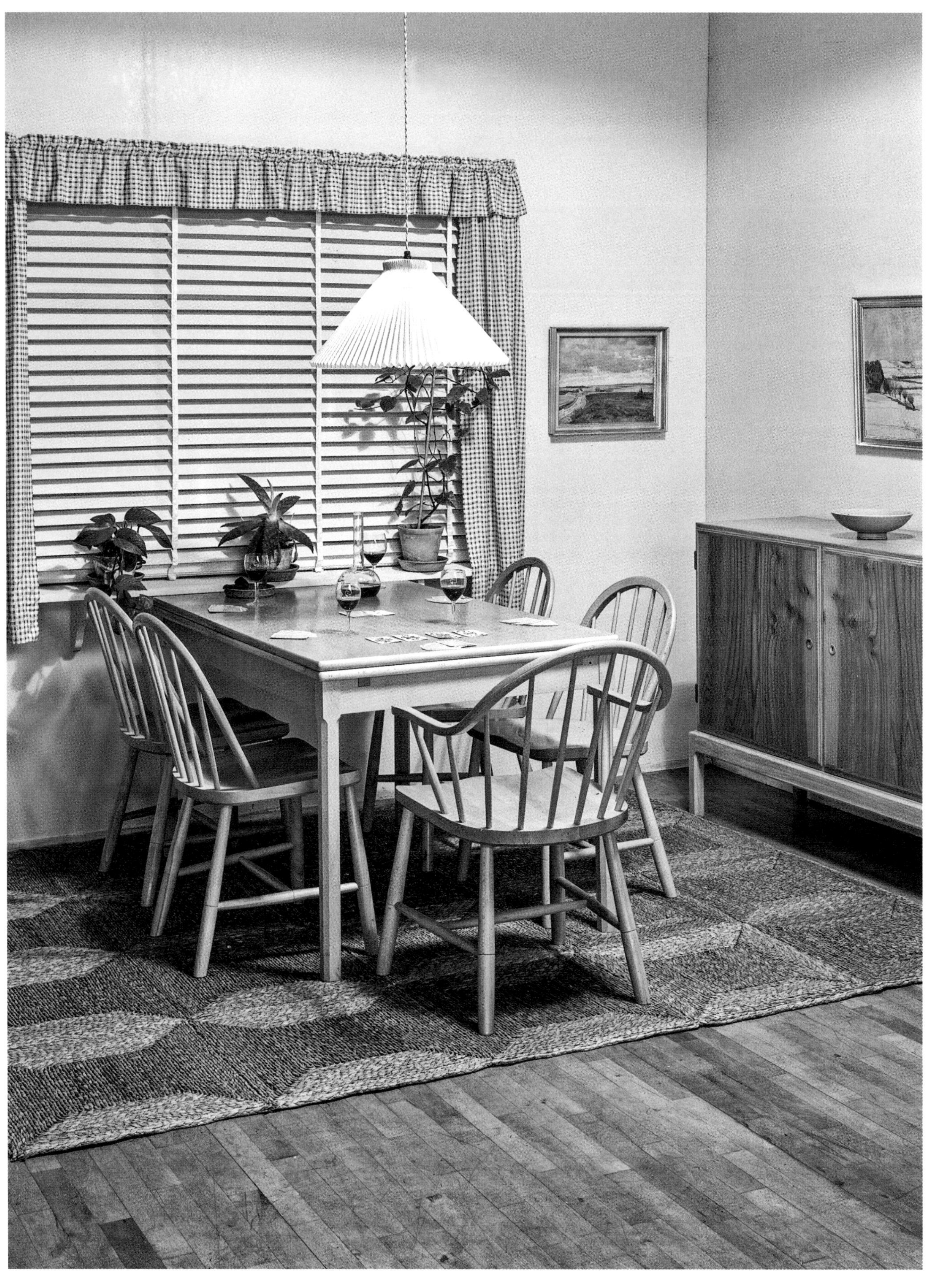

Mehrere der beliebten Sprossenstühle im Sortiment der FDB stammen von Børge Mogensen. Bei diesem Modell, dem Windsorstuhl *J4*, hatte man wie bei vielen FDB-Sprossenstühlen die Wahl zwischen Buche hell und Buche mahagonifarben. Dazu passend entwarf Mogensen einen Esstisch in Eiche lackiert, dessen Tischplatte von 1,23 Meter auf 2,33 Meter ausziehbar war.

sind, dass sie mehr Platz bieten und sich vielseitiger gebrauchen lassen?«

Mit ihren schlichten und vernünftig kombinierbaren Möbeln statt wuchtiger Garnituren wollten Mogensen und die FDB wieder den Menschen in den Mittelpunkt stellen.

Ein komplettes Möbelprogramm

Im März 1944 präsentierte die FDB Børge Mogensens komplettes, für die dänische Durchschnittsfamilie gedachtes Möbelprogramm. Anstatt auf einen Schlag gleich eine ganze Garnitur anzuschaffen, war der Gedanke, dass man die Einrichtung nach und nach ausbauen konnte, ganz nach Budget und Bedarf. Die Vorstellung des Programms fand im neu eröffneten Möbelgeschäft der FDB in der Frederiksborggade in Kopenhagen statt, wo man einfach vorbeikommen, sich in Ruhe umschauen oder auch einmal Probe sitzen konnte. Um zu demonstrieren, wie einfach und modern eine kleine Wohnungseinrichtung aussehen konnte, waren zwei Probewohnungen aufgebaut, eine, die einer typischen Mietwohnung in der Stadt ähnelte, und eine, wie sie eher auf dem Land zu finden war.

In ihrem Herstellungsprozess unterschieden sich die FDB-Möbel zwar stark von klassischen Tischlermöbeln oder auch den Produkten der großen Möbelhändler – doch die Qualität stimmte. Allen Einwänden zum Trotz war Fakt, dass Mogensen und der FDB die Massenherstellung von Qualitätsmöbeln gelungen war. Zum ersten Mal hatten damit gewöhnliche Leute die Möglichkeit, sich eine moderne Einrichtung zusammenzustellen. Die multifunktionalen Möbel konnten ganz vielfältig verwendet werden. So gab etwa der Esszimmerstuhl nach dem Abendessen im Schein der Leselampe auch einen behaglichen Armlehnstuhl ab. Oder die Schlafcouch, die tagsüber als Sitzmöbel diente, fungierte nachts als Bett. Und dank ausziehbarer Esstische und praktischer Klapptische war genügend Platz, wenn einmal mehr Gäste zu Besuch kamen. Es war an alles gedacht. Um die Wohnungseinrichtung vollends alltagsgerecht zu gestalten, lancierte Mogensen auch eine Serie von Systemmöbeln: Regalmodule, die sich ganz nach den Vorstellungen und Bedürfnissen des Benutzers kombinieren ließen.

Der Materialmangel während des Zweiten Weltkriegs zwang die FDB dazu, helle dänische Holzarten wie Buche, Eiche und Kiefer zu verarbeiten. Am häufigsten gelangte gebeiztes Buchenholz

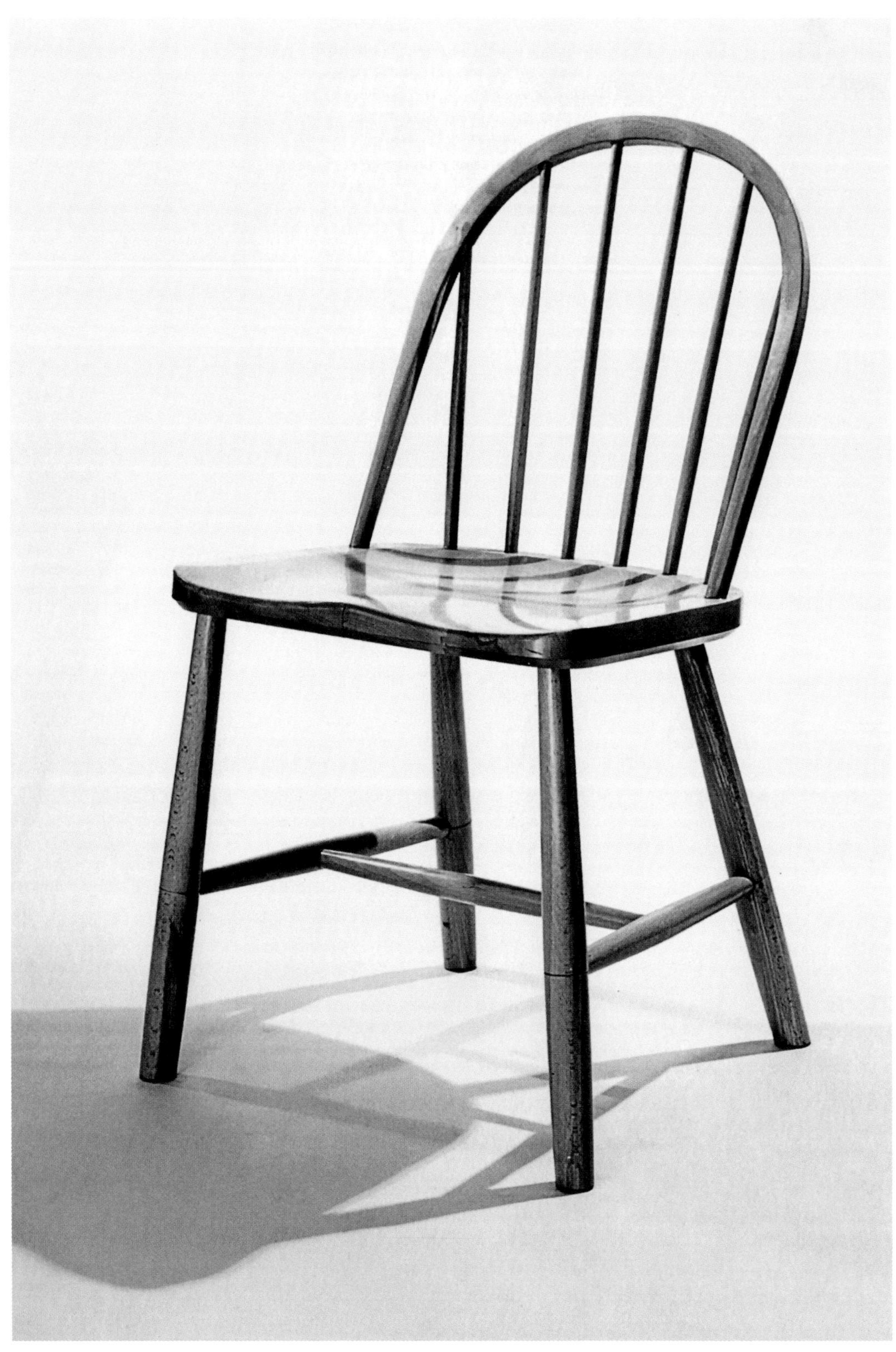

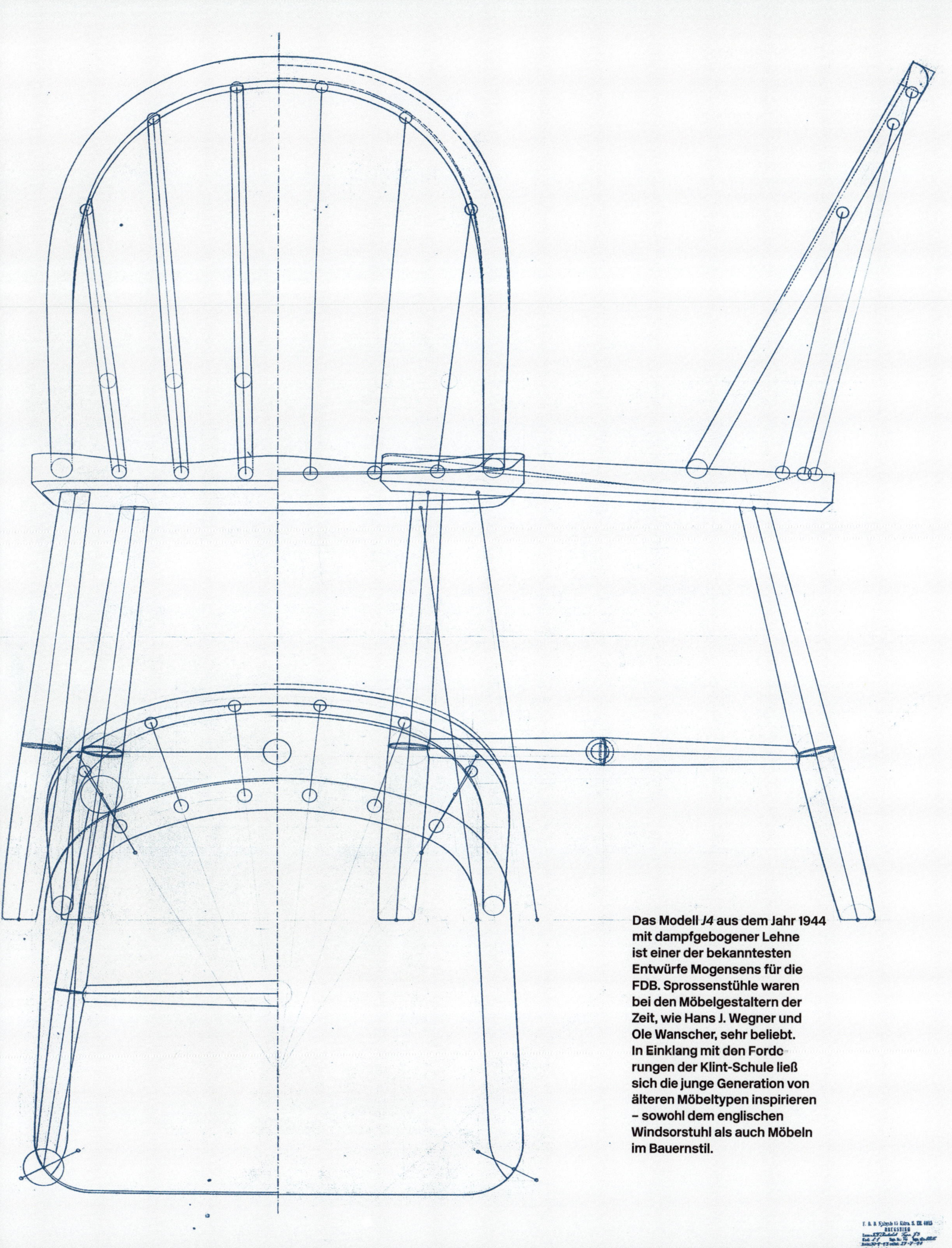

Das Modell *J4* aus dem Jahr 1944 mit dampfgebogener Lehne ist einer der bekanntesten Entwürfe Mogensens für die FDB. Sprossenstühle waren bei den Möbelgestaltern der Zeit, wie Hans J. Wegner und Ole Wanscher, sehr beliebt. In Einklang mit den Forderungen der Klint-Schule ließ sich die junge Generation von älteren Möbeltypen inspirieren – sowohl dem englischen Windsorstuhl als auch Möbeln im Bauernstil.

Mit dieser Probewohnung wollte die FDB dem ländlichen Teil der Bevölkerung vermitteln, wie man sich modern einrichten konnte (zum Beispiel mit vernünftigen Sprossenmöbeln), ohne Abstriche bei der Gemütlichkeit zu machen. Aber vor allem, ohne die gute Stube mit schweren Polstermöbeln vollzustopfen, über die Mogensen zu lästern pflegte, sie sähen aus wie »mit Wasser aufgepumpte Schinken«.

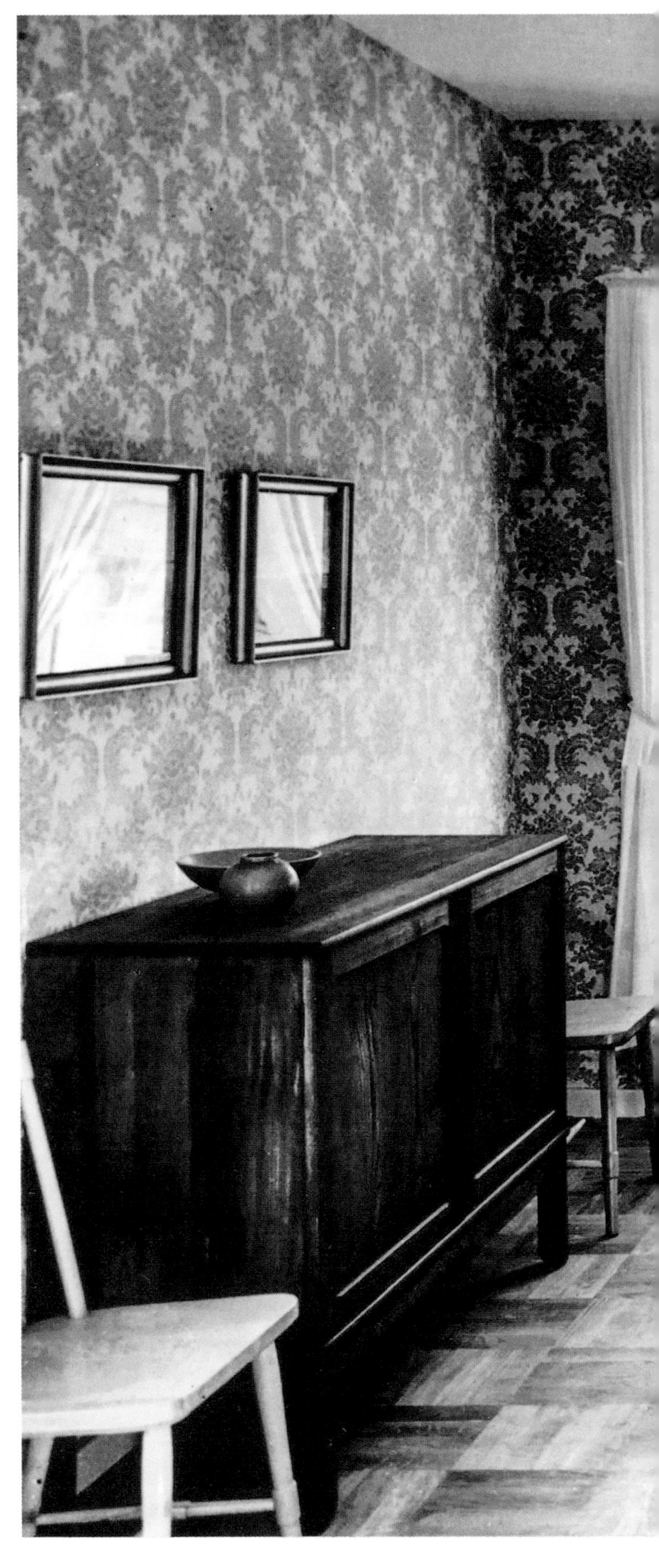

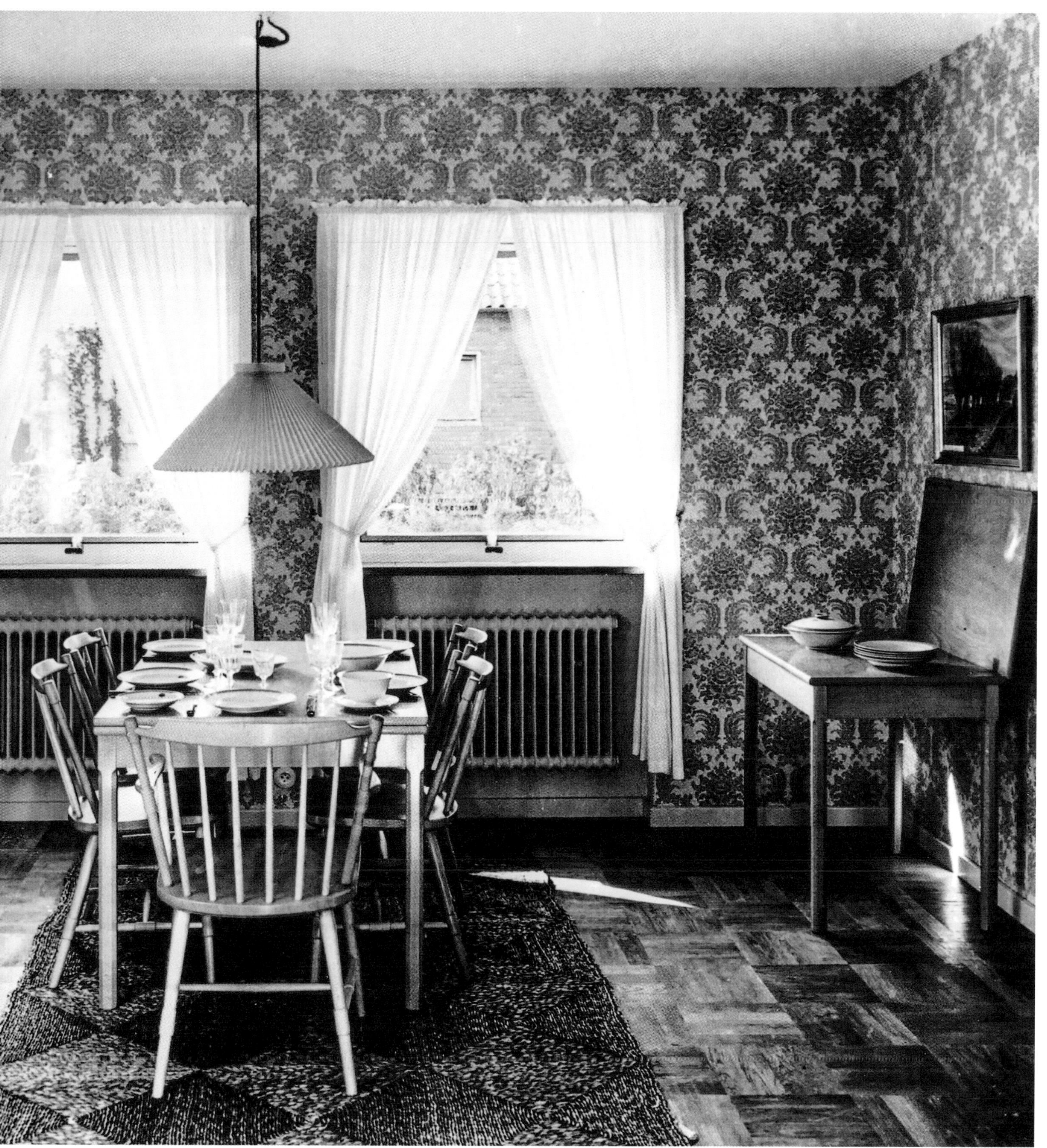

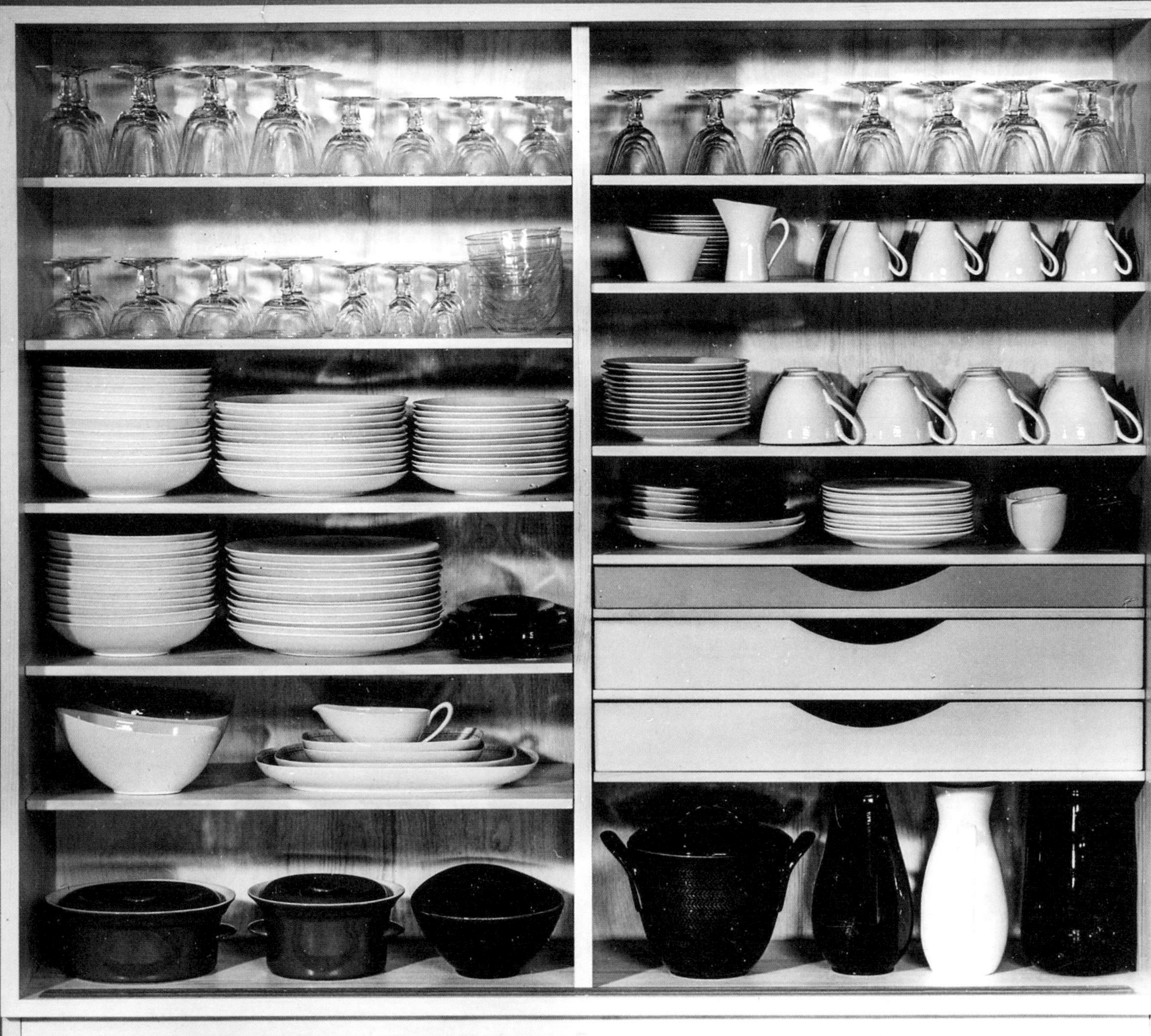

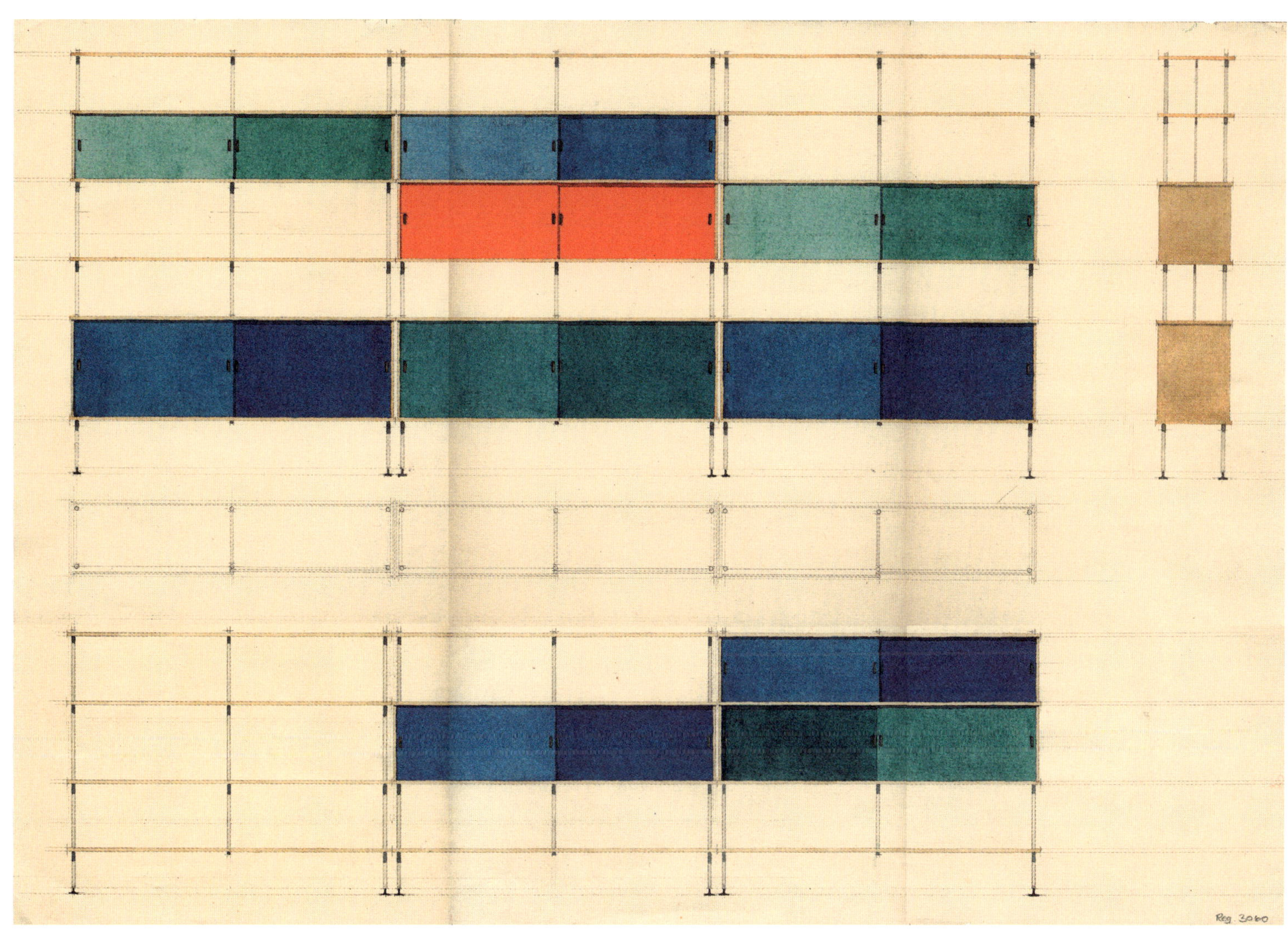

Das Kolorieren von Arbeitszeichnungen mit Aquarellfarben, wie hier bei einem Regalentwurf Mogensens für die FDB, war seinerzeit gängige Praxis. Mit vom Boden bis zur Decke reichenden Regalsystemen wollte man den vorhandenen Platz optimal ausnutzen, gleichzeitig ließen sich die Module mit anderen Aufbewahrungssystemen der FDB kombinieren. Wie andere Designer seiner Zeit dachte auch Mogensen in den Kategorien offener Räume und »transparenter« Möbel. Regale sollten als Raumteiler fungieren können, aber gleichzeitig nicht zu viel Licht schlucken.

Bei seiner Arbeit als Möbelgestalter widmete sich Børge Mogensen natürlich auch dem Segment der Aufbewahrungsmöbel. Schon als Schüler Kaare Klints an der Kunstakademie hatte er gelernt, ausgehend von den Dimensionen der Gegenstände, die darin untergebracht werden sollten, Anrichten oder Schränke zu konzipieren. Wie die anderen Geschirrschränke, die er für das Programm der FDB entwickelte, bot auch dieser auf wenig Raum Platz für ein komplettes Service.

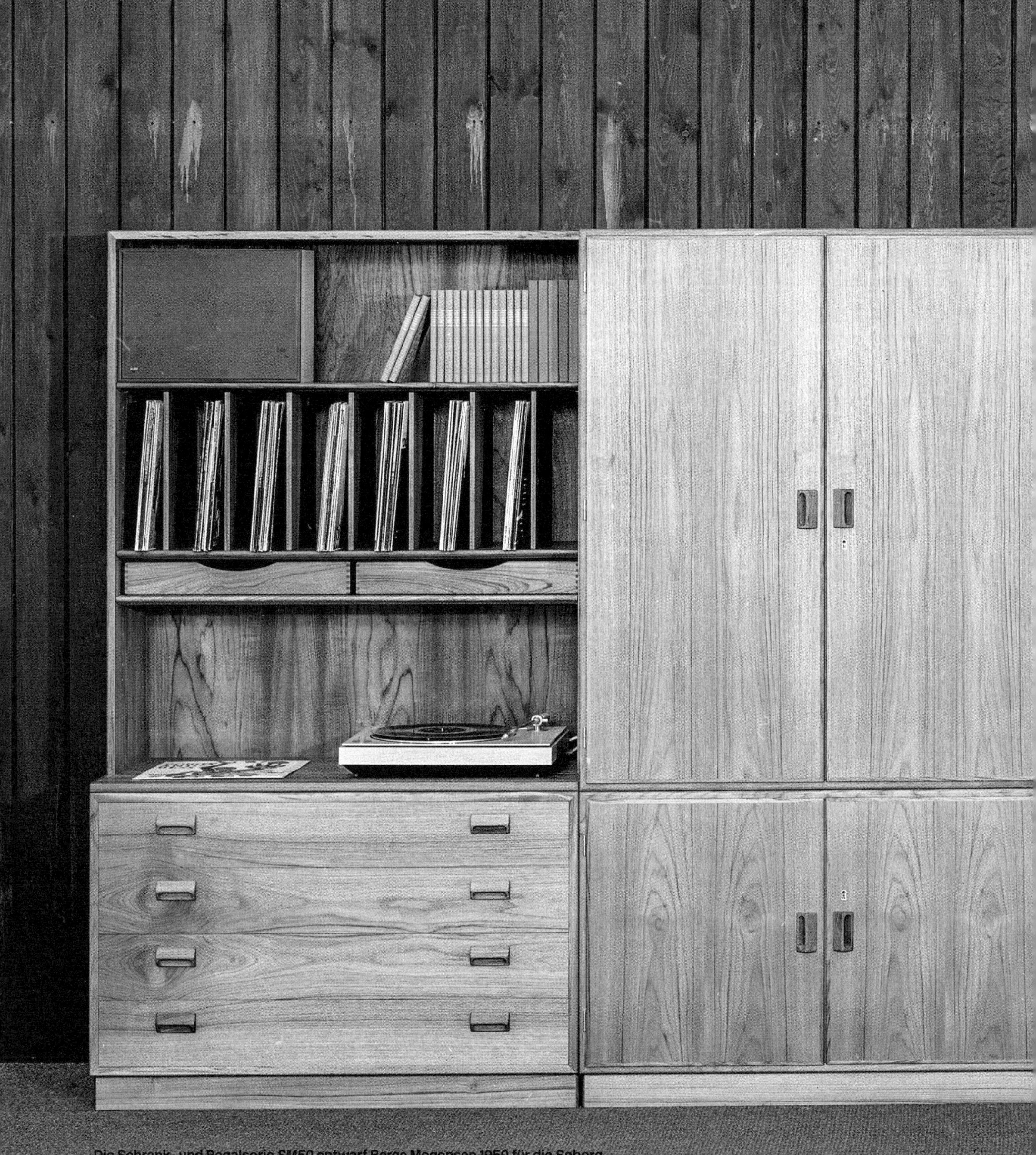

Die Schrank- und Regalserie *SM50* entwarf Børge Mogensen 1950 für die Søborg Möbelfabrik, basierend auf Aufbewahrungsmöbeln, die er bereits für die FDB entwickelt hatte. Kerngedanke war die Begrenzung der Produktion auf wenige, aber beliebig kombinierbare Module. Alle Module, ob Bücherregal, Sekretär, Geschirrschrank, Unterschrank oder Kommode, hatten ein Breitenmaß von einem Meter. Diese Standardisierung senkte die technischen Anforderungen der Produktion auf ein Minimum, was sich im günstigen Verkaufspreis niederschlug.

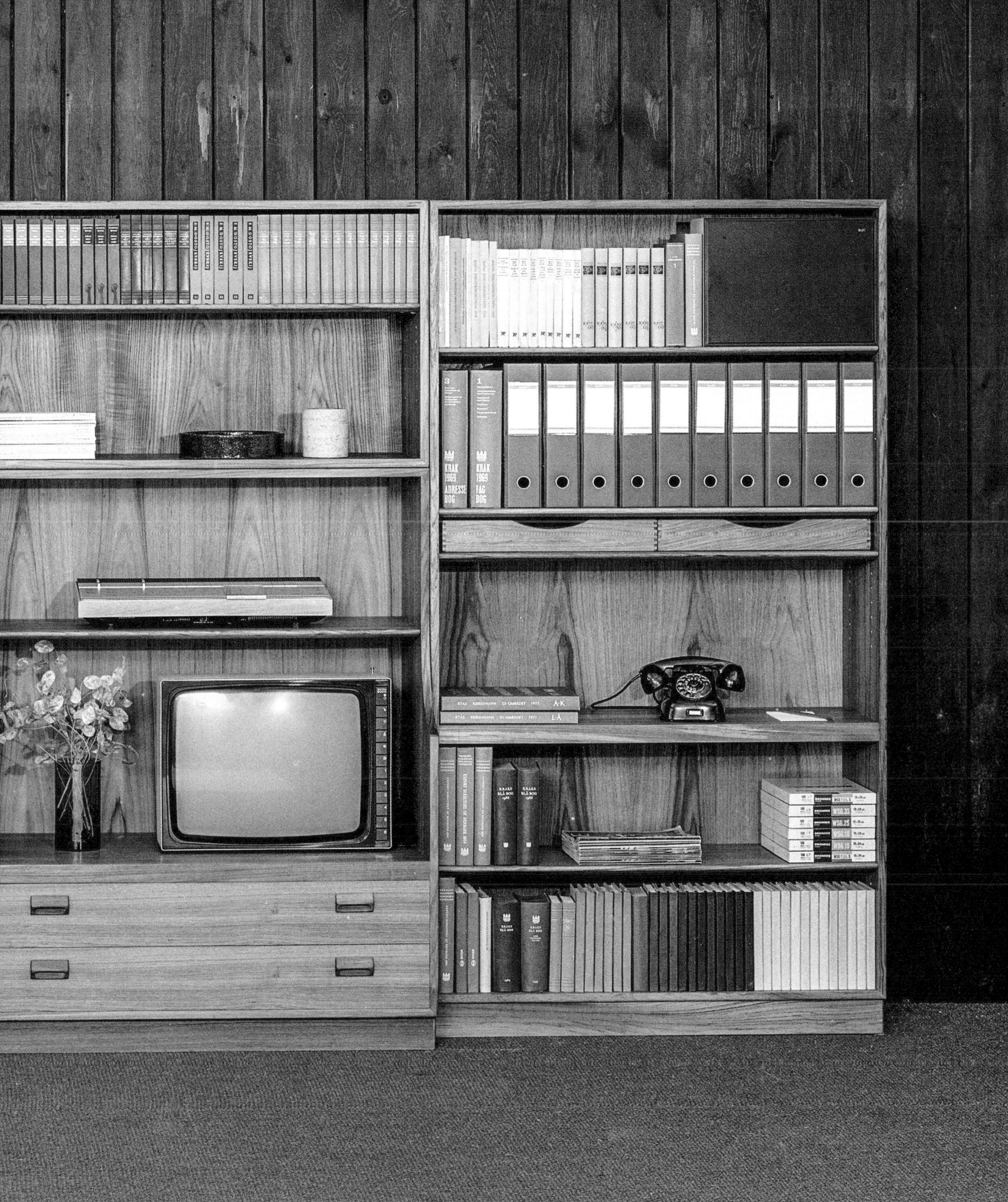
KRAK 1969 ADRESSE BOG
KRAK 1969 FAG BOG
KTAS KØBENHAVN OG OMRÅDET 1971 A-K
KTAS KØBENHAVN OG OMRÅDET 1971 L-Å

zum Einsatz, dem eine Ölbehandlung eine weniger empfindliche Oberfläche verlieh. Die Wahl heimischer Hölzer passte gut zum Konzept der FDB: Die Verwendung heller, einheimischer Hölzer anstelle dunkler, kostspieliger Edelhölzer senkte automatisch die Preise und half, einen größeren Käuferkreis zu erschließen.

Unter den Möbeln der FDB-Kollektion des Jahres 1944 finden sich mehrere der klassischen Entwürfe Mogensens, darunter einige seiner bekanntesten Stühle, die von historischen Möbeltypen wie englischen Windsorstühlen und schwedischen Sprossenstühlen inspiriert waren. Der Windsorstuhl *J52* beispielsweise war ein vielseitiges Möbelstück, da er als Esszimmerstuhl und gleichzeitig – dank seiner hohen Rückenlehne – als frei stehender Lehnstuhl dienen konnte. Das Sitzmöbel war ganz aus Buchenholz gefertigt. Ein weiterer Windsorstuhl, das Modell *J4* mit dampfgebogener Rückenlehne und senkrechten Sprossenstäben, war als Esszimmerstuhl gedacht und kam ganz ohne überflüssige Verzierungen aus. Wie sein Lehrmeister Kaare Klint arbeitete Mogensen oft, indem er historische Möbeltypen weiterentwickelte und ihnen dabei eine zeitgemäße Form gab.

Um das neue Möbelprogramm gebührend zu propagieren, startete die FDB eine groß angelegte Werbekampagne. Detaillierte Kataloge und kleine Broschüren wurden gedruckt, die sich die insgesamt 400 000 Mitglieder der FDB an der Kasse einer der über 2000 Verbrauchergenossenschaften im ganzen Land mitnehmen konnten. Darin stand alles über Möbel, Materialien und vielfältige Kombinationsmöglichkeiten zu lesen. Die FDB eröffnete in Odense, Kolding, Esbjerg, Aalborg und Aarhus Möbelgeschäfte und ließ 1945 sogar einen fast halbstündigen Reklamefilm mit dem Titel »Eine leuchtende und glückliche Zukunft« drehen. Er handelte von einem jungen, frisch verheirateten Paar, das gerade in seine erste gemeinsame Wohnung in der Stadt gezogen ist. Jetzt steht die Wohnungseinrichtung an. Zuerst sieht man die beiden beim Besuch eines Möbelgeschäfts mit dick gepolsterten Sofas und dunklen, plumpen Esszimmermöbeln. In der nächsten Einstellung bekommt das junge Glück von einem Architekten die Vorzüge der günstigen FDB-Möbel erläutert, die sie sich leisten können, ganz ohne Schulden aufzunehmen. Die Wirklichkeit sah freilich anders aus: Die meisten Käufer hingen an den alten, behaglichen Möbeln und waren nur schwer davon zu überzeugen, ihren Einrichtungsstil umzukrempeln.

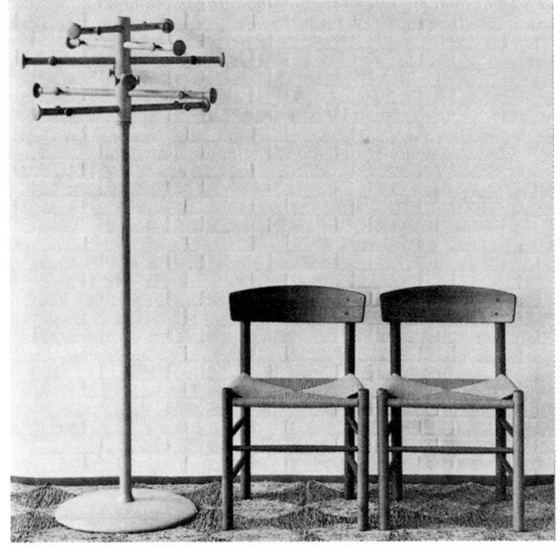

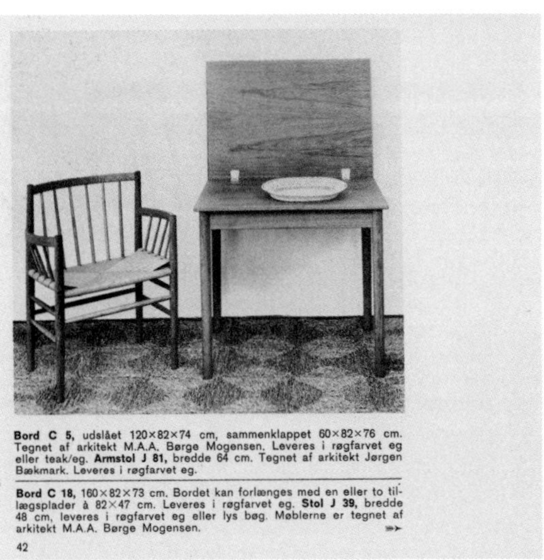

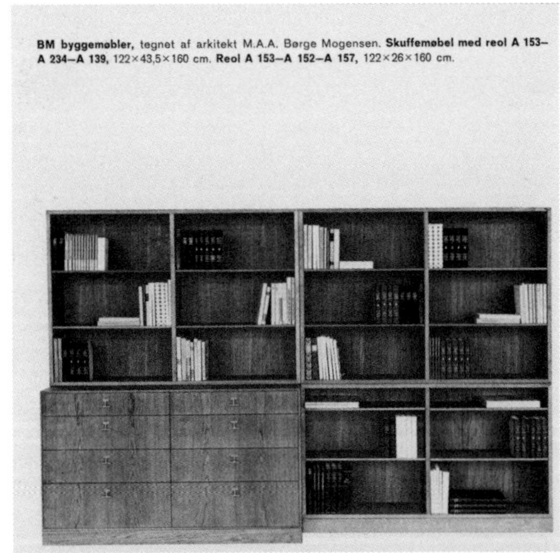

Um ihren neuen Möbeln zu einem größeren Bekanntheitsgrad zu verhelfen, druckte die FDB in den 1940er-Jahren eine Reihe von Katalogen. Zweck und Funktion eines jeden Möbels waren darin ausführlich beschrieben. Ziel der Reklamekampagnen war es, bei der Bevölkerung ein Bewusstsein für die Vorteile leichter und flexibler Möbel zu schaffen, etwa von Schränken und Kommoden, die sich nach dem damals neuen Modul-Konzept beliebig kombinieren ließen.

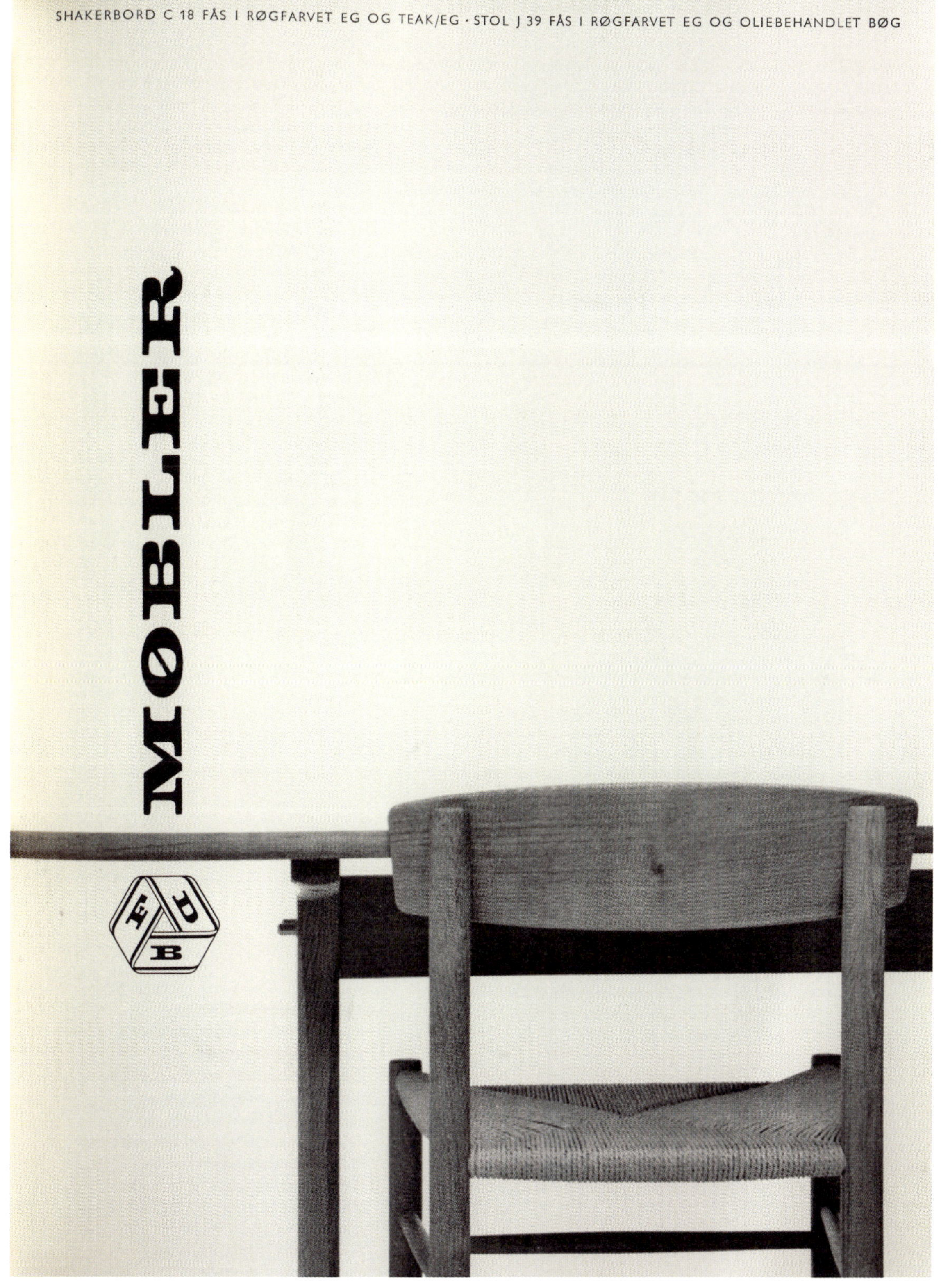

12 System af skabe og bogreoler, der kan sammenbygges i mange variationer

Det er i reglen en stor fordel, at hjemmet kan startes med kun de allernødvendigste møbler, der senere, når behovet stiger, og økonomien tillader det, kan udvides ved simpel sammenstilling med nye elementer. Systemet muliggør en koncentreret møblering af små stuer, idet enheder med forskelligt brugsformål kan sammenbygges til eet møbel.

De dybe skabe A 32 og A 33 er målsat af service (porcelain og glas), der ved opmålinger af såvel danske som udenlandske stel har vist sig at være nogenlunde standardiserede i størrelserne.

Skabenes sider er forsynet med riller (noter) i 5 cm's afstand. I disse kan indskydes bakker med mellemrum passende til servicets højder. Denne metode giver en meget økonomisk udnyttelse af skabenes volumen. I modsætning til opbevaring på dybe hylder, er de bagest stående ting let tilgængelige, når bakken trækkes ud. Opbevaring af dækketøj og linned kan også finde sted på bakker (især er den dybe type anvendelig), men i almindelighed er hylder lige så velegnede til dette formål. Dybden på klapskabet type A 42 er sådan, at både en stor tallerken eller en brevordner kan stå der.

Enhedernes højder er fastlagt efter de menneskelige arbejds- og rækkehøjder. Skab type A 32 på lav sokkel, type A 39 eller underbord type A 41 svarer til normal bordhøjde, og anbringes klapskab type A 42 herpå, kan klappen, der hviler på det fremspringende underskab eller underbord, anvendes som skriveplads. Højden på skab type A 33 + lav sokkel type A 39 er passende for stående arbejde (samme højde som køkkenbord). Anbringes klapskabet herpå, kan det anvendes som serviceskab, og klappen har en passende højde til anretterbord. Den høje reol type A 54 anbragt pa lavt skab A 32 eller reol A 44 og A 52 + lav sokkel giver maksimum rækkehøjde cirka 2 m.

For nøje at kunne tilpasse skabenes indretning efter den enkeltes behov, kan hylder og bakker (sidstnævnte findes i 2 højder) og skriveindretning til klapskab købes særskilt i det antal, der måtte ønskes.

Ved levering i lys udførelse er sokkel, mellemramme og overplade udført i mahognitræ. Skabe og reoler kan også leveres i mahognifarvet udførelse.

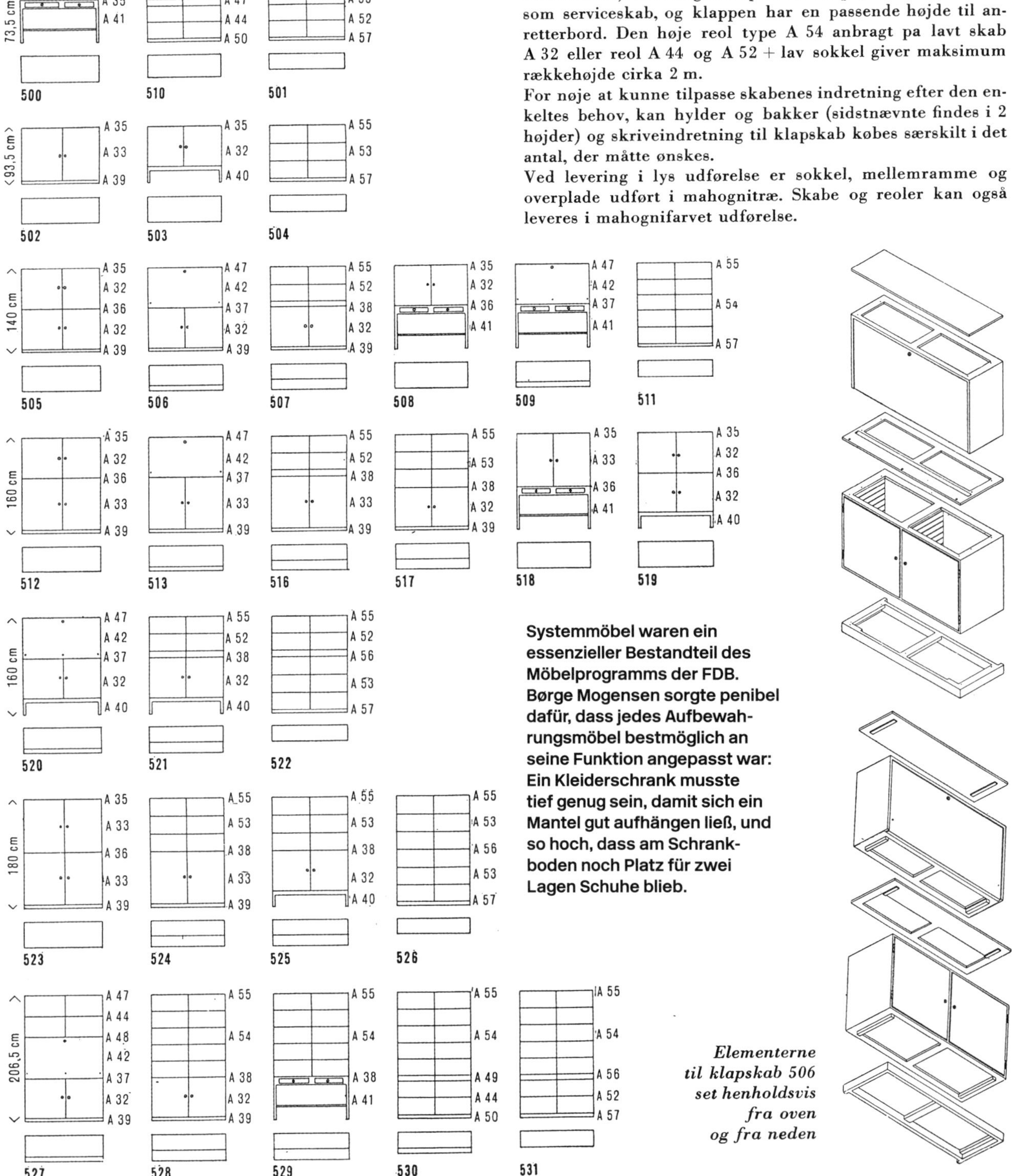

Systemmöbel waren ein essenzieller Bestandteil des Möbelprogramms der FDB. Børge Mogensen sorgte penibel dafür, dass jedes Aufbewahrungsmöbel bestmöglich an seine Funktion angepasst war: Ein Kleiderschrank musste tief genug sein, damit sich ein Mantel gut aufhängen ließ, und so hoch, dass am Schrankboden noch Platz für zwei Lagen Schuhe blieb.

Elementerne til klapskab 506 set henholdsvis fra oven og fra neden

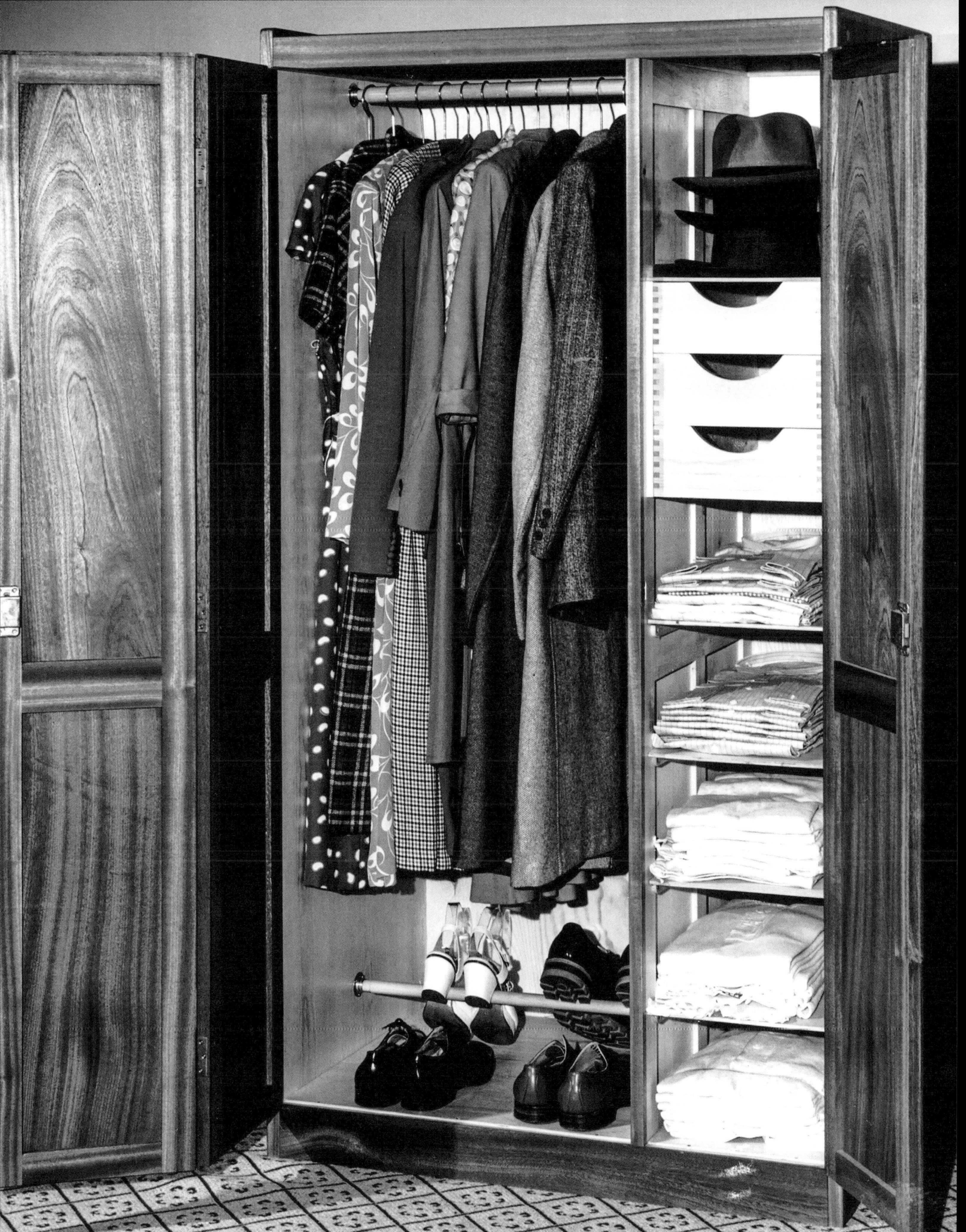

Während seiner gesamten Laufbahn ließ sich Børge Mogensen von historischen Möbeltypen inspirieren und arbeitete kontinuierlich daran, sie zu verfeinern. Sein Esszimmerstuhl *J39*, den er 1947 für die FDB entwarf, war eine vereinfachte Version von Kaare Klints *Kirchenstuhl* aus dem Jahr 1936 (Abb. S. 39). Mogensen gelang es hier, die Konstruktion auf das Allernotwendigste zu reduzieren.

Folgende Seite:
Der Stuhl *J39* wurde später aufgrund seiner großen Verbreitung in dänischen Heimen und im öffentlichen Raum als *Volksstuhl* bekannt. Zusammen mit dem *Shakertisch C18* bildet er die populärste Esstischkombination der FDB. Diese Version des Tisches, *C17* in Eiche massiv, stammt aus dem Jahr 1944.

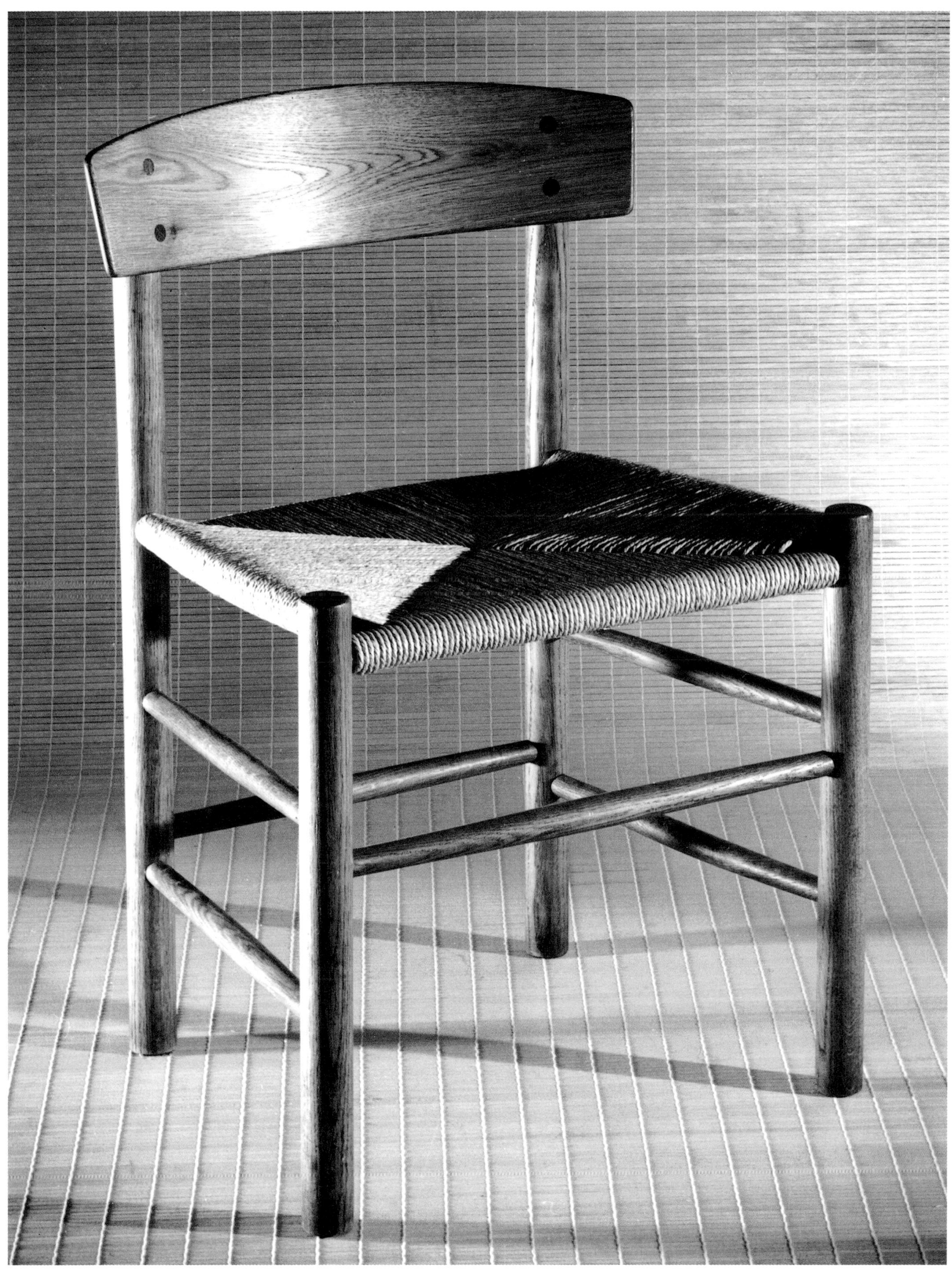

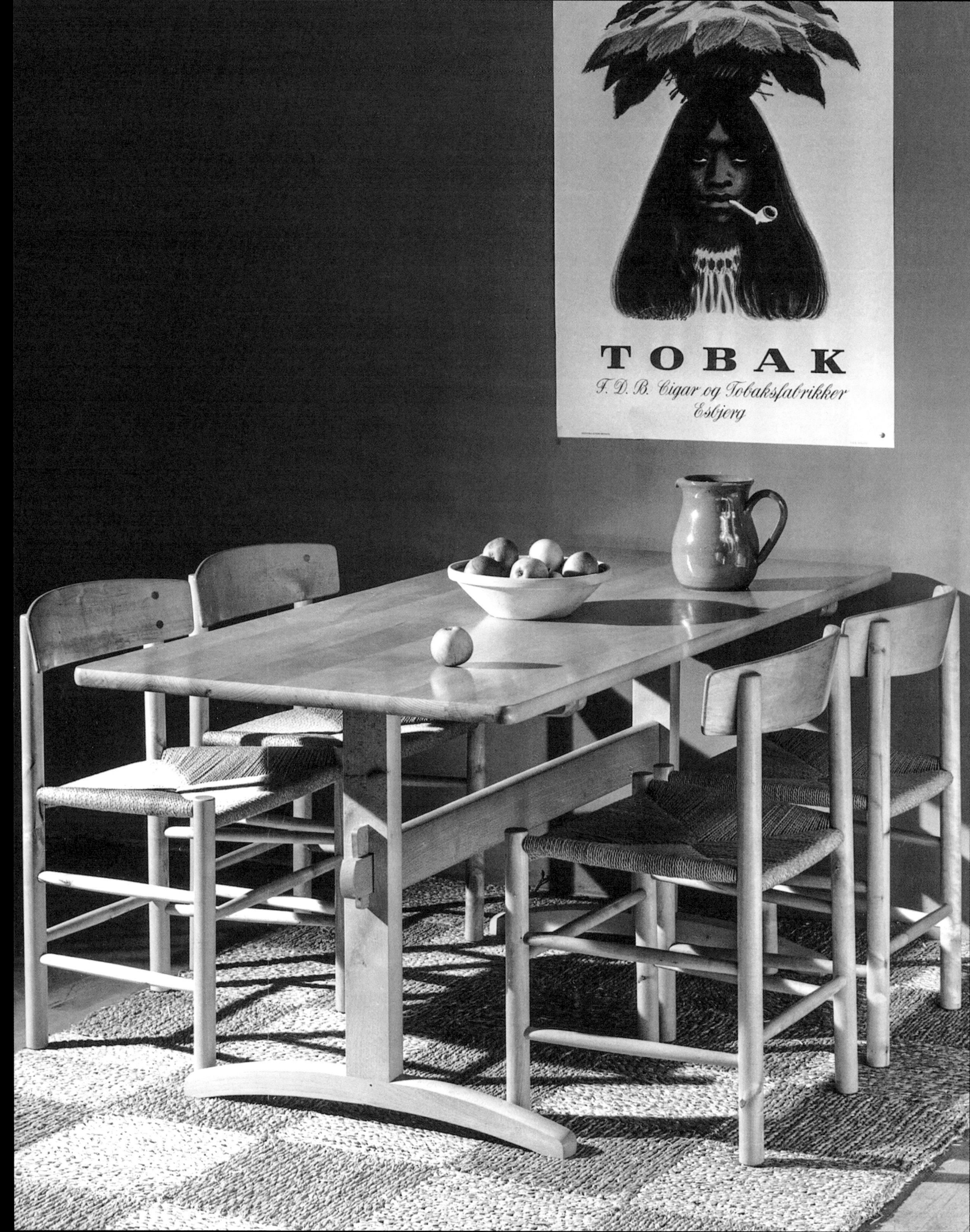

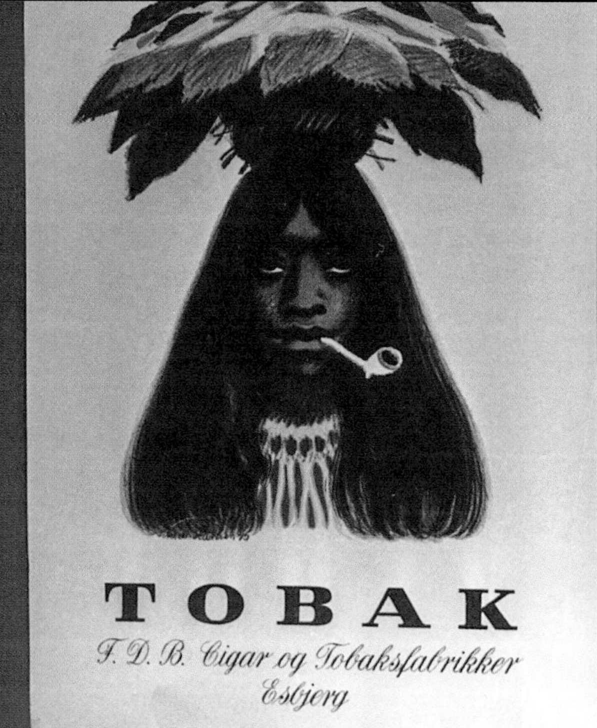
TOBAK
F. D. B. Cigar og Tobaksfabrikker
Esbjerg

Um den Absatz anzukurbeln, bot die FDB ab 1948 in Zusammenarbeit mit der eigenen Genossenschaftsbank einen Einrichtungskredit an. Von nun an war es möglich, Möbel auf Ratenzahlung zu kaufen. Børge Mogensen war ein strikter Gegner dieser Praxis, denn er hielt es für besser, Mobiliar erst nach und nach anzuschaffen, wenn man es sich leisten konnte. Es sei verkehrt, junge Leute dazu zu ermuntern, sich zu verschulden. Doch modernes Möbeldesign zu günstigen Preisen herzustellen, war eine knifflige Aufgabe. Mogensen weigerte sich, Abstriche bei der Qualität zu machen. Als gelerntem Tischler waren ihm handwerkliche Kompromisse ein Gräuel. Allerdings stellte sich heraus, dass sich einige seiner Möbel gar nicht komplett industriell fertigen ließen. So konnten zum Beispiel manche Holzverbindungen nur in Handarbeit hergestellt werden, was letzten Endes zu einem höheren Verkaufspreis führte.

In den 1940er-Jahren erweiterte sich das Möbelprogramm der FDB unter Børge Mogensen so markant, dass er unmöglich die ganze Entwicklung alleine stemmen konnte. Also arbeitete er wiederholt mit anderen renommierten Möbelgestaltern zusammen, die seine Vision von erschwinglichen Qualitätsmöbeln teilten. Einer von ihnen war Hans J. Wegner. 1944 entwarf dieser seinen populären Schaukelstuhl *J16* für das Programm der FDB. Im selben Jahr fertigte Wegner einen Kinderstuhl an, den er *Peters Stuhl* nannte, weil er ursprünglich als Taufgeschenk für Mogensens neugeborenen Sohn Peter gedacht war. Wegner wohnte damals in Aarhus, wo er Möbel für die Inneneinrichtung des neuen Rathauses entwarf, das unter Leitung von Arne Jacobsen und Erik Møller (1909–2002) errichtet wurde. Wegner hatte Mühe, ein passendes Geschenk zu finden, und kam schließlich auf die Idee, einen zerlegbaren Stuhl anzufertigen, den er per Post nach Kopenhagen schicken konnte. Später konzipierte er noch den passenden Tisch dazu, und im Jahr 1949 nahm die FDB Stuhl und Tisch in ihr Programm auf.

Der Volksstuhl J39

1947 entwarf Mogensen seinen bekanntesten FDB-Stuhl *J39*, für den sich der Name *Volksstuhl* eingebürgert hat. Heute ist dieses Sitzmöbel Mogensens bekanntester Esszimmerstuhl und einer der meistverkauften Holzstühle in Dänemark. Ausgangspunkt war der von Shaker-Möbeln inspirierte *Kirchenstuhl*, den Kaare Klint 1936 für die Bethlehemskirche in Kopenhagen konzipiert hatte. Mogensen wollte einen Stuhl schaffen, der noch standardmäßiger, noch anonymer wirkte. Einen auf die reine Konstruktion reduzierten Stuhl. Die vier Rückenstreben des *Kirchenstuhls* fasste er zu einem einzigen, leicht gekrümmten Rückenbrett zusammen, während er den gekrümmten hinteren Rahmen für seine Variante gerade und lotrecht gestaltete. Genau wie der *Kirchenstuhl* bestand *J39* aus Buchenholz und die Sitzfläche aus Seegrasgeflecht. Später war er auch in Eiche mit einer Sitzfläche aus Papierkordelgeflecht lieferbar. Wie beabsichtigt wirkte der *Volksstuhl* völlig schlicht. Seine Qualitäten lagen in der makellosen Proportionierung und Konstruktion. Zudem bot er einen hervorragenden Sitzkomfort. Zusammen mit dem Stuhl *J39* kreierte Mogensen den Esstisch *C18*, auch *Shakertisch* genannt, da darin Elemente der Shaker-Ästhetik einflossen. Das Untergestell des rechteckigen Tisches war unter die Tischplatte eingezogen, sodass der Tisch beinahe im Raum zu schweben schien. Seinen ersten Shakertisch hatte Mogensen 1944 entworfen. Es war einer der Möbeltypen, zu denen er im Lauf seiner Karriere immer wieder zurückkehren sollte.

Abschied von der FDB

Im Jahr 1950 publizierte die FDB einen 60-seitigen Katalog mit Übersicht über alle Möbel, die Børge Mogensen seit 1944 entworfen und deren Produktion er betreut hatte. Vom *Volksstuhl* und dem *Shakertisch* bis hin zu Bücherregalen und Kindermöbeln war alles aufgelistet. Mogensen hatte Frederik Nielsens Vision eines kompletten Möbelprogramms in die Wirklichkeit umgesetzt, doch traurige Tatsache war, dass die FDB nicht die gesellschaftliche Breitenwirkung erlangt hatte, wie ursprünglich erhofft. Die Möbelproduktion begann erst allmählich, bei der breiten Bevölkerung nennenswerten Zuspruch zu finden, vor allem in höheren Bildungsschichten und der wachsenden Mittelklasse. Allerdings gelang es nie wirklich, die einfachen Leute zu erreichen, und obwohl Export und Nachfrage seitens privater und öffentlicher Institutionen die ansonsten unbefriedigende Bilanz aufbesserten, musste sich die FDB eingestehen, dass ihre Möbel nicht den gewünschten Zuspruch in der allgemeinen Bevölkerung gefunden hatten. Mogensen nahm sich das sehr zu Herzen, und als Frederik

Nielsen 1950 in den Ruhestand ging, kündigte er schon wenige Monate später. Mit dem neuen Direktor Ebbe Groes befand er sich einfach nicht auf einer Wellenlänge. Es wird erzählt, dass Mogensen von einem Tag auf den anderen nicht mehr zur Arbeit erschien.

Wenige Monate später hielt Mogensen eine Rede auf Frederik Nielsen zu dessen 70. Geburtstag. Er dankte Nielsen dafür, dass er ihn mit der Leitung des Zeichenbüros für Möbeldesign der FDB betraut hatte, und für das kreative und allem Neuen gegenüber aufgeschlossene Arbeitsmilieu, das Nielsen geschaffen hatte: »Ich brauche mir nur in Erinnerung zu rufen, wie Du da an Deinem Schreibtisch in dieser hässlichen Holzschachtel von einem Büro sitzt, mit Blick auf die triste Häuserfassade der Njalsgade, und spüre sofort wieder die Inspiration, die von Dir ausging. Dieses nussbaumholzgetäfelte Direktorenambiente habe ich immer als etwas Deiner Person völlig Fremdes empfunden, und trotzdem ist es Dir gelungen, es mit Wärme und Herzlichkeit zu erfüllen, sodass ich immer gerne kam und nie ging, ohne mich bereichert zu fühlen. Bei Dir vorbeizuschauen, war damals das Alltäglichste der Welt, und in meiner jugendlichen Selbstbezogenheit habe ich wohl gar nicht genug zu schätzen gewusst, was für ein großes Privileg es war, Dein Mitarbeiter sein zu dürfen. Wer hat schon das Glück, gleich bei seiner ersten selbstständigen Arbeit mit der vollen Unterstützung seines Vorgesetzten das Gelernte und die daraus entspringenden Ideen in die Wirklichkeit umsetzen zu können! Für diese günstige Ausgangslage bin ich Dir äußerst dankbar.«

Eine »günstige Ausgangslage« – genau das war es, was diese Jahre für Mogensen bedeuteten. Seine Tätigkeit für die FDB hatte ihm den Weg gebahnt und eine bedeutende Rolle in der dänischen Möbelindustrie gesichert. In seiner Arbeit war eine konsequente Linie erkennbar. Mogensen ging es immer darum, ehrliche, funktionale Möbel für den Alltag der breiten Bevölkerung zu entwerfen. So gut Mogensen und die FDB es mit ihrem sozialen Engagement für praktische, erschwingliche Möbel auch gemeint hatten, mussten sie doch die Erfahrung machen, dass ihre Vorstellung einer rationalen Wohnkultur am Großteil der Bevölkerung schlicht vorbei ging. Viele vermissten bei ihren minimalistischen Wohnungseinrichtungen jene Bequemlich- und Gemütlichkeit, die sie von den alten Klunkestil-Möbeln gewohnt waren.

1943 brachte die Satirezeitschrift *Blæksprutten* (Tintenfisch) eine Zeichnung des Malers und Kari-

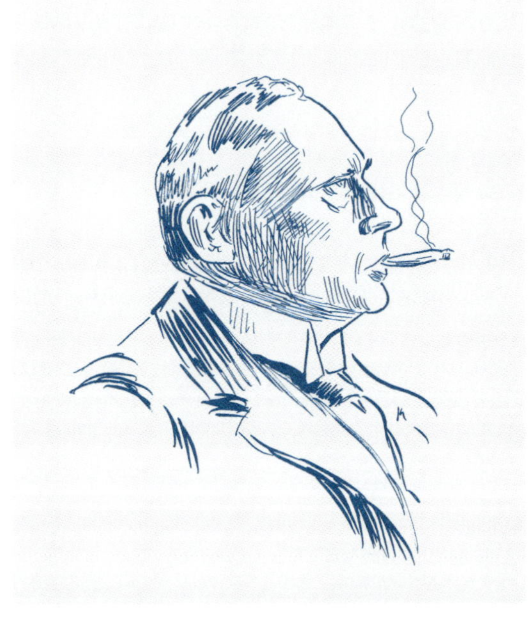

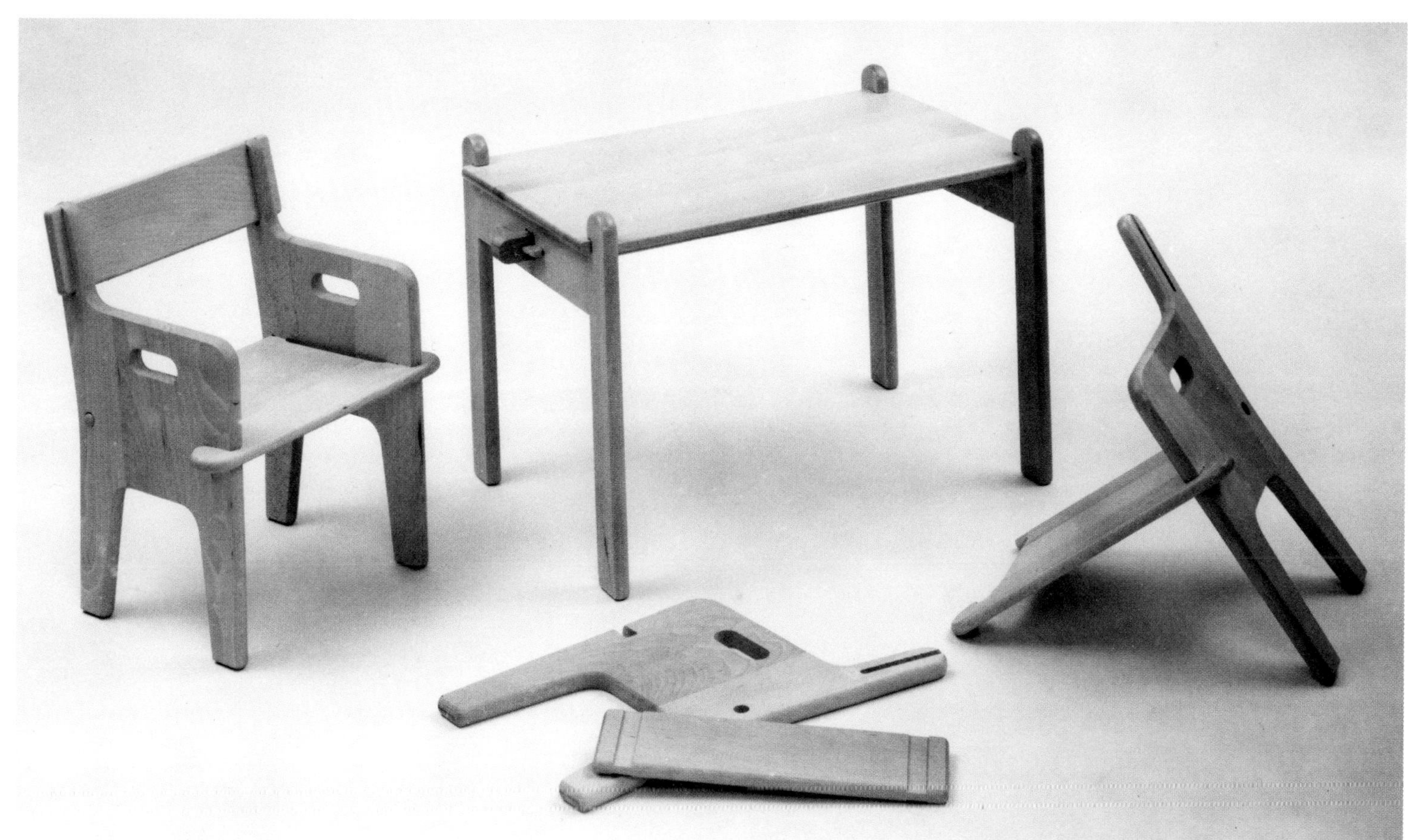

Peters Stuhl aus dem Jahr 1944, den die FDB für Hans J. Wegner in die Produktion aufnahm, war ursprünglich Wegners Taufgeschenk für Børge Mogensens Sohn Peter. Die Geschichte wird so kolportiert: Wegner konnte kein richtiges Geschenk finden und beschloss kurzerhand, selbst eines zu basteln. Später entwarf er auch noch den passenden Tisch. Möbel, die man ohne Werkzeug zusammenbauen und zerlegen konnte, waren damals etwas Neues – übrigens auch Möbel, die extra für Kinder gefertigt wurden.

Frederik Nielsen und Børge Mogensen verband bis 1950 eine enge Zusammenarbeit bei der FDB. Nielsens Vision eines kompletten Möbelprogramms sprach Mogensen sehr an und sollte das gemeinsame Herzensprojekt dieser beiden Enthusiasten werden.

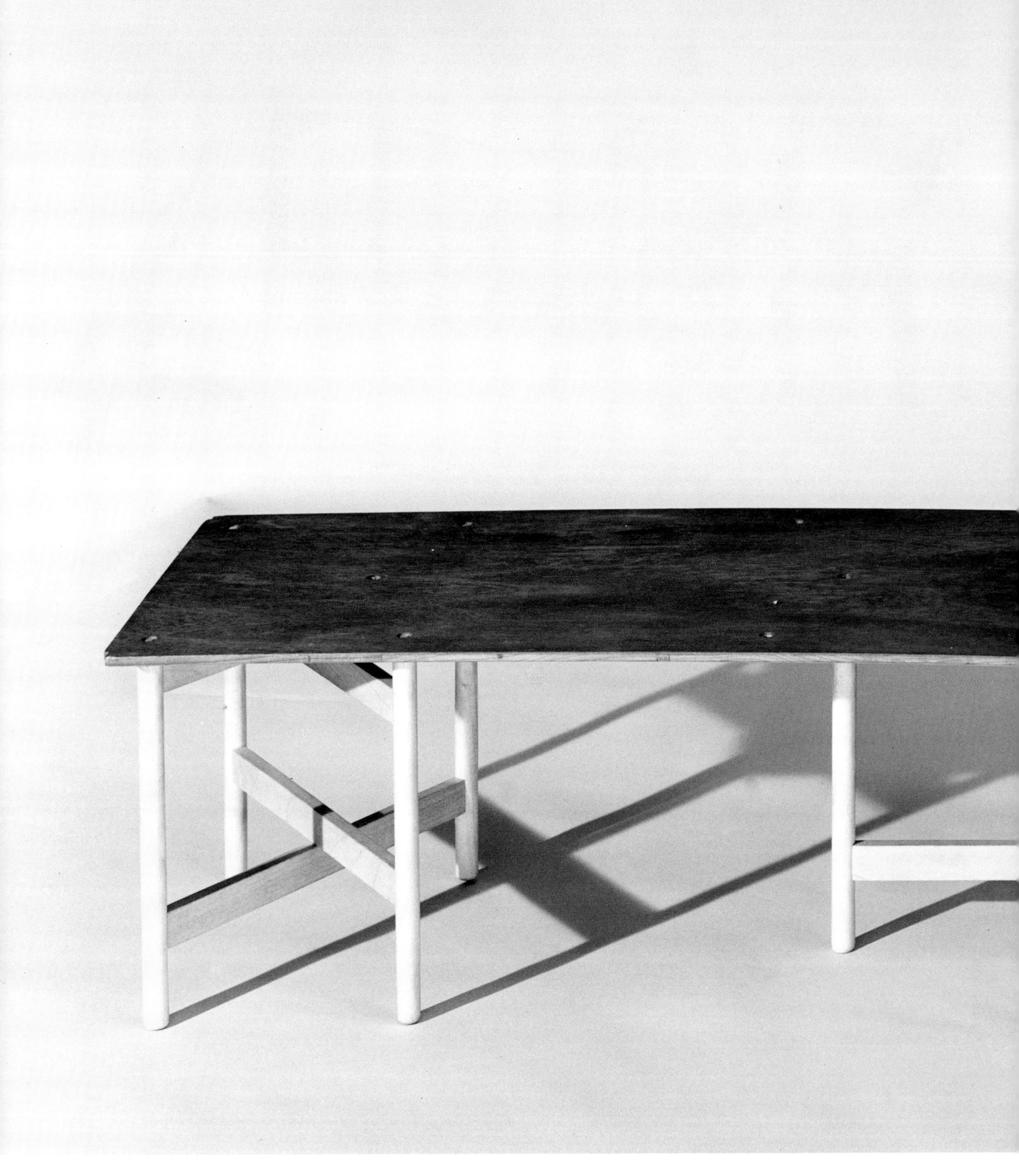

Dieser modulare Tisch aus den 1940er-Jahren ist einer von vielen Tischen, die Mogensen für die FDB entwarf. Er war als flexibler Arbeitstisch gedacht und entsprach ganz dem Anspruch der FDB, Möbel anzubieten, die sich dem Menschen anpassten. Durch Hinzufügen von Modulen konnte man die Länge spielend leicht variieren. Der Tisch ist auch ein schönes Beispiel für die einfache und transparente Konstruktion, die viele von Mogensens Möbeln auszeichnete.

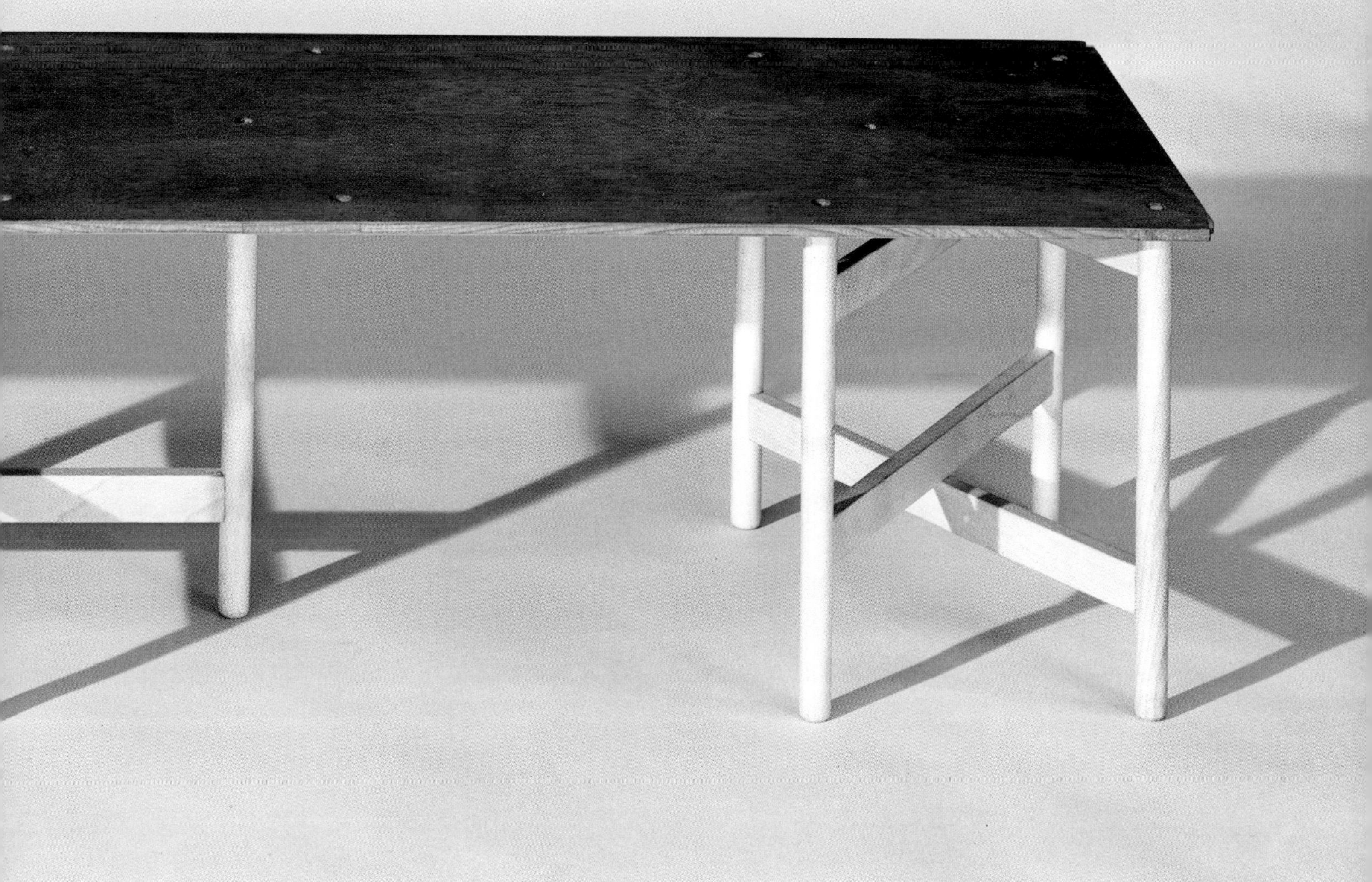

In einer der Probewohnungen der FDB in der Frederiksborggade in Kopenhagen konnte der Besucher diese in einen Schminktisch verwandelbare Kommode bestaunen. Clevere Klappmechanismen erlaubten die Nutzung der obersten Schublade als Tischfläche mit eingebautem Schminkspiegel. Mit seinen multifunktionalen Möbeln wollte Mogensen Luft und Platz schaffen.

katuristen Carl Jensen (1887–1961) mit dem Titel »Ein Architekt ging durch den Raum«. Man sieht darin ein Ehepaar in seiner guten Stube, behaglich zurückgelehnt in bequeme Möbel alten Stils. Auf dem Bild darunter sitzt dasselbe Paar verkrampft und nicht die Spur bequem in neuartigen Sesseln einer ebenso modernen wie kargen Einrichtung. Und diese Zeichnung war bei Weitem nicht die einzige, die den neuen Wohnstil aufs Korn nahm. Der Funktionalismus wollte den Wohnraum von Nippes befreien und den Klunkestil verdrängen – doch die breite Bevölkerung war an dieser Befreiung vorerst nur mäßig interessiert. Wo blieb da die Gemütlichkeit? Und was war so verkehrt an den Verzierungen des Skønvirke-Stils? Viele empfanden die neue Wohnkultur als kühl und unpersönlich, und böse Zungen behaupteten, dass Sprossenstühle höchstens als Ofenholz taugten.

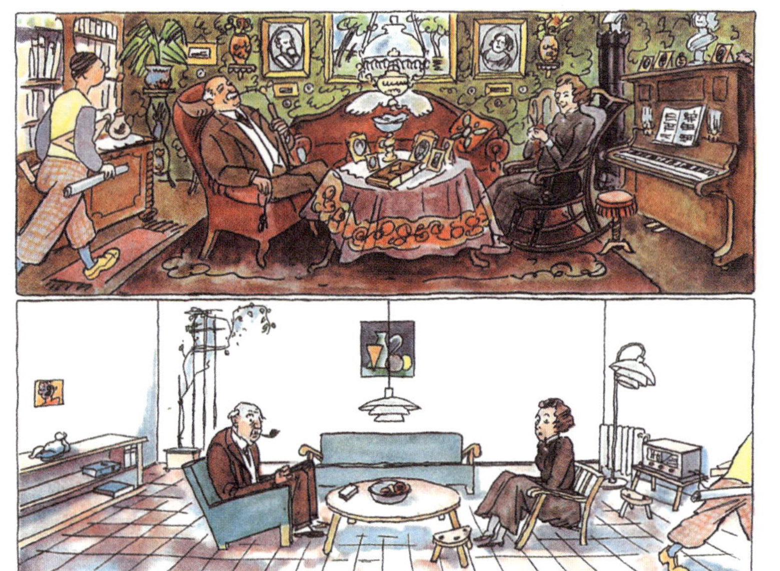

Man kann nicht behaupten, dass der schlichte, schmucklose Einrichtungsstil des Funktionalismus die Herzen der Bevölkerung im Sturm eroberte. Carl Jensen mit seiner Zeichnung »Ein Architekt ging durch den Raum« war nicht der einzige, der den Eifer kritisierte, mit dem eine junge Generation von Architekten sich daran machte, mit minimalistischen Möbeln die Wohnlandschaft zu verschlanken. Jensens Zeichnung erschien 1943 in der Satirezeitschrift *Blæksprutten* (Tintenfisch).

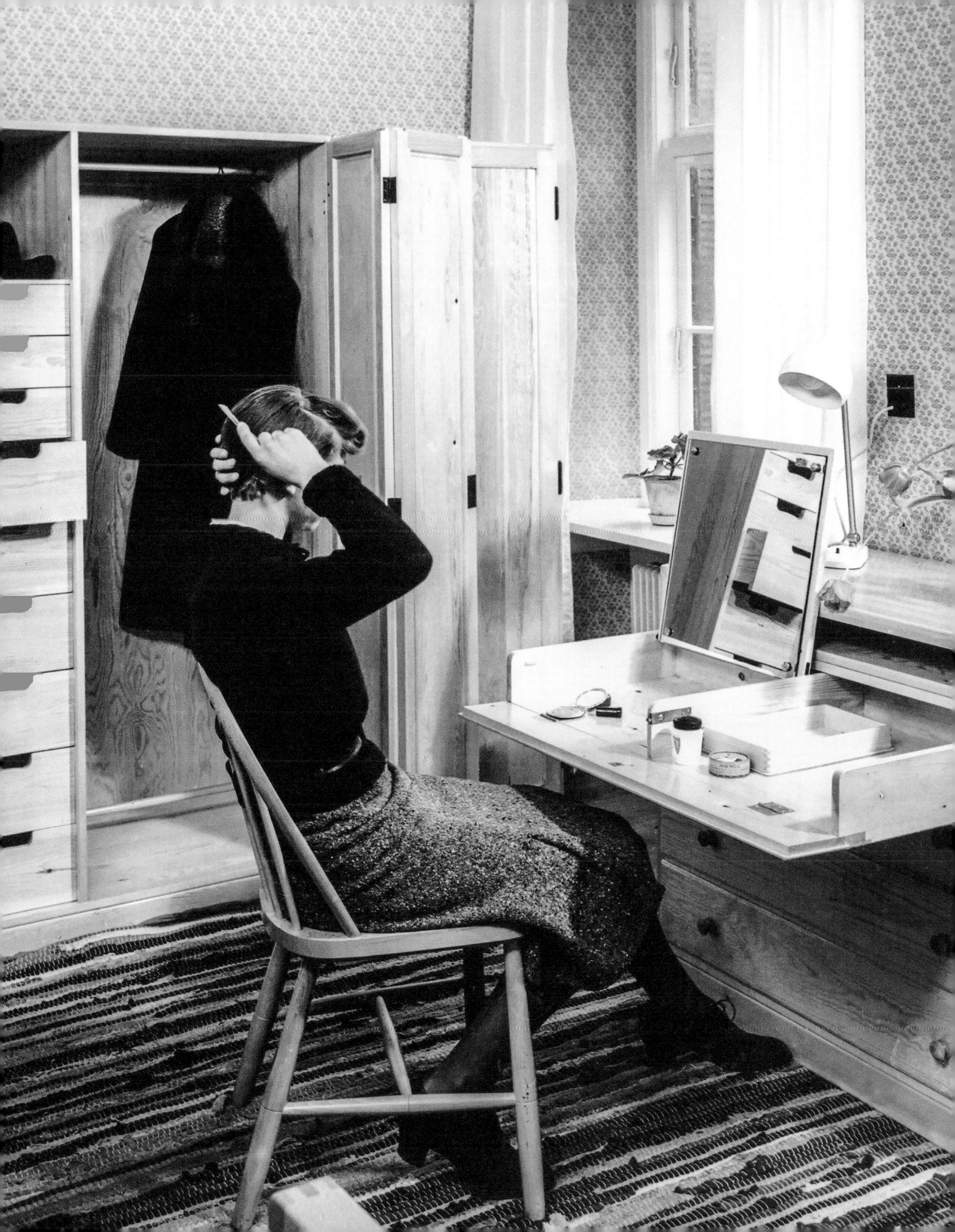

Der entscheidende Durchbruch

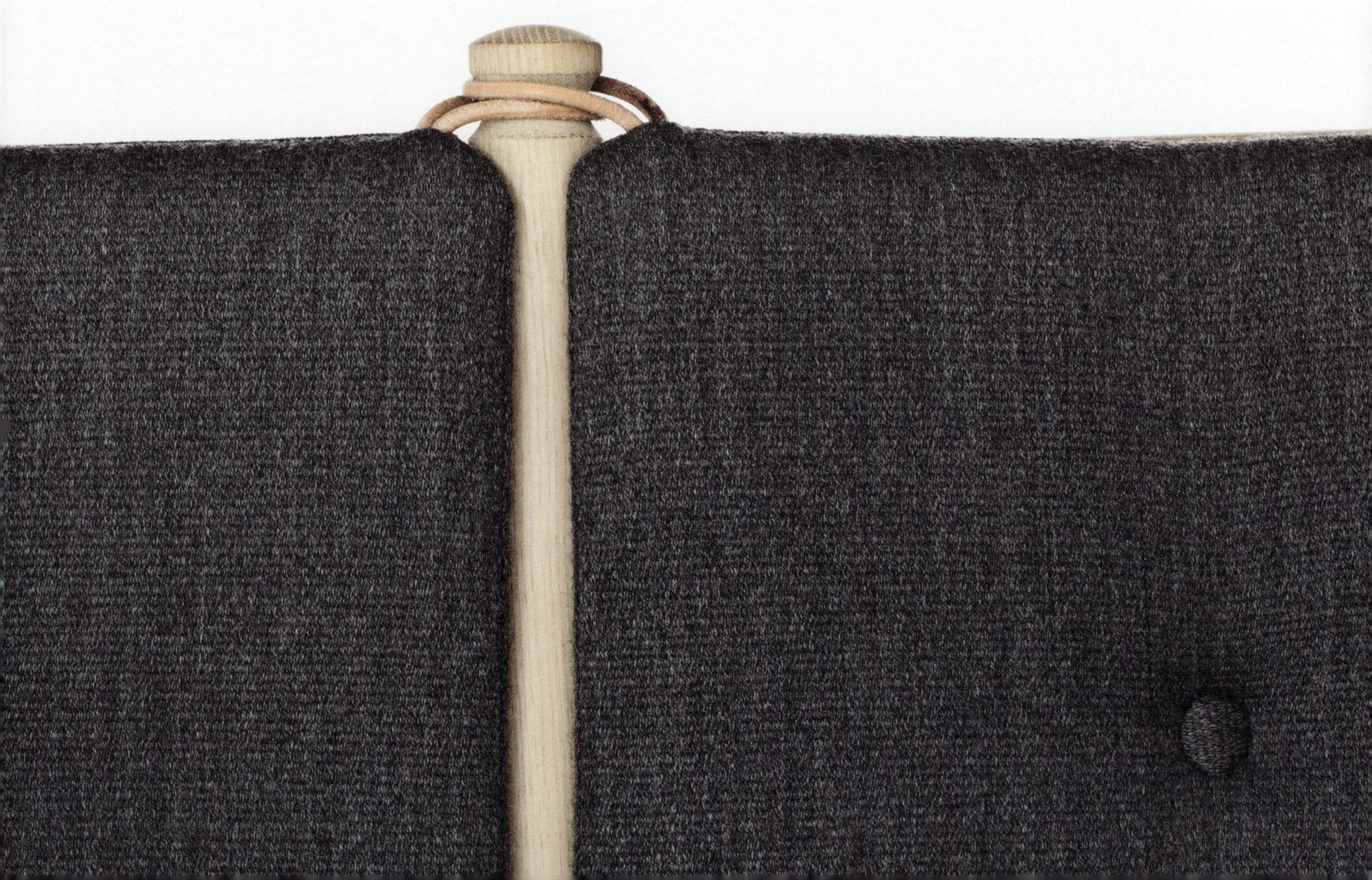

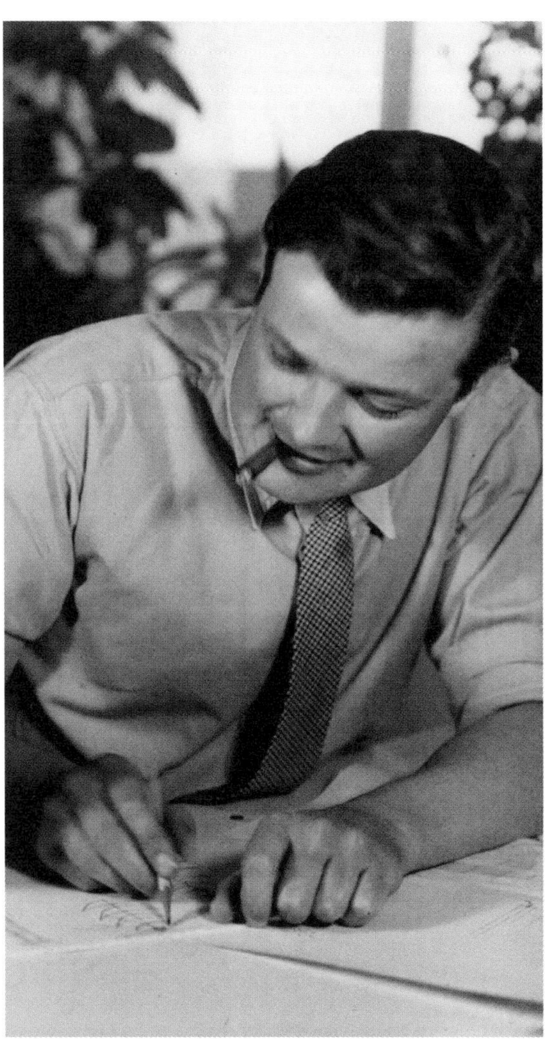

Børge Mogensen war ein hervorragender Zeichner. Ob auf einer zerknitterten Serviette oder einer Streichholzschachtel, neue Ideen hielt er auf allem fest, was gerade zur Hand war. Die eigentlichen Möbelskizzen fertigte er jeweils im Maßstab 1:5 auf einem karierten Block im A4-Format an, die Arbeitszeichnungen auf großen Bögen im Maßstab 1:1.

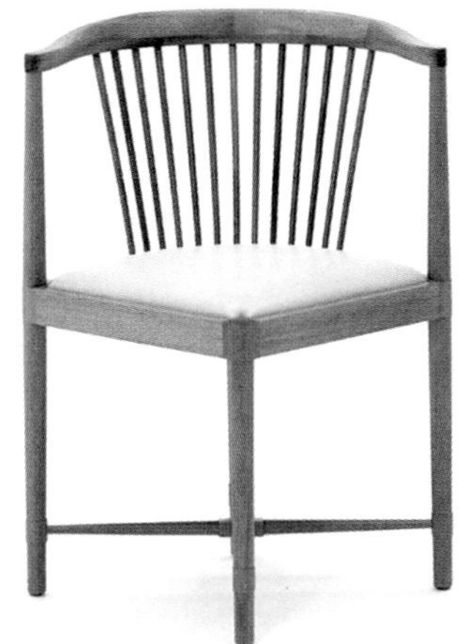

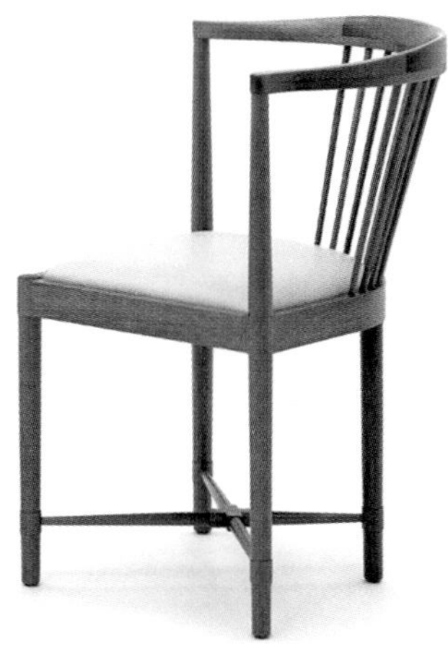

Der *Ruder-Konge-* (Karo-König) *Stuhl* aus kubanischem Mahagoni mit gepolstertem Sitz, angelehnt an einen Entwurf von Kaare Klint, war für ein Junggesellenzimmer gedacht. Dieser Armlehnstuhl zählt zu Børge Mogensens exklusiveren Tischlermöbeln, die er 1944 auf der Möbelausstellung der Tischlerinnung präsentierte.

Tabakschrank und Sprossensofa

Neben seiner Arbeit für die FDB zeichnete Børge Mogensen weiterhin Möbel für die jährliche Ausstellung der Tischlerinnung. Hier konnte er neue und extravagantere Seiten seines Könnens zeigen und Tischlermöbel präsentieren, die nicht für die Massenproduktion gedacht waren. An die Stelle der kleinen Dachzimmereinrichtungen für Hanne und Peter traten geräumige Dreizimmerwohnungen und Junggesellenzimmer, deren exklusive Möblierung sich an ein kaufkräftigeres Publikum richtete.

1944 entwarf er Wohnzimmermobiliar für eine Junggesellenwohnung. Im Gegensatz zu den hellen FDB-Möbeln war das ganze Interieur in kubanischem Mahagoni gehalten und bestand aus Bücherregal, Wandsekretär und einem Armlehnstuhl mit Sprossenrückenlehne und ledergepolstertem Sitz: der *Ruder-Konge-* (Karo-König) *Stuhl.* Mogensens größter Wurf in diesem Jahr war jedoch ein kostbarer Pfeifen- und Tabakschrank, der den Namen *Chinaschrank* erhielt. Dieser war eine Präzisionsarbeit mit verstellbaren Fächern und herausnehmbaren Schubladen für Zigarren und Pfeifen. Die glänzenden Mahagoniflächen und Messingbeschläge hoben sich stark von Mogensens Sprossenmöbeln ab, und alles war handwerklich vom Feinsten. Auch dieser Rezensent von *Politiken* zeigte sich nach dem Ausstellungsbesuch sichtlich beeindruckt: »Es ist zum Heulen, wie viel alter Krempel zu Höchstpreisen unter den Hammer kommt, nur weil er alt ist, während gleichzeitig ein derartiges Kleinod hergestellt wird, das die Paradestücke der Auktionskataloge weit hinter sich lässt.«

Ein paar Monate nach Ende der Besatzungszeit im Mai 1945 zog Børge Mogensen mit seiner Familie für mehrere Wochen in ein Sommerhaus nahe dem

Detaillierte Aquarellzeichnung des *Chinaschranks* von 1944. Die dekorative Front war mit in Ölfarbe aufgemalten Tabakblättern verziert.

Für die Möbelausstellung des Jahres 1944 der Tischlerinnung entwarf Mogensen diesen *Chinaschrank*, einen kostbaren Tabakschrank aus kubanischem Mahagoni mit Messingbeschlägen. Mit seinem dunklen Holz sticht dieses edle Tischlermöbel stark von den überwiegend hellen FDB-Möbeln ab, und auch die handwerklichen Details spielen in einer anderen Liga. Der *Chinaschrank* wird heute von der Søborg Möbelfabrik hergestellt.

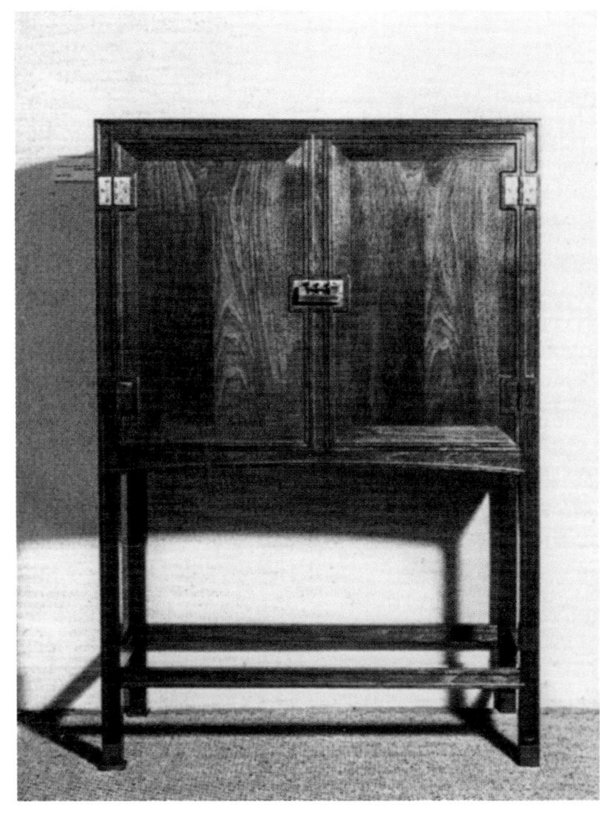

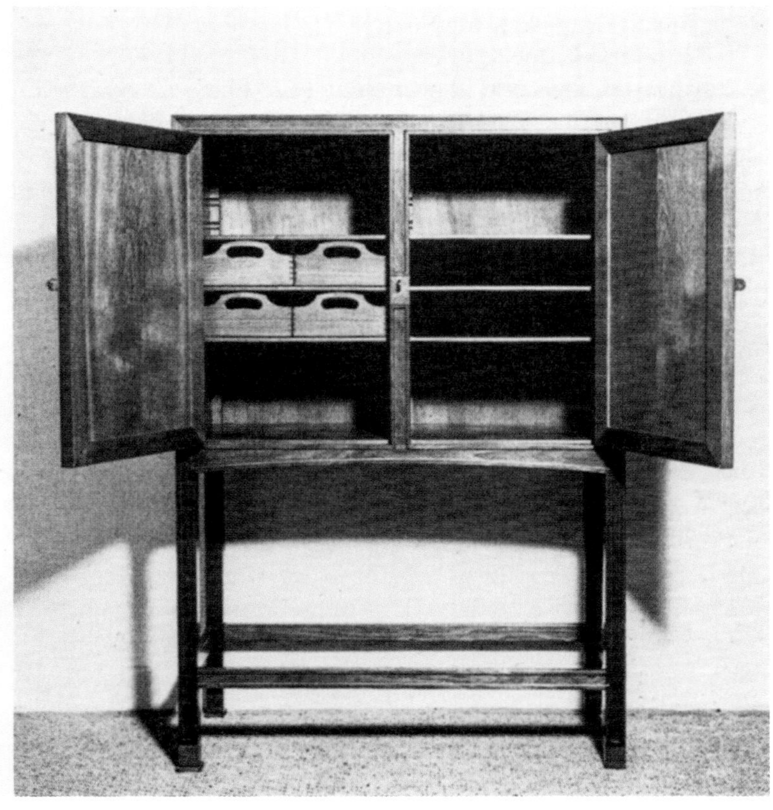

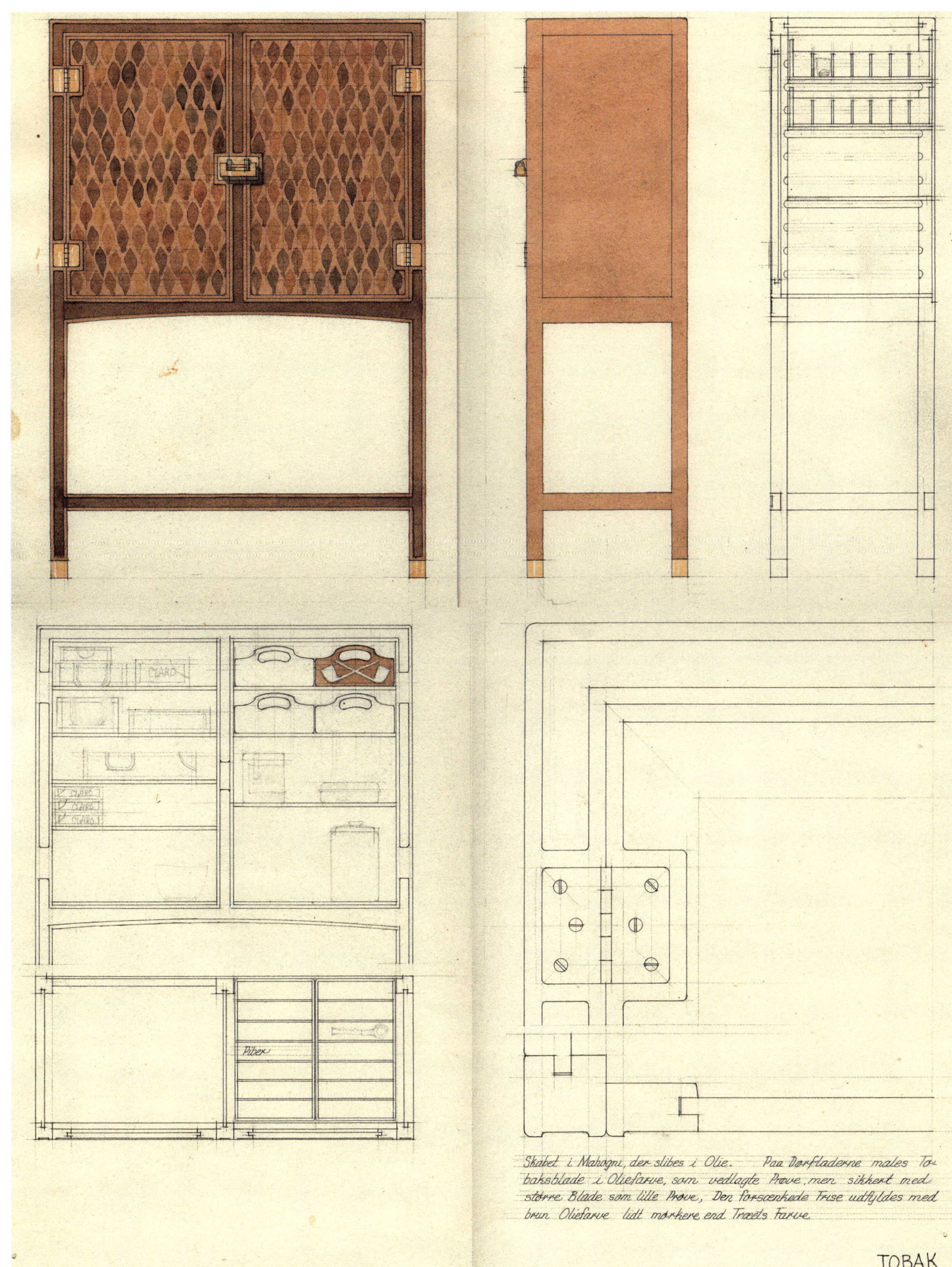
CLARO
Piber
Skabet i Mahogni, der slibes i Olie. Paa Dørfladerne males To-
baksblade i Oliefarve, som vedlagte Prøve, men sikkert med
større Blade som lille Prøve, Den forsænkede Frise udfyldes med
brun Oliefarve lidt mørkere end Træets Farve.
TOBAK

Fischerörtchen Gilleleje. Hans J. Wegner und seine Frau Inga waren auch mit von der Partie. Mogensen und Wegner machten sich zusammen an die Arbeit und entwarfen Möbel für eine Wohnung, die sie auf der Innungsausstellung präsentieren wollten. Mogensen kümmerte sich um die Schlafzimmereinrichtung, Wegner um das Esszimmer, und beide gemeinsam entwarfen sie Möbel für das Wohnzimmer. Mogensens Beitrag war ein Sprossensofa für zwei Personen, bei dem er sich von der französischen Chaiselongue, dem englischen Daybed und Windsorstühlen inspirieren ließ. Indem er Eigenschaften aller drei Vorbilder kombinierte, gelang es ihm, den Möbeltyp Sofa weiterzuentwickeln. Der Prototyp war aus kubanischem Mahagoni gefertigt, das jetzt nach Kriegsende wieder leichter verfügbar war. Das Sofa bestand aus einem soliden Untergestell mit einer leicht wirkenden, ungewöhnlichen Lehne aus gedrechselten Sprossen. Mit seiner durchbrochenen Rückenlehne machte es eine deutlich schlankere Figur als die sattsam bekannten Polstersofas. Auch daran, dass sich es sich von allen Seiten sehen lassen konnte, war gedacht: Anders als viele vergleichbare Möbel hatte dieses Sofa keine hässliche Rückseite und eignete sich perfekt, frei im Raum zu stehen. Die runden Sprossenstäbe liefen an ihren Enden quadratisch zu, was eine solide Verbindung von Lehne und Gestell gewährleistete. Im *Sprossensofa* konnte man vor allem gut aufrecht sitzen, ein Buch lesen oder ein Gespräch führen. Durch einfaches Lösen zweier Kernlederriemen ließ sich jedoch auch ein Seitenteil absenken, wodurch sich das Sofa in eine Couch mit einer Liegefläche von 197 Zentimeter Länge verwandelte.

Das *Sprossensofa* stieß auf der Möbelausstellung der Tischlerinnung auf wohlwollendes Interesse. Schon kurze Zeit später nahm die auf das Bugholzverfahren spezialisierte Möbelfabrik Fritz Hansen die Herstellung auf, jedoch ohne großen Erfolg. Nach nur 50 verkauften Exemplaren stellte die Fabrik die Produktion ein. Möbel im schweren Klunkestil dominierten nach wie vor den dänischen Einrichtungsgeschmack, das *Sprossensofa* war wohl seiner Zeit voraus. Als Fritz Hansen 1962 einen erneuten Anlauf riskierte, hatte sich der Publikumsgeschmack weiterentwickelt. In vielen dänischen Haushalten gehörte das *Sprossensofa* bald zum festen Inventar, besonders bei Lehrern und Akademikern, die nicht nur seine Bequemlichkeit zu schätzen wussten, sondern auch Sympathien für die Geisteshaltung hatten, die in dem Design zum Ausdruck kam. Die Möbelfabrik

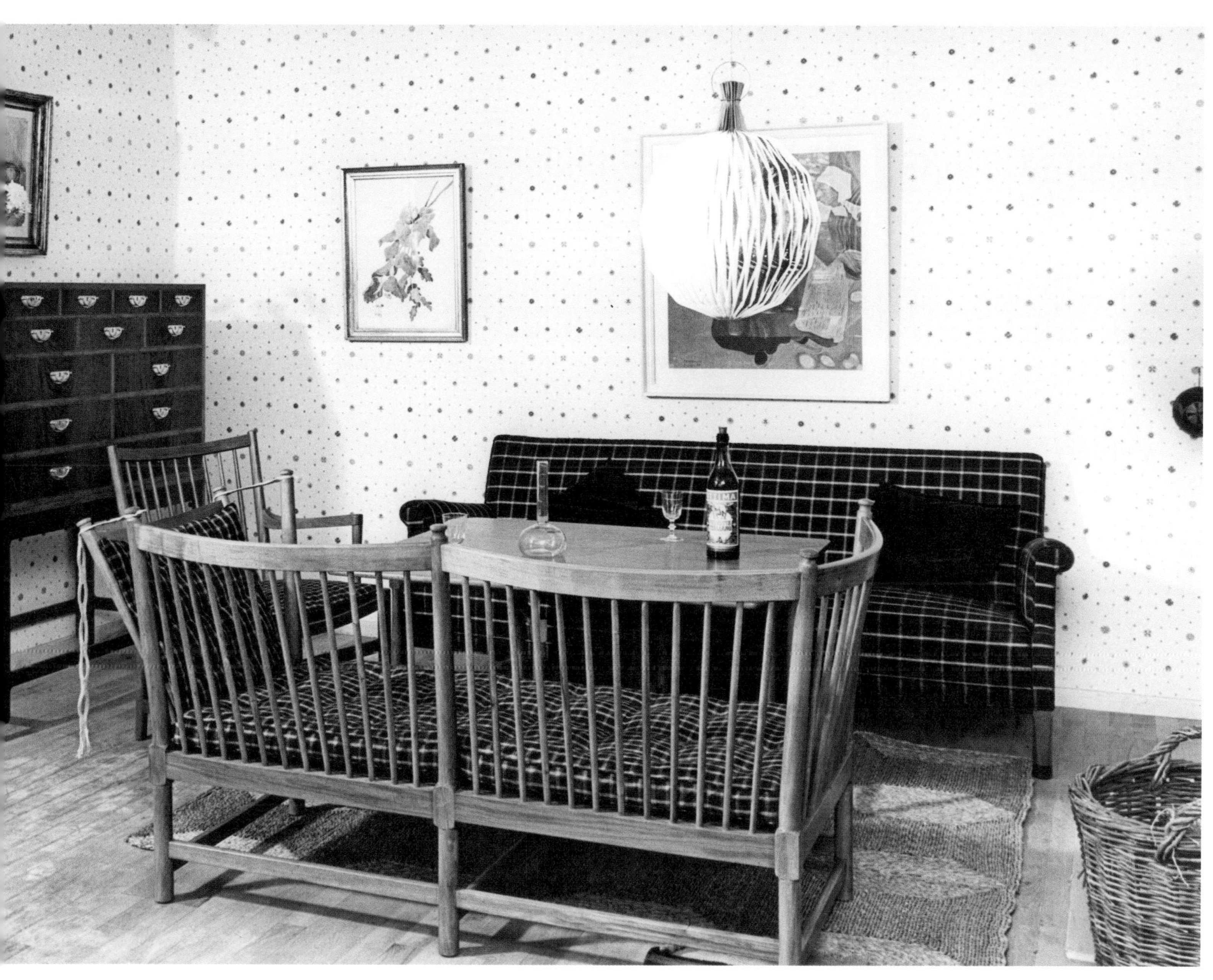

Im Sommer 1945 entwarfen Børge Mogensen und Hans J. Wegner gemeinsam die Einrichtung für eine 3-Zimmer-Wohnung, die sie noch im selben Jahr auf der Innungsausstellung präsentierten. Eines der bemerkenswertesten Möbelstücke der ganzen Ausstellung war Mogensens zweisitziges *Sprossensofa* aus Mahagoni. In den 1940er-Jahren stellten die beiden weitere Möbel aus, die sie gemeinsam entworfen hatten.

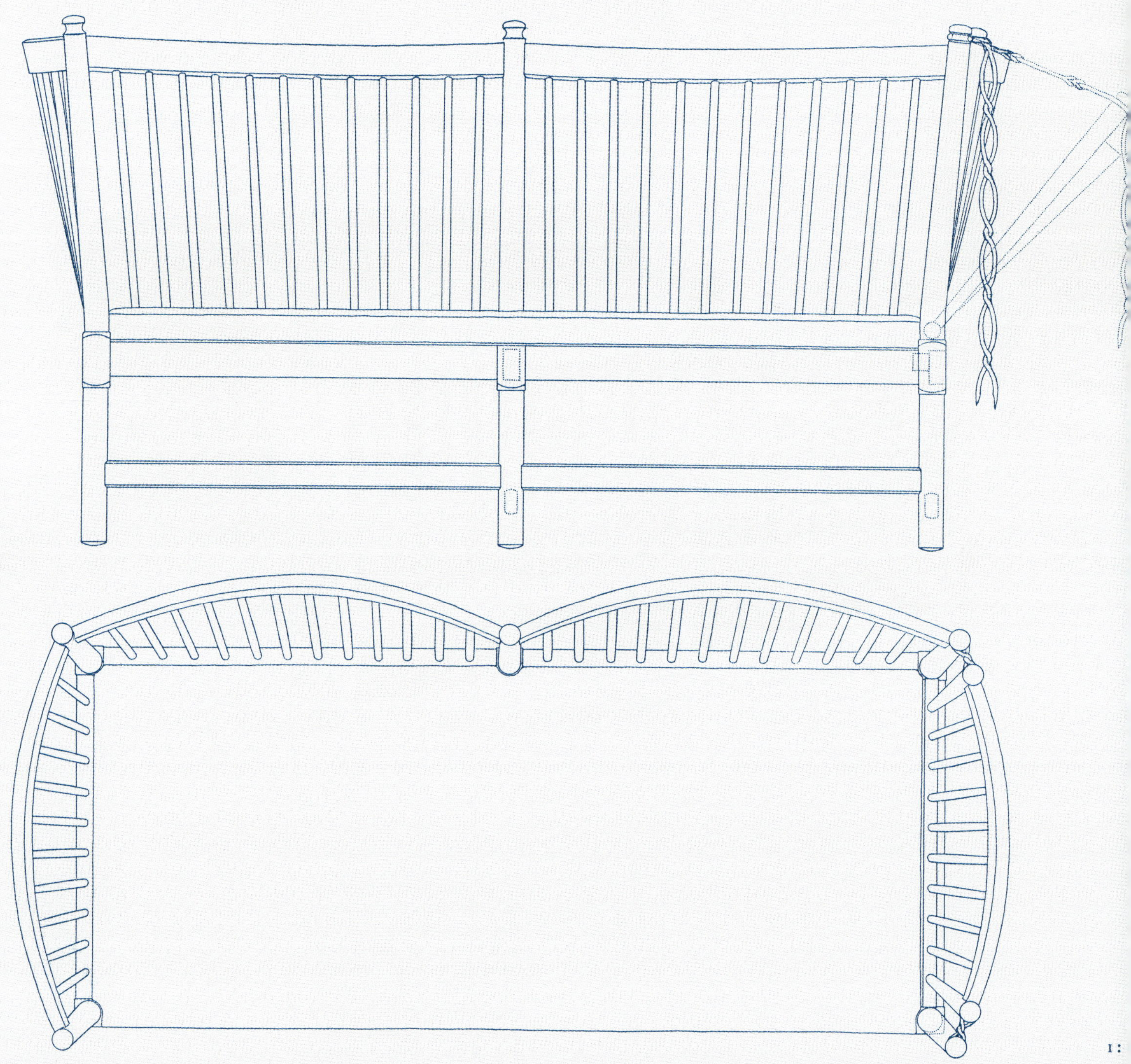

Das *Sprossensofa* war Präzisionsarbeit. Auf einem robusten Untergestell saß ein leichter Oberbau aus Sprossenstäben auf, wie er für viele Möbel Børge Mogensens der 1940er-Jahre charakteristisch war. Ein besonderes Detail bestand darin, dass sich ein Seitenteil absenken ließ, sodass man sich auf dem Sofa ausgestreckt hinlegen konnte. Insofern zählt das *Sprossensofa* auch zu den multifunktionalen Möbeln Mogensens.

Das später so bekannte *Sprossensofa* war anfangs alles andere als ein Verkaufsschlager. Wegen seines schleppenden Verkaufs stellte der Hersteller Fritz Hansen die Produktion bald wieder ein. 1962 legte die Firma »das dänischste Sofa« neu auf, diesmal mit großem Erfolg. In den 1960er- und 1970er-Jahren hielt das *Sprossensofa* mit den karierten Bezügen Lis Ahlmanns Einzug in viele Akademiker- und Lehrerwohnungen. Das Sofa wurde typischerweise in Buche und Eiche hergestellt und ist heute Teil des Programms von Fredericia Furniture.

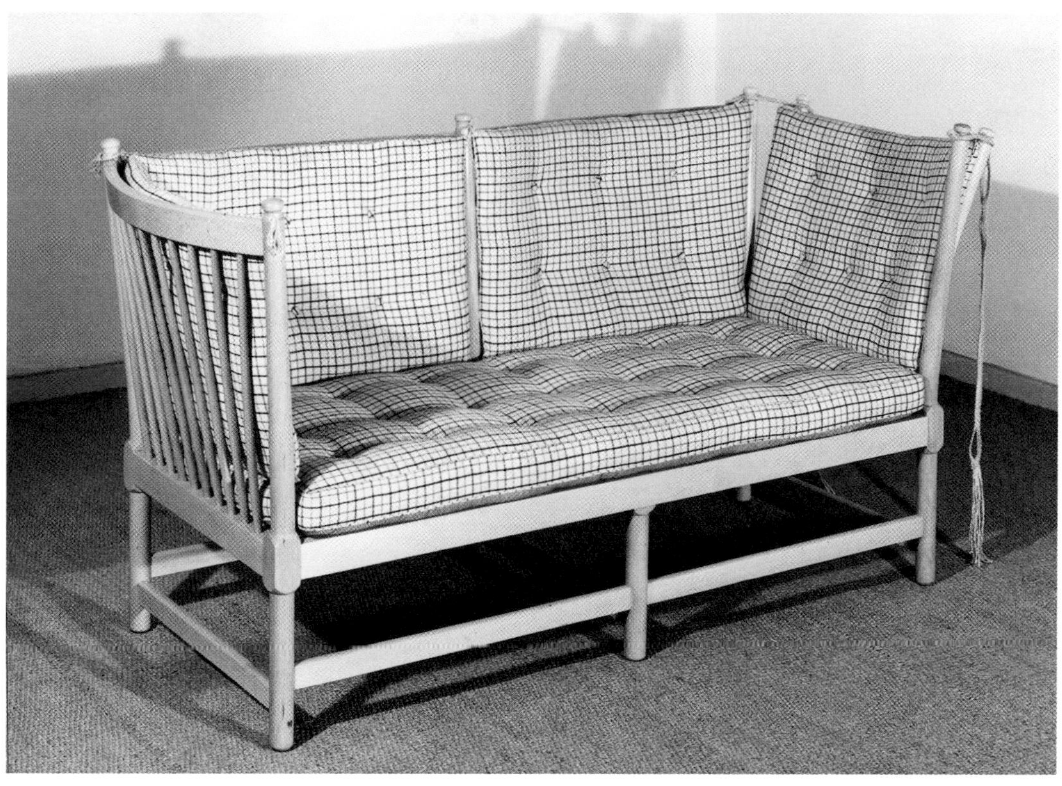

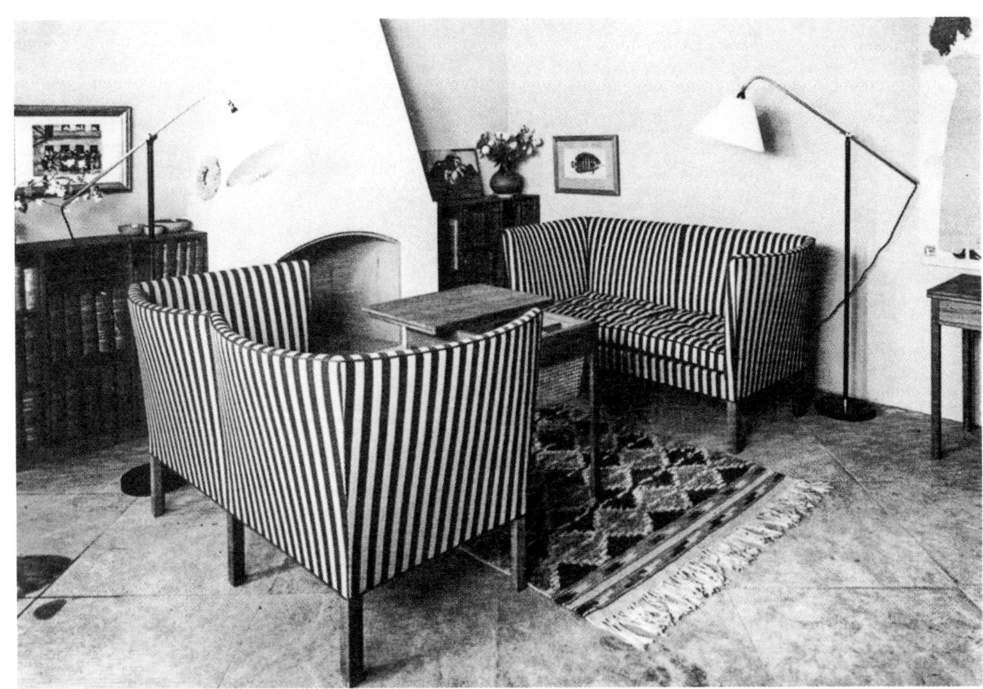

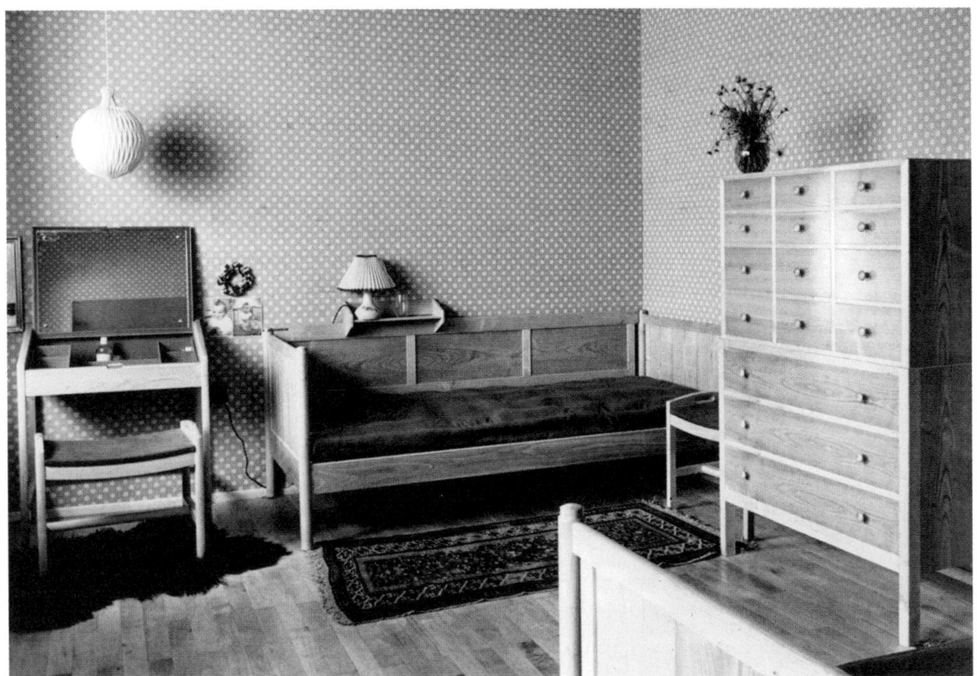

1947 entwarf Børge Mogensen das Modell *2214*, ein Polstersofa, das in seiner Grundkonstruktion mit dem *Sprossensofa* identisch war. Die strengen Linien und der gestreifte Bezug (den Lis Ahlmann beisteuerte) entsprachen ganz der zurückhaltenden, funktionalen Formsprache Mogensens. Zur Produktion gelangte das Sofa *2214* jedoch erst Mitte der 1960er-Jahre.

Mogensen betrachtete den Wohnraum als Ganzes und maß jedem Zimmer Bedeutung bei. Diese Schlafzimmereinrichtung präsentierte er auf der Innungsausstellung des Jahres 1945.

Parallel zur Neuauflage des *Sprossensofas* 1962 entwarf Børge Mogensen dieses kleine Sofa Modell *4290*, mit einer an das *Sprossensofa* angelehnten Konstruktion. Weitere Gemeinsamkeiten waren die Ausführung in Buchenholz und die abnehmbaren Polster. Der Clou: Die einzelnen Module konnten zu einer Sofagruppe aneinandergereiht werden.

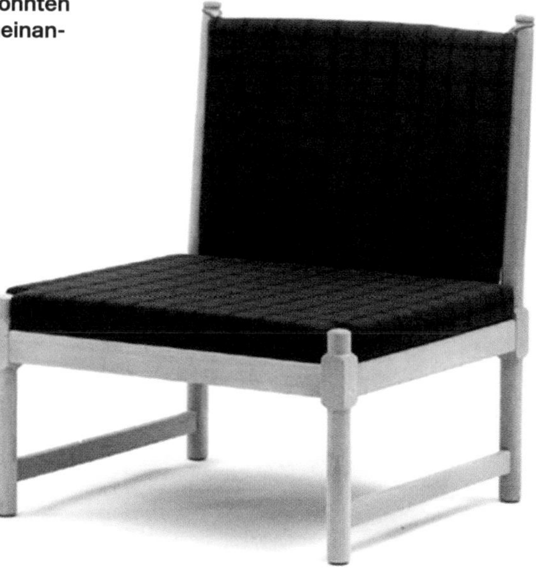

Fritz Hansen bewarb das Sofa mit dem Slogan »Das dänischste Sofa«, und die Wohnzeitschrift *Bo Bedre* (Besser Wohnen) bezeichnete es als eines der beliebtesten Möbel seiner Zeit. Großen Anteil an diesem Erfolg hatte auch der karierte Polsterbezug von Lis Ahlmann. Ihre Textildesigns wurden schnell populär, die gedeckten Farben und schlichten Muster ihrer Entwürfe trafen genau den Nerv der damaligen Zeit. Und bestimmt schadete es der Beliebtheit des Sofas auch nicht, dass es in einem Spielfilm mit der ungeheuer populären Schauspielerin Ghita Nørby zu sehen war.

In Verbindung mit der erfolgreichen Neuauflage zeichnete Mogensen auch eine kleinere Variante des *Sprossensofas*, wie er schon 1947 auf der Ausstellung der Tischlerinnung ein ähnliches Sofa für zwei Personen mit Polsterbezug von Lis Ahlmann präsentiert hatte. Die senkrechte Lehne und der gestreifte Bezug hatten diesem Zweisitzersofa eine besonders harmonische Ausstrahlung verliehen. Ähnlich wie beim *Sprossensofa* dauerte es etwa zwanzig Jahre, ehe es in Produktion ging. Dass Möbel erst viele Jahre nach ihrem Debüt auf der Ausstellung der Tischlerinnung in Serie hergestellt wurden, war übrigens nicht ungewöhnlich. Oft war einfach die Zeit noch nicht reif, oder es gab keine freien Fertigungskapazitäten.

Aufsehenerregende Experimente

1949 schuf Mogensen den *Schalenstuhl* – der erste in einer Reihe von gewagteren Entwürfen. Dieser Entwurf, den er auf der Möbelausstellung der Tischlerinnung zeigte, war eine Kombination aus Esszimmerstuhl und Ruhesessel. Der *Schalenstuhl* kann als skulpturales Möbel bezeichnet werden. An die Stelle gerader Linien trat eine organisch gekrümmte Rückenlehne aus dünnem Formsperrholz mit Teakfurnier, die mit der sehr tief liegenden Sitzfläche aus Buche verleimt war. Es war sein erstes Experiment mit Formsperrholz, mit dem vor allem das amerikanische Architektenpaar Charles (1907–1978) und Ray Eames (1912–1988) und Arne Jacobsen arbeiteten. Formsperrholz war ein verhältnismäßig neuer Werkstoff, der sich im Zweiten Weltkrieg erst in der Flugzeugindustrie bewährte und danach in der Möbelherstellung Einzug hielt. Mogensen machte mit dieser neuen Techno-

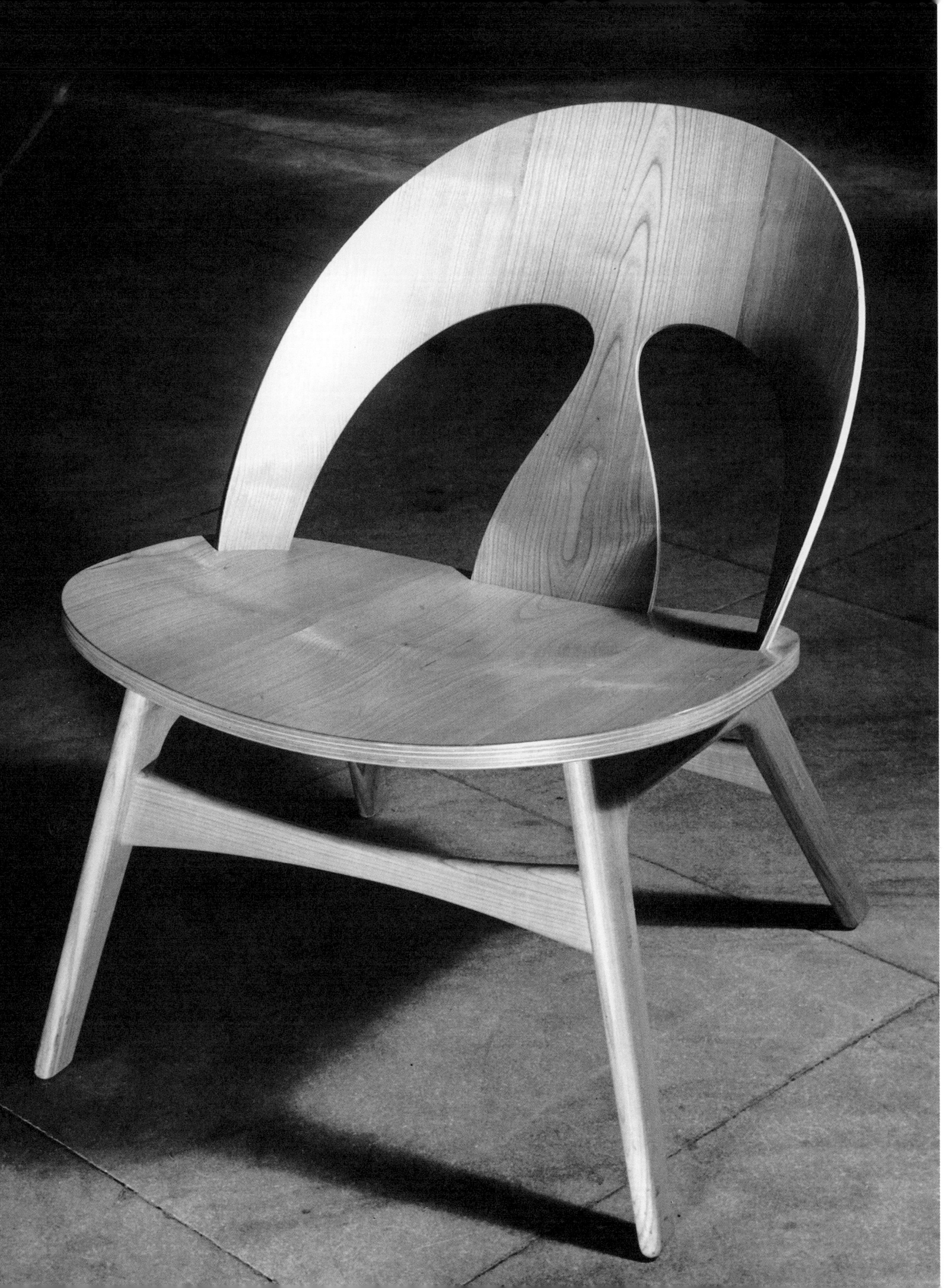

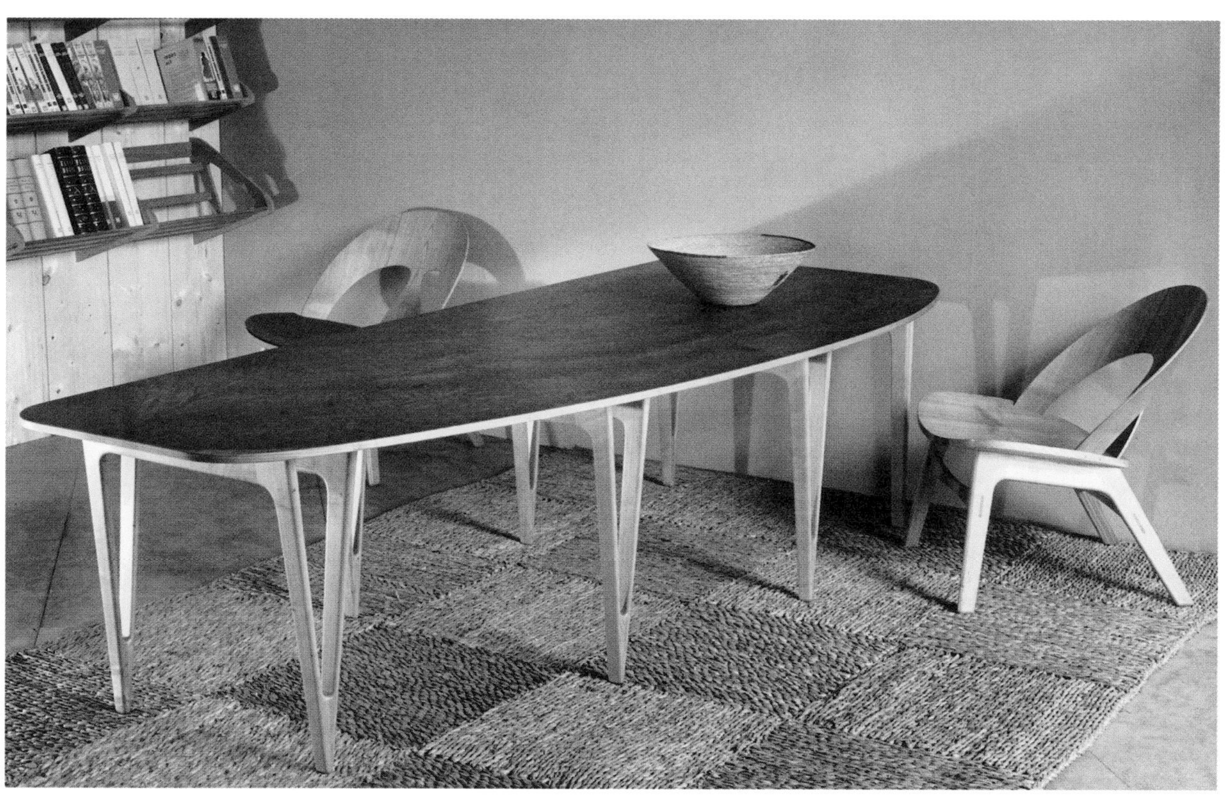

Ende der 1940er-Jahre versuchte sich Børge Mogensen eine Zeit lang an skulpturalen Formen. 1949 entwarf er für die Möbelausstellung der Tischlerinnung eine Anzahl experimenteller Möbel, die innerhalb seines Schaffens eine Sonderstellung einnehmen. Vor allem der *Schalenstuhl* mit seiner Rückenlehne aus dünnem Formsperrholz und der ungewöhnlich niedrigen Sitzfläche (Abb. links) ragt heraus. So fragil die dünne Lehne auch aussehen mag: Dank der Eigenschaften von Formsperrholz ist sie äußerst stabil.

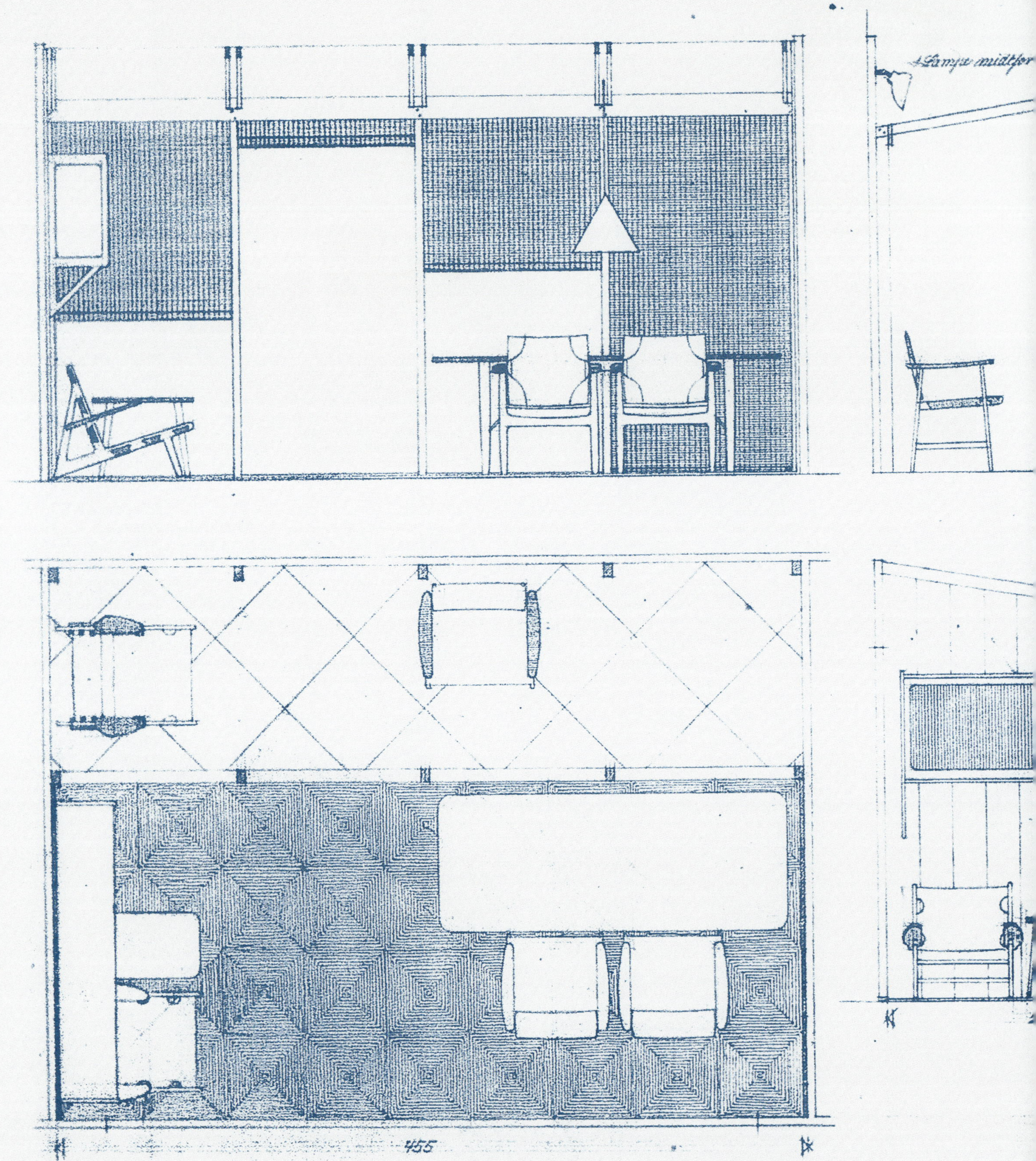
Lampa midtfor
455
Reg. 3

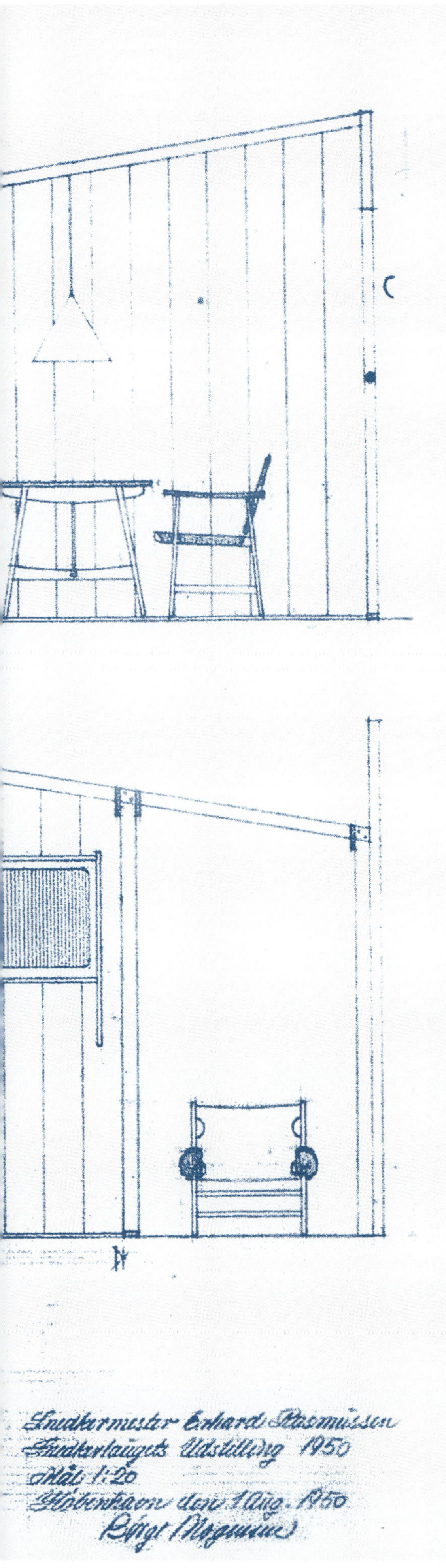

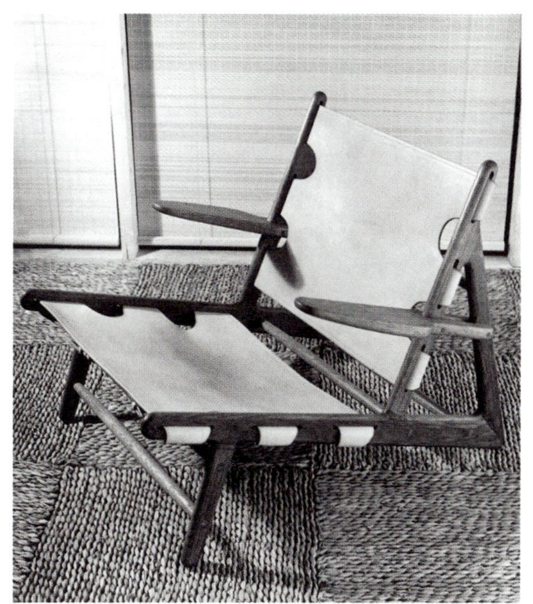

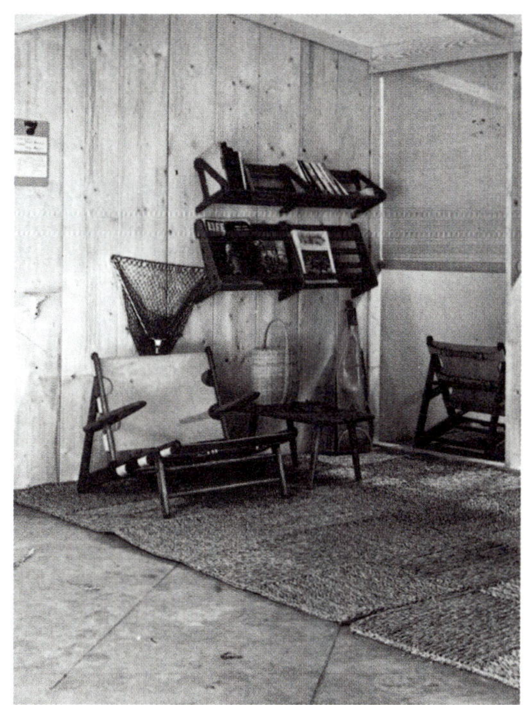

Auf der Innungsausstellung von 1950 konnte man Möbel sehen, die Mogensen zum Thema »Die Jagdhütte« entworfen hatte. Eines war ein niedriger, skulpturaler Ruhesessel, der später als *Jagdsessel* bekannt wurde. Die feingliedrige, V-förmige Konstruktion bestand aus einem Eichenholzgestell (mit markanten Armlehnen) und cognacfarbenem Kernleder für Sitz und Rückenlehne. Auch andere Möbeldesigner wie Hans J. Wegner und Finn Juhl arbeiteten zu dieser Zeit mit einem ähnlichen Konzept. Links eine Planungsskizze des Ausstellungsstandes.

Für seine »Jagdhütte« auf der Innungsausstellung dachte sich Mogensen auch einen Esszimmerstuhl aus. Bei dieser Variante experimentierte er mit der Spanntechnik der Kernlederflächen – in gewisser Weise auch ein Rückgriff auf Kaare Klints *Safaristuhl*.

logie Bekanntschaft, als er 1948 an einem Möbeldesign-Wettbewerb des Museum of Modern Art in New York teilnahm, bei dem Ray und Charles Eames ihren *La Chaise*-Stuhl präsentierten. Zusammen mit dem Schalenstuhl zeichnete Mogensen einen niedrigen, asymmetrischen Tisch mit Vavonafurnier. Die dünne Tischplatte ruhte auf einem Untergestell mit acht grazilen Beinen, vier an jeder Längsseite, die für eine stabile Konstruktion zur Tischplatte hin gegabelt waren. Weder Stuhl noch Tisch waren für die industrielle Herstellung gedacht und gelangten erst 2004 bei Fredericia Furniture (vormals Fredericia Stolefabrik) in die Produktion. Noch im selben Jahr wurde der Stuhl mit dem Möbelpreis der Zeitschrift *Bo Bedre* ausgezeichnet.

Thema der Möbelausstellung der Tischlerinnung des Jahres 1950 war »Die Jagdhütte«. Mogensen war immer noch in Experimentierlaune und stellte den frechen Lehnsessel *Jagtstolen* vor. Wie viele Sitzmöbel dieser Zeit war er außergewöhnlich niedrig: Die Sitzvorderkante schwebte knappe 30 Zentimeter über dem Boden, während die Hinterkante fast den Boden berührte. Beim Platznehmen rutschte man sehr tief in eine dann sehr komfortable Sitzposition. Der Sessel forderte das gängige Konzept eines Lehnsessels heraus, vor allem wegen der Materialien und der unorthodoxen Geometrie, die eine ganz neue Sitzhaltung mit sich brachte. Der *Jagdsessel*, den Mogensen spät nachts im Kreis von Freunden auf einer Streichholzschachtel skizziert hatte, kam in die Produktion und etablierte sich als einer der Entwürfe, für den er bleibende Anerkennung erntete.

Zusammen mit dem *Jagdsessel* entwarf Børge Mogensen noch einen Tisch und passende Stühle. Diese Möbel waren in mehrerlei Hinsicht interessant. Zum ersten Mal arbeitete Mogensen ausgiebig mit Leder, was den Möbeln im Vergleich zu seinen Sprossenstühlen und Sofas mit Textilbezug einen rustikaleren Charakter verlieh. Das Gestell des Armlehnstuhls war aus Räuchereiche gefertigt. Wie bei Mogensens Möbeln üblich, gingen die Streben durch die Stuhlbeine hindurch, sodass die Holzverbindungen sichtbar waren. Sitzfläche und Rückenlehne aus cognacfarbenem Kernleder vollendeten die strenge Konstruktion des Stuhls. Beide waren verstellbar und ließen sich vor allem straffen, um die Dehnung des Leders im Laufe des Gebrauchs auszugleichen.

Im Jahr darauf zeigte Mogensen neue, vereinfachte Versionen der Jagdmöbel. Mittels lotrechter Beine und einem geraden Rückenteil richtete er die

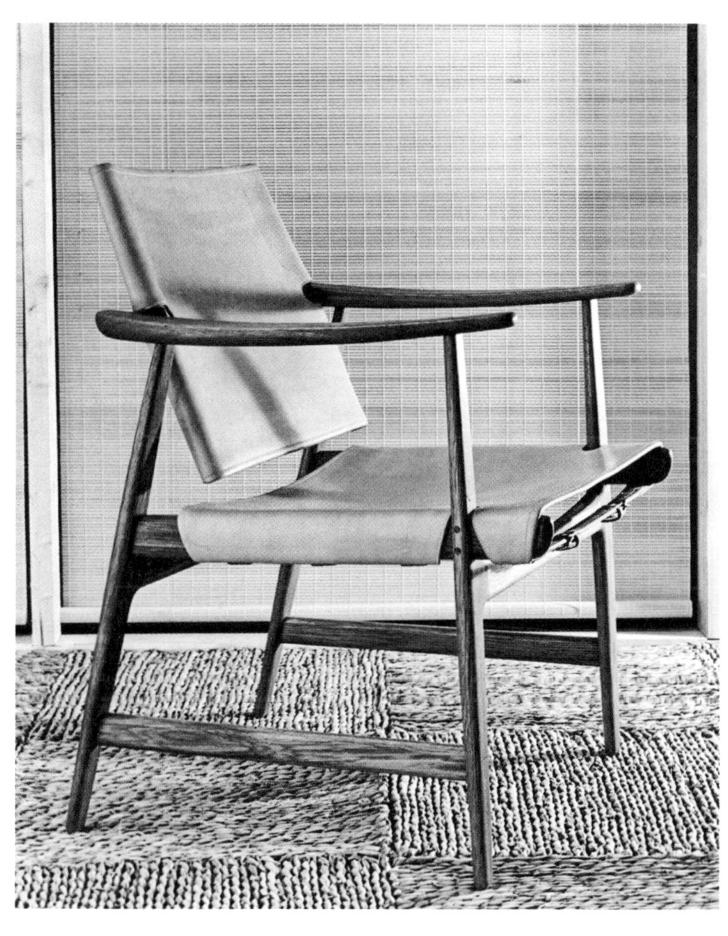

Mogensens Jagdmöbel waren von der andalusischen Möbeltradition beeinflusst, mit der er sich auch in späteren Arbeitsphasen immer wieder auseinandersetzte. Passend zum Stuhl – der übrigens nicht in Produktion kam – entwarf Mogensen den *Jagdtisch*, dessen Gestell mit Metallstreben versteift war. Die Søborg Möbelfabrik nahm den Tisch später in ihr Programm auf.

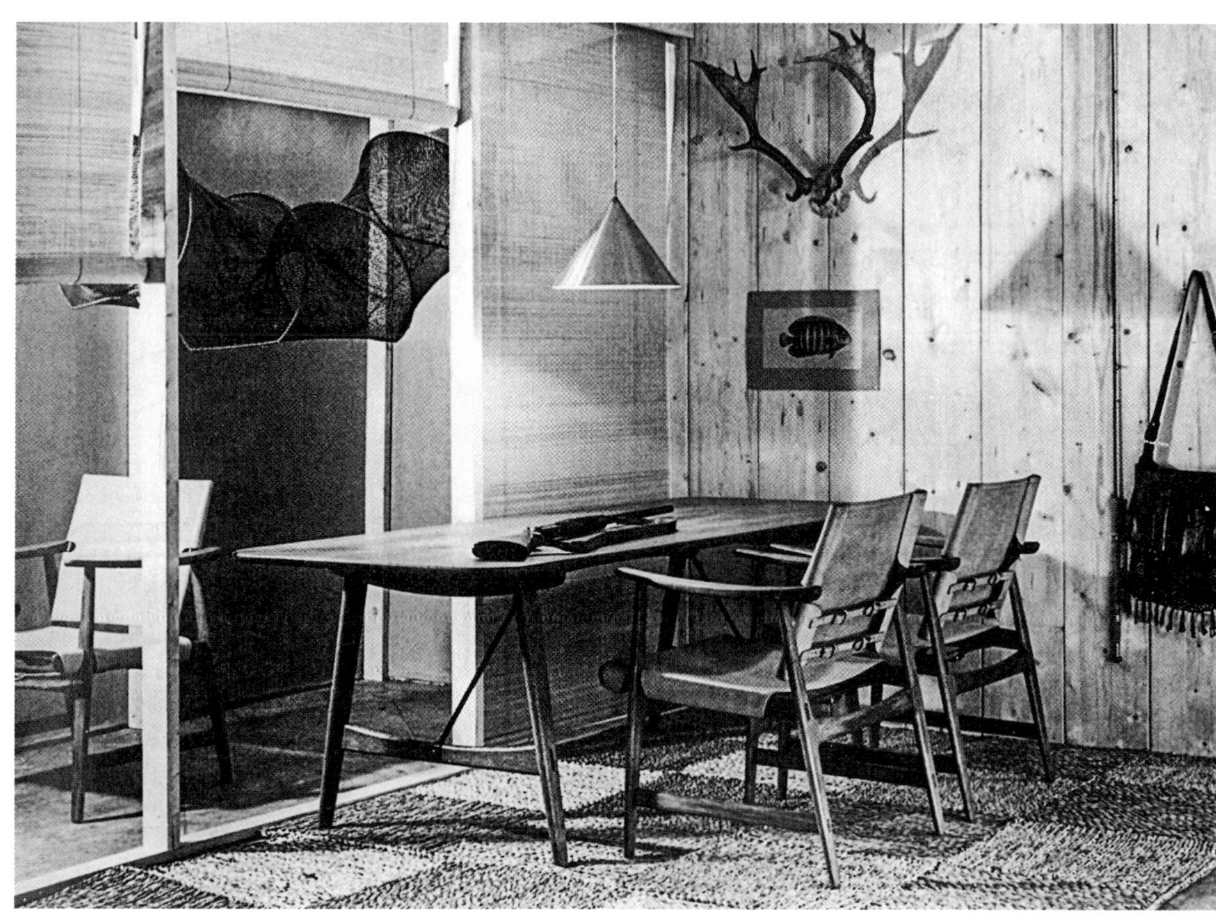

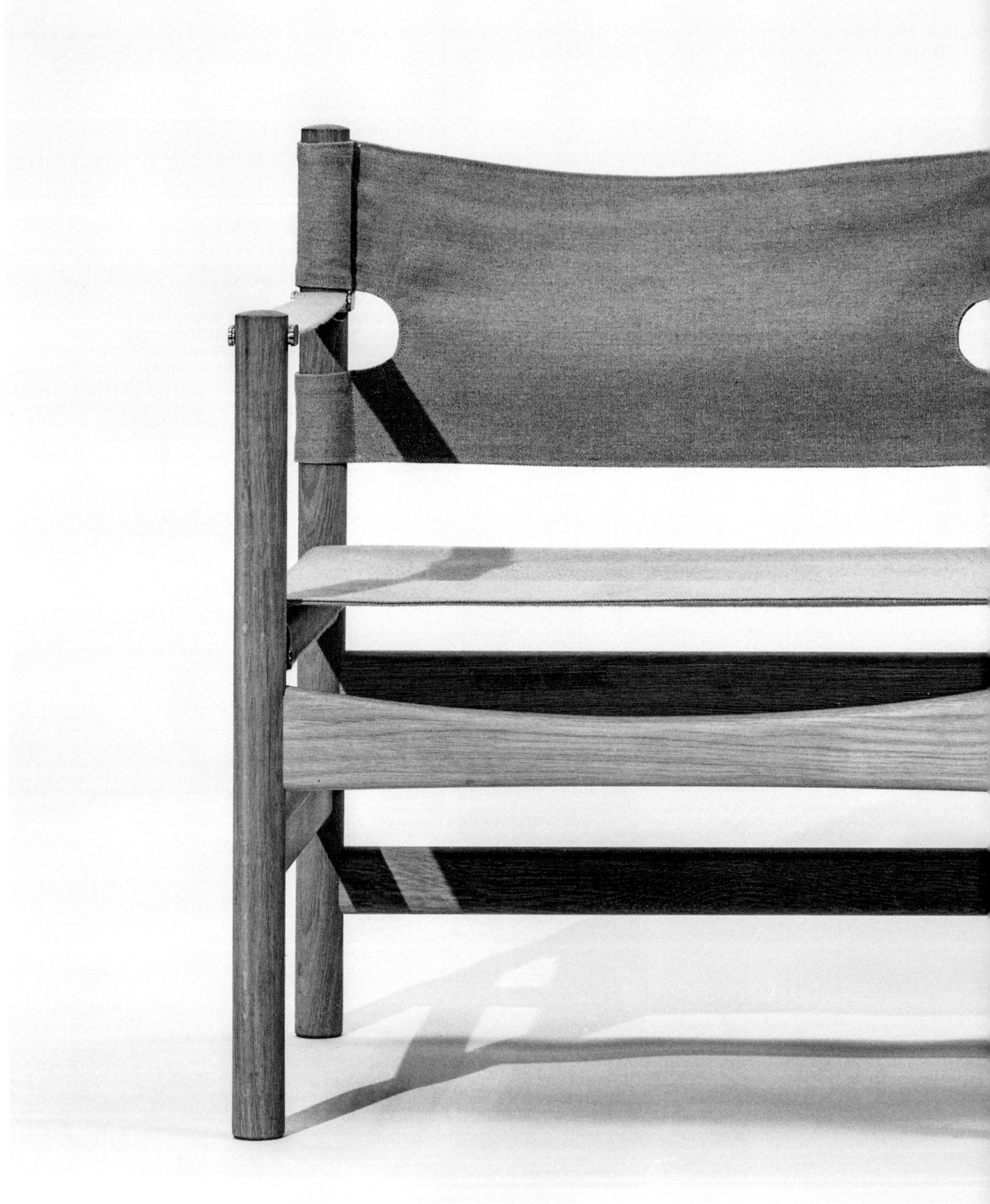

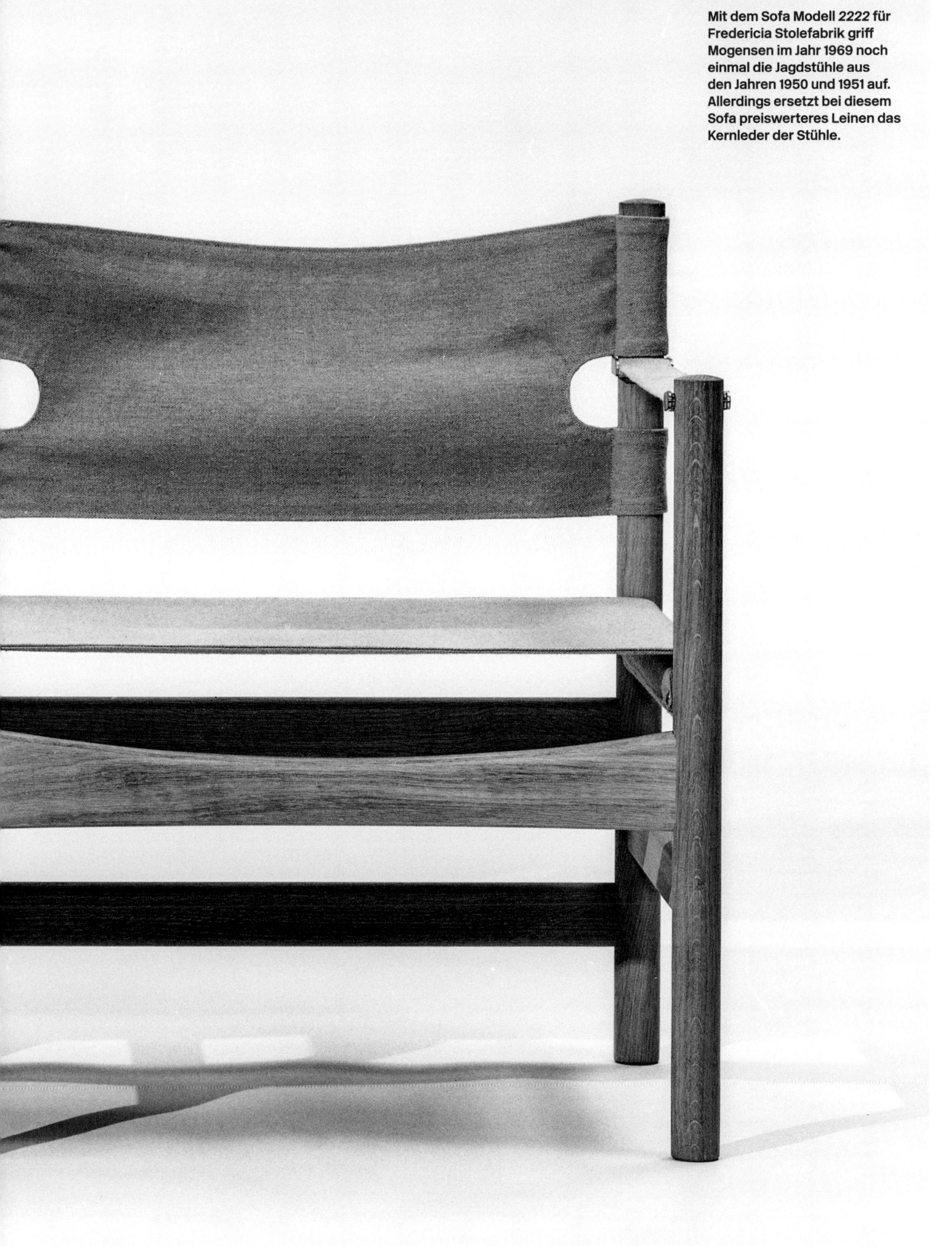

Mit dem Sofa Modell *2222* für Fredericia Stolefabrik griff Mogensen im Jahr 1969 noch einmal die Jagdstühle aus den Jahren 1950 und 1951 auf. Allerdings ersetzt bei diesem Sofa preiswerteres Leinen das Kernleder der Stühle.

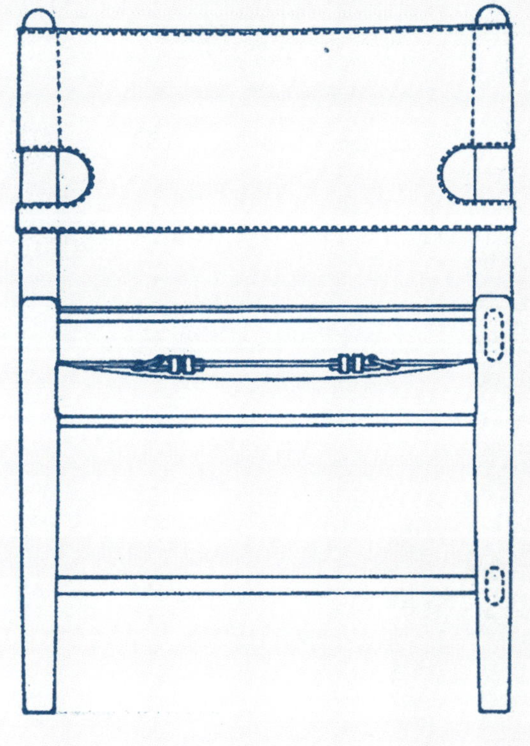
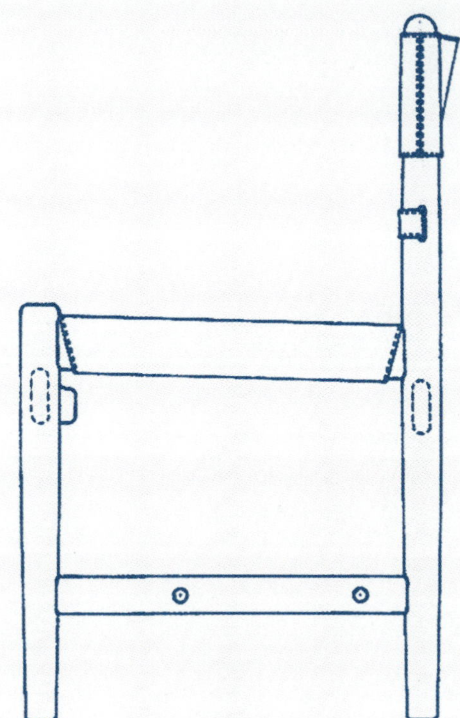
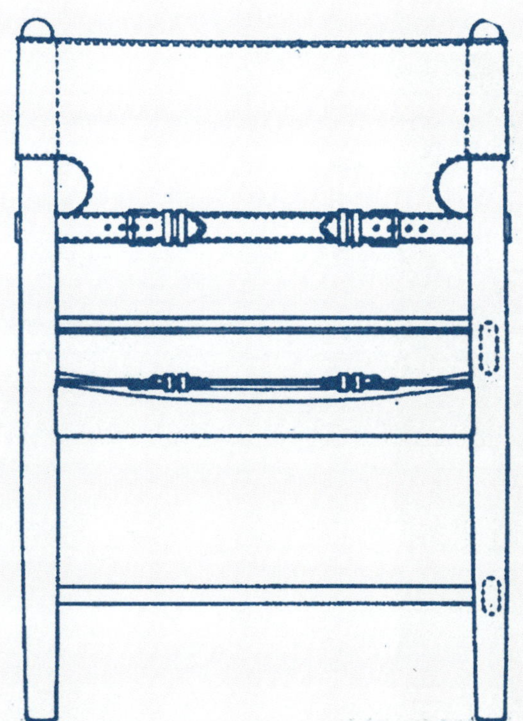
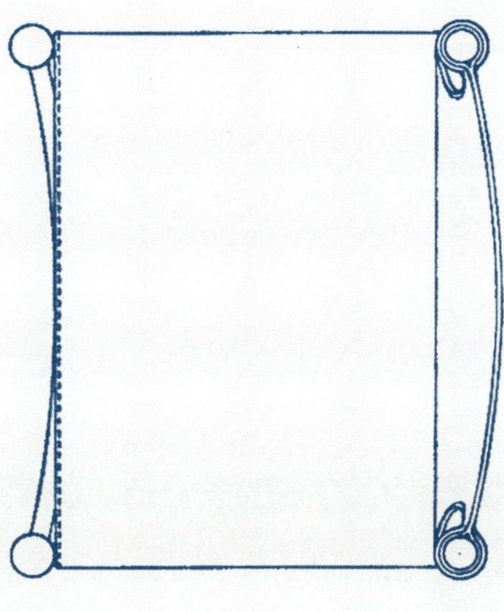

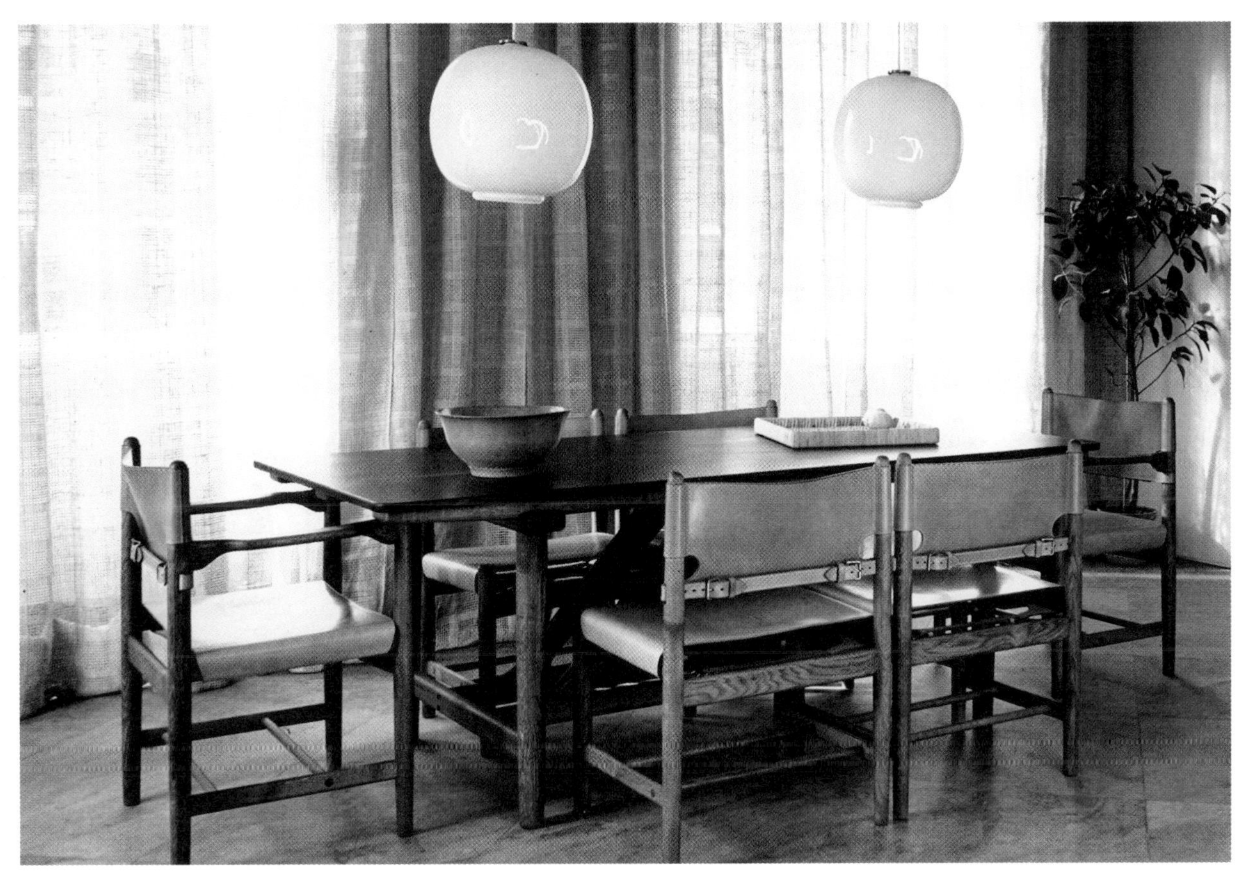

Im Jahr 1951 setzte Mogensen mit dieser Esszimmerkombination die Arbeit an den Jagdmöbeln fort. Der Grundgedanke der Jagdmöbel aus dem Vorjahr ist erhalten, jedoch strenger und geradliniger im Ausdruck. Der Esszimmerstuhl *3237* ist eines von Mogensens exklusiveren Möbeln. Auf der Innungsausstellung erntete er Lob für das besonders gelungene Zusammenspiel von Leder und Eichenholz.

Ende der 1930er-Jahre lernte Børge Mogensen seine Frau Alice kennen, mit der er zunächst eine Wohnung in der Store Kongensgade in Kopenhagen bezog. Anfang der 1940er-Jahre übersiedelten die beiden in die Wohnanlage Hostrups Have in Frederiksberg. Hier sieht man Børge Mogensen im Wohnzimmer, umgeben von mehreren seiner Möbel.

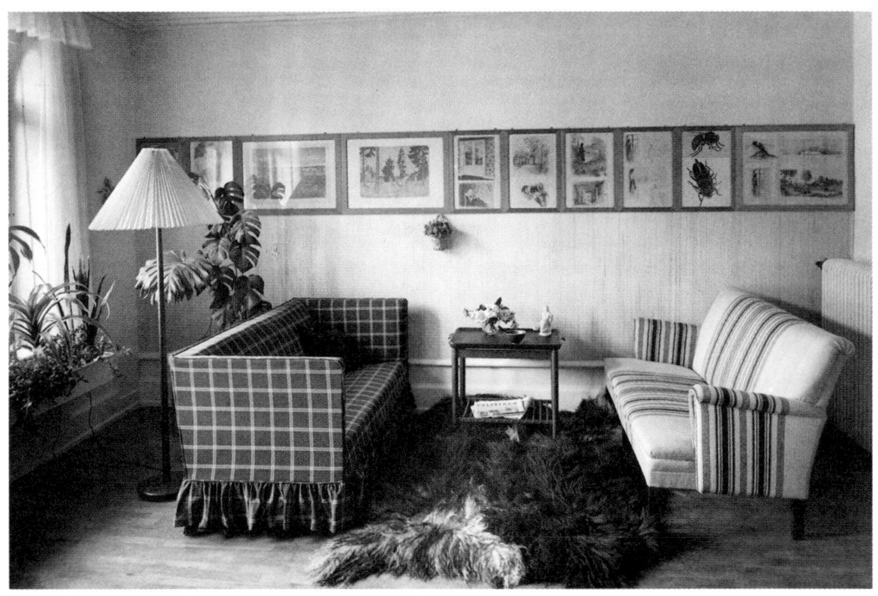

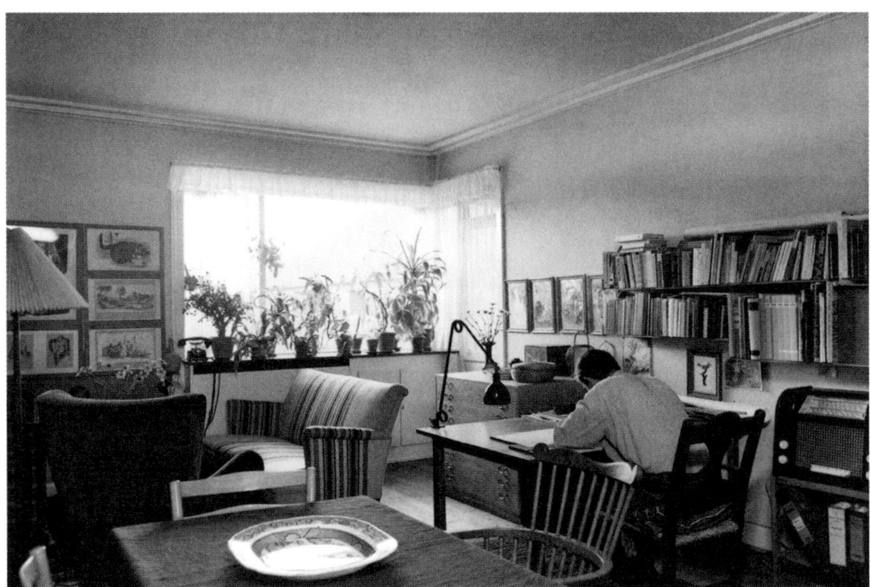

gesamte Konstruktion auf. Die lederne Rückenlehne erfüllte zwei Funktionen: Der nachgiebige obere Teil erlaubte es, sich bequem zurückzulehnen, während der gespannte Lederriemen am unteren Rand der Lehne Halt im Lendenbereich bot. Der Stuhl wurde mit und ohne Armlehne präsentiert und ging später in Serie. Mogensen wurde nie müde, an der Funktionalität seiner Möbel zu tüfteln. Schon kleine Justierungen konnten einen großen Unterschied machen.

Auch wenn die allermeisten der Möbel Mogensens von der für ihn so typischen strengen, rationalen Formensprache geprägt sind: In seiner Laufbahn erlaubte er sich doch auch hier und da einmal spielerische Ausreißer. Einige dieser Experimente gelten heute als Klassiker dänischen Möbeldesigns, und wer sie näher betrachtet, ertappt sich bei dem Gedanken: Schade, dass Mogensen seinem Affen nicht öfter Zucker gab!

Ein eigenes Entwurfsbüro

1942 heirateten Børge Mogensen und Alice Klüwer Krohn (1916–2011). Alice hatte in dem Großkaufhaus Illum eine Lehre gemacht und arbeitete als Näherin. Schon bald nach ihrer Hochzeit zogen die beiden zunächst zusammen in Alice' Wohnung, bis sie eine Zweizimmerwohnung in der Wohnanlage Hostrups Have in Frederiksberg ergattern konnten. In Hostrups Have, das Mitte der 1930er-Jahre im Stil des Funktionalismus gebaut wurde, wohnten im Lauf der Jahre viele bekannte Persönlichkeiten, wie der spätere Ministerpräsident Jens Otto Krag, der Schriftsteller Klaus Rifbjerg und die Schauspieler Marguerite Viby, Birgitte Reimer und Preben Neergaard. Alice gab zwar ihren Beruf als Näherin auf, führte aber weiterhin Näharbeiten für Freunde und Bekannte aus. Manchmal arbeitete sie auch gemeinsam mit den Textilweberinnen Lis Ahlmann und Vibeke Klint (geb. 1927), mit denen die Mogensens auch privat befreundet waren. Außerdem kümmerte sie sich um den Haushalt und die Söhne Peter und Thomas, die 1944 und 1947 auf die Welt gekommen waren. Kurz nach Ende des Zweiten Weltkriegs konnte die Familie in eine große Dachgeschosswohnung mit sechs Zimmern umziehen. Hier ging das Leben jetzt seinen gewohnten Gang. Jeden Samstag holte sich die Familie im Smørrebrød-Lokal Hostrups Have ein paar kleine Herrlichkeiten, genau rechtzeitig, um vor dem Radiogerät bei »Wer bin ich?« mitraten zu können.

Auch nach seinem Bruch mit der FDB im Jahr 1950 konnte für Mogensen von Kürzertreten keine Rede sein. Ganz im Gegenteil. Noch im selben Jahr eröffnete er im Dachgeschoss der Falkonerallee 19 sein eigenes Entwurfsbüro. Von nun an brütete er hier seine Entwürfe aus, oft mit Unterstützung durch den Architekten John Vedel-Rieper (1930–2004), der in den 1950er-Jahren fest angestellt war, bis er sich 1960 selbstständig machte. Die beiden hatten sich 1947 kennengelernt, als Vedel-Rieper den Ausstellungsraum der FDB in der Njalsgade aufsuchte, um für eine Studiumsaufgabe Messungen vorzunehmen.

Im gleichen Maße, wie die dänische Gesellschaft nach Kriegsende Schritt für Schritt besseren Zeiten entgegenging, stieg die Nachfrage nach Qualitätsmöbeln. Die Konsumenten hatten allmählich mehr Geld zur Verfügung, der Möbelverkauf zog an, und auch der Export erlebte einen Aufschwung. Die dänischen Möbelfabriken hatten auf einmal alle Hände voll zu tun, um die Nachfrage zu befriedigen. Eine von ihnen, die 1890 gegründete Søborg Møbelfabrik, hatte sich schon in den 1940er-Jahren einen soliden Stand erarbeitet, hauptsächlich durch die Zusammenarbeit mit den Architekten Peter Hvidt (1919–1986) und Orla Mølgaard-Nielsen (1907–1993) sowie einen großen Einrichtungsauftrag für das Kreiskrankenhaus Gentofte. Die Möbelfabrik besaß reichlich Erfahrung mit industrieller Serienherstellung. Im Sommer 1950 nahm die Fabriksleitung mit Børge Mogensen Kontakt auf, um mit ihm eine Zusammenarbeit bei der Entwicklung einer neuen Möbelserie einzugehen. Man hatte seine Arbeit für die FDB verfolgt und war überzeugt, dass er genau der Richtige für diese Aufgabe war. Mogensen sah sich die Produktionsmethoden der Fabrik an und schlug vor, an die Systemmöbel anzuknüpfen, für die er bei der FDB ja schon viel Vorarbeit geleistet hatte. Fürs Erste einigte man sich auf die Regal- und Schrankserie *SM-50*, die gut zu Mogensens Maxime passte, Möbel nicht auf einen Schlag, sondern nach und nach anzuschaffen. Das System kam mit einer sehr kleinen Zahl von Modulen aus, die kreuz und quer kombiniert werden konnten. Die Standardisierung aller Module auf eine Breite von 100 Zentimetern vereinfachte die Produktion enorm und half, die Preise niedrig zu halten.

Die Serie *SM-50* war der Anfang einer langjährigen Zusammenarbeit mit der Søborg Möbelfabrik. Am häufigsten kam für die Möbel Teakfurnier zum Einsatz. Teak war in den 1950er-Jahren sehr beliebt, und die Verwendung von Furnier war einerseits kostengünstig,

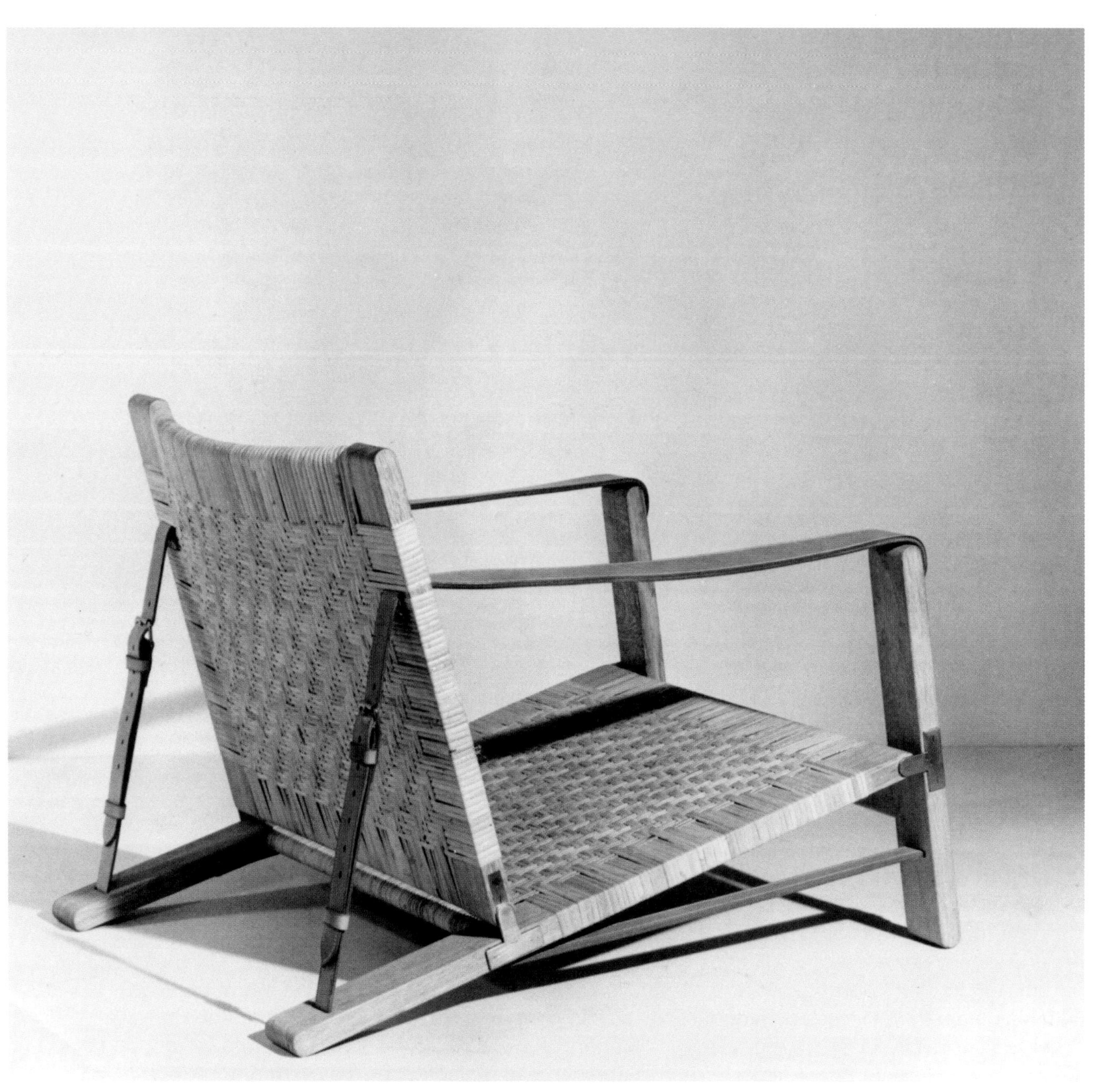

Fünf Jahre nach dem *Jagdsessel* entwarf Mogensen diesen Lehnstuhl, der dessen charakteristische tiefe Sitzfläche aufgriff. Dieser Entwurf aus dem Jahr 1955 unterschied sich von seinem Vorgänger durch die Verwendung von Flechtwerk für Sitzfläche und Rückenlehne sowie die originellen Armlehnen aus Leder.

Anfang der 1950er-Jahre entwickelte Mogensen ein komplettes Möbelprogramm mit einfachen Alltagsmöbeln für die Søborg Möbelfabrik. Mit den sich nach unten verjüngenden Beinen und der Verwendung von Teakholz entsprachen diese Möbel ganz dem Stil der Zeit. Die untere Abbildung zeigt den Esszimmertisch Modell *122*.

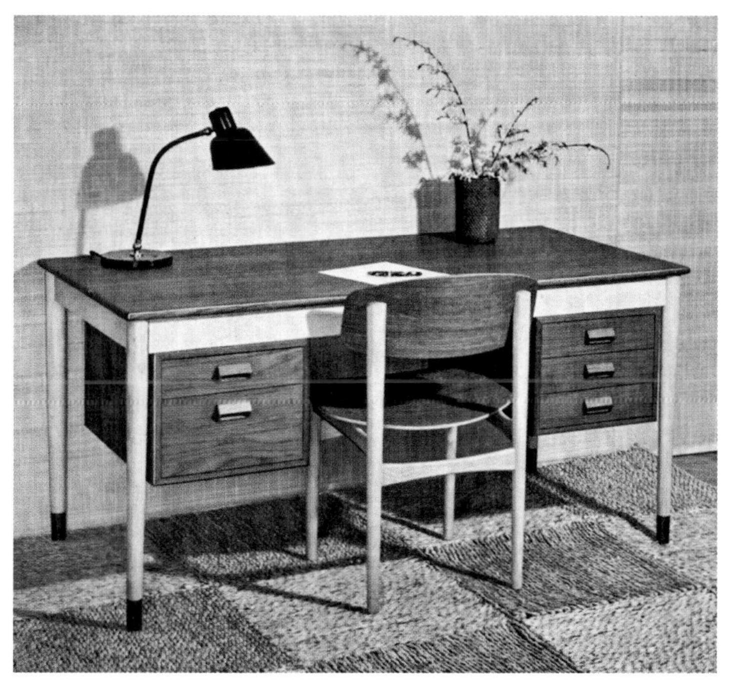

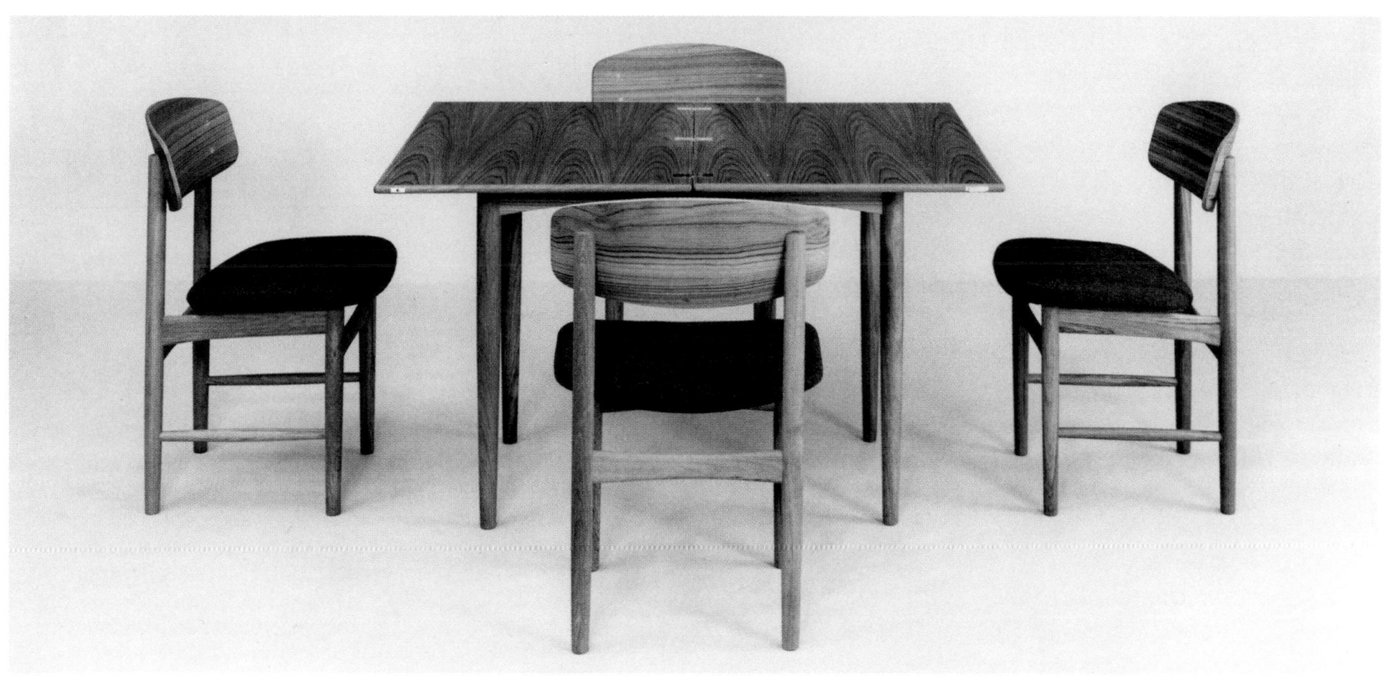

andererseits hatte man so auch weniger Probleme mit Spannungen im Holz und einem Verziehen der Möbel. Obendrein waren die Möbel wesentlich leichter und handlicher, als wenn sie aus Massivholz gewesen wären.

Während der ersten Jahre der Zusammenarbeit mit Børge Mogensen stand die Søborg Möbelfabrik in direkter Konkurrenz mit der FDB. Schließlich entwickelte Mogensen hier noch ein Programm mit Alltagsmöbeln für einen Durchschnittshaushalt: Stühle, Esstische, Schreibtische, Schränke und Betten. Anfang der 1950er-Jahre nahm Mogensen für kurze Zeit wieder die Arbeit mit Formholz auf. Für die Søborg Möbelfabrik entwickelte er einen Stuhl, bei dem Rückenlehne und Sitz aus zwei breiten, leicht gebogenen Schalen bestanden, die auf einem verhältnismäßig schlanken Gestell mit schrägen Beinen ruhten. Diesen *Søborg-Stuhl* stattete er 1952 auch mit einem Stahlgestell aus, das ihm einen völlig anderen Charakter als seinen vielen Holzmöbeln verlieh. In den ersten Jahren bei der Søborg Möbelfabrik entwarf Mogensen auch mehrere bemerkenswerte Schreibtische, die ebenfalls ein Stahlgestell hatten. Man konnte letztlich von einer ganzen Stahlmöbelserie reden, bei der alle Metallarbeiten von der Werkstatt des Schmiedemeisters Herluf Poulsen in Frederiksberg ausgeführt wurden. Es sollte allerdings das letzte Mal sein, dass Mogensen mit Stahl arbeitete, und diese Möbel, so beliebt sie waren, blieben in seinem Schaffen eine Ausnahme.

Im Lauf der Zeit blieb es nicht bei der Zusammenarbeit mit nur einer Möbelfabrik. Mogensen bekam mit seinem Entwurfsbüro immer mehr zu tun. Mitte der 1950er-Jahre begann er Kooperationen mit den Fabriken C. M. Madsen in dem Ort Haarby auf Fünen sowie mit P. Lauritsen & Søn in Aalestrup in Nordjütland. Die beiden Fabriken hatten jeweils ganz unterschiedliche Zielgruppen. Für C. M. Madsen steuerte Mogensen Entwürfe für gewöhnliche Alltagsmöbel bei. Seine Möbel für P. Lauritsen & Søn, die auf hochwertige Tischlermöbel spezialisiert war, spielten dagegen in einer ganz anderen Liga. Für diese Fabrik entwarf er Schränke und Anrichten aus Massivholz: Mahagoni, Teak und Eiche. Ornamente suchte man hier vergeblich, der einzige Schmuck waren die feine Maserung der ausgesuchten Hölzer und passgenau verarbeitete Messingbeschläge.

Außerdem gestaltete er 1957 noch einen eleganten Flechtstuhl, *BM62*. Dessen Rückenlehne war leicht gekrümmt, sodass man sowohl aufrecht zu

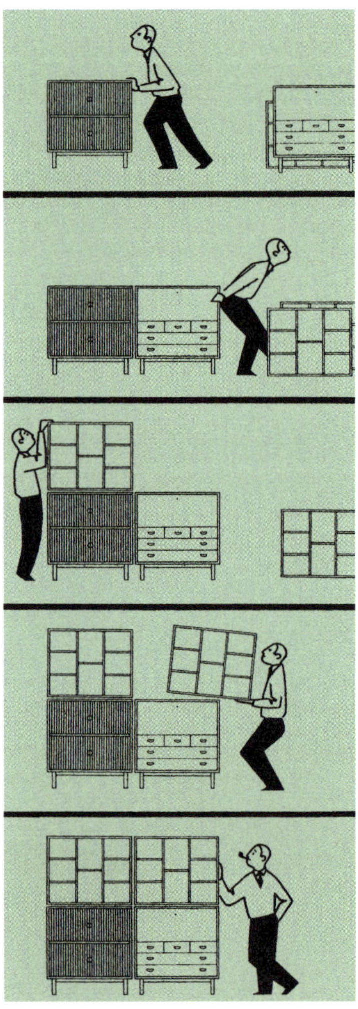

Bei seiner Zusammenarbeit mit der Søborg Möbelfabrik griff Mogensen das Systemmöbelprinzip auf, mit dem er schon für die FDB gearbeitet hatte. Standardisierte Module erlaubten es, Anrichten, Schränke und Regale je nach den individuellen Bedürfnissen zu kombinieren.

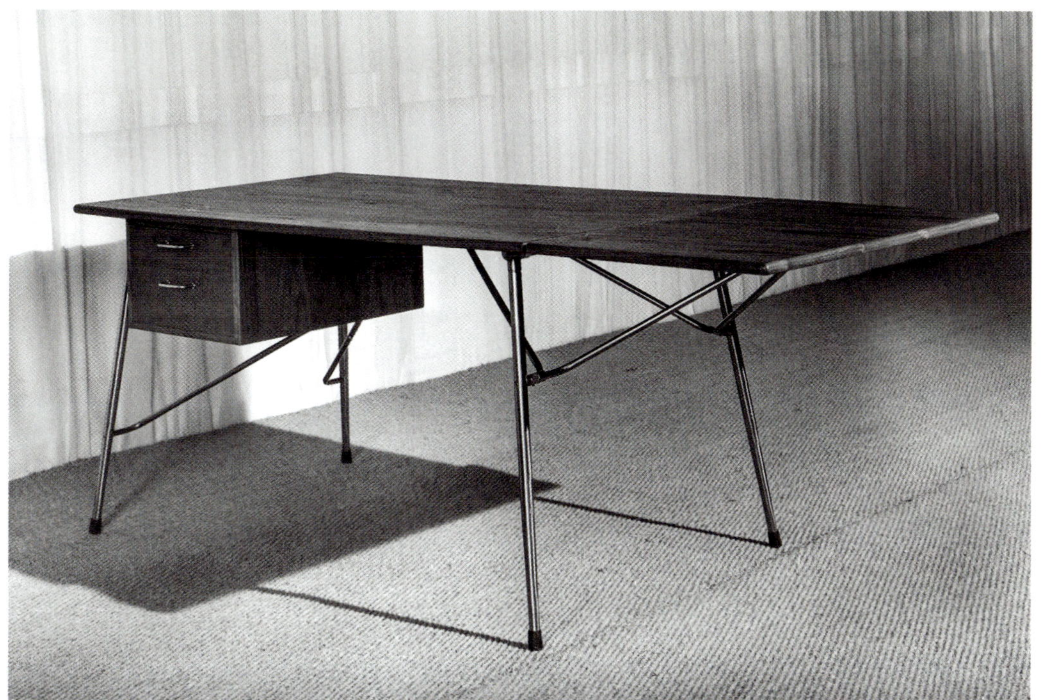

Für eine kurze Zeitspanne zu Beginn der 1950er-Jahre ersetzte Mogensen die sonst von ihm bevorzugten Holzbeine durch solche aus Stahl. Diesen Schreibtisch aus Teakholz mit Stahlbeinen entwarf er 1953 für die Søborg Möbelfabrik.

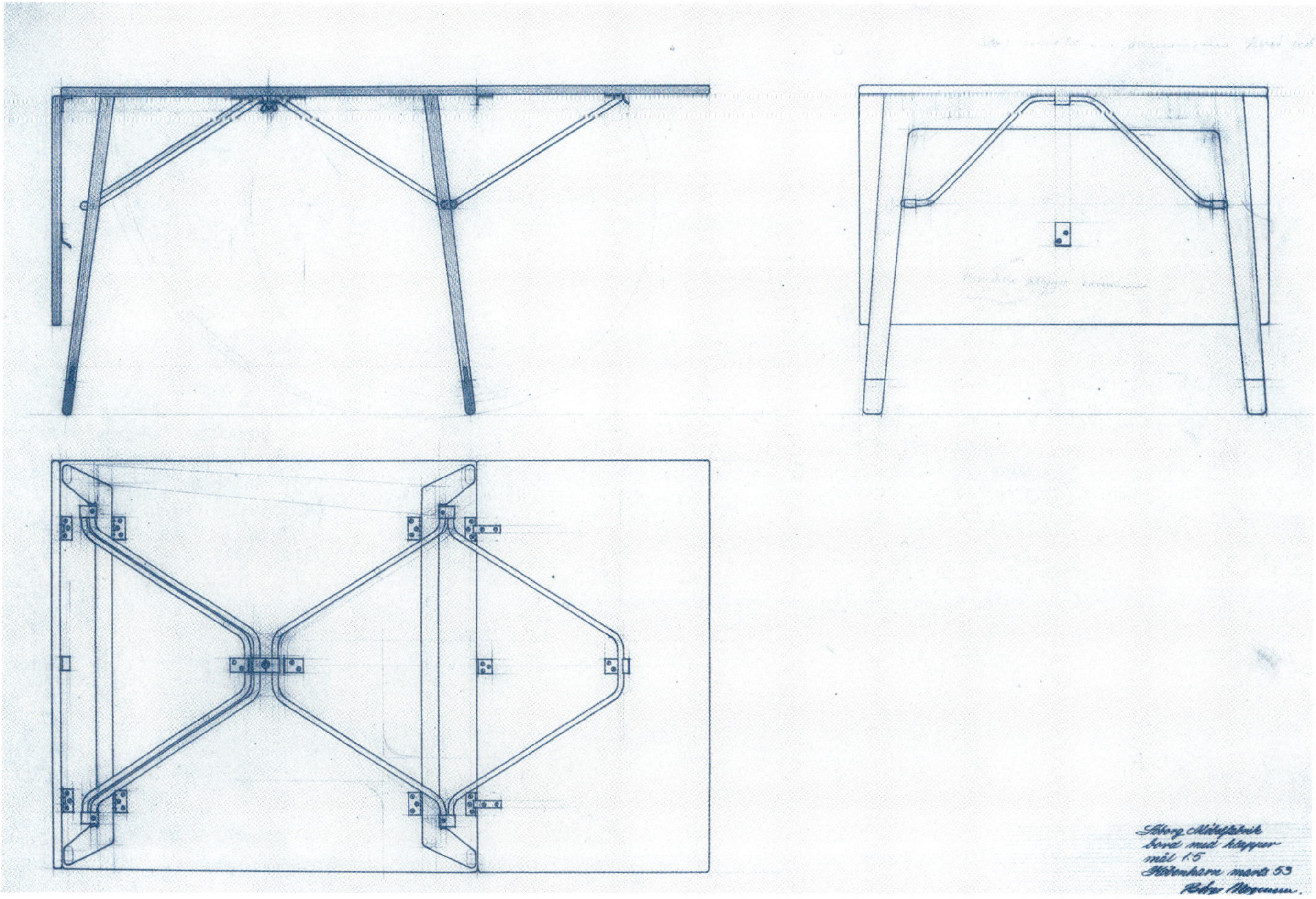

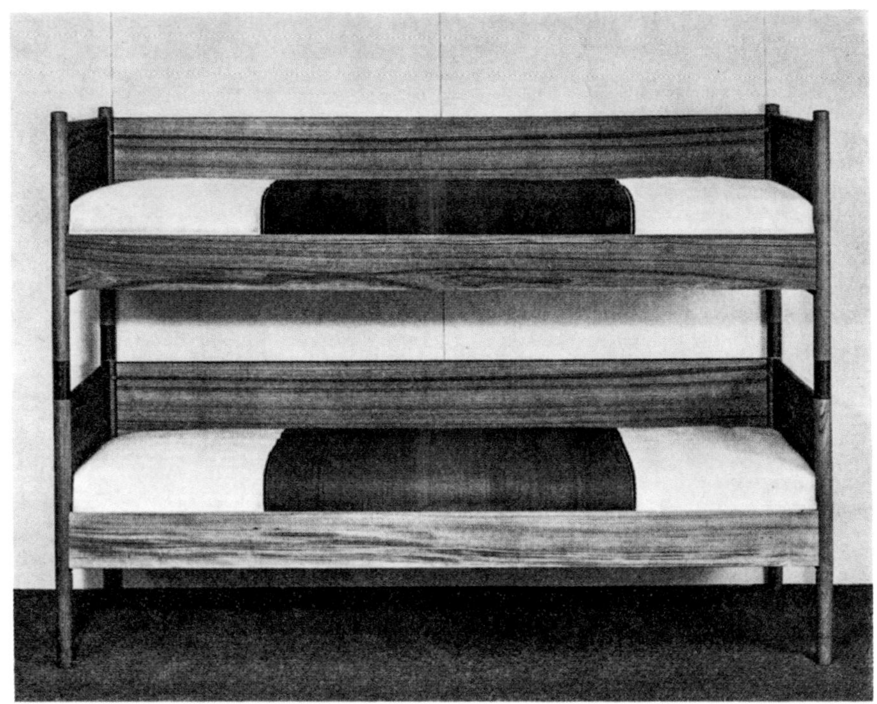

Diese platzsparenden *Stapelbetten* aus dem Jahr 1950 (links oben und Mitte) zeigen Børge Mogensens nie nachlassendes Interesse an funktionalen Einrichtungslösungen.

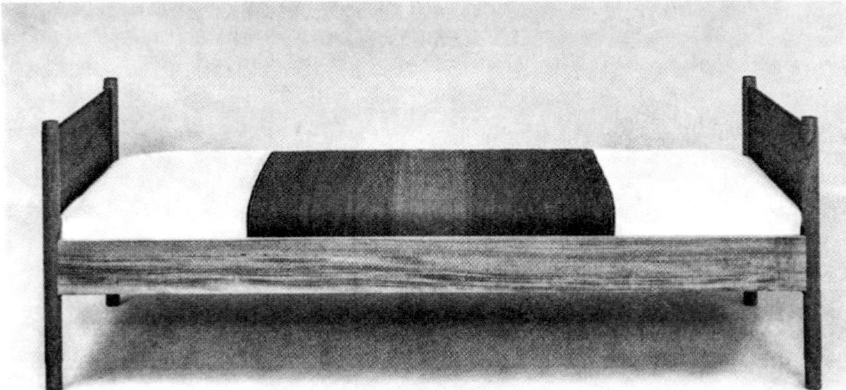

Bei der Søborg Möbelfabrik konnte Mogensen auf den Erfahrungen aufbauen, die er bei der FDB mit Aufbewahrungsmöbeln gesammelt hatte. Wie die Zeichnung auf der rechten Seite deutlich erkennen lässt, legte er nach wie vor Wert auf Kombinierbarkeit und optimale Platzausnutzung.

Diese Schlafzimmereinrichtung für die Søborg Möbelfabrik aus dem Jahr 1951 kann mit ihren charakteristischen runden Bettfüßen und den schlichten Flächen als typisch für die Möbel gelten, die Mogensen für dieses Unternehmen entwarf.

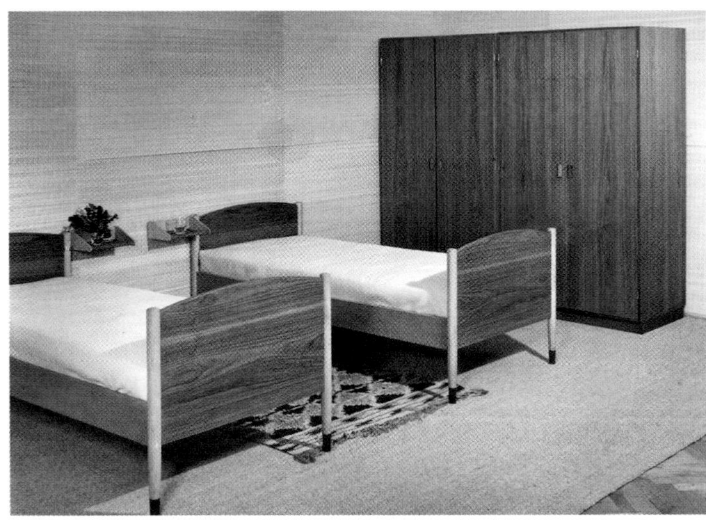

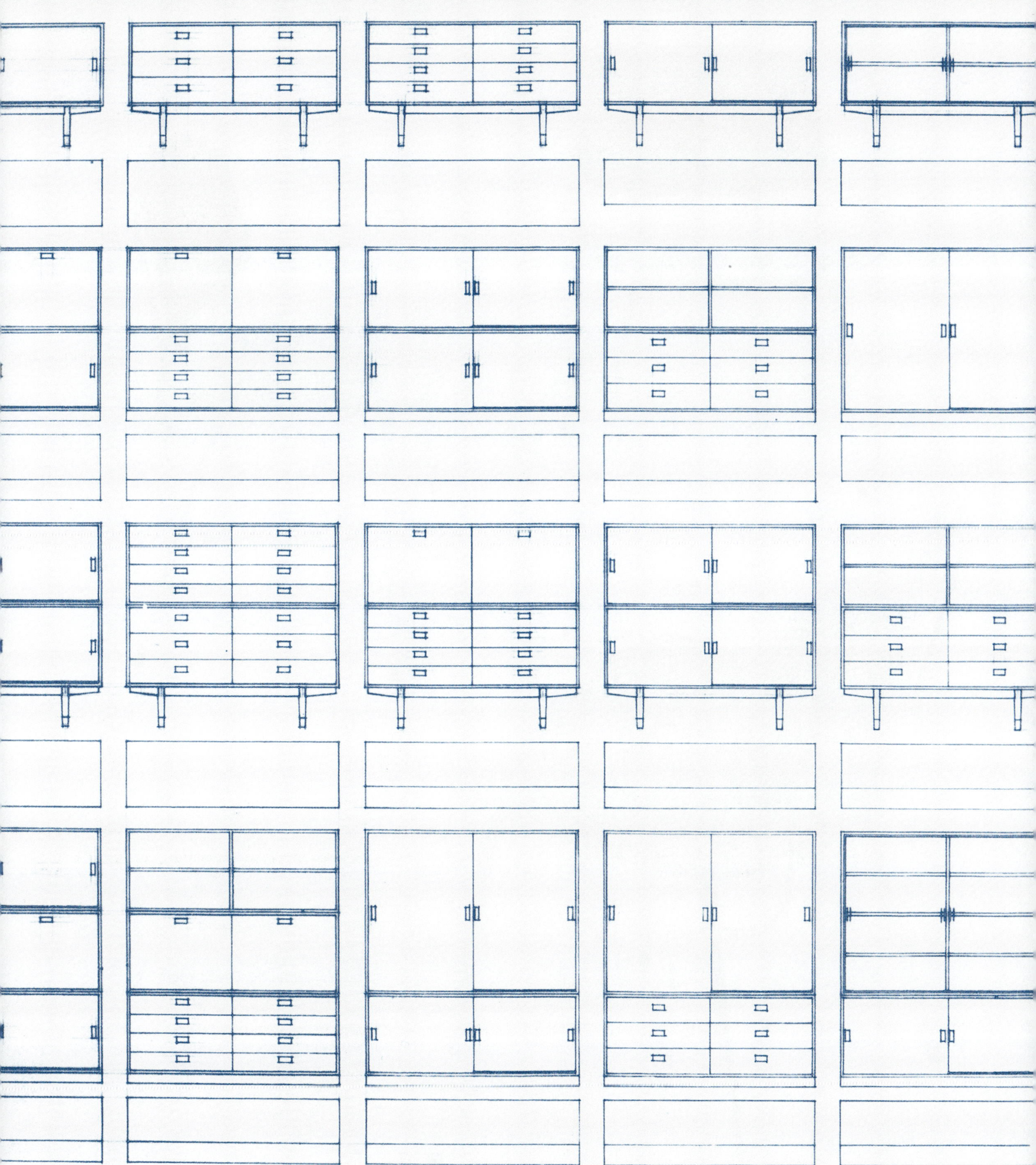

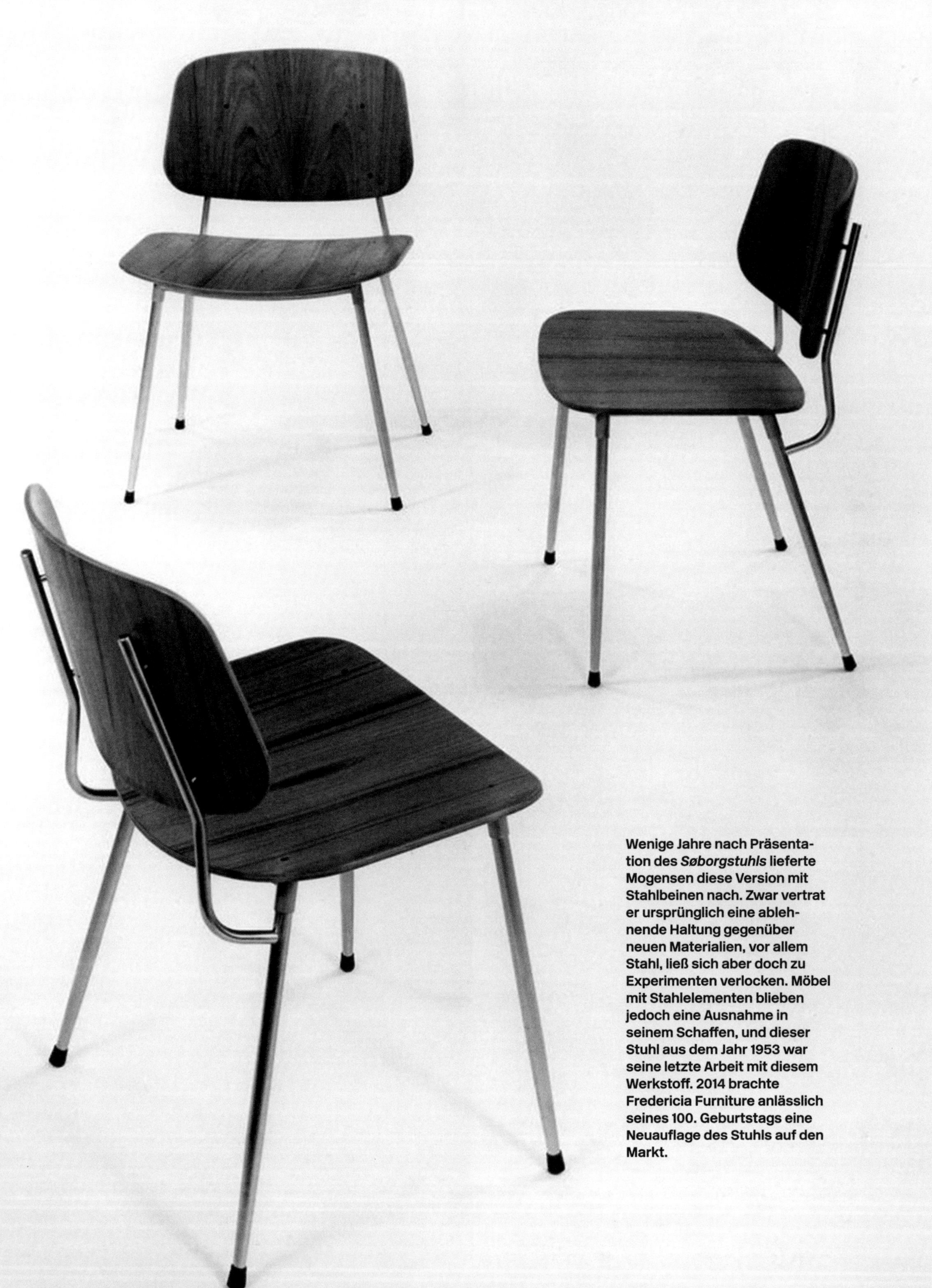

Wenige Jahre nach Präsentation des *Søborgstuhls* lieferte Mogensen diese Version mit Stahlbeinen nach. Zwar vertrat er ursprünglich eine ablehnende Haltung gegenüber neuen Materialien, vor allem Stahl, ließ sich aber doch zu Experimenten verlocken. Möbel mit Stahlelementen blieben jedoch eine Ausnahme in seinem Schaffen, und dieser Stuhl aus dem Jahr 1953 war seine letzte Arbeit mit diesem Werkstoff. 2014 brachte Fredericia Furniture anlässlich seines 100. Geburtstags eine Neuauflage des Stuhls auf den Markt.

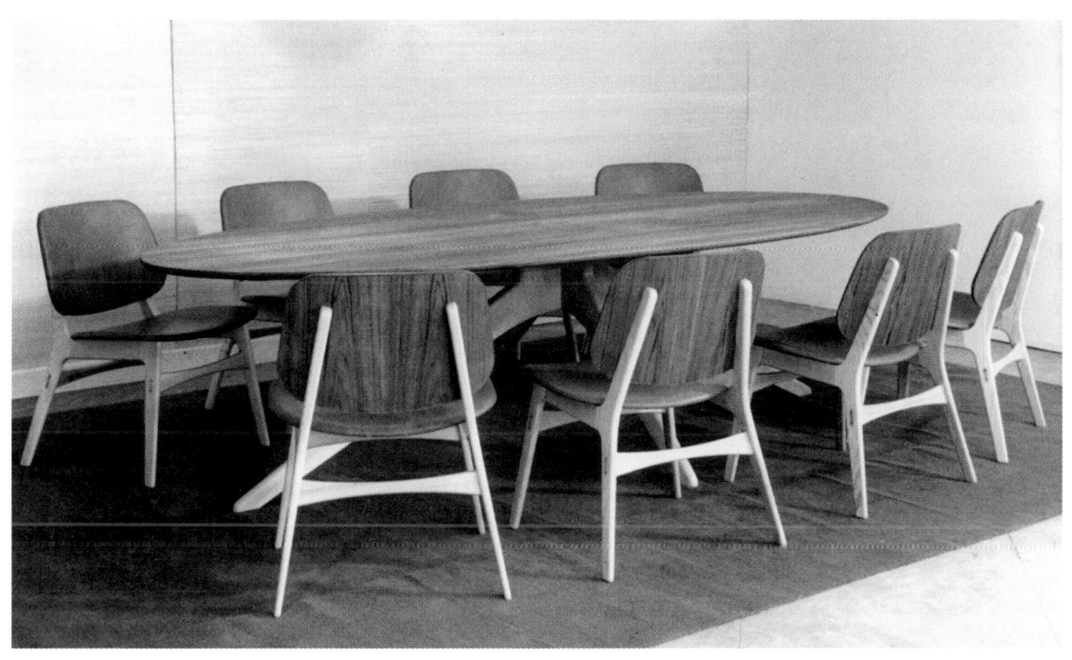

Wie viele Möbeldesigner der Nachkriegszeit erprobte Mogensen die Möglichkeiten, die das Material Furniersperrholz eröffnete. Der Konferenzzimmerstuhl von 1950 (oben) zeigt eine Weiterentwicklung des *Schalenstuhls* aus dem Jahr davor. Kurz nach der ersten Präsentation entwarf Mogensen eine Variante mit industriell herstellbaren Schalenflächen für die Søborg Möbelfabrik – daher der Name *Søborgstuhl.*

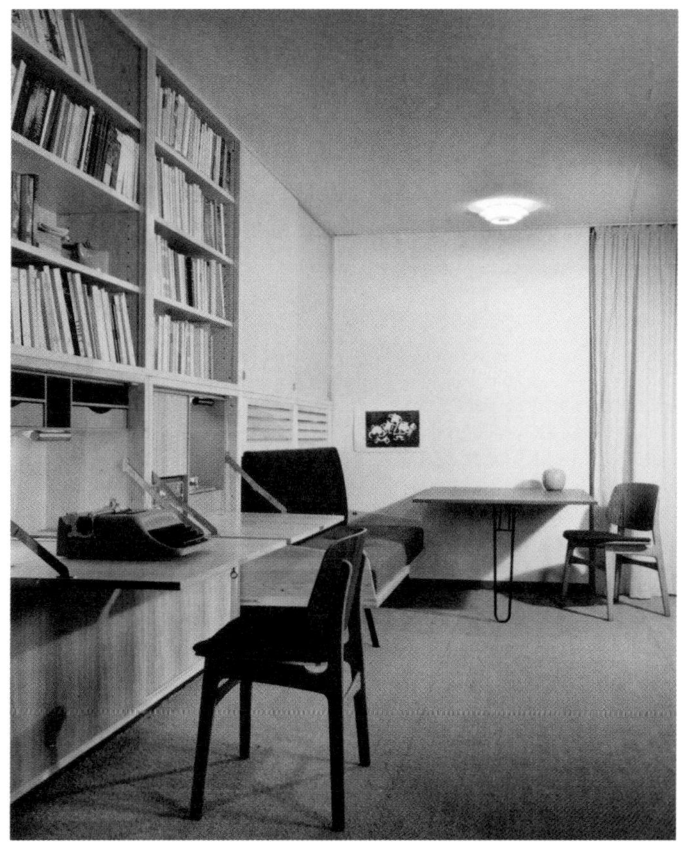

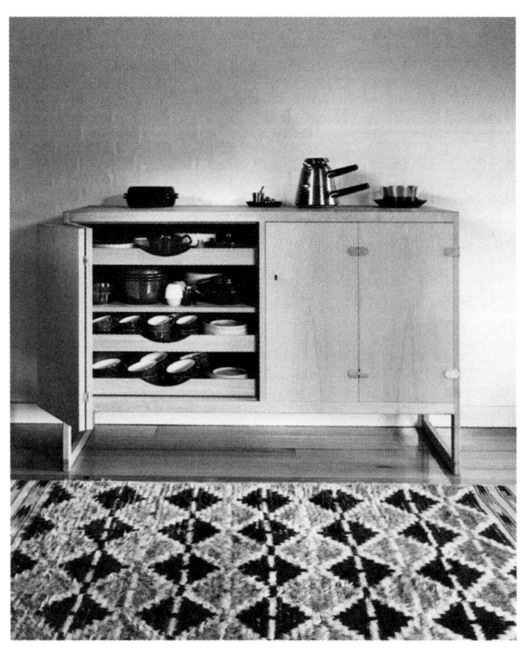

Für die jütländische Möbelfabrik P. Lauritsen & Søn entwarf Mogensen mehrere Tischlermöbel. Wie bei Mogensen üblich bot auch diese Anrichte, Modell *BM57*, Platz für ein komplettes Service für 12 Personen. Die mit Messingbeschlägen ausgestattete Anrichte war 1957 sowohl in Eiche als auch in Teak erhältlich.

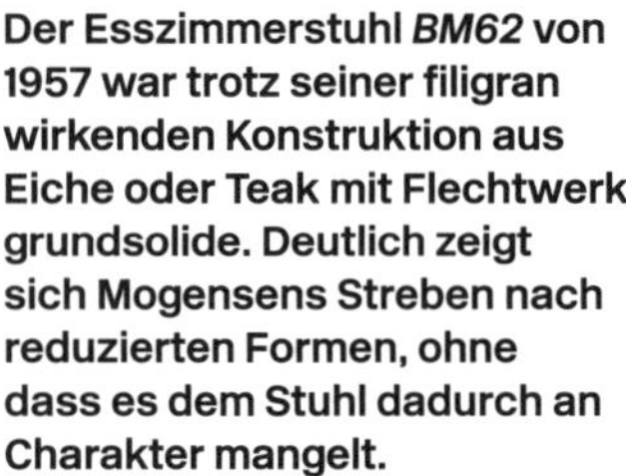

Der Esszimmerstuhl *BM62* von 1957 war trotz seiner filigran wirkenden Konstruktion aus Eiche oder Teak mit Flechtwerk grundsolide. Deutlich zeigt sich Mogensens Streben nach reduzierten Formen, ohne dass es dem Stuhl dadurch an Charakter mangelt.

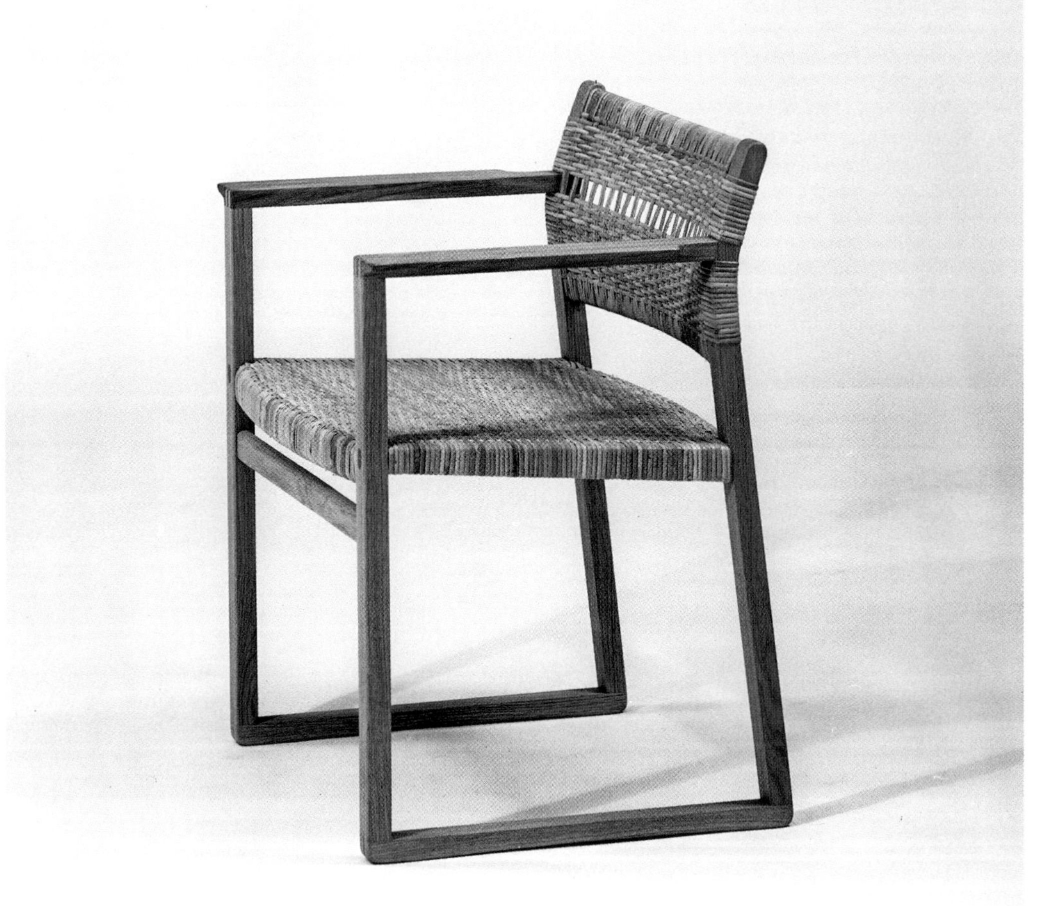

Tisch als auch nach dem Essen bequem zurückgelehnt sitzen konnte.

Doch ganz egal wie exklusiv diese Tischlermöbel manchmal waren, Mogensen achtete immer darauf, dass sie nicht zu abgehoben wirkten. Bei der Möbelausstellung der Tischlerinnung im Jahr 1953 erregte er einiges Aufsehen mit einer Einrichtung, die sehr bewusst den profanen Alltag betonte. Während viele Kollegen gediegene Wohnzimmer und elegantes Büromobiliar ausstellten, zeigten Mogensen und der Architekt Hakon Stephensen (1900–1986) unter dem Motto »Hier leben wir« eine Kombination aus Wohnzimmer und Hobbywerkstatt. Schluss damit, müßig in der guten Stube zu hocken – lebendig sollte es zugehen. Die Stühle hatten Gestelle aus massivem Mahagoni oder Teak und eine geschwungene Sitzfläche und Rückenlehne aus Formsperrholz. Ein langer Arbeitstisch war so an die Wand montiert, dass man ihn hochklappen konnte, wenn man ihn gerade nicht für Näharbeiten oder wozu auch immer benötigte. Vielleicht waren die Möbel an sich nicht revolutionär, doch Mogensens und Stephensens Hobbyraum sorgte dennoch für ordentlich Gesprächsstoff. In der Tageszeitung *Politiken* schrieb ein begeisterter Rezensent: »Für die anständige dänische Hausfrau, die in ihrem Heim auf penible Sauberkeit achtet, ist das natürlich erst mal ein Schock. Aber hier kündigt sich eben eine neue Zeit an, in der man in seinen eigenen vier Wänden tut, worauf man Lust hat – ganz fröhlich und entspannt, ohne einen Gedanken an die anstehende Silberhochzeit zu verschwenden.«

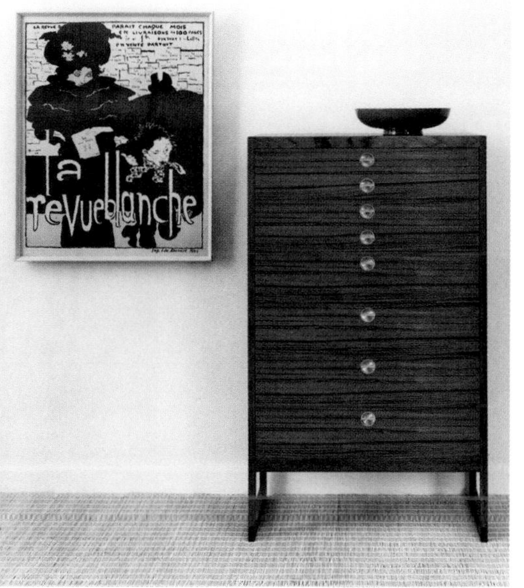

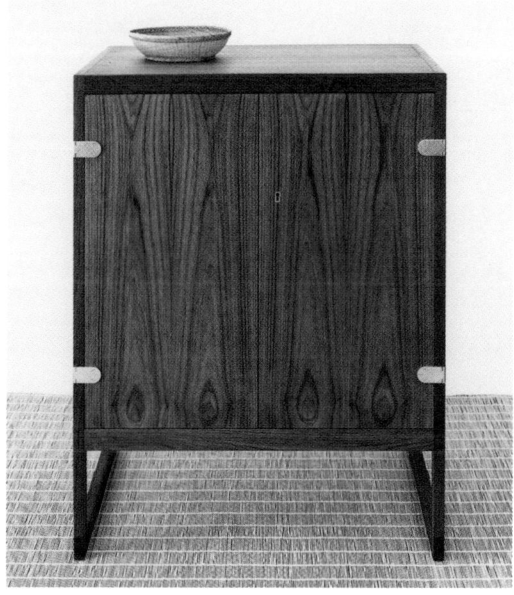

Mogensen schätzte gutes Tischlerhandwerk wie kein anderer, und diese Anrichte und Kommode von 1957 aus massivem Teakholz mit Messingbeschlägen legen davon beredtes Zeugnis ab. Allerdings waren seine Tischlermöbel manchmal so hochwertig, dass die durchschnittliche Familie sie sich nicht leisten konnten.

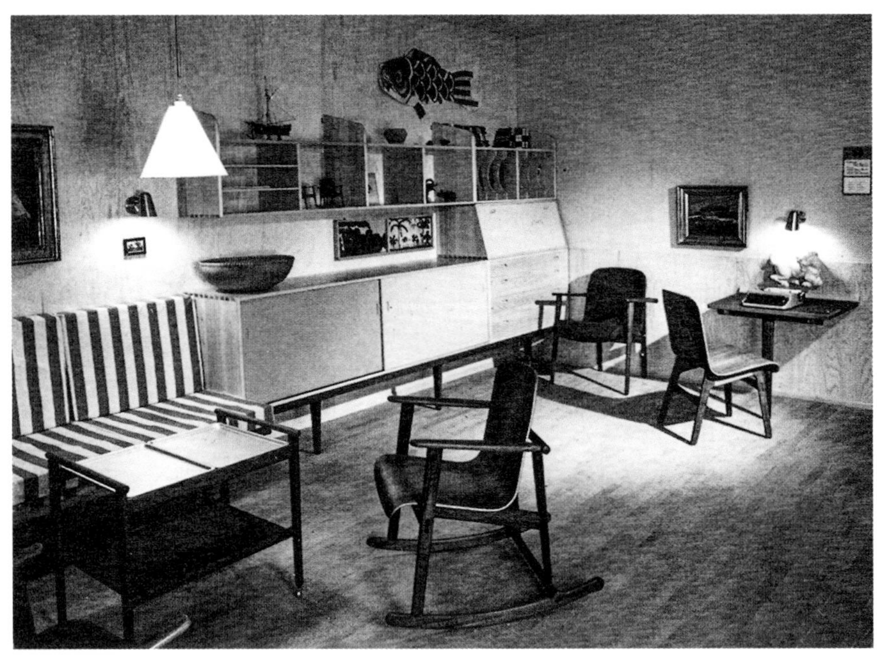

Auf der Möbelausstellung 1953 der Tischlerinnung zeigte Mogensen diese Kombination aus Hobbywerkstatt und Wohnzimmer, die er zusammen mit Hakon Stephensen entworfen hatte. Interessant ist hier der Fokus auf das Alltagsleben, ein Ansatz, der sich damals durchzusetzen begann: Nicht länger galt die schön hergerichtete Stube als Ideal. Man sollte darin auch arbeiten können und sich einfach gerne im Raum aufhalten.

In der Tageszeitung *Politiken* schrieb ein begeisterter Rezensent: »Für die anständige dänische Hausfrau, die in ihrem Heim auf penible Sauberkeit achtet, ist das natürlich erst mal ein Schock. Aber hier kündigt sich eben eine neue Zeit an, in der man in seinen eigenen vier Wänden tut, worauf man Lust hat – ganz fröhlich und entspannt, ohne einen Gedanken an die anstehende Silberhochzeit zu verschwenden.«

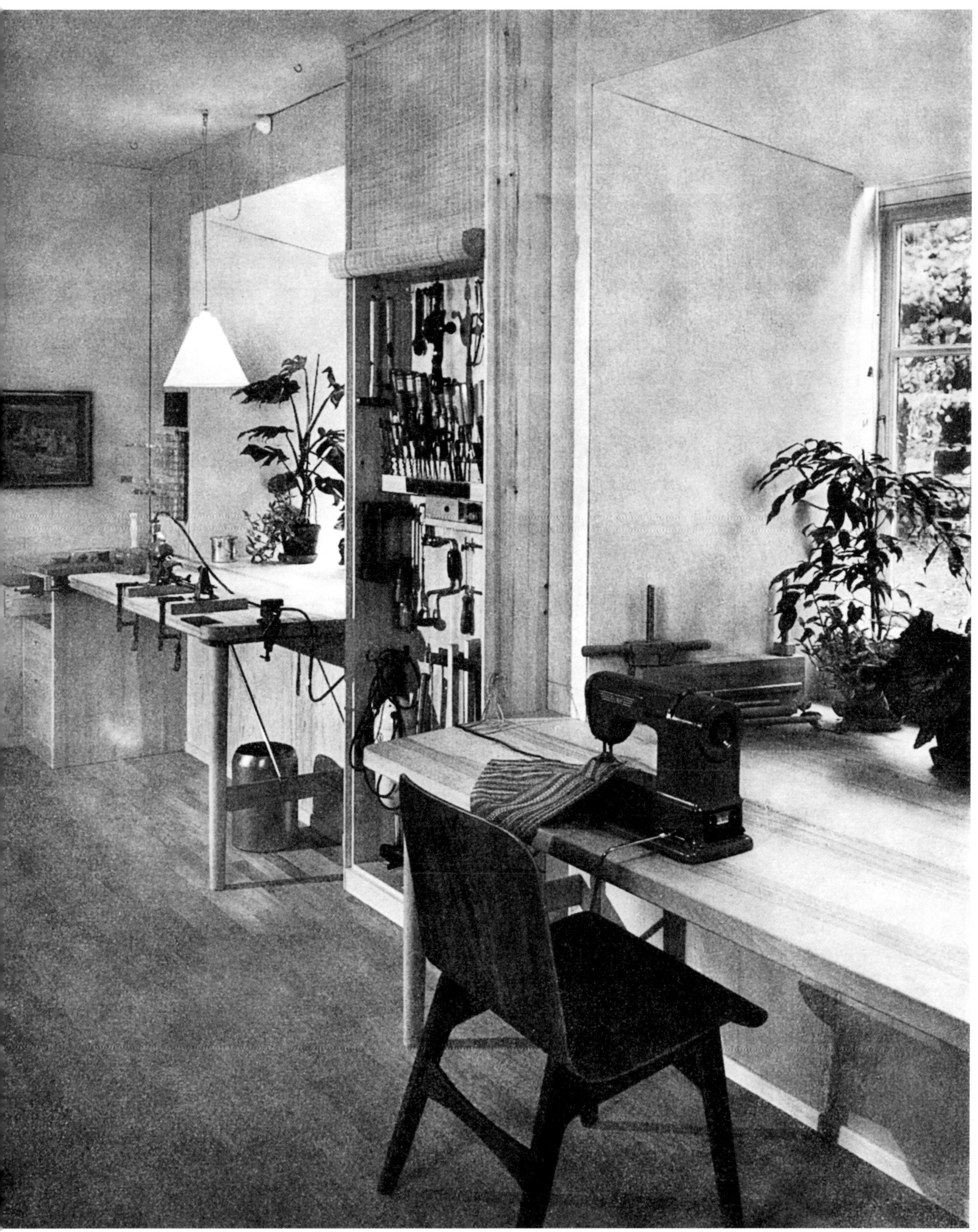

Eine einzigartige Zusammenarbeit – Fredericia Stolefabrik

Mitte der 1950er-Jahre war Børge Mogensen so beschäftigt wie selten zuvor. In den fünf Jahren seit Gründung seines eigenen Entwurfsbüros hatte sein Arbeitsausstoß stetig zugenommen. 1955 erreichte ihn eine Anfrage, die für den Rest seiner Karriere entscheidende Konsequenzen haben sollte. Sie kam von dem Möbelfabrikanten Andreas Graversen, der Mogensen dazu bewegen wollte, Möbel für seine Fabrik zu entwerfen. Die beiden kannten sich von ihrer Zeit bei der FDB – Graversen war Ende der 1940er-Jahre Geschäftsführer des FDB-Möbelgeschäfts in Aarhus gewesen. Nach seinem Ausstieg bei der FDB hatte er sich in die kleine Tischler- und Polsterfabrik Tage Kristensen & Co. in Fredericia eingekauft, mit der Mogensen 1953 und 1954 für einzelne Möbel zusammengearbeitet hatte. Die kleine Fabrik war jedoch mittlerweile in finanzielle Schwierigkeiten geraten. Tage Kristensen wanderte in die USA aus, und Andreas Graversen war auf sich gestellt. Er konnte sich vorstellen, die Fabrik ganz zu übernehmen, doch nur dann, wenn er Mogensen mit ins Boot bekam. Dieser war zunächst skeptisch. Er fand, dass er schon so alle Hände voll zu tun hatte. Eines Tages stand Graversen bei Børge und Alice Mogensen in Hostrup Have vor der Tür. Graversen soll Alice in der Küche beiseitegenommen und beschworen haben: »Du musst ihn dazu bringen, Ja zu sagen, sonst traue ich mich nicht, die Fabrik zu kaufen.«

Ob es Alice Mogensens Verdienst war, dass ihr Mann schließlich zusagte, ist nicht bekannt. Jedenfalls kaufte Graversen die Fabrik, die zunächst Fredericia Stole- og Polstermøbelfabrik und bald darauf Fredericia Stolefabrik hieß. Und so begann 1955 eine lange, fruchtbare Zusammenarbeit, die erst mit Mogensens Tod endete. Graversen und Mogensen kamen beide aus der Gegend um den Limfjord und waren sich in manchen Punkten recht ähnlich: Sie konnten beide recht stur sein und hatten eine gemeinsame Vorliebe für natürliche Werkstoffe.

Innerhalb der ersten Monate entwickelten Mogensen und Graversen gemeinsam eine neue Produktlinie. Ihr ehrgeiziges Ziel war es, bezahlbare und dennoch langlebige Möbel aus den solidesten Materialien herzustellen. Möbel, die mit der Zeit eine Patina bekommen und noch schöner werden sollten. Schon bald nahm die Zusammenarbeit mit Fredericia Stolefabrik einen großen Teil von Mogensens Zeit in

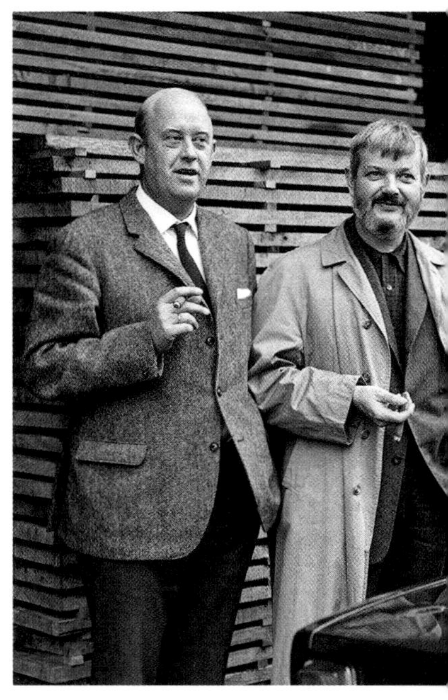

Børge Mogensen kannte Andreas Graversen (links) schon seit seiner Zeit bei der FDB, doch ihre enge Zusammenarbeit begann erst 1955, als Graversen die Fredericia Stolefabrik kaufte und es ihm gelang, Mogensen zu einer Kooperation zu überreden, die bis zu dessen Tod im Jahr 1972 andauerte. Fredericia Stolefabrik wurde später in Fredericia Furniture umbenannt und stellt bis heute viele von Mogensens bekannten Möbeln her.

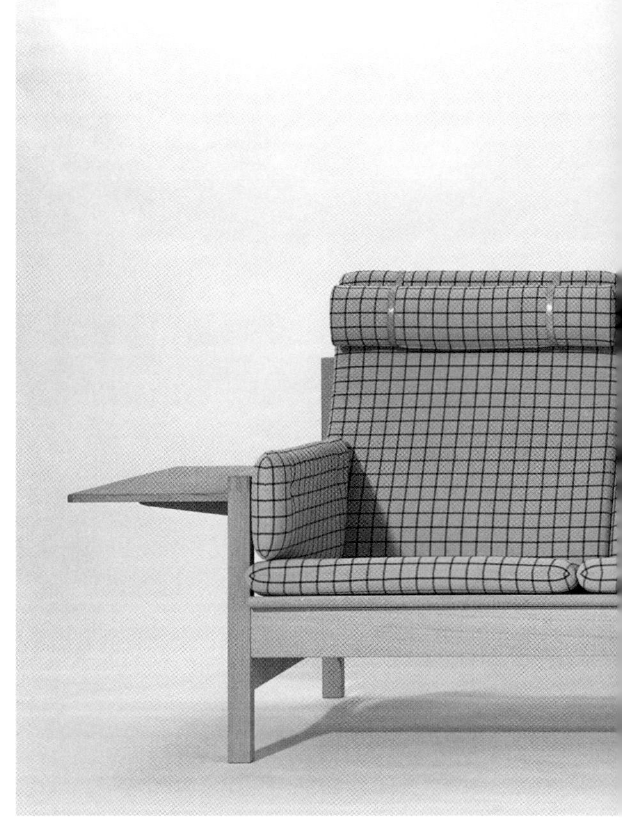

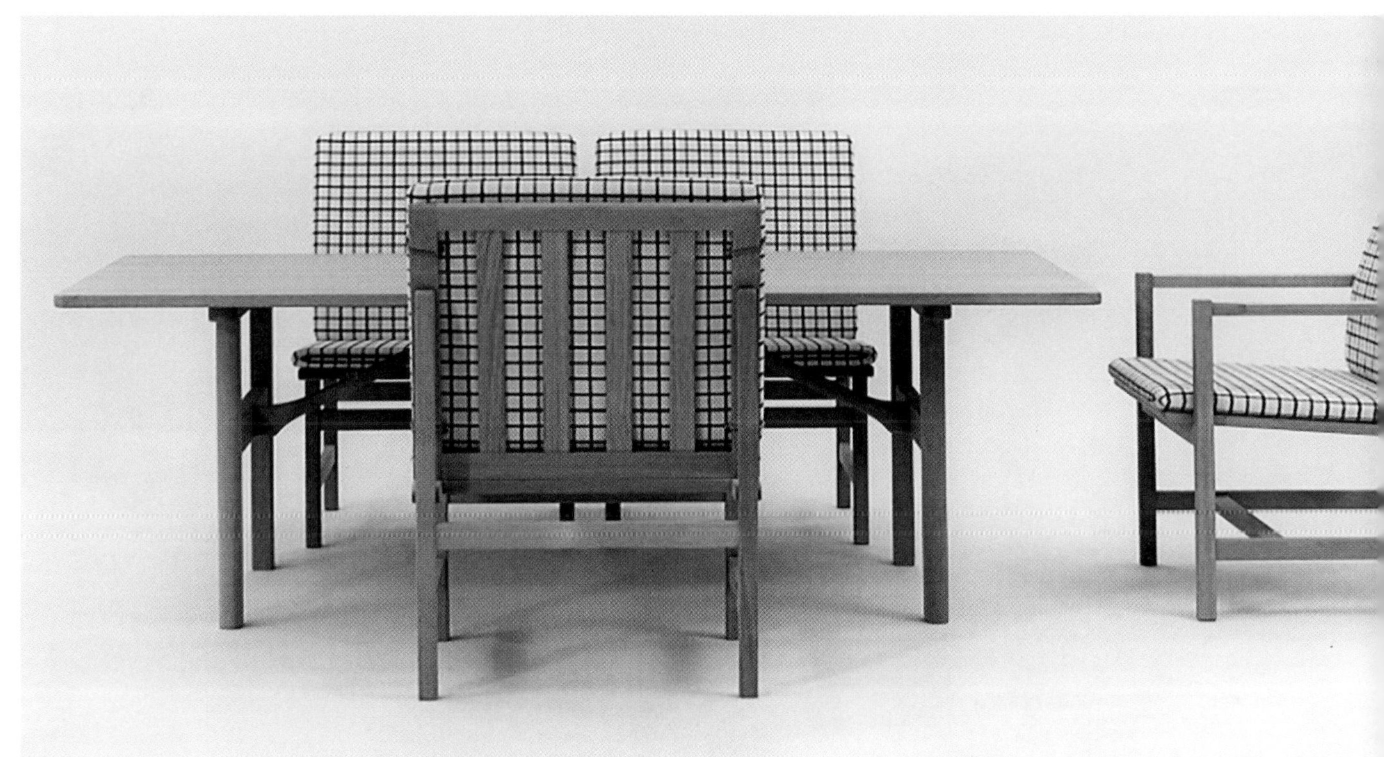

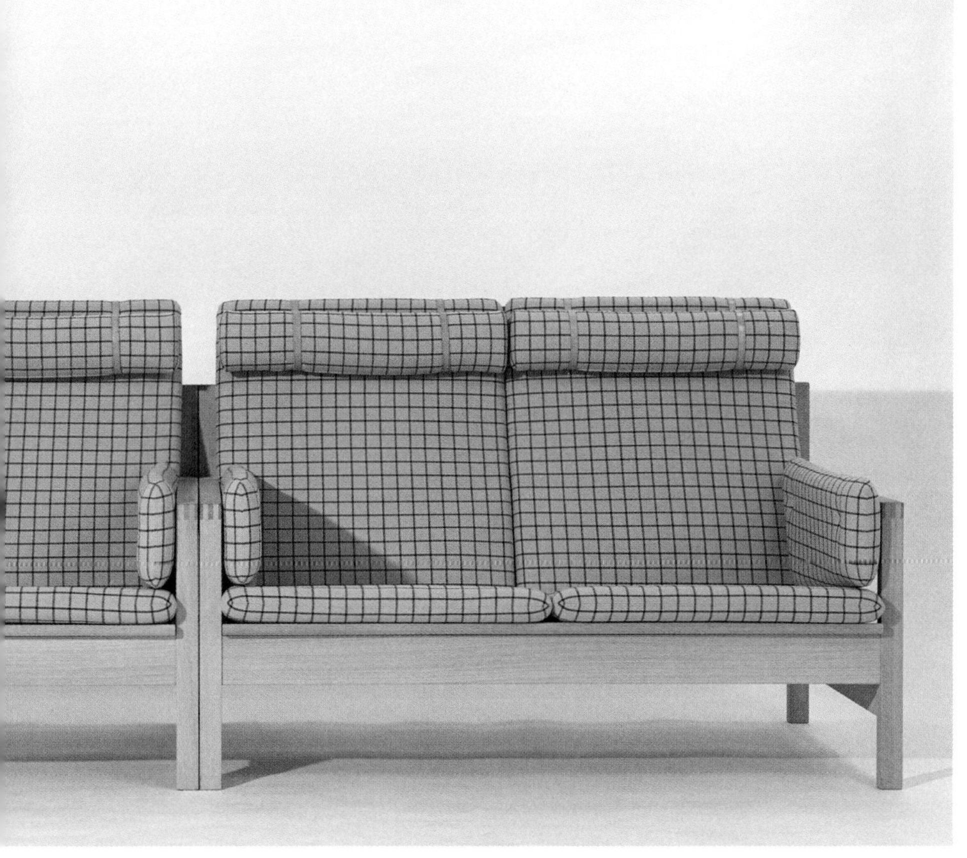

Der Esstisch *6284*, den Mogensen 1958 entwarf, beruhte auf einer einfachen, transparenten und völlig schmucklosen Konstruktion. Mithilfe von Auszugsplatten ließ er sich an beiden Seiten um je 40 Zentimeter verlängern. Abgesehen von den Streben, die Tischplatte und Gestell verbanden, erinnerte dieses Modell an den Esstisch der *Asserbo*-Serie, die Mogensen Anfang der 1960er-Jahre lancierte.

1956 schuf Mogensen das Sofa *2252* in Eiche mit Textilbezug von Lis Ahlmann. Besonderes Merkmal dieses Sofas war die hohe Rückenlehne. Die Fredericia Stolefabrik nahm es in ihr Programm auf – man hatte die Wahl zwischen verschiedenen Bezügen.

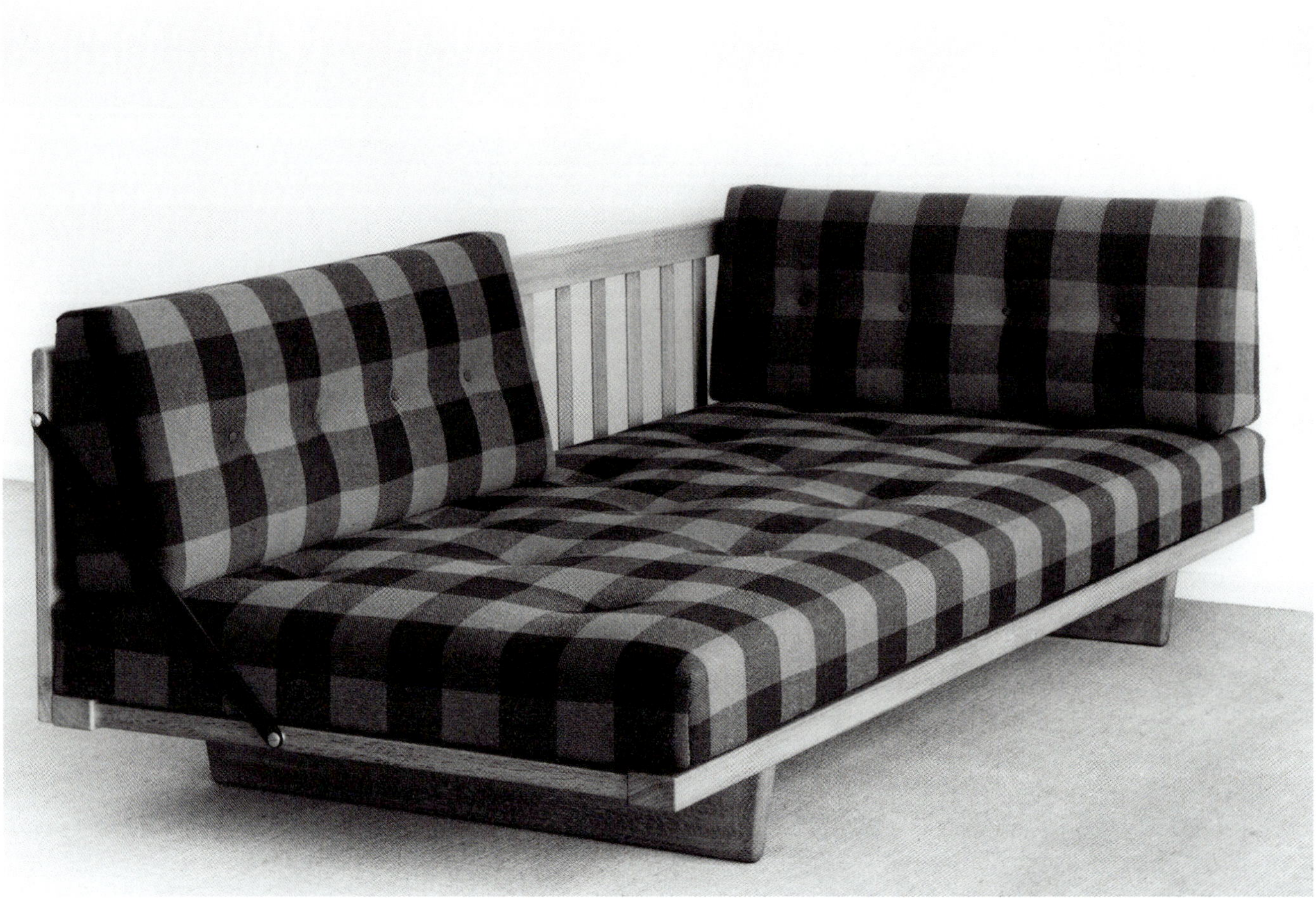

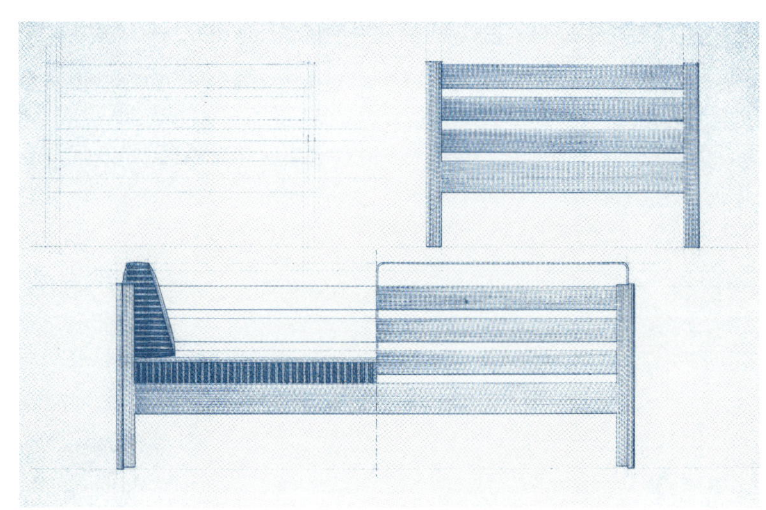

Diese legere Couch für ein Jugendzimmer entwarf Børge Mogensen 1958 für Fredericia Stolefabrik. Ein besonderes Detail war die abnehmbare Polsterung, die sich verschieden arrangieren ließ. Dieses praktische Möbel, das auch als Schlafcouch diente, war in mehreren Größen lieferbar. Das robuste Gestell war aus massiver Eiche, der wollene Polsterbezug eine Arbeit von Lis Ahlmann.

Anspruch. Mit dem Boom des Wohlfahrtsstaats stieg auch die Zahl der Wohnungen in Dänemark, was sich wiederum auf den Möbelbedarf auswirkte. Besonders die neue Mittelklasse ließ die Nachfrage an industriell hergestellten Möbeln erheblich steigen. Mogensen spürte auch eine große Verantwortung für die Fabrikangestellten. Es war seine Aufgabe, ständig neue Möbel zu entwickeln und die Produktion am Laufen zu halten. Bei den Möbeln für die Fredericia Stolefabrik arbeitete er eng mit Andreas Graversen zusammen. Sie wurden gute Freunde, und Arbeit und Privatleben gingen häufig ineinander über. Oft saßen sie bis spät in die Nacht zusammen und diskutierten, in welche Richtung der nächste Entwurf gehen sollte. Manchmal erhitzten sich die Gemüter, und von einem Augenblick auf den anderen drohte einer von ihnen damit, die Zusammenarbeit zu beenden. So weit kam es aber nie. Mogensen verwirklichte den größten Teil seiner Entwürfe bei Graversen, der seinerseits abhängig von Mogensens Entwürfen war. Vielleicht waren ihre bisweilen hitzigen Debatten auch das Geheimnis ihres großen gemeinsamen Erfolgs. Sie verlangten sich stets gegenseitig ihr Bestes ab.

Ein ständig wiederkehrender Streitpunkt hatte mit der Herstellung der Möbel zu tun. Typischerweise skizzierte Mogensen den Entwurf für ein Möbel. Danach bestand Graversens Aufgabe darin, den Tisch oder Stuhl zu realisieren. Problematisch wurde es, wenn Graversen einen Entwurf mit der Begründung zurückwies, er sei nicht mit den Produktionsabläufen der Fabrik vereinbar. Das wollte Mogensen stets nur ungern einsehen, und Abstriche bei der Qualität kamen für ihn nicht in Frage. Sie mussten sich zusammenraufen und gemeinsam so lange an dem Entwurf feilen, bis er sich mit den Mitteln der Fabrik herstellen ließ. Insgesamt aber kam Mogensens gerade Linienführung der Serienherstellung entgegen, und Graversen bewies großes Geschick darin, auch schwierige Konstruktionen umzusetzen.

Ein anderes heißes Eisen war die Preisgestaltung: Was sollten die Möbel am Ende im Geschäft kosten? Eine Frage, die Mogensen zeit seines Lebens nicht nur mit Graversen, sondern auch allen anderen Möbelfabrikanten kontrovers diskutierte. Immer wieder zeigte sich, dass seine Vision günstiger und zugleich hochwertiger Möbel ein Ding der Unmöglichkeit war. Mit Maschineneinsatz, meinte er, müsse es doch möglich sein, die Produktion nicht zu teuer zu gestalten. Doch die Wirklichkeit sah anders aus. Dazu kam noch die Händlerspanne, sodass ein Möbelstück im Laden-

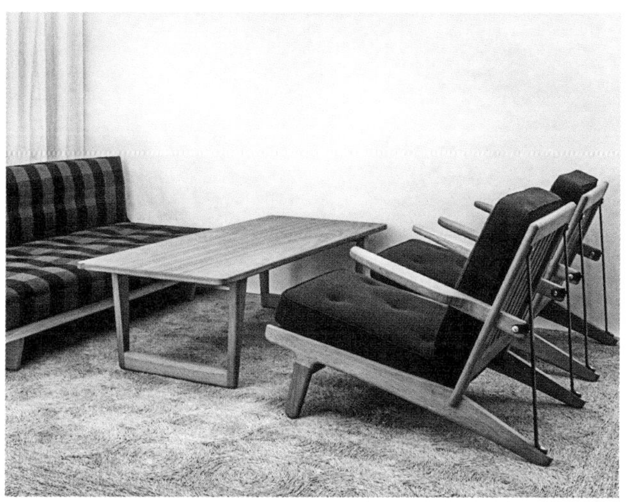

Wiederkehrende Merkmale der Möbel, die Børge Mogensen in Zusammenarbeit mit Fredericia Stolefabrik gestaltete, waren die Verwendung von Massivholz und Bezüge aus Naturfasern, wie bei dieser Sofakombination aus dem Jahr 1956.

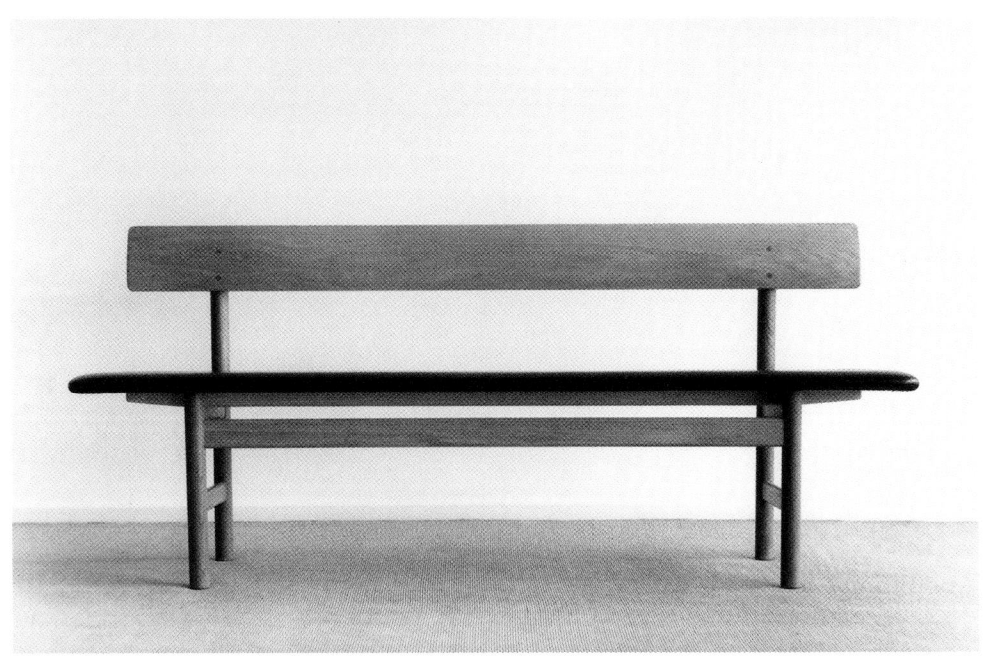

1956 entwarf Børge Mogensen diese Bank als Ergänzung für ein traditionelles Esszimmer. Die schmucklose Konstruktion überzeugt durch ihre ausgewogenen Proportionen. Zusammen mit dieser gepolsterten Bank aus Eichenholz zeigte Mogensen auch einen Esszimmerstuhl, der an seinen *Volksstuhl* erinnerte.

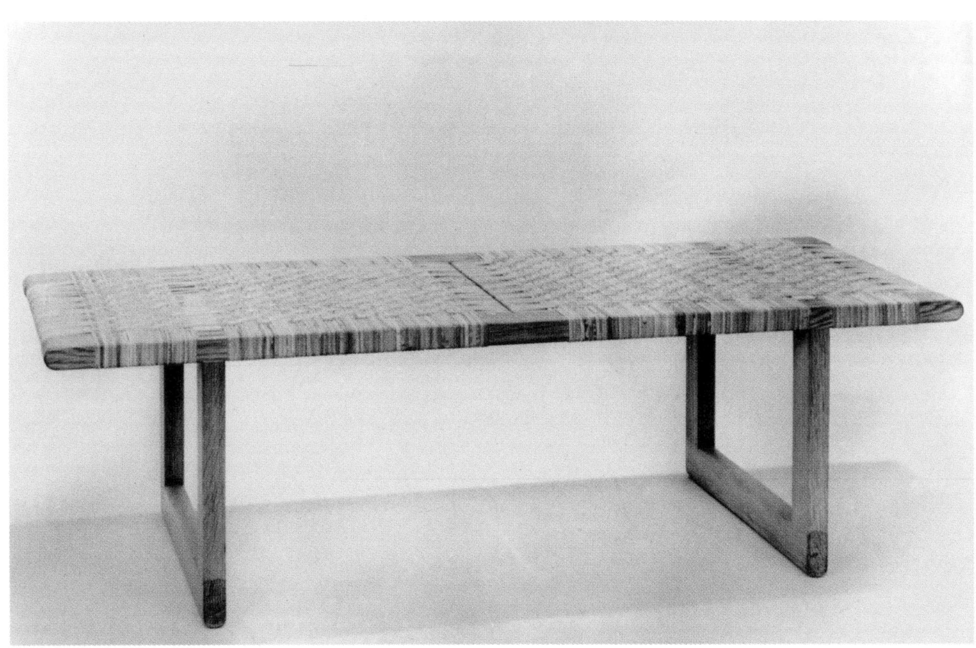

Auf der Möbelausstellung 1955 der Tischlerinnung zeigte Børge Mogensen verschiedene Wohnzimmermöbel, darunter diesen Couchtisch, bei dem er Eichenholz mit Flechtwerk kombinierte. Die schlichte, kantige Konstruktion ist ein gutes Beispiel für sein Bestreben, den wesentlichen Kern eines Möbeltyps freizulegen.

Auf diesem alten Reklamefoto der Fredericia Stolefabrik mit einer ganzen Reihe von Möbeln Mogensens erkennt man gut den ganz eigenen Ausdruck, zu dem dieser damals gefunden hatte: Schlichtheit und geometrische Formen sind wesentliche Merkmale seines Stils.

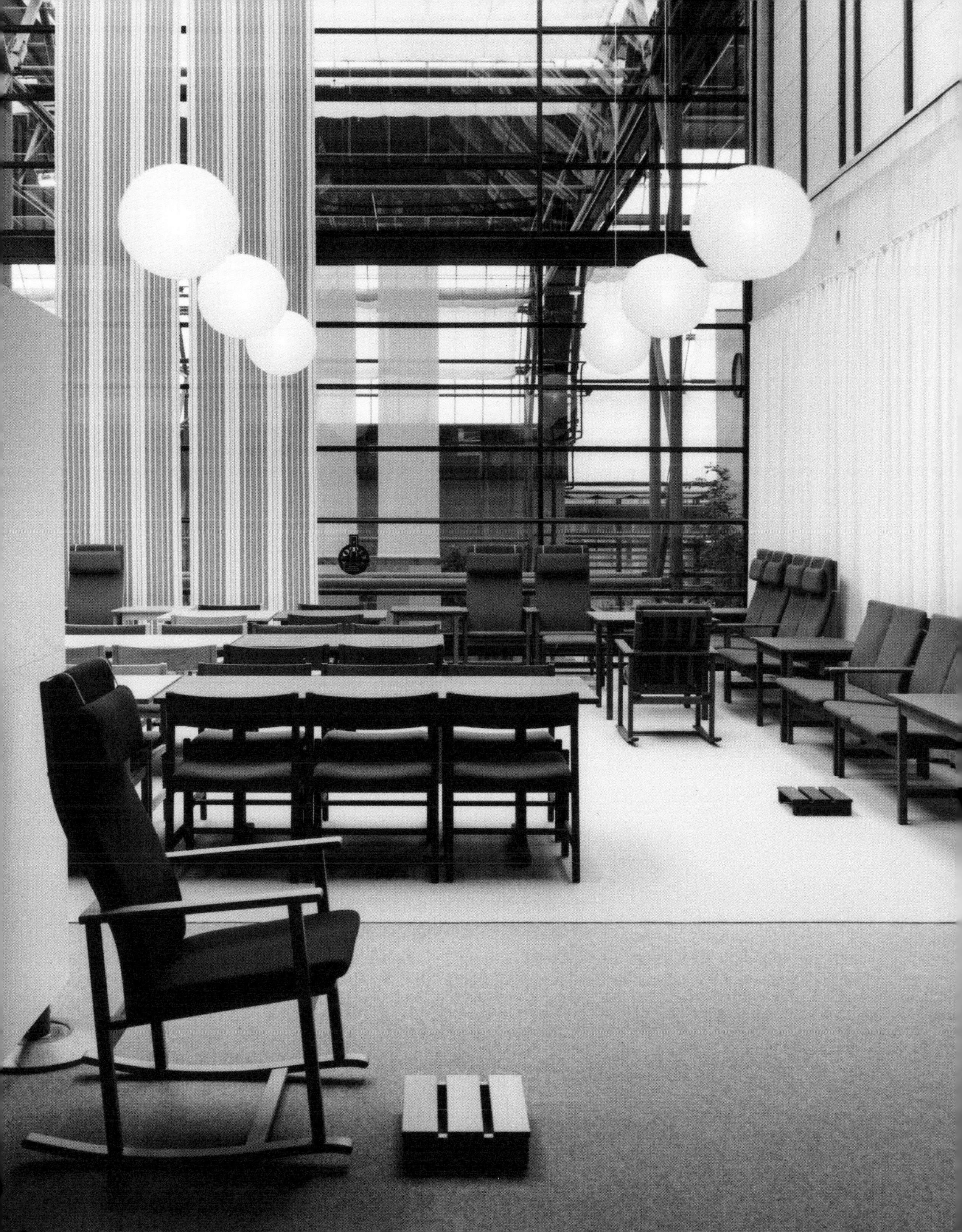

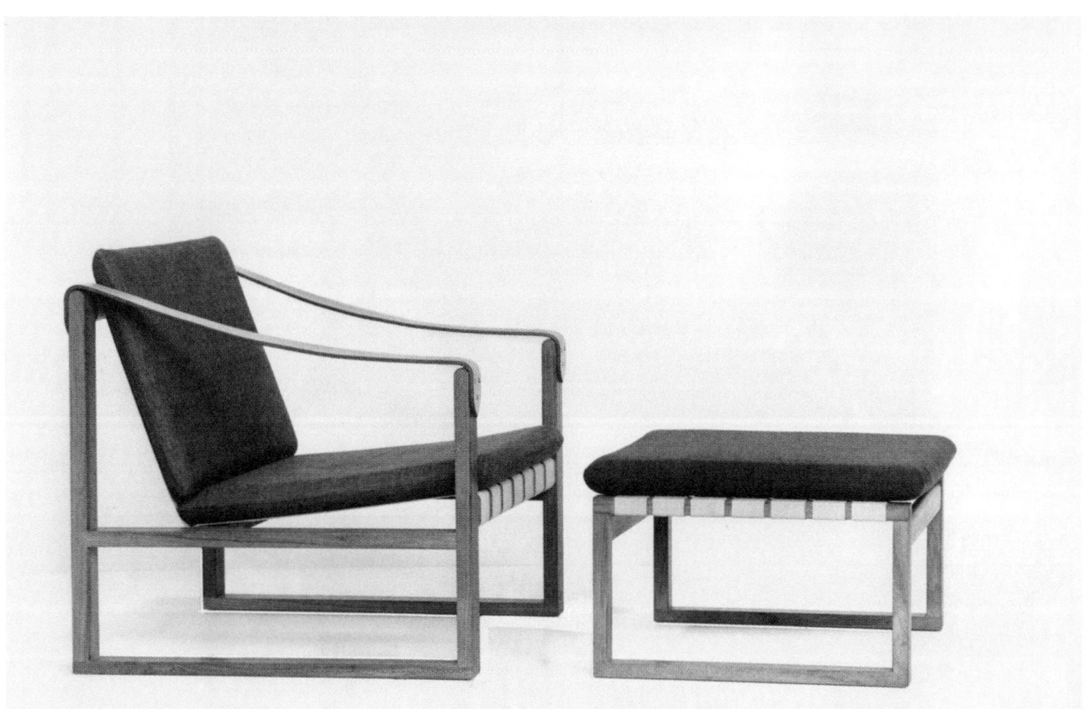

Ende der 1950er-Jahre experimentierte Mogensen eine Zeit lang mit geschlossenen, rechteckigen Formen anstelle herkömmlicher Beinkonstruktionen, hier zu sehen bei einem Lehnsesselentwurf von 1956. Besonderes Merkmal dieses Entwurfs für die Innungsausstellung waren die aus breiten Ochsenlederriemen bestehenden Armlehnen.

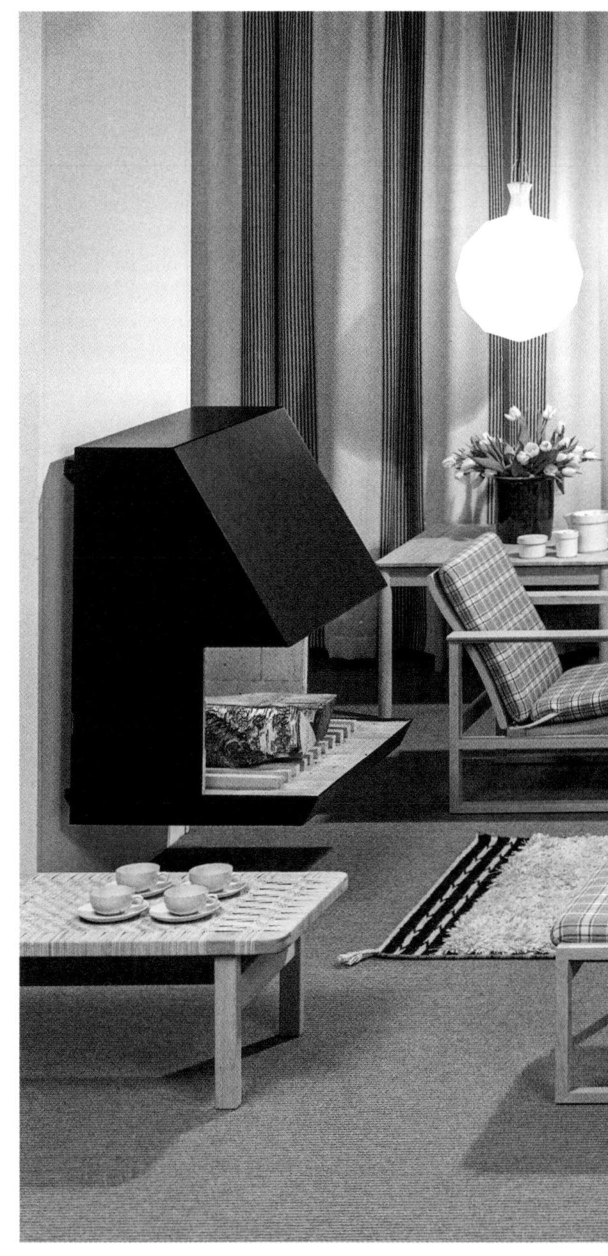

Einer der beliebtesten Lehnstühle Mogensens im Programm der Fredericia Stolefabrik war sein *Schlittenstuhl*, den er für die Innungsausstellung des Jahres 1956 entwarf – unten in zwei verschiedenen Ausführungen abgebildet. Mogensen arbeitete unermüdlich an der geometrischen Gestaltung, die den Stuhl aufgrund der viereckigen Konstruktion fast wie eine Grafik wirken ließ. Die Abbildung in der Mitte zeigt Varianten des *Schlittenstuhls* im Zusammenspiel mit anderen Möbeln dieser Zeit.

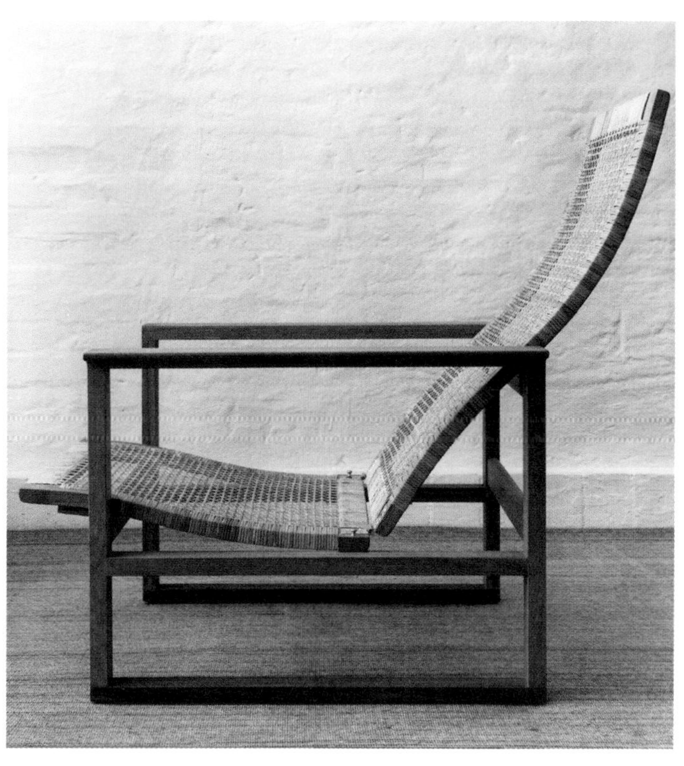

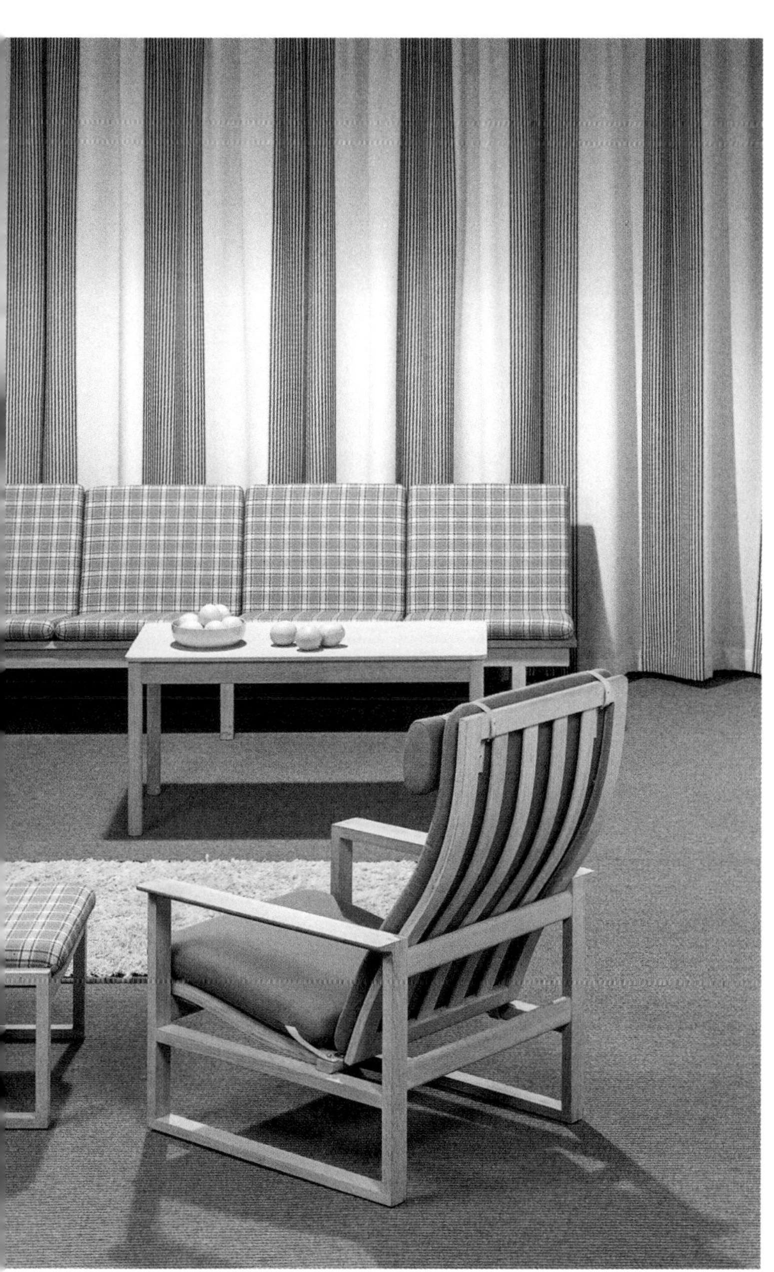

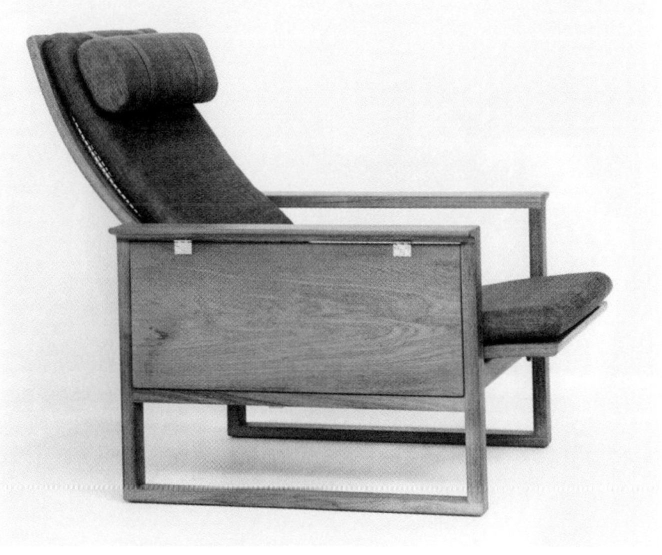

Børge Mogensens erstes Sofa für Fredericia Stolefabrik entwarf er in enger Zusammenarbeit mit deren Leiter, Andreas Graversen. Der Entwurf feierte sein Debüt auf der jährlichen Möbelmesse in Fredericia und hob sich mit seinem modernen Design stark von den anderen, plumperen Sofas ab. Unter dem passenden Namen *No. 1* wurde das Sofa 2014 von Fredericia Furniture zum 100. Geburtstag Mogensens neu aufgelegt.

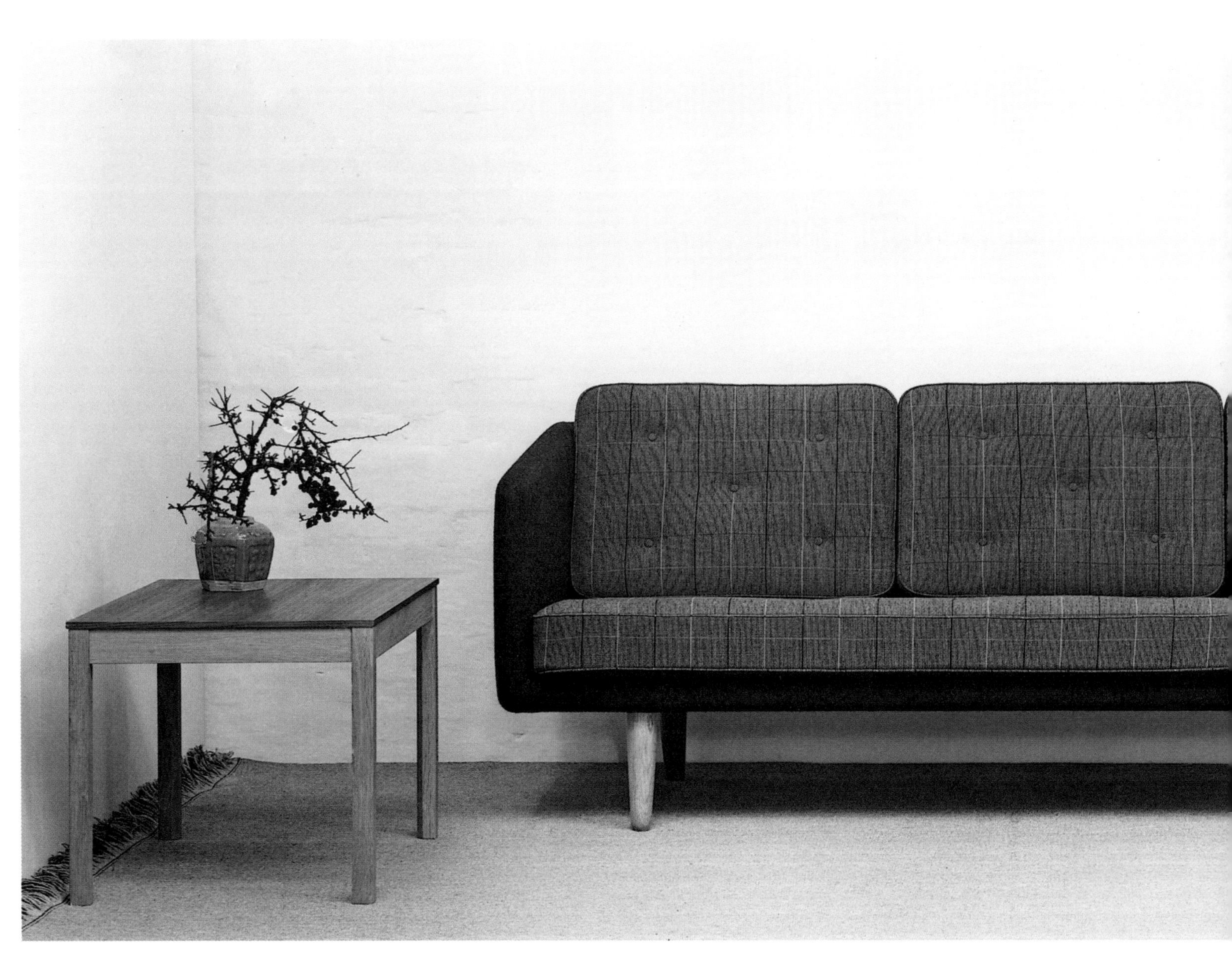

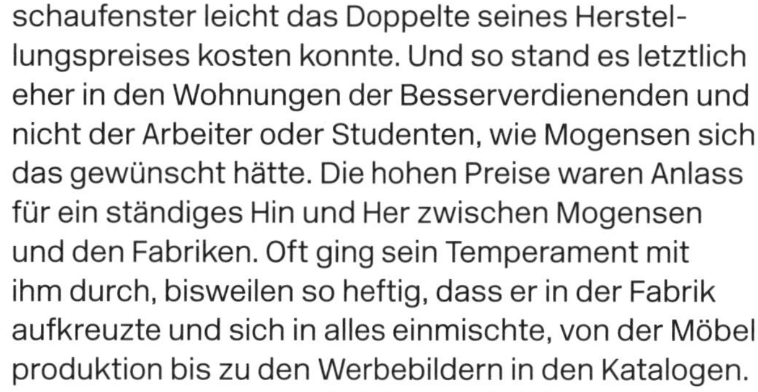

schaufenster leicht das Doppelte seines Herstellungspreises kosten konnte. Und so stand es letztlich eher in den Wohnungen der Besserverdienenden und nicht der Arbeiter oder Studenten, wie Mogensen sich das gewünscht hätte. Die hohen Preise waren Anlass für ein ständiges Hin und Her zwischen Mogensen und den Fabriken. Oft ging sein Temperament mit ihm durch, bisweilen so heftig, dass er in der Fabrik aufkreuzte und sich in alles einmischte, von der Möbelproduktion bis zu den Werbebildern in den Katalogen.

Mogensen setzte bei der Fredericia Stolefabrik seinen charakteristischen, aufs Wesentliche reduzierten Entwurfsstil fort. Einige Modelle präsentierte er zuerst auf der Möbelausstellung der Tischlerinnung, bevor sie in Produktion gingen. Andere entwarf er direkt für die Fabrikherstellung. Die Entwürfe, die für die Innungsausstellung gedacht waren, durchliefen in der Regel einen Anpassungsprozess, ehe sie für die maschinelle Produktion geeignet waren. Die Fredericia Stolefabrik verfügte über besondere Erfahrung mit der Produktion von Polstermöbeln, und hier war die Verbindung mit Mogensens rationalen Entwürfen besonders interessant. Einer seiner ersten Möbelentwürfe für Graversens Fabrik war ein niedriges Sofa für drei Personen, das auf der jährlichen Möbelmesse in Fredericia ausgestellt wurde. Als Fredericia Furniture (wie Fredericia Stolefabrik inzwischen heißt) im Jahr 2014 anlässlich Mogensens 100. Geburtstags dieses Sofa neu auflegte, erhielt es folgerichtig die Bezeichnung *No. 1.* Dieses erste Sofa für Fredericia Stolefabrik war eines seiner gelungensten überhaupt. Durch Kombination eines soliden, straff gepolsterten Sofagestells mit abnehmbaren Kissen (inklusive des durchgehenden Sitzkissens) war das Sofa pflegeleicht und eignete sich auch als Schlafcouch. Zusammen mit dem Sofa, das auch als Zweisitzer erhältlich war, entwarf Mogensen einen mit ähnlichen Merkmalen konstruierten Lehnstuhl. 1956 folgte ein hoher Lehnstuhl, der *Schlittenstuhl*, bei dem Sitzfläche und Rückenlehne an einem kastenförmigen Gestell befestigt waren. Die schlanke, streng geometrische Konstruktion wirkte optisch sehr stark, gleichzeitig war der leichte Stuhl im Wohnraum gut beweglich.

1958 entwarf Mogensen ein aufsehenerregendes modulares Sofa, für das sich der ungewöhnliche Name *Fußballsofa* durchsetzte. Dieses Sofa war nicht nur modular, es war auch eine Art Vorläufer des Chaiselongue-Sofas, wie man es heute kennt. Die Sitztiefe des *Fußballsofas* war außergewöhnlich: Bei aufrechter Sitzhaltung ruhten die ausgestreckten

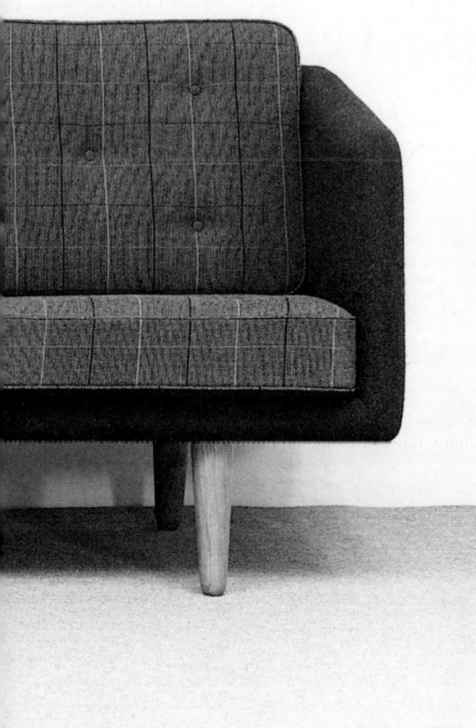

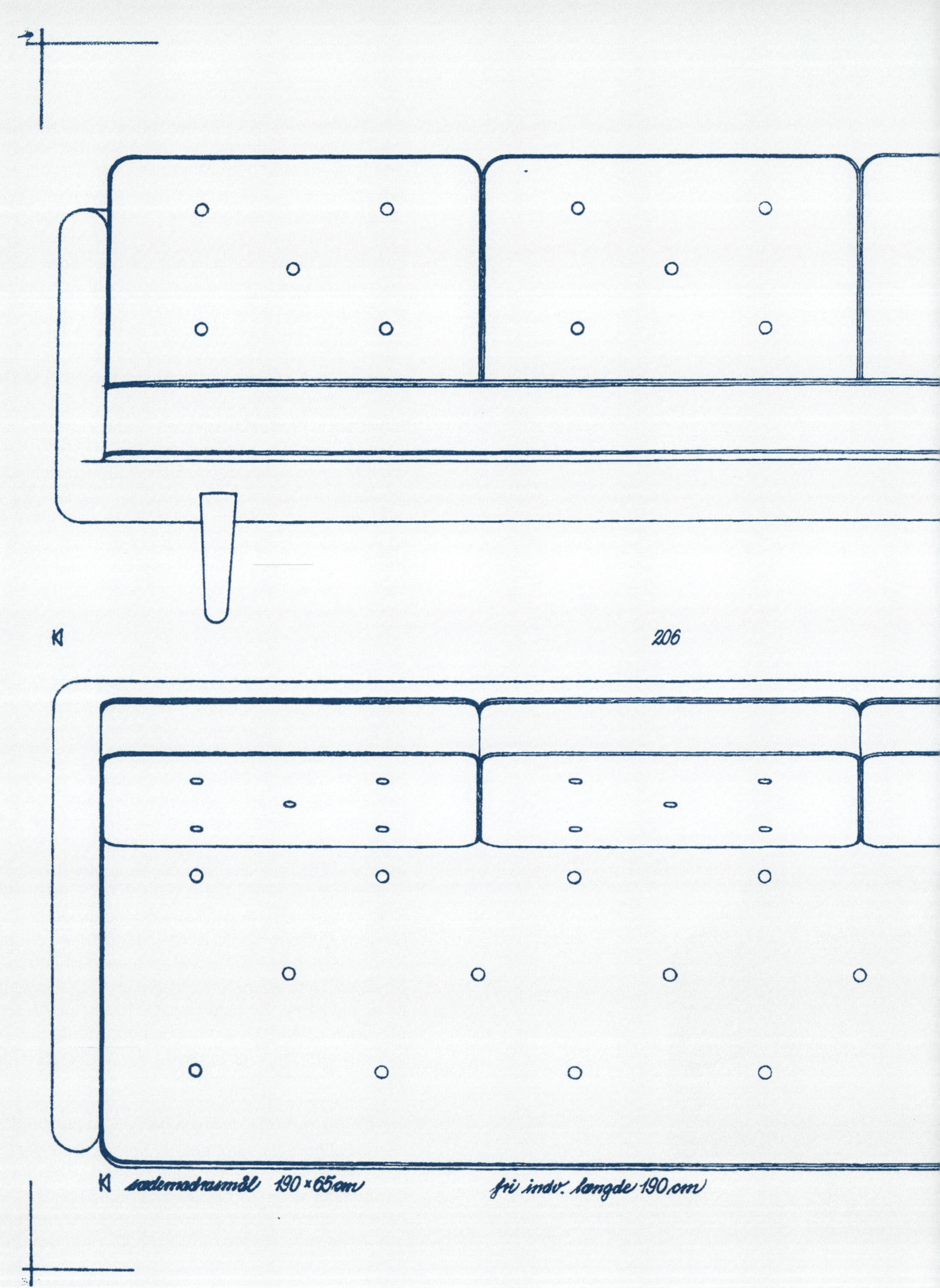
206
sædemadrasmål 190 × 65 cm
fri indv. længde 190 cm

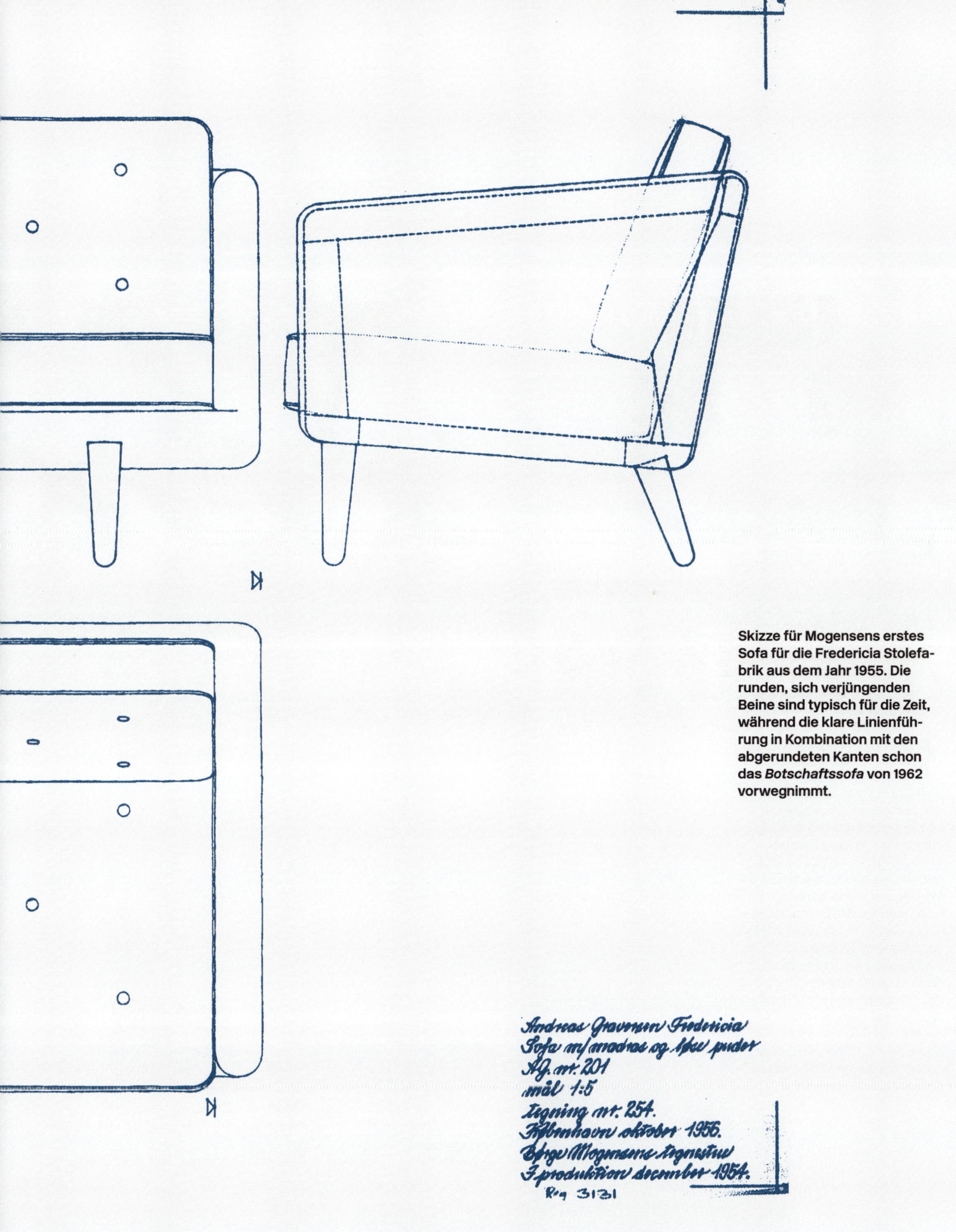

Skizze für Mogensens erstes Sofa für die Fredericia Stolefabrik aus dem Jahr 1955. Die runden, sich verjüngenden Beine sind typisch für die Zeit, während die klare Linienführung in Kombination mit den abgerundeten Kanten schon das *Botschaftssofa* von 1962 vorwegnimmt.

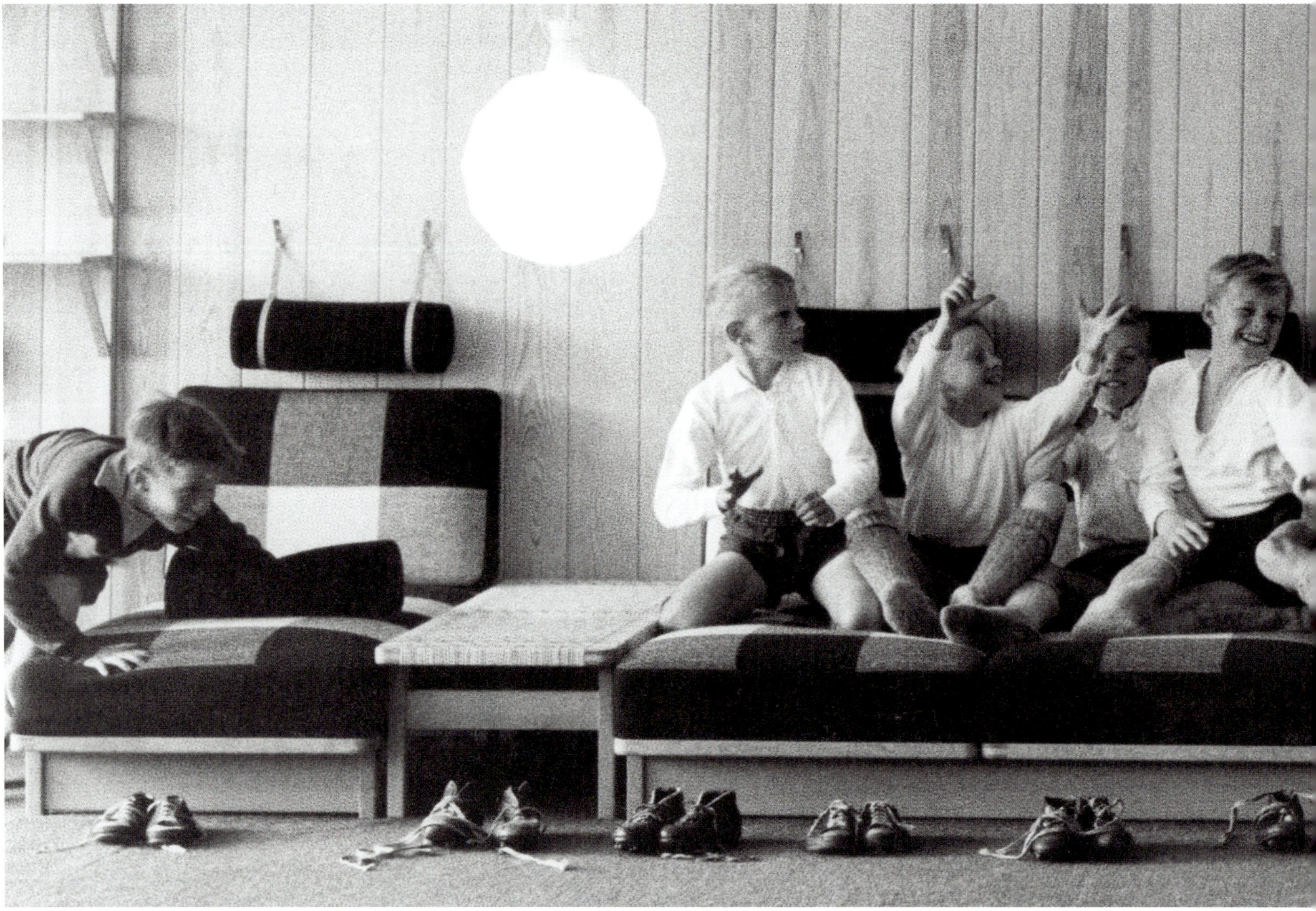

Hier das *Fußballsofa* in seiner ganzen Pracht. Der Fotograf Jesper Hørn hatte die brillante Idee, eine komplette Jungsmannschaft zu bitten, es sich darauf bequem zu machen. Die Module des Sofas konnten in beliebiger Anzahl zusammengefügt werden. Bei einer Sitztiefe von satten 140 Zentimetern konnte man sich mehr als bequem zurücklehnen. Das Würfelmuster von Lis Ahlmanns Textilbezug war genau auf die Maße der Sofamodule abgestimmt. Ein praktisches Detail: die von der Höhe genau passenden Beistelltische.

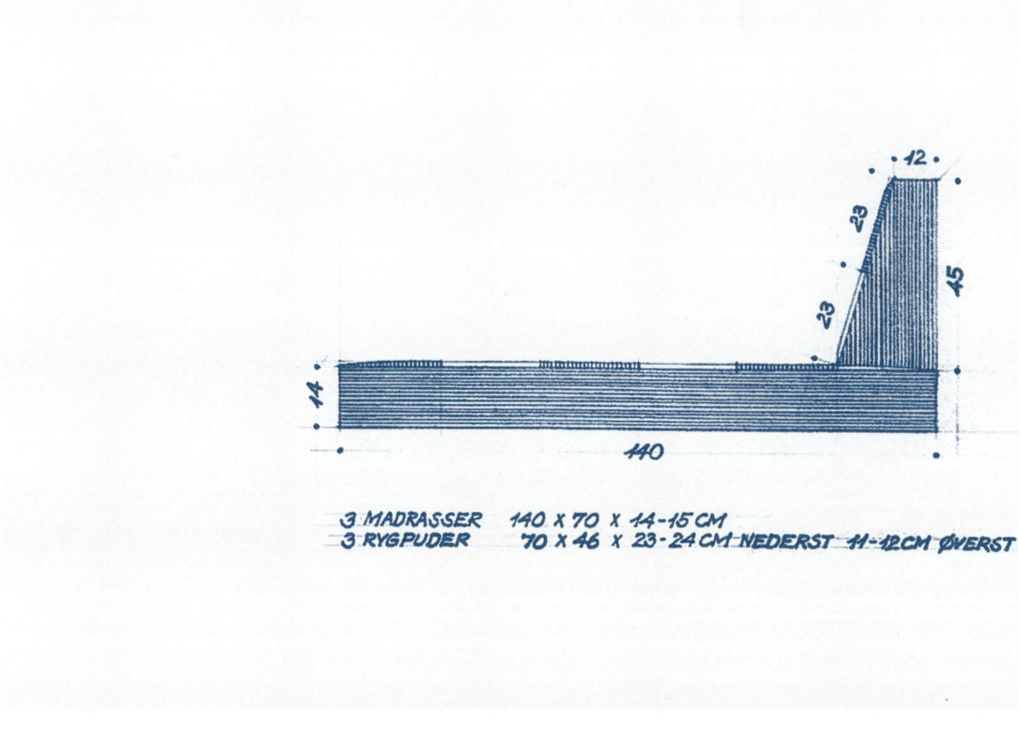

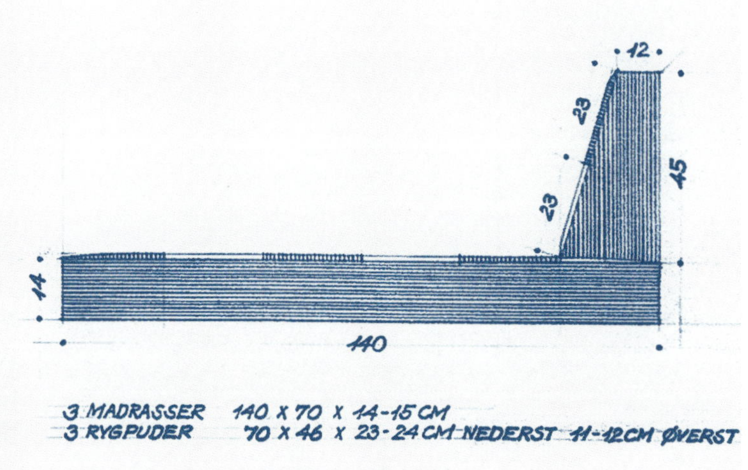

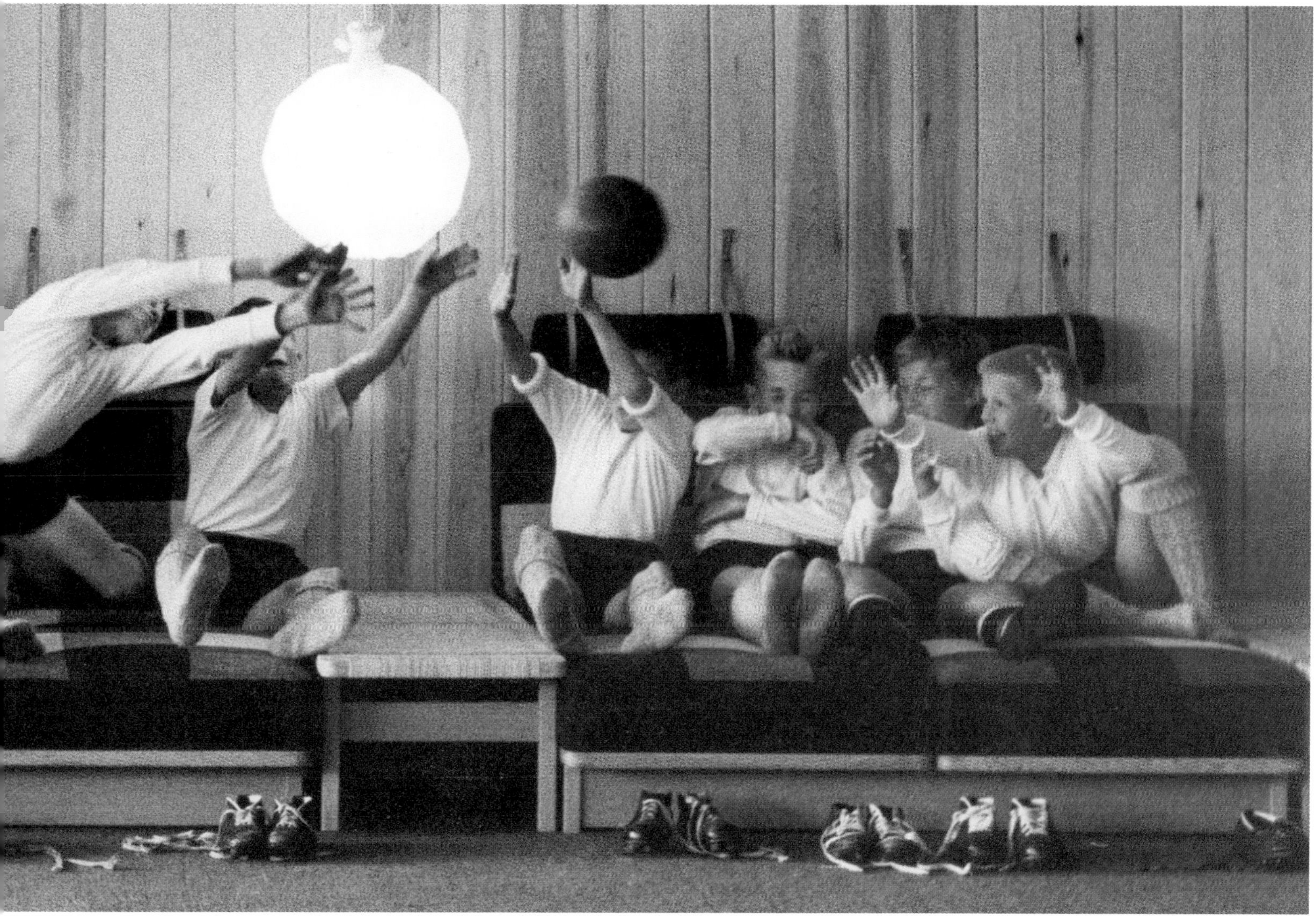

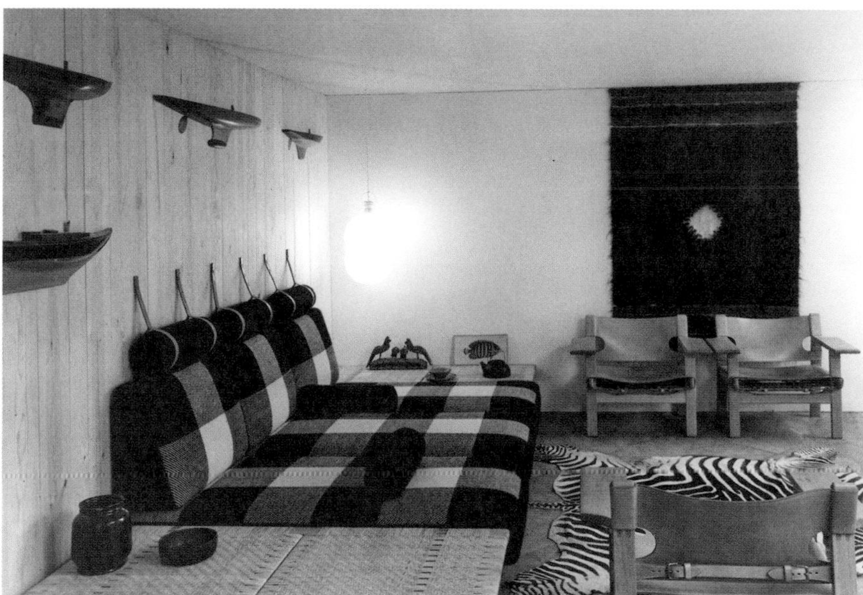

Das *Fußballsofa* wurde 1958 unter dem Motto »Möbel für ein Landhaus« auf der Innungsausstellung präsentiert. Als eine Oase der Entspannung in der Wohnung gedacht, wurde es später von Fredericia Stolefabrik produziert und erfreute sich großer Beliebtheit. Mogensen hatte selbst ein Exemplar davon in seinem Sommerhaus stehen.

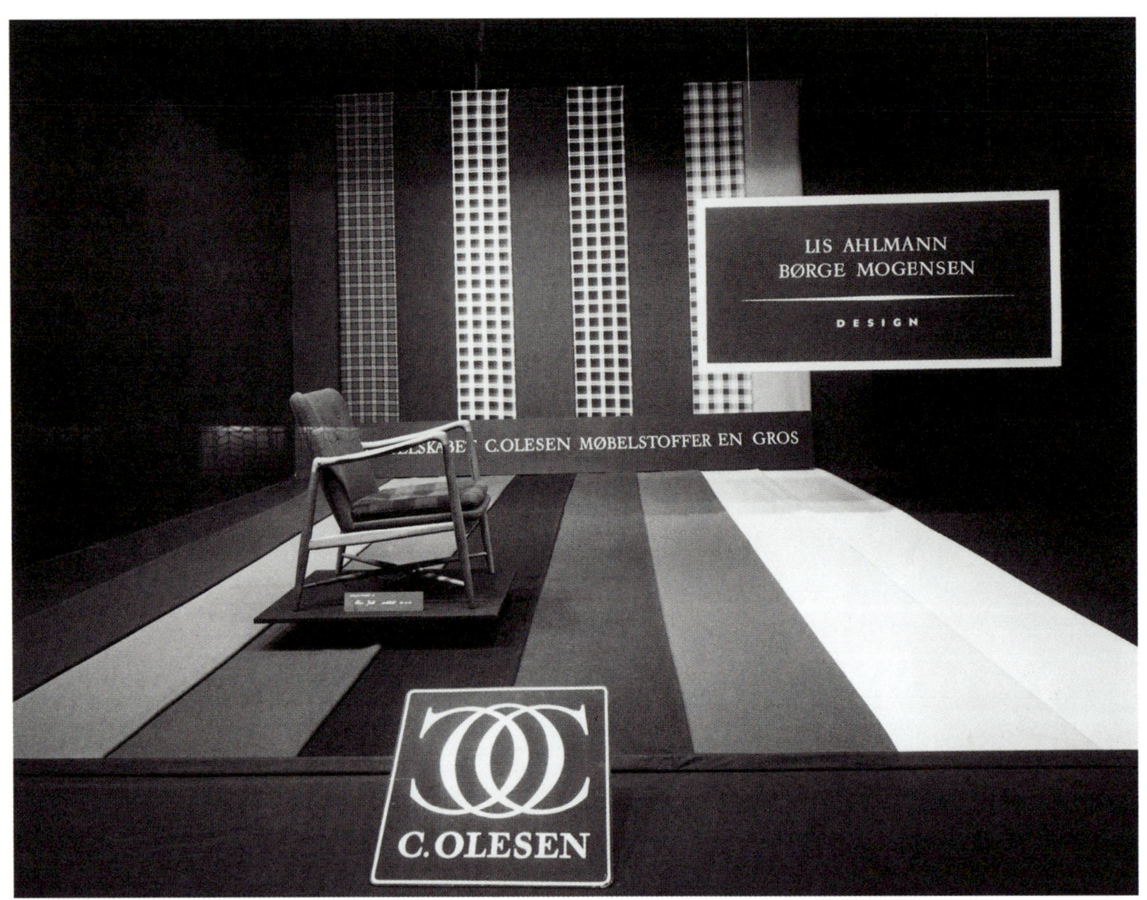

In den 1950er-Jahren entwickelten Børge Mogensen und Lis Ahlmann ihre bekannte Cotil-Kollektion für die Textilfabrik C. Olesen. Das Programm umfasste Qualitätsstoffe für die Wohnungseinrichtung: Teppiche, Gardinen und nicht zuletzt Möbelbezüge, die vielen von Mogensens Polstermöbeln das gewisse Extra verliehen. Oben die Schaufensterdekoration eines Geschäfts an der Kopenhagener Flaniermeile Strøget.

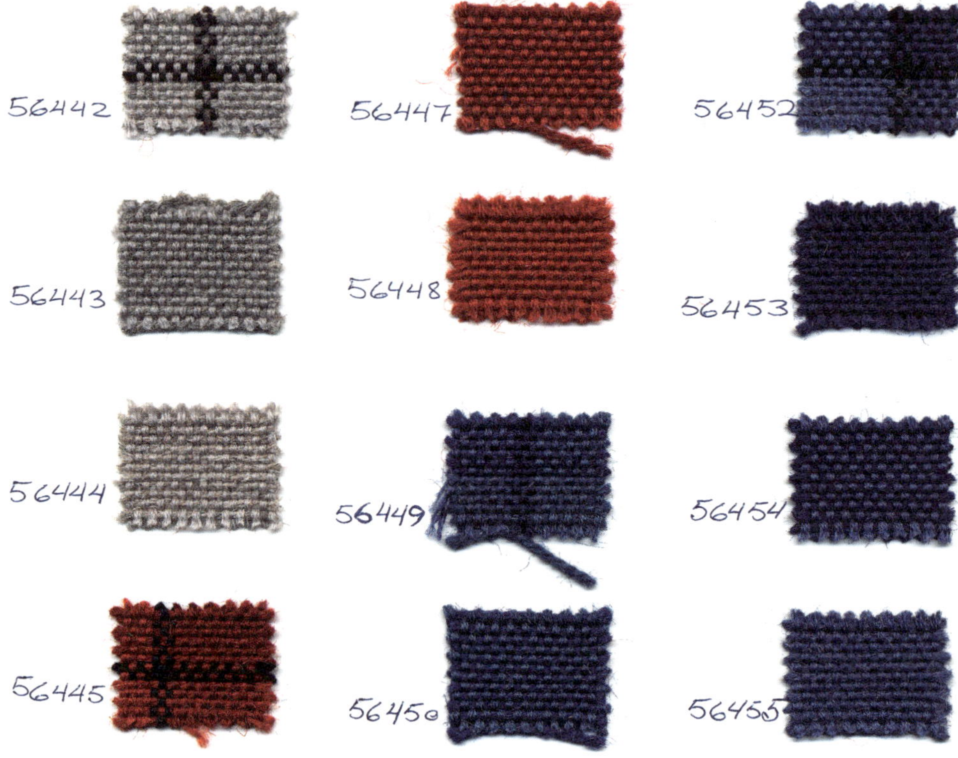

Beine noch komplett auf dem Sitzpolster! Das Sofa beanspruchte sehr viel Platz, aber man konnte es sich darauf auch sehr bequem machen, keine Frage. Der Name *Fußballsofa* kam so zustande: Als der Fotograf Jesper Høm gerade im Ausstellungsraum der Frederica Stolefabrik Katalogbilder von diversen Möbeln machte, kam eine Jungen-Fußballmannschaft am Schaufenster vorbeigelaufen. Høm rief die Jungs herein und konnte sie dazu überreden, sich auf dem Sofa fotografieren zu lassen.

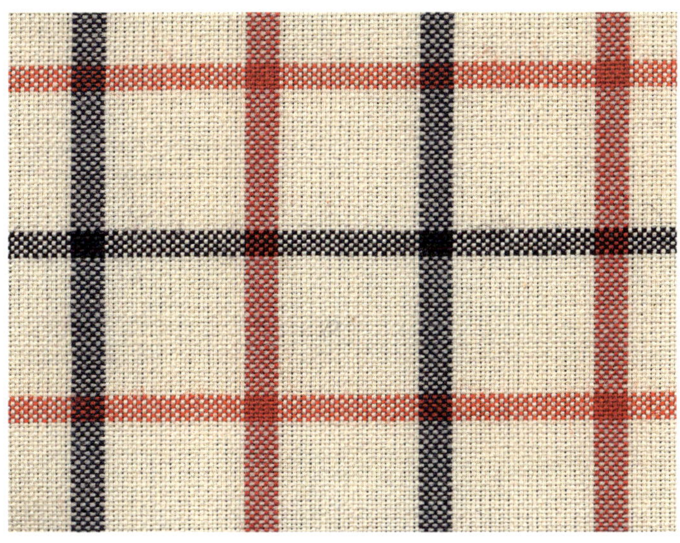

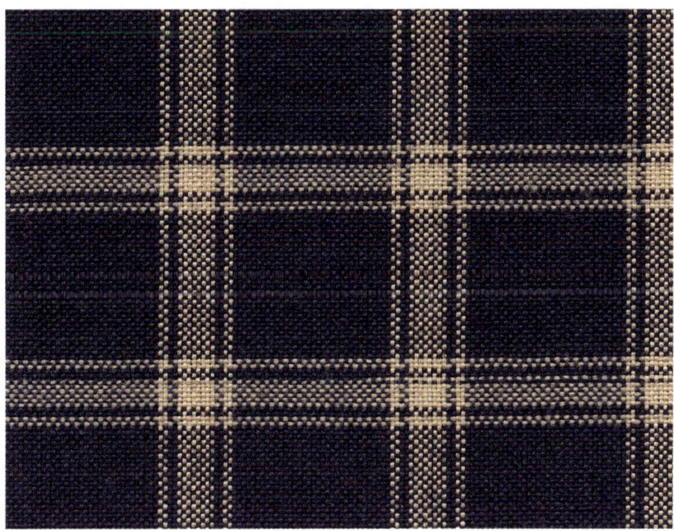

Die Cotil-Kollektion enthielt Streifen- und Karomuster in den verschiedensten Farbkombinationen. Alle Farbtöne waren aufeinander abgestimmt und besaßen einen eigenen Zahlencode (Abb. linke Seite). Populär waren besonders Lis Ahlmanns wollene Karopolsterbezüge für das *Sprossensofa* (oben).

Lis Ahlmann und die Cotil-Kollektion

1953 nahmen Børge Mogensen und Lis Ahlmann wieder ihre kongeniale Zusammenarbeit auf und wirkten gemeinsam an der Entwicklung eines umfangreichen Textilsortiments für die älteste Textilfabrik Dänemarks mit. Die 1892 gegründete Firma C. Olesen hatte die beiden als künstlerische Berater für das Komitee angeworben, das mit der Auswahl der Stoffe für ihre sogenannte Cotil-Kollektion betraut war. Diese umfasste Stoffe für Möbelbezüge, Teppiche und Gardinen. Unvergessen ist besonders der karierte Wollstoff, den Lis Ahlmann für Mogensens *Sprossensofa* webte. Die umfangreiche Cotil-Kollektion war in mehrere Serien unterteilt, die jeweils auf einer ausgeklügelten Farbenskala basierten. Dank dieses genau durchdachten Systems konnte der Verbraucher in seinem Heim mühelos ein abwechslungsreiches und gleichzeitig harmonisches Farbenspiel erreichen, indem er mehrere Farben einer Serie miteinander kombinierte. Die strapazierfähigen Stoffe waren von den Karo- und Streifenmustern des dänischen Bauernstils inspiriert, und Mogensen sorgte mit seinem exakten Maßsystem dafür, dass die Muster perfekt zu den verschiedenen Kissengrößen passten.
1959 bestritten Mogensen und Ahlmann im Verbund mit dem Bildhauer Adam Fischer (1888–1968) eine Gemeinschaftsausstellung im Kunstindustriemuseum in Kopenhagen. Unter dem Titel »Ton, Holz, Textil« stellten sie ihre Arbeiten aus. Mogensen arbeitete bis zu seinem Tod mit Lis Ahlmann zusammen. Einige Jahre zuvor, zu ihrem 75. Geburtstag, sprach er ihr seinen Dank aus: »In Lis' Textilien gehen das Strenge und das Malerische eine Verbindung ein. Meine Möbel bekommen so ihre Gewänder, und man begreift: Kleider machen Möbel.«

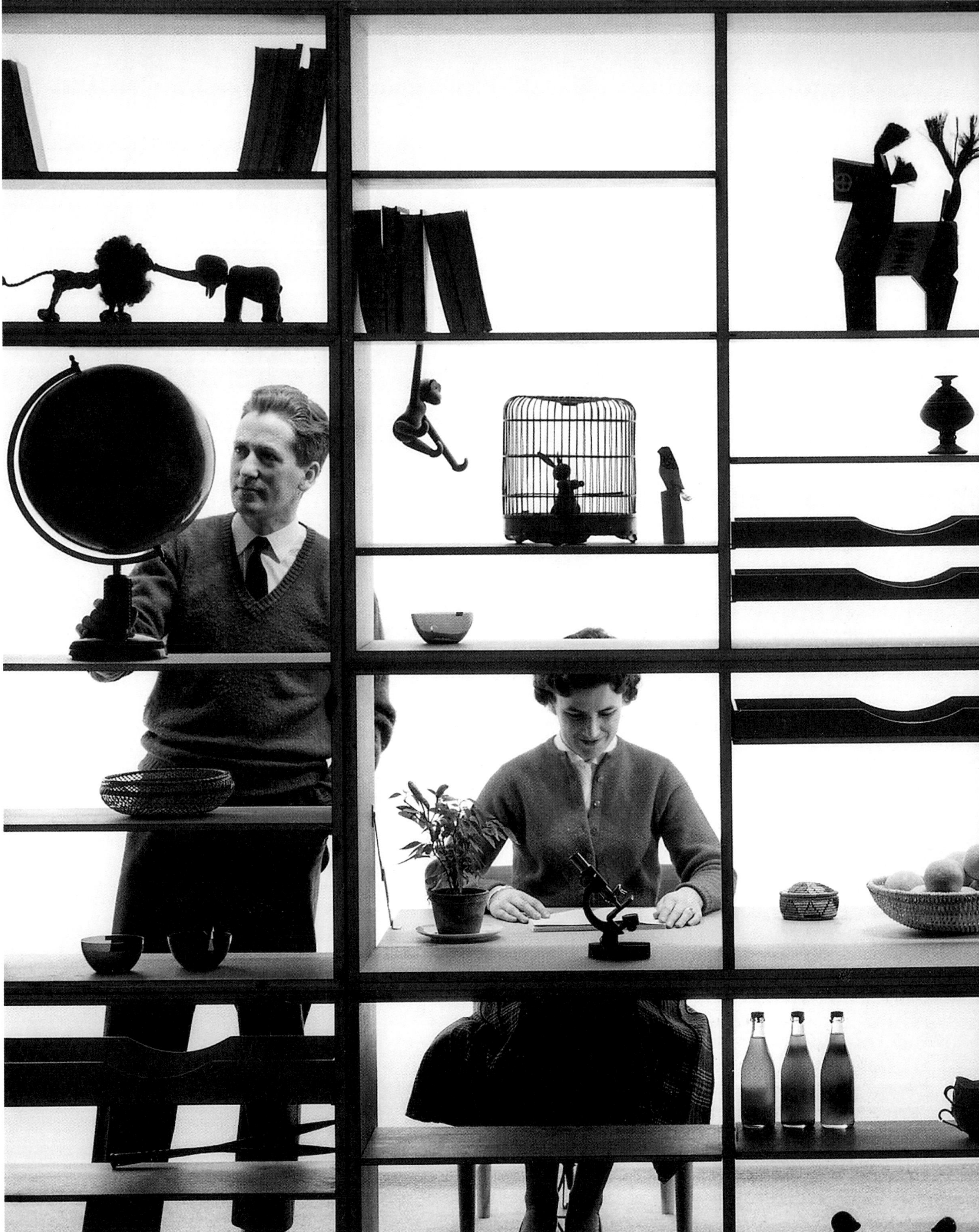

Die Øresund-Serie

Eine Folge des wirtschaftlichen Aufschwungs der Nachkriegszeit war, dass sich in den Haushalten immer mehr Gebrauchsgegenstände ansammelten – und damit stieg auch der Bedarf an Stellmöglichkeiten für Schallplatten, Bücher, Keramik, Stereoanlagen und Fernseher. Diesem Bedürfnis kam Mogensen mit der *Øresund*-Serie entgegen, die er 1955 in Zusammenarbeit mit der schwedischen Möbelfabrik Karl Andersson & Söner in Huskvarna lancierte. Bestandteil der Serie war ein Regalsystem aus Eichenholz, dessen Module sich – ganz wie bei den Systemmöbeln für die Søborg Möbelfabrik – frei kombinieren ließen. Alle Teile passten zusammen und ermöglichten ein durchgehendes Regal- und Schranksystem vom Boden bis zur Decke. Mitte der 1960er-Jahre erweiterte Mogensen die Serie um den kreisförmigen *Øresund*-Tisch, der sich durch zwei Platten zu einem Oval vergrößern ließ. Des Weiteren gehörten ein von der Shaker-Ästhetik inspirierter Esstisch und mehrere an den *Volksstuhl* angelehnte Esszimmerstühle zur Serie. Später kam noch eine komplette Kücheneinrichtung dazu, deren Maße zu den Schrankmodulen passten. Der Plan war, Küche und Esszimmer in einer Art Wohnküche zu verbinden.

Die Zusammenarbeit mit Karl Andersson & Söner begann 1955. Karl Anderssons jüngster Sohn, Göran Malmvall, hatte im Dezember 1954 einen Brief an Børge Mogensen geschrieben und gefragt, ob dieser Interesse an einer gemeinsamen Möbelproduktion habe. Mogensen war zu diesem Zeitpunkt allerdings völlig ausgelastet, bedankte sich höflich und verwies auf das kommende Jahr.

Wenige Monate später reiste Mogensen nach Schweden und ging eine Absprache ein, Möbel für Karl Andersson & Söner zu entwerfen. Die Fabrik hatte Erfahrung mit der industriellen Möbelproduktion und eine starke Position auf dem schwedischen Markt. Die *Øresund*-Serie richtete sich an die moderne Mittelklassefamilie und erfüllte in puncto Funktionalität und Flexibilität ganz den Anspruch der damaligen Zeit. Die Serie wurde in Dänemark und in Schweden ein großer Erfolg, auch wenn es einige Jahre dauerte, bis sie ihre Breitenwirkung entfaltete. Anfangs waren die Möbel nur in Kiefer und Teak erhältlich, doch erst als Andersson & Söner um 1960 auf japanische Eiche umschwenkte, begann die Serie sich durchzusetzen – nicht nur bei Privatkunden, sondern auch in Schulen, Bibliotheken und Büros. Für ihre Vermarktung gestal-

Børge Mogensens *Øresund*-Serie umfasste Alltagsmöbel für die wachsende Mittelklasse, bei der sich in den 1950er- und 1960er-Jahren immer mehr Gebrauchsgegenstände ansammelten. Die Möbel wurden von der Fabrik Karl Andersson & Söner gefertigt und waren in Dänemark und auch in Schweden ein großer Verkaufserfolg.

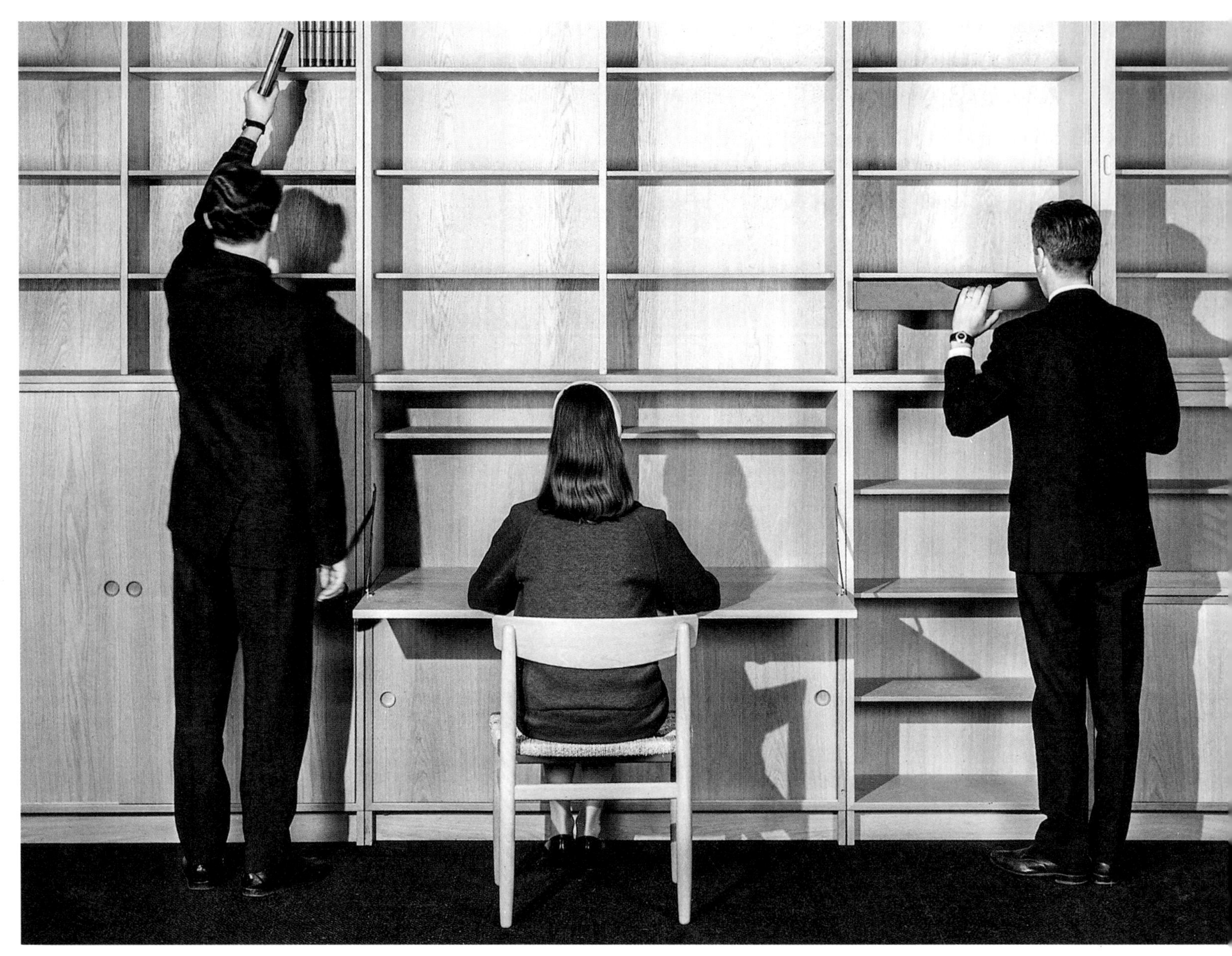

Bei der *Øresund*-Serie konnte Mogensen auf den Erfahrungen aufbauen, die er bereits mit Systemmöbeln gesammelt hatte. Nach wie vor arbeitete er mit standardisierten Modulen, die frei kombinierbar waren. Die Fotografie oben verdeutlicht, wie sehr sich das System an den menschlichen Körpermaßen orientierte.

Die Zeichnung auf der rechten Seite zeigt die Innenaufteilung eines Schranks der *Øresund*-Serie. Wieder bewährte sich die Vermessungsmethode der Klint-Schule, um eine optimale Platzausnutzung zu erreichen.

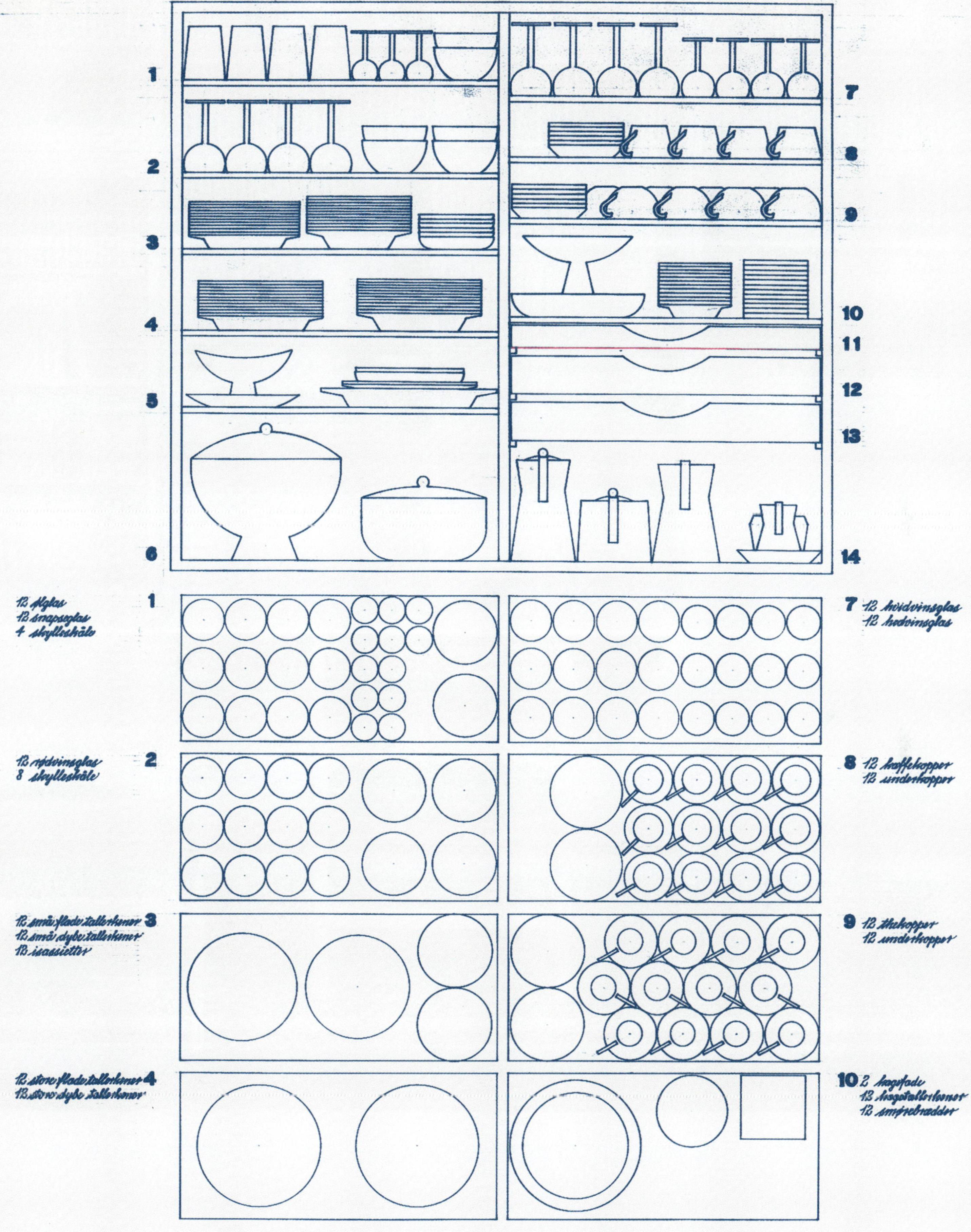
1
2
3
4
5
6
7
8
9
10
11
12
13
14
1 12 ølglas
12 snapseglas
4 skylleskåle
7 12 hvidvinsglas
12 hedvinsglas
2 12 rødvinsglas
8 skylleskåle
8 12 kaffekopper
12 underkopper
3 12 små flade tallerkener
12 små dybe tallerkener
12 isassietter
9 12 thekopper
12 underkopper
4 12 store flade tallerkener
12 store dybe tallerkener
10 2 kagefade
12 kagetallerkener
12 smørebrædder

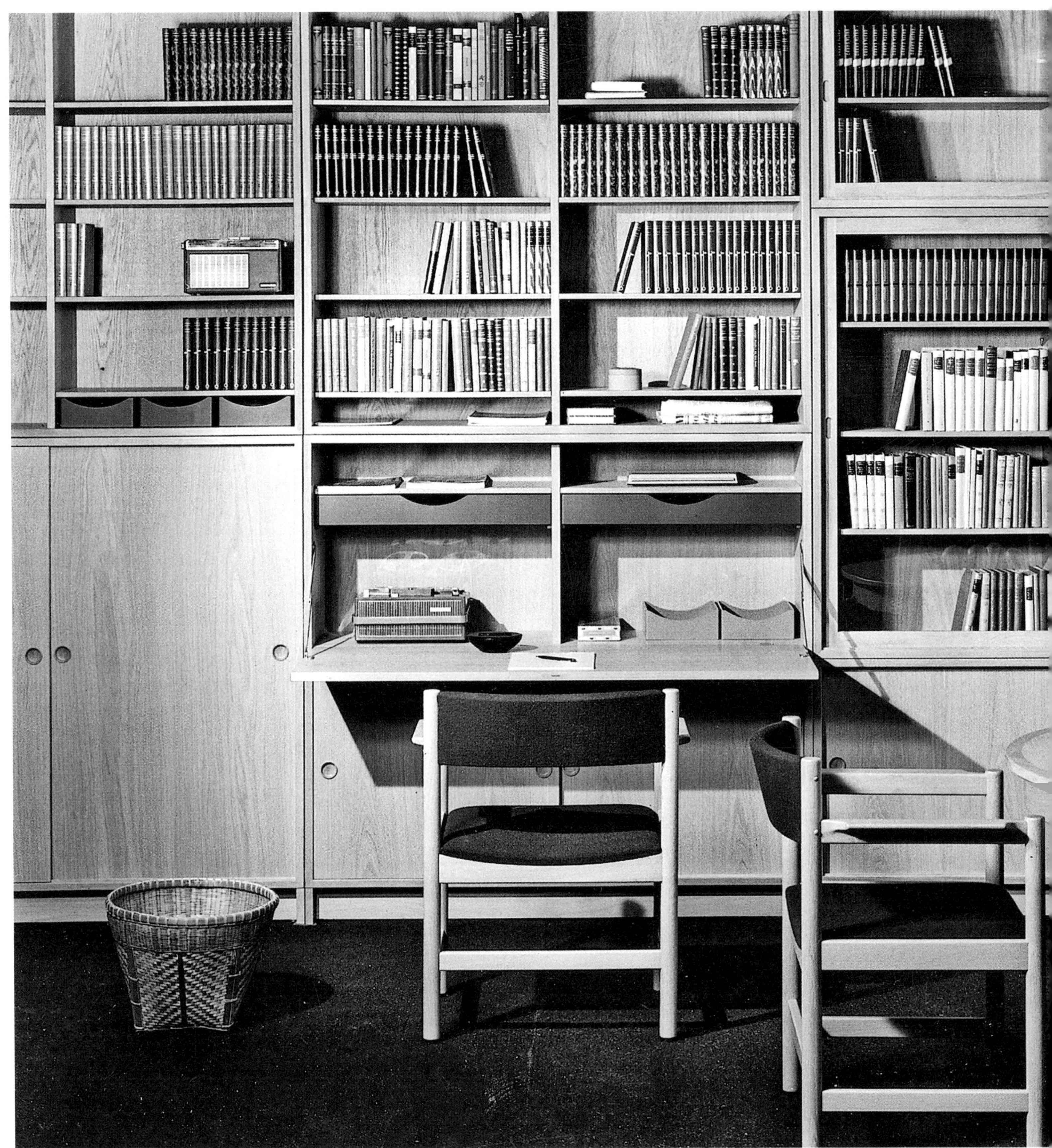

Unauffällige, funktionale Möbel für den Familienalltag, das war die Grundidee der *Øresund*-Serie. Außer dem Regalsystem sieht man hier einen gepolsterten Armlehnstuhl, Modell *576* von 1961, und den *Øresund*-Tisch, der zusammen mit dem *Shakertisch* zu Mogensens bekanntesten Esstischentwürfen zählt.

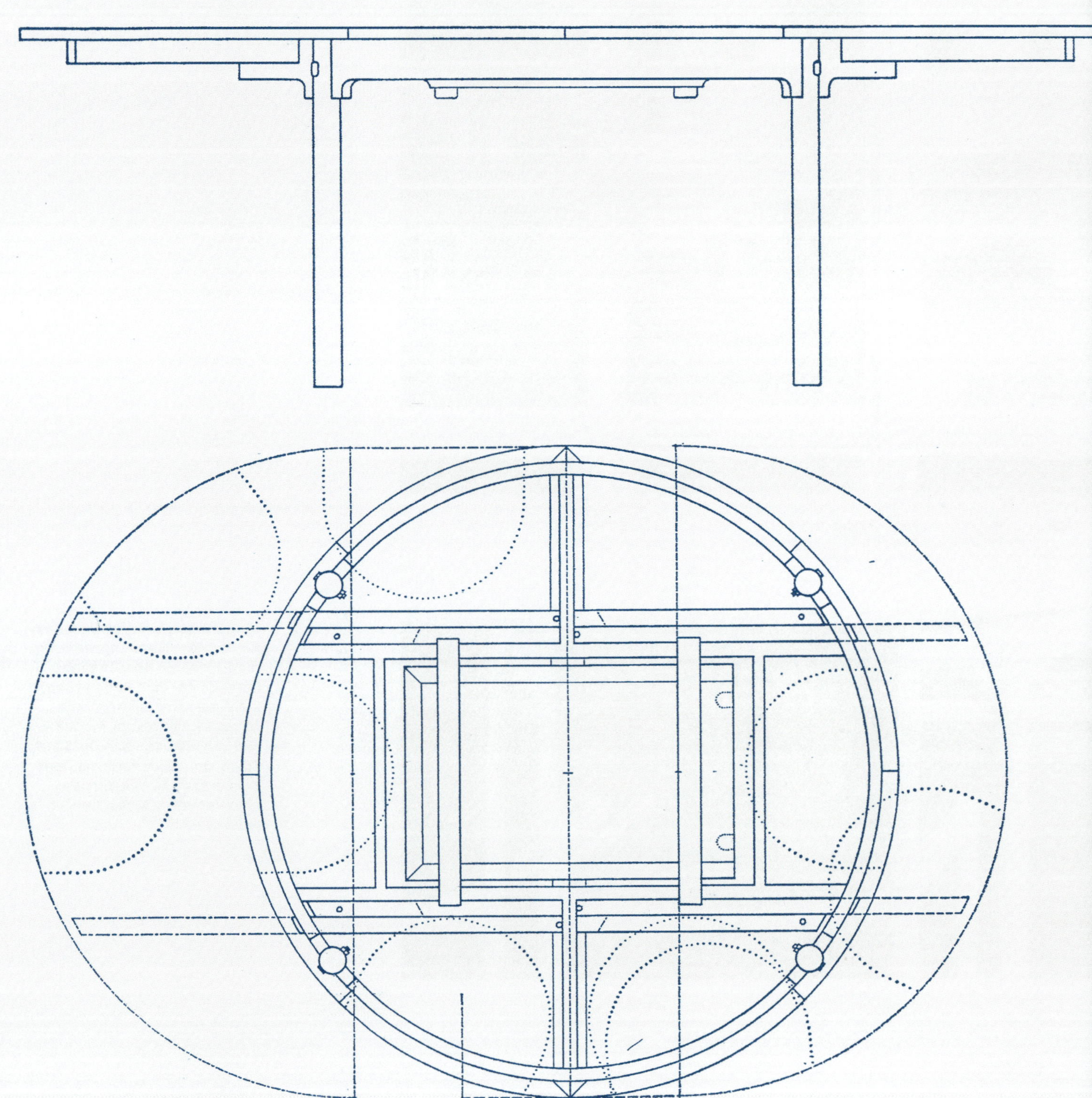

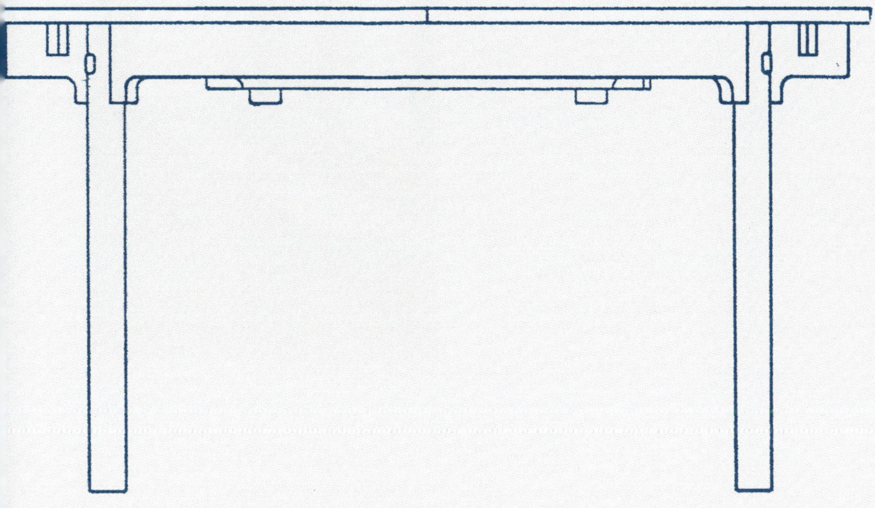

Skizze für Mogensens bekannten *Øresund*-Tisch, den er Mitte der 1960er-Jahre für Karl Andersson & Söner gestaltete. Trotz seiner runden Form wies auch dieser Tisch ähnlich klare Linien auf wie Mogensens *Shakertisch*. Mithilfe von Einschüben konnte die Tischplatte zu einem Oval von 2,88 m Länge erweitert werden. Wie bei einigen anderen seiner Möbel verwendete Mogensen Verbindungen aus Messing.

tete die Firma komplette Kataloge mit detaillierten Zeichnungen und maßstabsgetreuen Schaubildern, angefertigt von Mogensens Mitarbeiter John Vedel-Rieper. Das Geschäft brummte, und einer bekannten Legende zufolge hatte die Firma schon bald so viele *Øresund*-Regale verkauft, dass die nebeneinander aufgereihten Module die ganzen 350 Kilometer von Huskvarna bis Kopenhagen gereicht hätten.

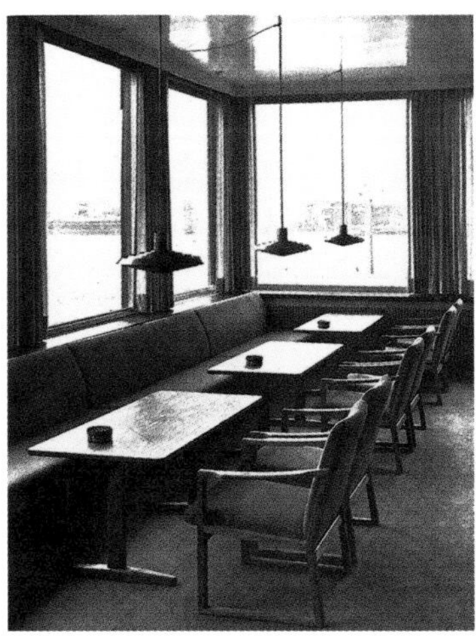

1958 gestaltete Mogensen die Inneneinrichtung des Königlich Dänischen Yacht-Clubs im obersten Stockwerk des Kopenhagener Langelinie-Pavillon. Mogensen passte seine Entwürfe an den modernistischen Pavillonentwurf des Architektenpaares Eva und Nils Koppel an. Er entschied sich für gepolsterte Teaksessel und eine Variation seines *Shakertischs*. Die *Tellerlampe* über den Tischen hatte der dänische Künstler Poul Henningsen speziell für den Langelinie-Pavillon entworfen.

Ein großer Einrichtungsauftrag

Ende der 1950er- und Anfang der 1960er-Jahre führte Mogensen eine Reihe von Einrichtungsaufträgen aus. So stattete er unter anderem so verschiedene Räumlichkeiten wie das Volkshochschulheim Krogerup, das Interieur des Refugiums Løgumkloster und die Räume des Königlich Dänischen Yacht-Clubs im Langelinie-Pavillon in Kopenhagen aus. Eine ganz besondere Herausforderung waren allerdings seine Schubladenvitrinen, die er Ende der 1950er-Jahre für die Textilsammlung des Kunstindustriemuseums gestaltete. Die Inneneinrichtung des Museums hatte die längste Zeit in den Händen Kaare Klints gelegen, doch nach dessen Tod im Jahr 1954 hatte die Museumsleitung Mogensen gefragt, ob er eine komplette Einrichtung für die Textilsammlung entwerfen könne. Bei dieser Aufgabe kamen ganz seine analytischen Fähigkeiten zum Tragen, und die von ihm gefundene Lösung gilt heute als eines der besten Beispiele für seine ausgeprägte Fähigkeit, Möbel zu entwickeln, deren Funktion bis ins letzte Detail durchdacht ist. Die Grundidee bestand darin, die kostbare Sammlung besser für die Museumsbesucher zugänglich zu machen und nicht länger im Archiv wegzusperren. In einem ersten Schritt legte die Museumsinspektorin und Leiterin der Textilsammlung Rigmor Krarup einen Präsentationsplan vor. Sie hatte verschiedene Museen in ganz Europa besucht und studiert, welche besucherfreundlichen Archivierungsmethoden für Textilien es bereits gab. Darüber hinaus ließ Mogensen sich von der Textilsammlung des Röhsska Kunsthandwerkmuseums in Göteborg und von alten chinesischen Kampferholztruhen inspirieren.

Krarup und Mogensen waren sich einig, dass die Vitrinen als Schubladenmöbel gestaltet werden sollten, bei denen jede Schublade mit einer schützenden Glasscheibe versehen war. Mit dieser ebenso praktischen wie funktionalen Lösung lagen die

Eine weiteres von Børge Mogensens zahlreichen Einrichtungsprojekten war das 1960 eröffnete Refugium Løgumkloster (rechte Seite). Seine schlichten, spartanischen Möbel passten hervorragend zu der Atmosphäre von Stille und Konzentration, die im Refugium herrschte.

1959 übernahm Mogensen die Einrichtung der Schülerzimmer des Volkshochschulheims Krogerup in der Nähe von Humlebæk. Bei der Wahl der Möbel führte er einen intensiven Dialog mit dem Architekten des Schulgebäudes, Erling Zeuthen Nielsen. Die Ausstattung bestand aus Schreibtisch, Bett, den bewährten Einbauschränken des Systems *Boligens Byggeskabe* und je einem *Volksstuhl*, der mit seiner Klarheit und Schlichtheit perfekt den Geist der dänischen Volkshochschulbewegung verkörperte.

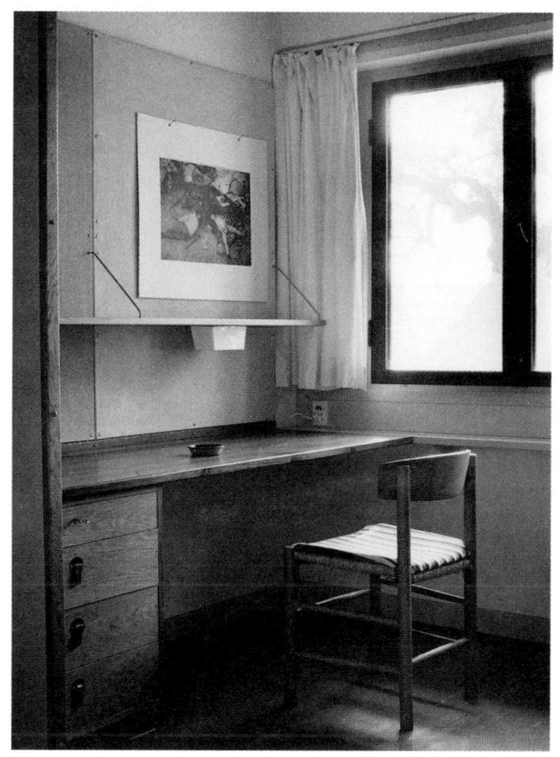

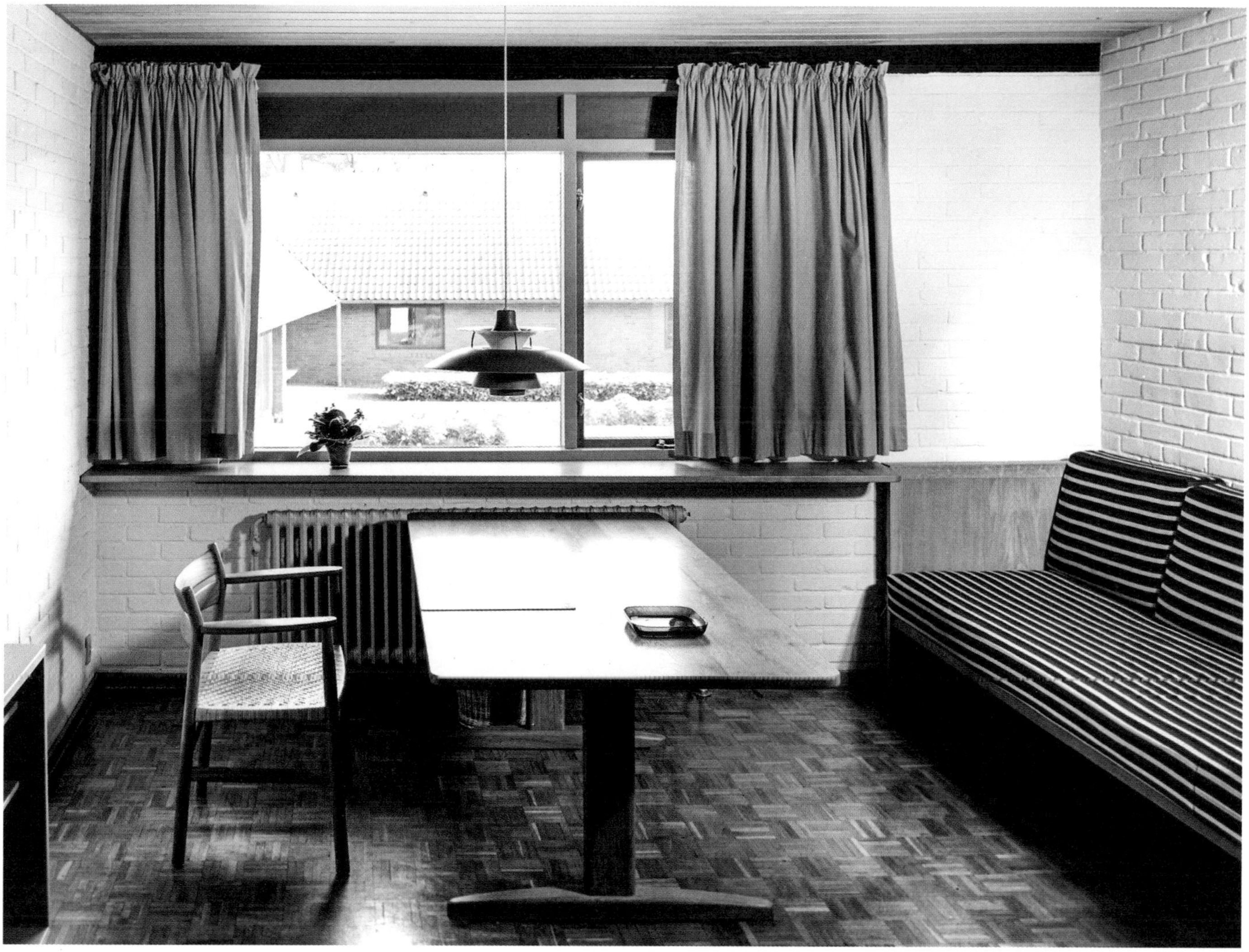

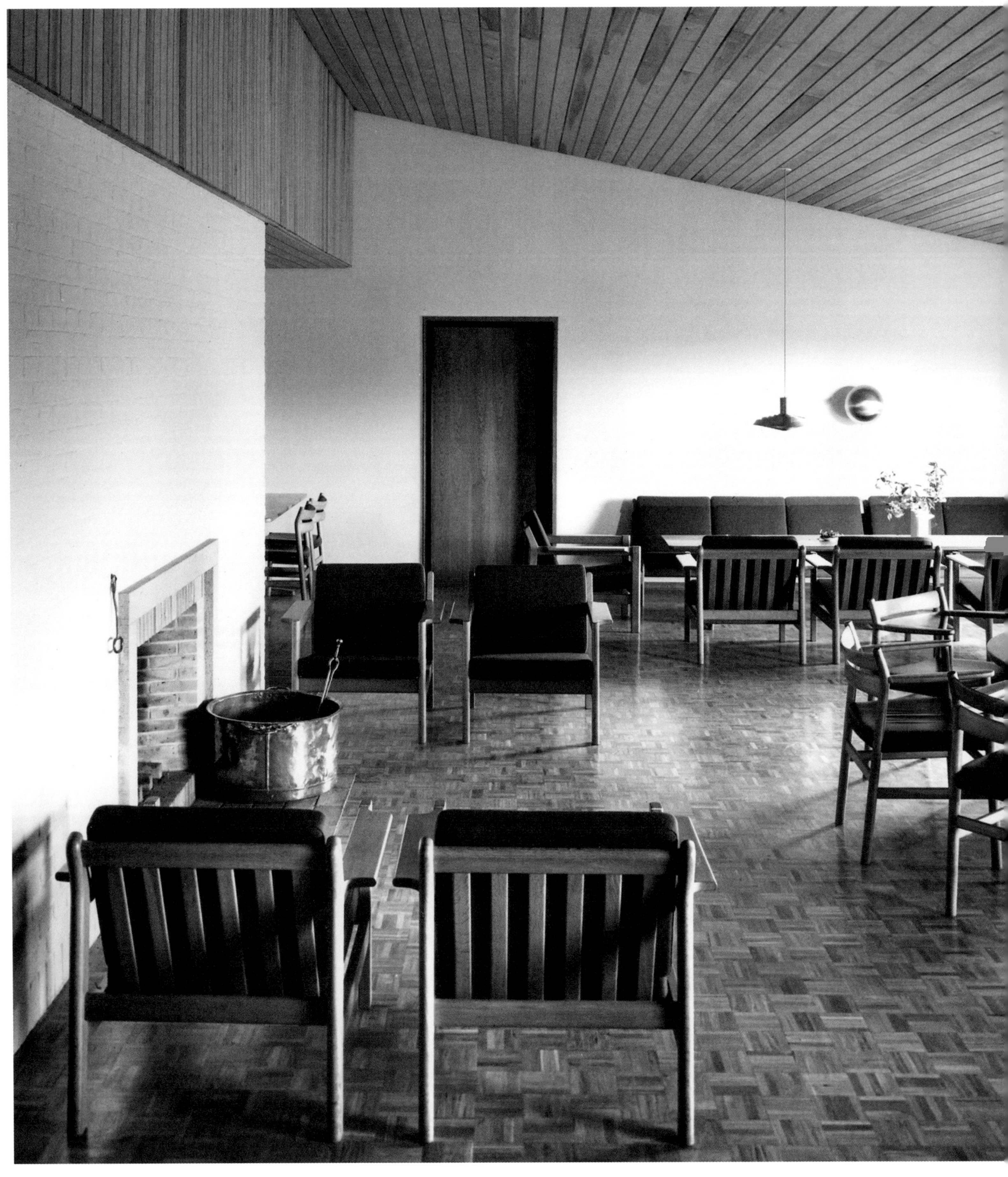

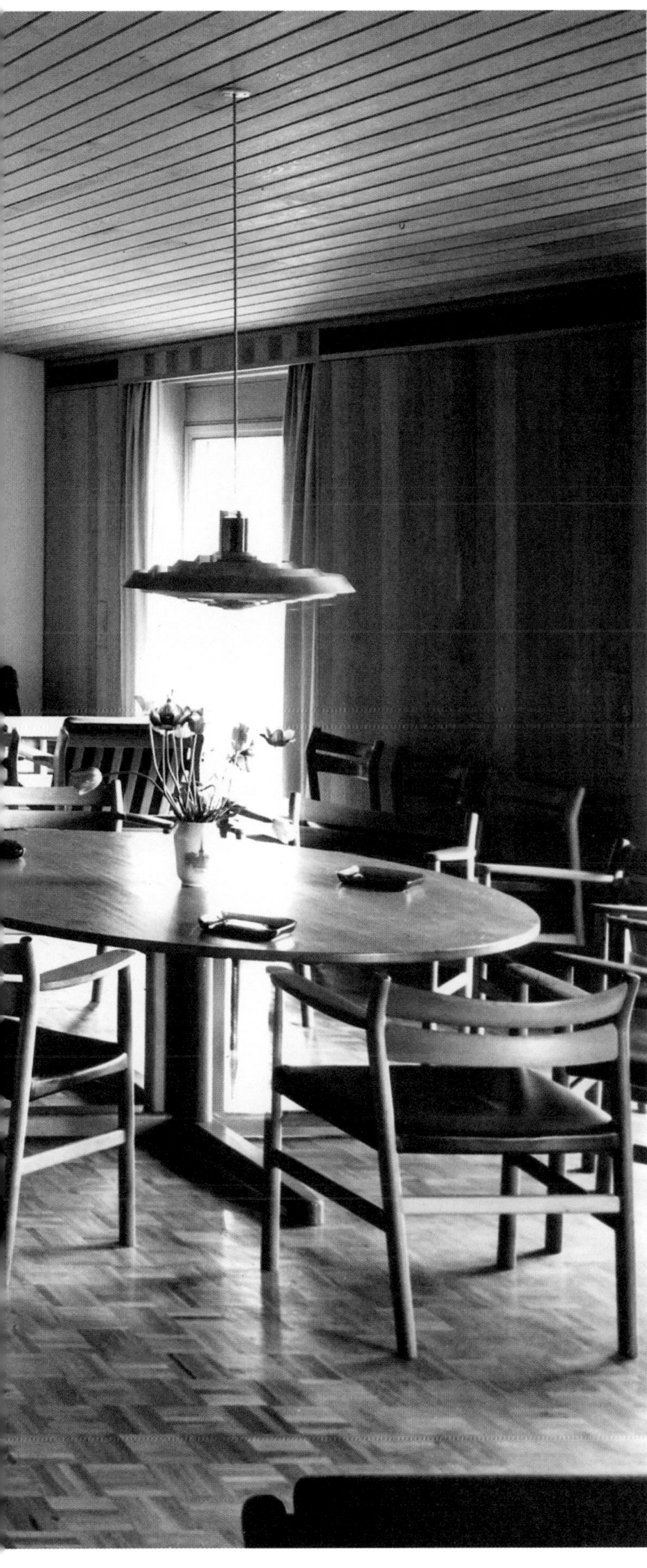

Ein entscheidender Aspekt bei der Einrichtung des Refugiums Løgumkloster war die hohe Fluktuation an Gästen mit jeweils unterschiedlichen Hintergründen und Ansprüchen. Eine Anforderung, die sich sehr gut mit Mogensens demokratischem Grundgedanken vertrug, Standardmöbel zu gestalten, die sich an alle Benutzer anpassten.

unersetzlichen Textilien stets sicher unter Glas, und die Besucher konnten nach Herzenslust die Stoffe studieren. Alles in allem fertigte Mogensen zwischen 1954 und 1961 12 Vitrinen mit je 12 Schubladen an. Aufgestellt wurden sie in dem Raum, der einstmals Gerda Henning und Vibeke Klint als Webatelier gedient hatte. Die Dimensionen der Vitrinen leiteten sich aus den Maßen dieses Raums her. Bei der Anordnung der Vitrinen in drei Reihen zu jeweils vier Vitrinen und auch bei der Breite der Vitrinen hatte Mogensen sogar den diagonalen Verlauf der Bodenfliesen im Raum berücksichtigt. Jedes Detail wurde genauestens geprüft, von der Schubladenhöhe (hier gaben die Maße der Exponate den Ausschlag) bis zur Wahl der Glassorte (man verwendete doch nicht das zunächst bevorzugte Plexiglas, weil gewöhnliches Glas weniger Staub anzog). Und mit Rücksicht auf ältere Besucher durften die jeweils untersten Schubladen auch nicht zu niedrig sein. Die Anfertigung dieser Vitrinen in feinstem Teakholz vertraute man P. Lauritsen & Søn an. Zusätzlich zu diesen Schubladenvitrinen entwarf Mogensen 1962 auch noch eine Vitrine für Glaskunst, die ebenfalls bis heute zur Einrichtung des Museums gehört.

Nach Kaare Klints Tod galt Børge Mogensen, der den ästhetischen Prinzipien der Klint-Schule treu geblieben war, als aussichtsreicher Kandidat für die Professur an der Kunstakademie. Nach einer Weile entschloss er sich jedoch, seine Bewerbung zurückzuziehen. Seiner Familie zufolge hatte er sich doch nicht in der Rolle des Unterrichtenden sehen können. Die Professur ging letztlich an Ole Wanscher (1903–1985). Stattdessen fuhr Mogensen damit fort, Entwürfe für die fünf Möbelfabriken zu zeichnen, mit denen ihn bereits eine Zusammenarbeit verband.

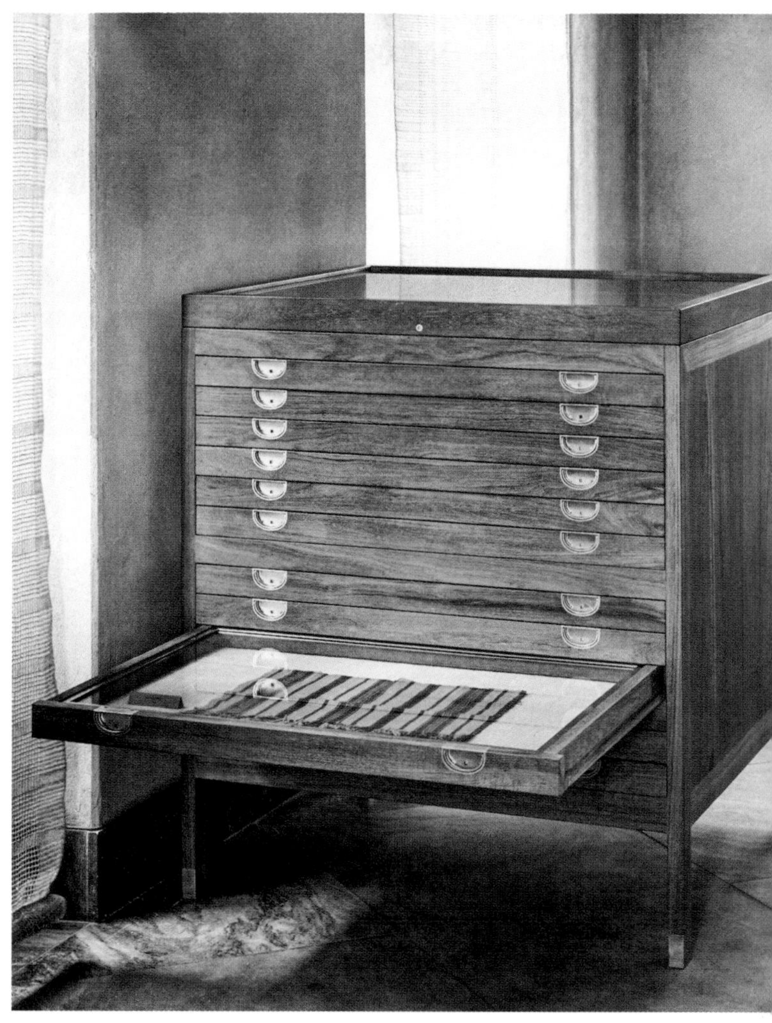

Børge Mogensen – das sind nicht nur Alltagsmöbel für das Durchschnittszuhause. Zwischen 1954 und 1961 fertigte er zwölf Ausstellungsvitrinen für die Textilsammlung des Kunstindustriemuseums an. Diese bestanden aus massivem, unbehandeltem Teakholz, das stark genug war, um die schweren Glasscheiben der Präsentationsschubladen zu tragen.

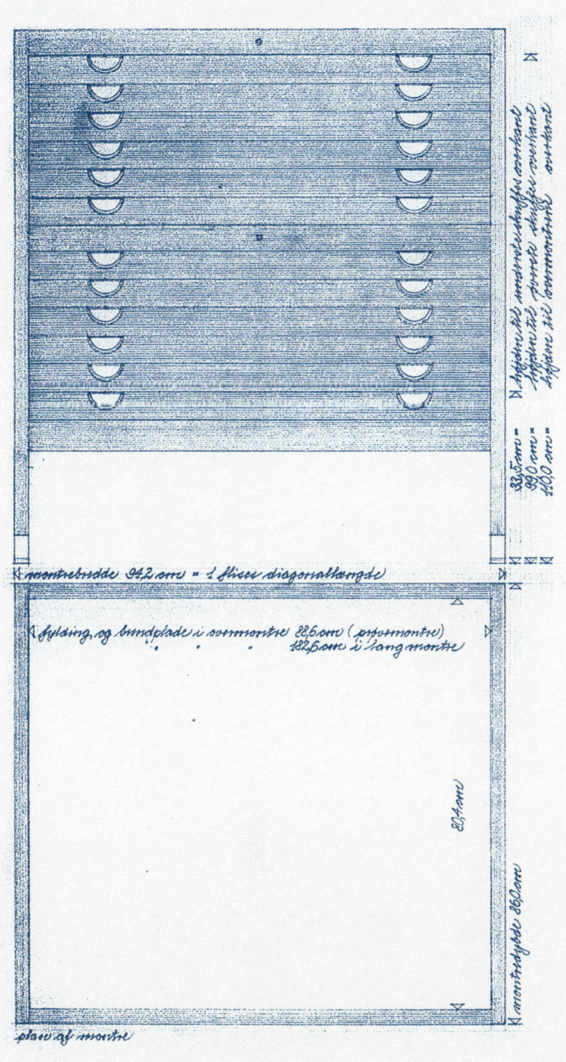

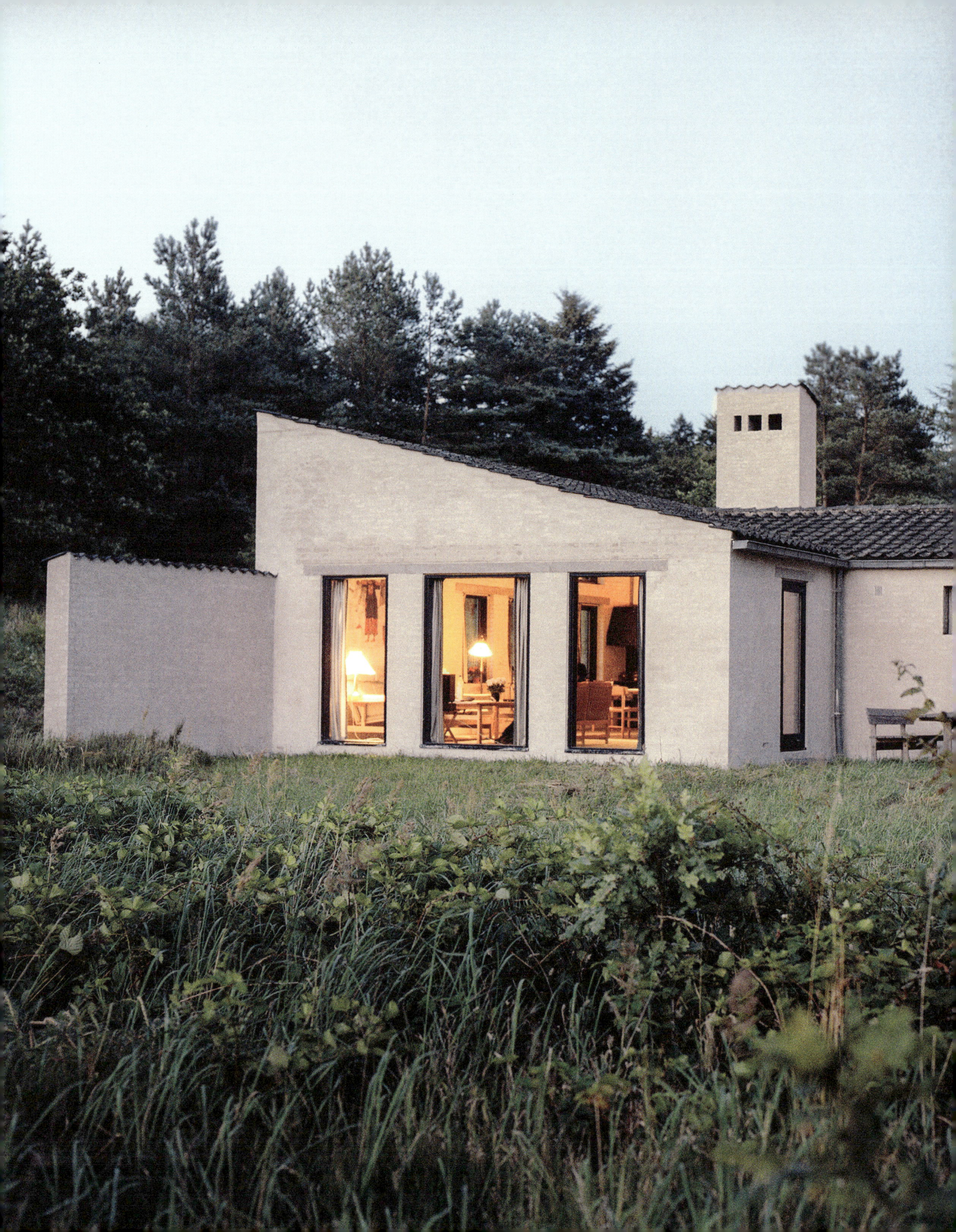

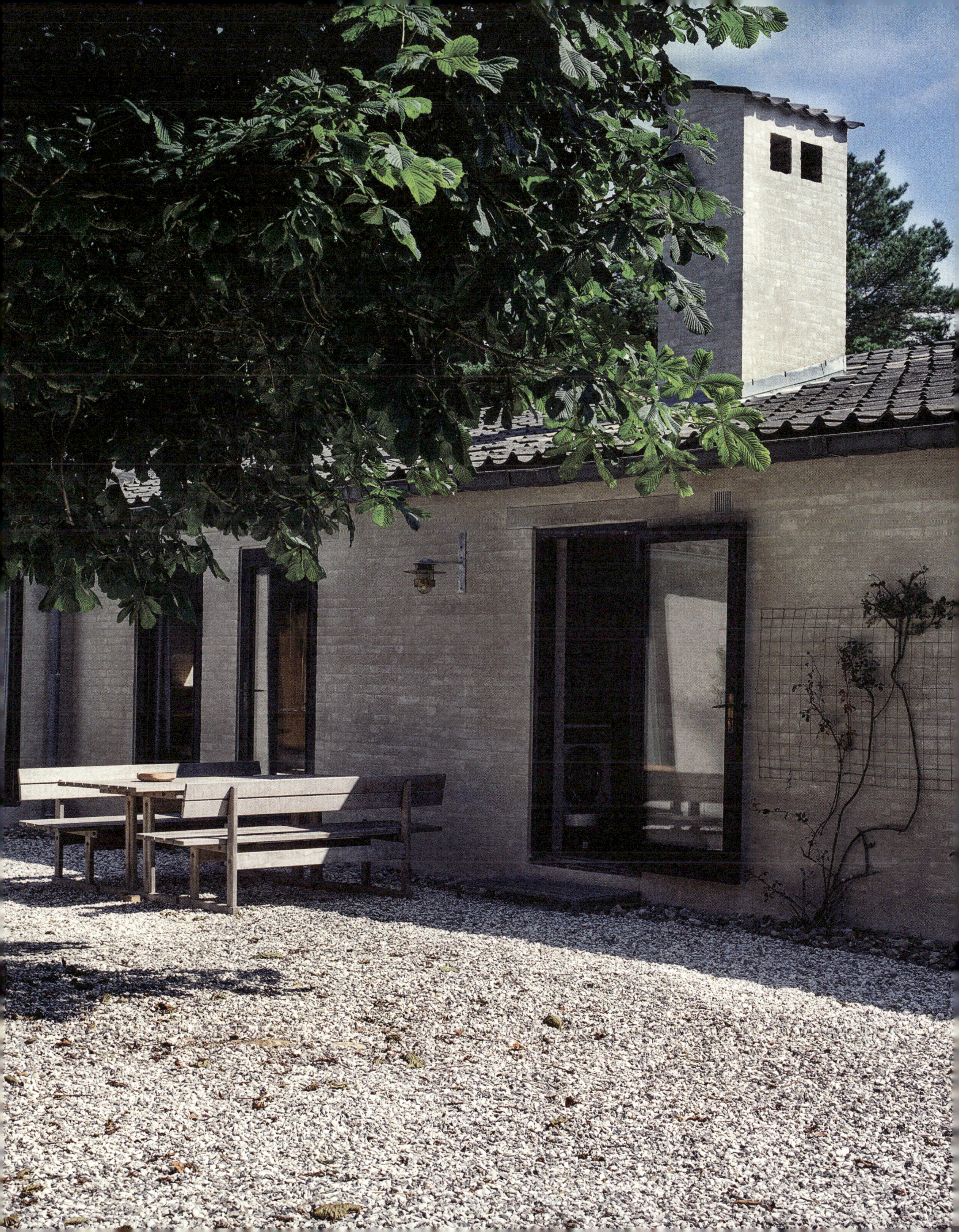

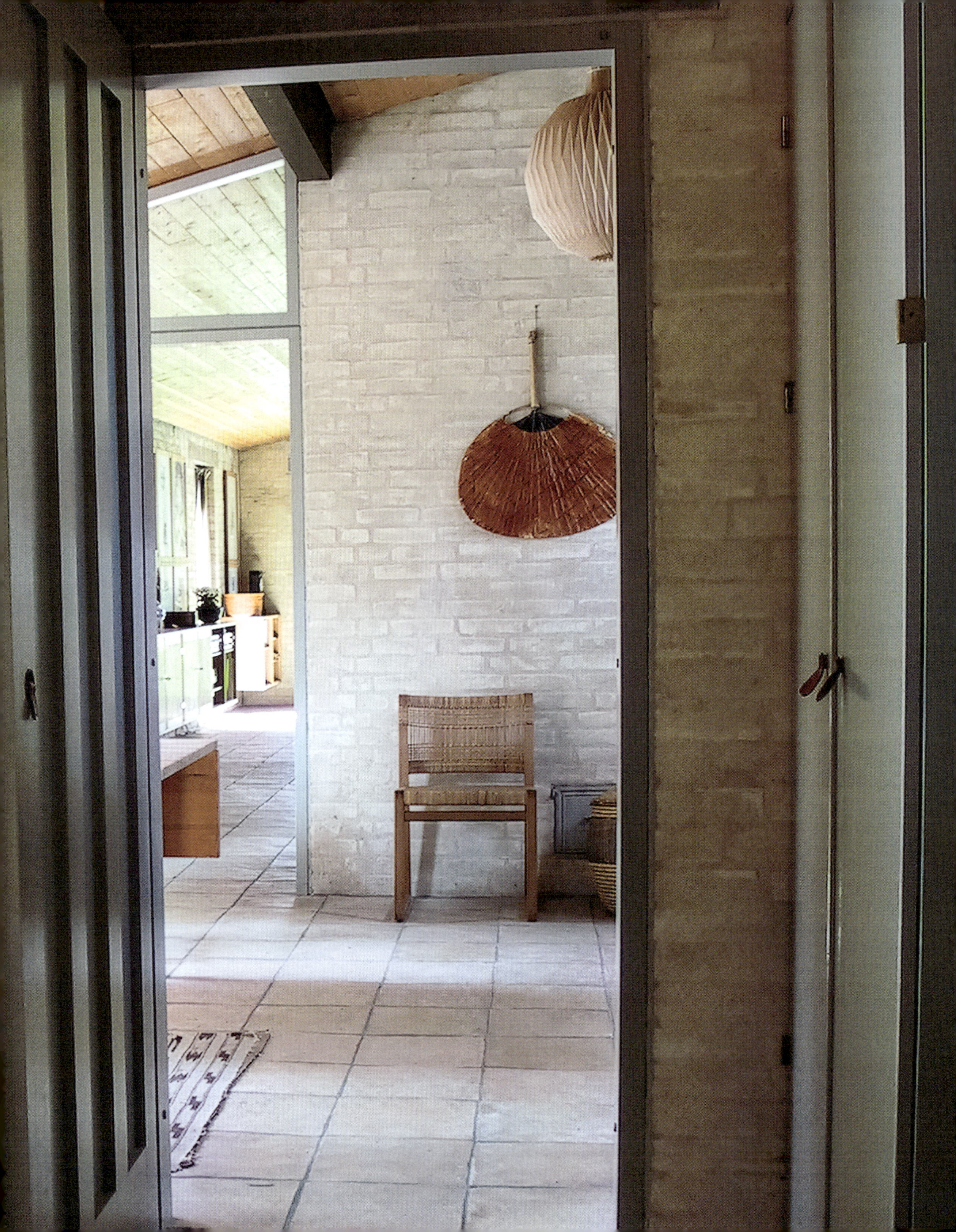

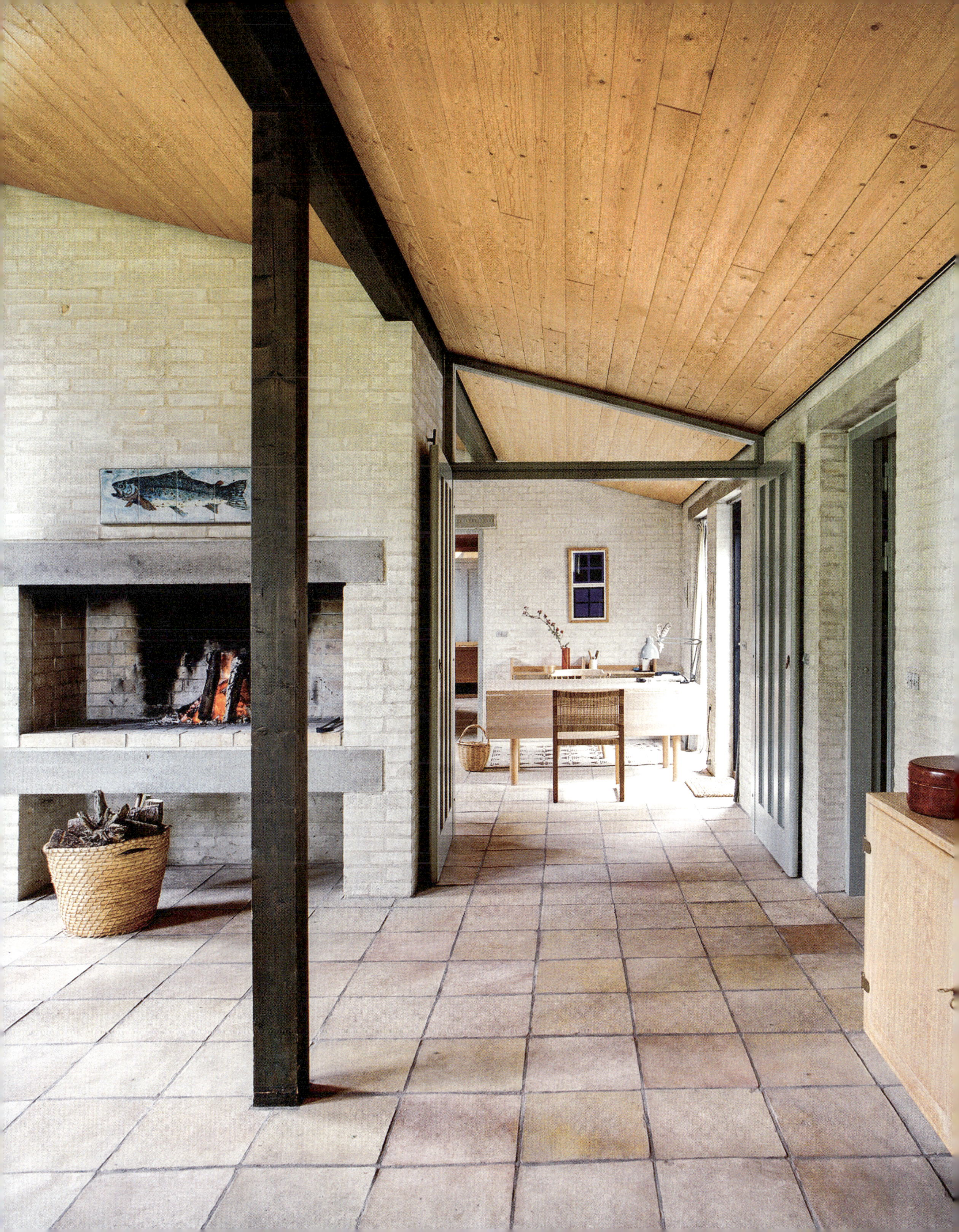

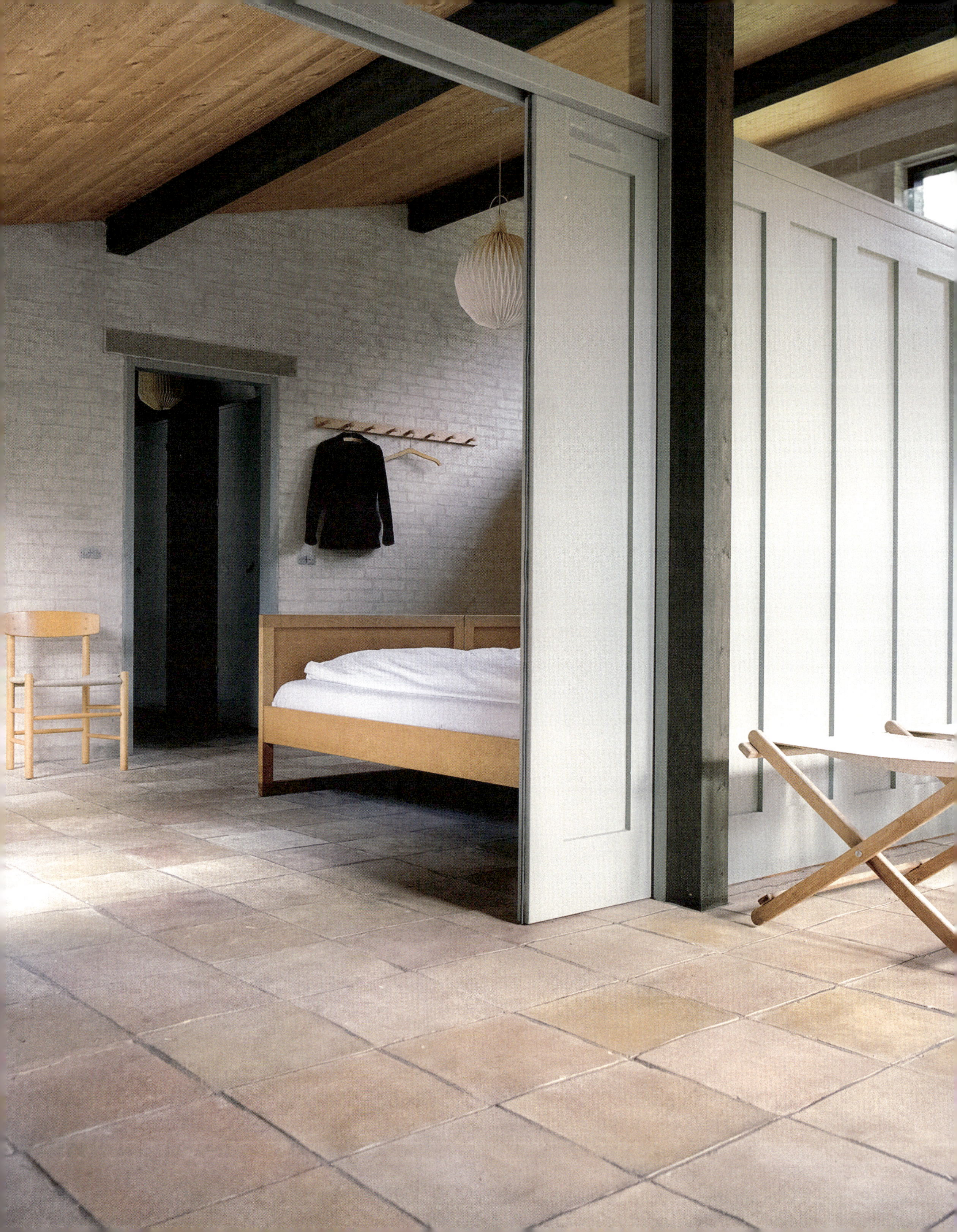

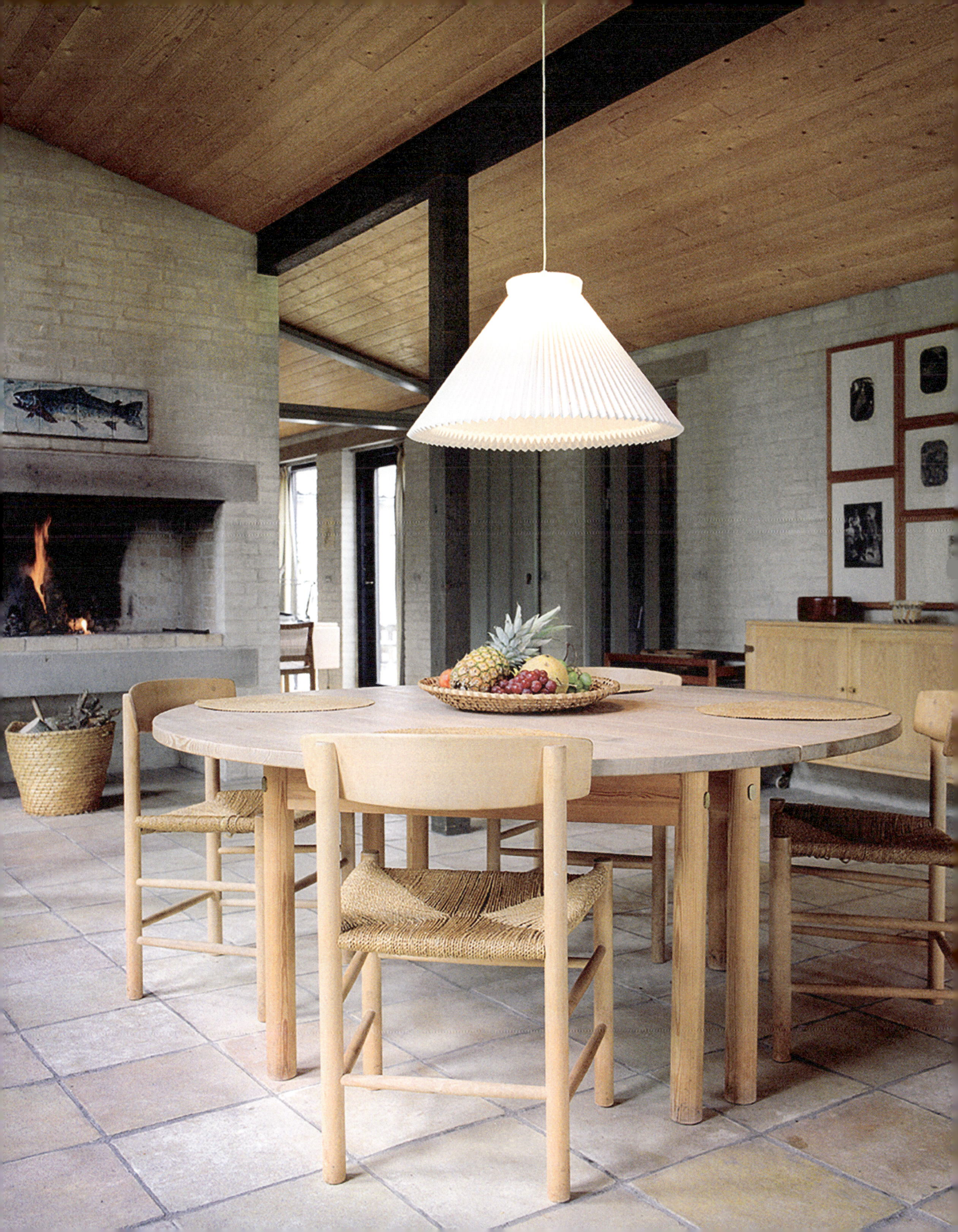

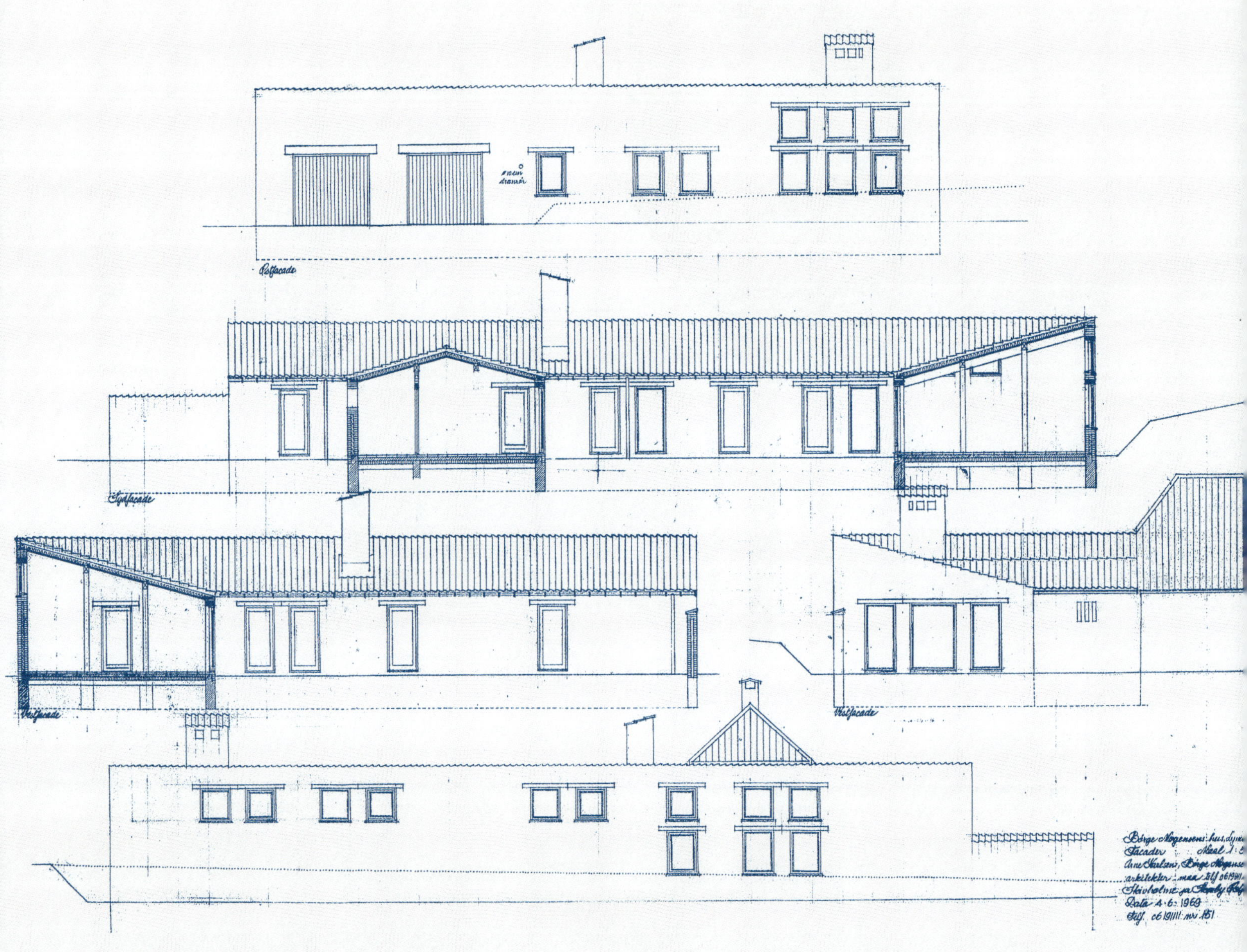

Das Sommerhaus am Limfjord

Ende der 1960er-Jahre kaufte Børge Mogensen ein altes Bauernhaus in der Nähe von Lynderup, 20 Kilometer nördlich von Viborg. Das aus den Jahren nach dem Ersten Weltkrieg stammende Haus stand auf einem großen, rechteckigen Stück Naturgrund bei Hjarbæk Fjord in der südlichen Limfjord-Region. Zusammen mit Arne Karlsen machte er sich daran, einen Anbau zu errichten und das alte Gebäude instand zu setzen. 1969 waren alle Arbeiten abgeschlossen. Die beiden Flügel bildeten einen rechten Winkel und umschlossen einen Innenhof.

Es war ein großes Haus mit insgesamt 316 Quadratmeter Wohnfläche. Wie schon beim Haus am Soløsevej orientierte sich Mogensen dabei am Ideal eines offenen Grundrisses, mit Zimmern und größeren Räumen, die ineinander übergingen und gleichermaßen zum Wohnen und Arbeiten genutzt werden konnten (Abb. S. 154–159, 162–165). Mithilfe von Schiebetüren ließen sich die Räume auch unterteilen, doch der Grundgedanke war durchaus, Arbeit und Privatleben zu verbinden. Im Sommerhaus fand auch ein einfaches Zeichenatelier Platz. Es bestand aus mehreren Zeichentischen, einem modular erweiterbaren Tisch und Aufbewahrungsmöbeln von der Søborg Möbelfabrik.

Die Einrichtung der Wohnräume war ebenso sparsam und bestand außer einigen von Mogensens eigenen Möbeln wie dem *Fußballsofa*, zwei frühen Exemplaren des *Coupé-Sofas,* dem *Sprossensofa* und einigen *Volksstühlen* aus einem Hängeschrank von P. Lauritsen & Søn und einem runden Esszimmertisch aus Kiefernholz von Karl Andersson & Söner. Die Gardinen stammten von Vibeke Klint, auf dem Boden lagen Teppiche von Lis Ahlmann, und die Wände schmückten Werke von Künstlern wie Albert Mertz und Palle Nielsen – auch hier in Bilderrahmen von Kaare Klint. Ursprünglich hatte Mogensen geplant, für das Haus ganz neue Möbel zu entwerfen, doch sein früher Tod machte ihm einen Strich durch die Rechnung.

Mogensen hatte sich viele Gedanken über den Lichteinfall in seinem Sommerhaus gemacht. Um das Licht optimal zu nutzen, besaß die Hausfassade nach Norden und Osten hin je zwei übereinander stehende Fensterreihen. Von Süden und Westen strömte das Licht durch große, vom Boden bis zur Decke reichende Panoramafenster ins Innere. Von hier aus hatte man freie Aussicht auf den Fjord und auf den wild wachsenden Garten, der einen Gegenpol zu den strengen und geordneten Formen des Hauses bildete.

Das Sommerhaus in Lynderup befindet sich bis zum heutigen Tag in Familienbesitz. Auch die Inneneinrichtung blieb unverändert erhalten.

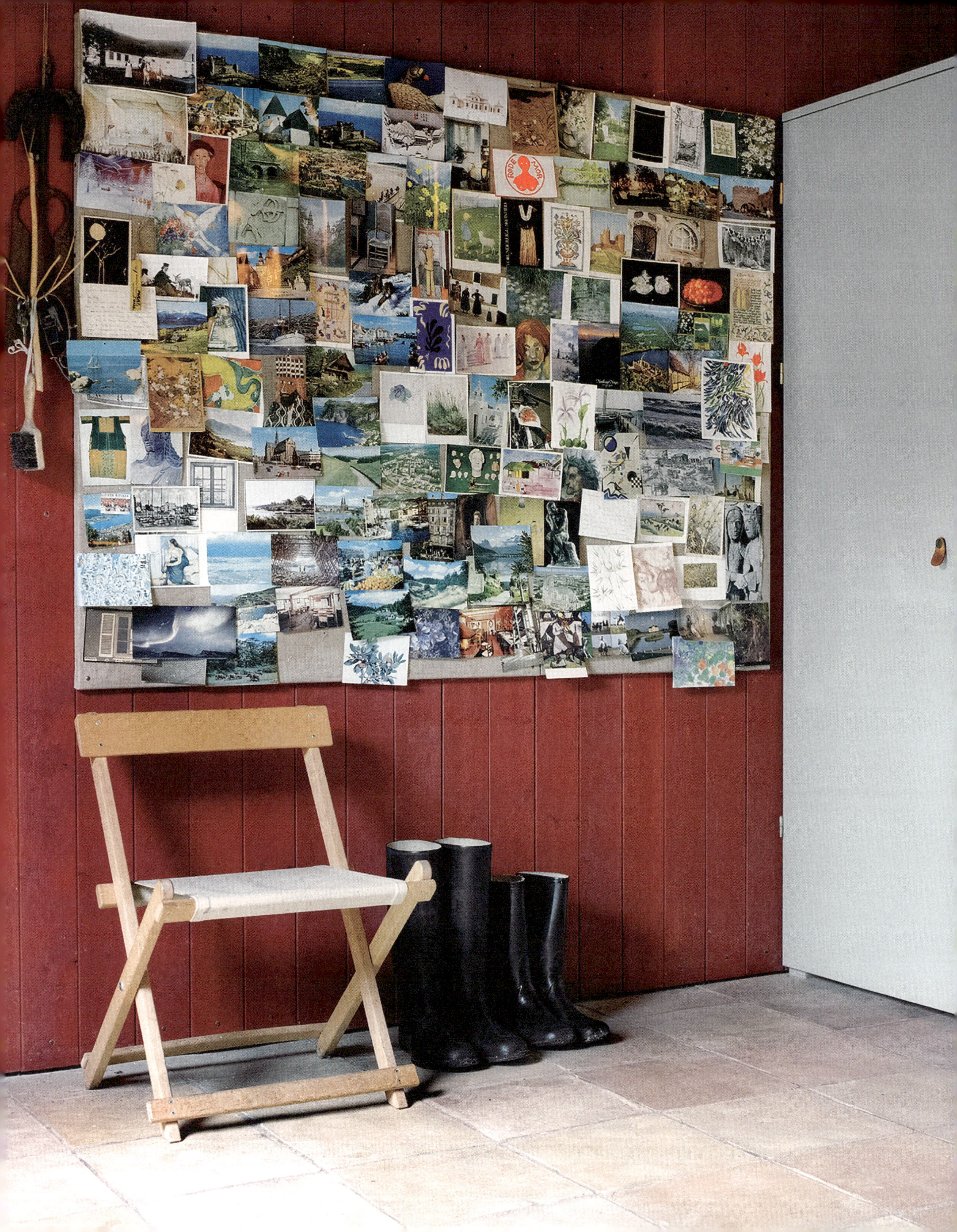

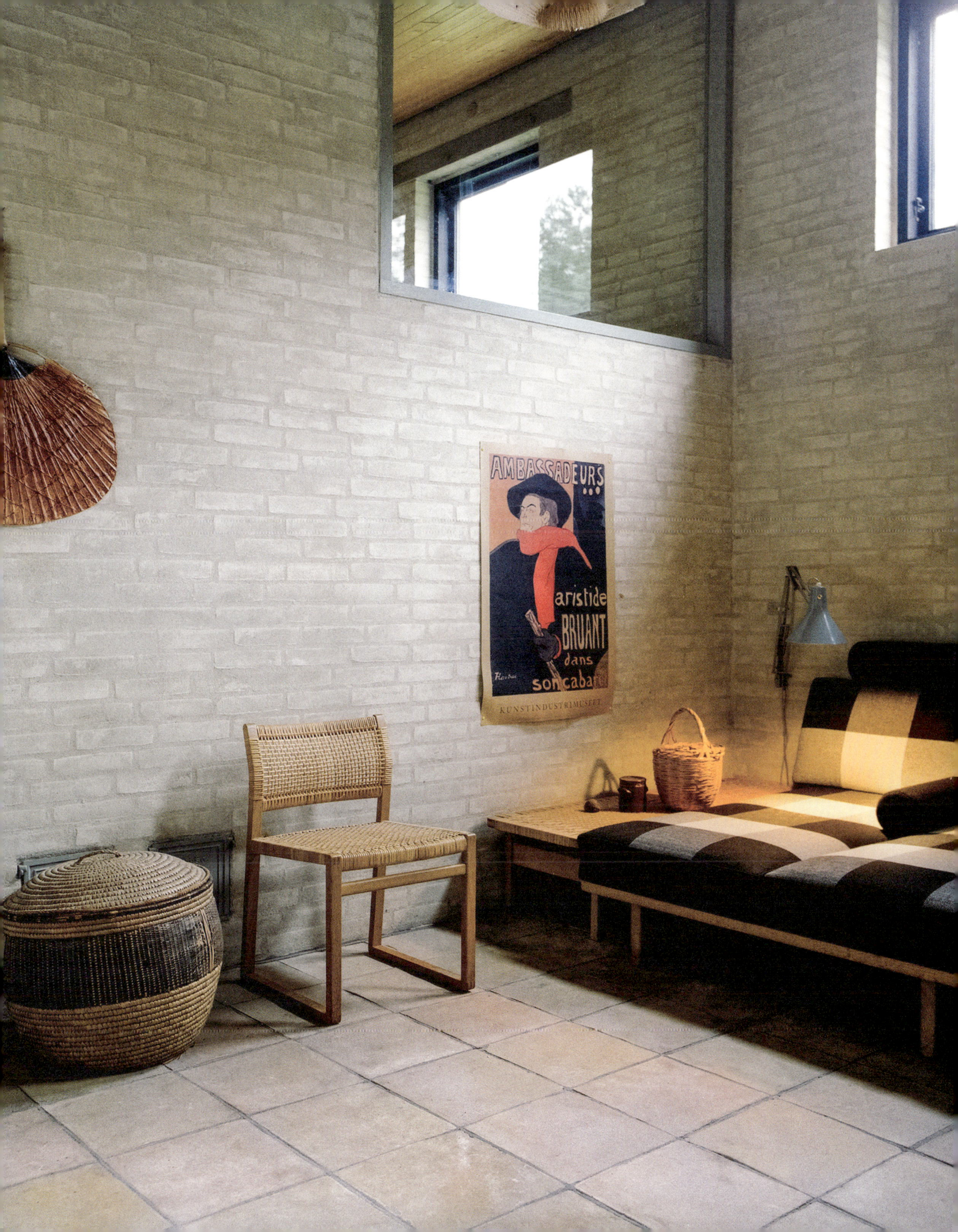
AMBASSADEURS
aristide
BRUANT
dans
son caba
KUNSTINDUSTRIMUSEET

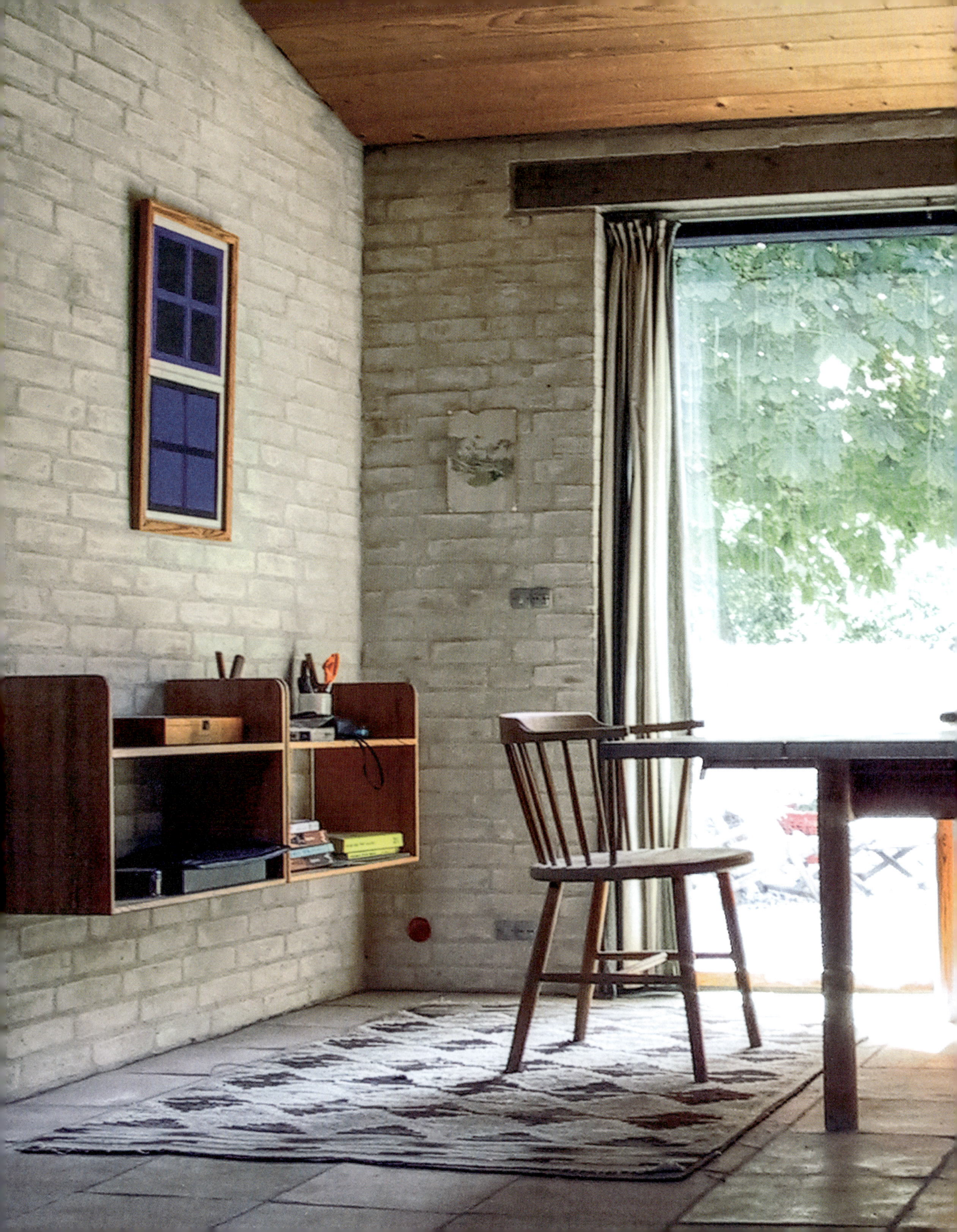

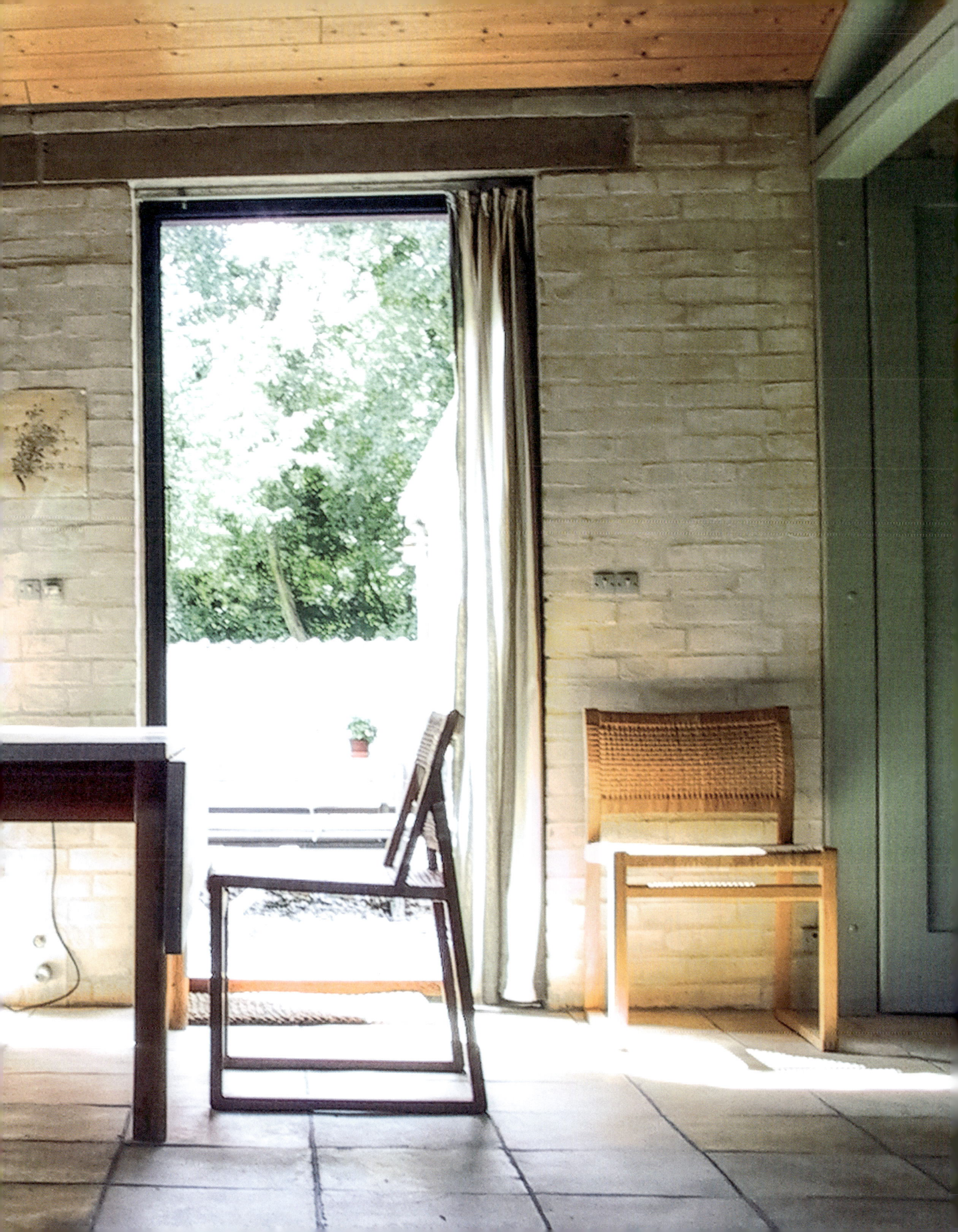

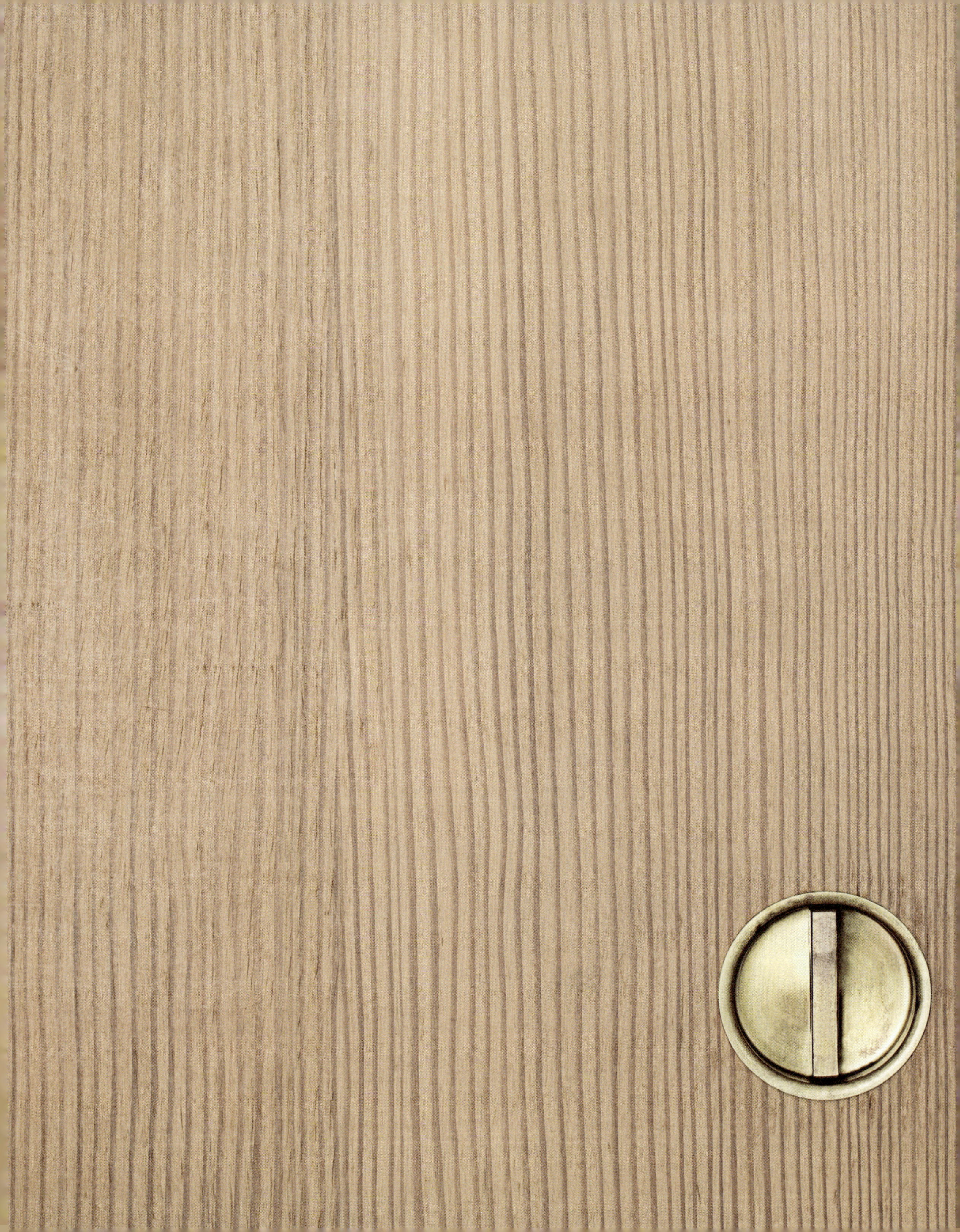

Der Funktionalist Børge Mogensen

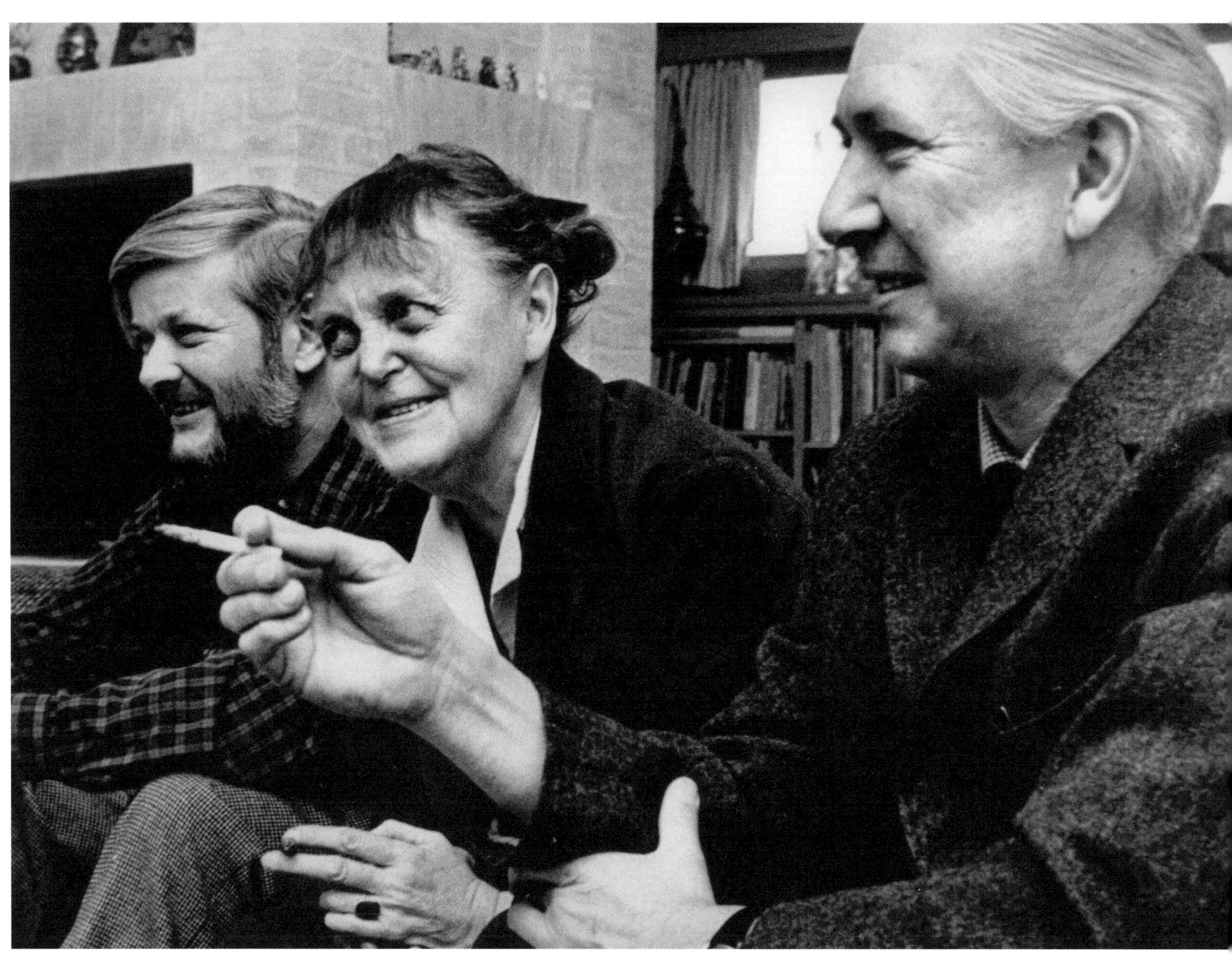

»Stahl und der ganze andere Kram. Nein, da hört es bei mir auf. Das ist einfach nicht mein Material. Ich finde, es gibt so viel, was man mit Holz machen kann.« So äußerte sich ein skeptischer Børge Mogensen in einem Interview, das die Zeitung *Politiken* im März 1964 mit ihm, Lis Ahlmann und Hans J. Wegner zu Hause in Mogensens Kaminzimmer führte.

Die Kunst der Selbstbeschränkung

Wenn Børge Mogensen über seinen Entwürfen saß, war er hoch konzentriert. Alle Maße und Proportionen mussten aufgehen, eher gab er sich nicht zufrieden. Über lange Zeiträume hinweg vergrub er sich in Skizzen und Arbeitszeichnungen und bürdete sich eine immense Arbeitsbelastung auf. Menschen, die ihn gut kannten, schildern ihn als unermüdlichen Arbeiter, der nie locker ließ. Auf Sparflamme arbeiten, das gab es bei ihm nicht.

Abgesehen von ein paar Stahlmöbeln widmete sich Mogensen ganz der Arbeit mit Holz. Nicht, weil er rückwärtsgewandt gewesen wäre – er sprühte ja geradezu vor Schaffensfreude! Nein, er war einfach noch nicht fertig mit dem Werkstoff Holz und seinen Möglichkeiten. Er liebte die Stofflichkeit von Holz und konnte Stunden damit verbringen, mit den Händen über ein besonders gelungenes Werkstück zu streichen. Eichenholz, dessen Solidität er schätzte, war sein bevorzugtes Material. Darin unterschied er sich sehr von den in- und ausländischen Kollegen seiner Zeit wie Arne Jacobsen (1902–1971), Poul Kjærholm (1929–1980) oder Ludwig Mies van der Rohe (1886–1969), die neuen Materialien gegenüber sehr aufgeschlossen waren.

1964 feierten Mogensen und Hans J. Wegner ihren 50. und Lis Ahlmann ihren 70. Geburtstag, was die Zeitung *Politiken* zum Anlass nahm, mit den dreien ein gemeinsames Interview zu führen. Daraus entwickelte sich rasch eine Diskussion, in deren Verlauf Mogensens und Wegners ganz unterschiedliche Standpunkte in Sachen Formgebung und Materialwahl deutlich wurden. Für Mogensen gab es nichts Wichtigeres als die Funktion eines Möbels, und er plädierte dafür, dass die Möbelgestalter sich in ihrer Formensprache beschränken und das Potenzial erforschen sollten, das in dem Material Holz verborgen lag. Wegner dagegen sprach sich für Experimente und neue Materialien aus.

Mogensen: »Man verlangt jetzt, dass wir herumexperimentieren, uns mit Experimenten auf den Ausstellungen blicken lassen. Ich halte diese Experimentiererei für großen Quatsch. Ein Künstler, dem es mit seiner Arbeit ernst ist, wird niemals etwas ausstellen, das er noch als Experiment betrachtet. Er kommt mit etwas, zu dem er voll und ganz steht. Das ist dann vielleicht das Resultat von Experimenten. Meinetwegen. Aber es ist eben ein Resultat.«

Wegner: »Ach, dann und wann kann man es einfach nicht lassen, etwas herauszuhauen, bei dem man genau weiß, dass es nur ein Experiment ist. Wer kann denn schon sagen, wann man mit etwas fertig ist. Man kann sehr wohl Lust haben, etwas auszustellen, das nur ein Versuch ist. Einfach so. Um sich darüber klar zu werden und eine Reaktion zu sehen. Sonst wird man auch zu langweilig.«

Mogensen: »Oft bekommen wir zu hören, dass wir langweilig sind. Aber am Ende ist es doch so: Das Langweilige währt am längsten.«

Selbstbeschränkung, sich Regeln auferlegen und innerhalb des selbst gesetzten Rahmens ein Möbelstück entwerfen, das war der wesentliche Kern der Arbeitsmethode Mogensens. Ziel war nicht die schöne Form, oft lag die Schönheit in der Verarbeitung, den perfekten Holzverbindungen und im Material selbst. Schlichtheit war die eigentliche Herausforderung. Dieser Ansatz bedeutete in der Praxis oft, dass Mogensens Möbel unscheinbar und anonym wirkten. Aber sie waren nicht einfach neutral, sie hatten Format. Je unprätentiöser die Möbel, umso freier und individueller konnte sich ihr Benutzer entfalten. Möbel, Mensch und Raum sollten ein Ganzes bilden. Mit dieser Einstellung wurde Børge Mogensen zu einem der bedeutendsten dänischen Möbeldesigner.

Boligens Byggeskabe – ein Schrank mit System

Vielleicht unterstreicht keine Möbelserie so gut wie *Boligens Byggeskabe* (wörtlich: Wohnungsbauschränke) Mogensens besondere Fähigkeit, die Arbeitsmethoden von Kaare Klint weiterzuführen. Dieses detailliert ausgearbeitete Einbauschranksystem hatte er in den 1950er-Jahren

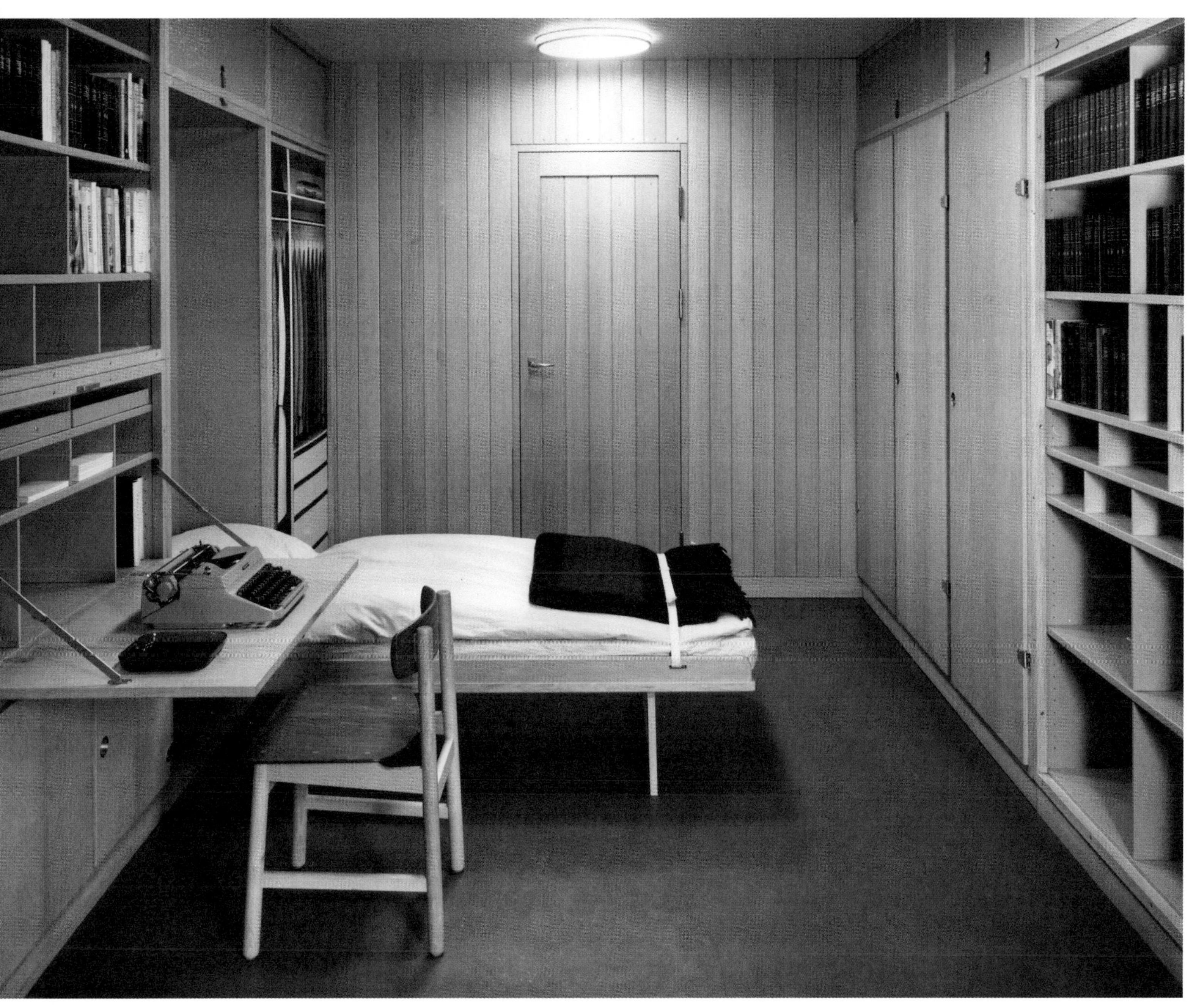

Boligens Byggeskabe nannten Børge Mogensen und Grethe Meyer ihre Vorstellung eines zeitgemäßen Schranksystems. Sie stellten die modularen Einbauschränke zum ersten Mal auf der Jubiläumsausstellung der Tischlerinnung im Jahr 1954 vor. Oben abgebildet sieht man Elemente aus dem Möbelprogramm des Jahres 1963 auf einer Ausstellung im Forum Kopenhagen.

Folgende Doppelseite:
Bei den Vermessungsarbeiten, die sie der Entwicklung des Schranksystems zugrunde legten, berücksichtigten Børge Mogensen und Grethe Meyer typische Haushalte verschiedener Altersgruppen. Bücher und Heftordner, Geschirr, Koffer, Bettzeug und jede Menge Bekleidungsstücke, wie zusammengelegte Hemden, Kleider, Taschentücher, Hüte, Mäntel, Strümpfe und Schuhe: Alles wurde gemessen und systematisiert.

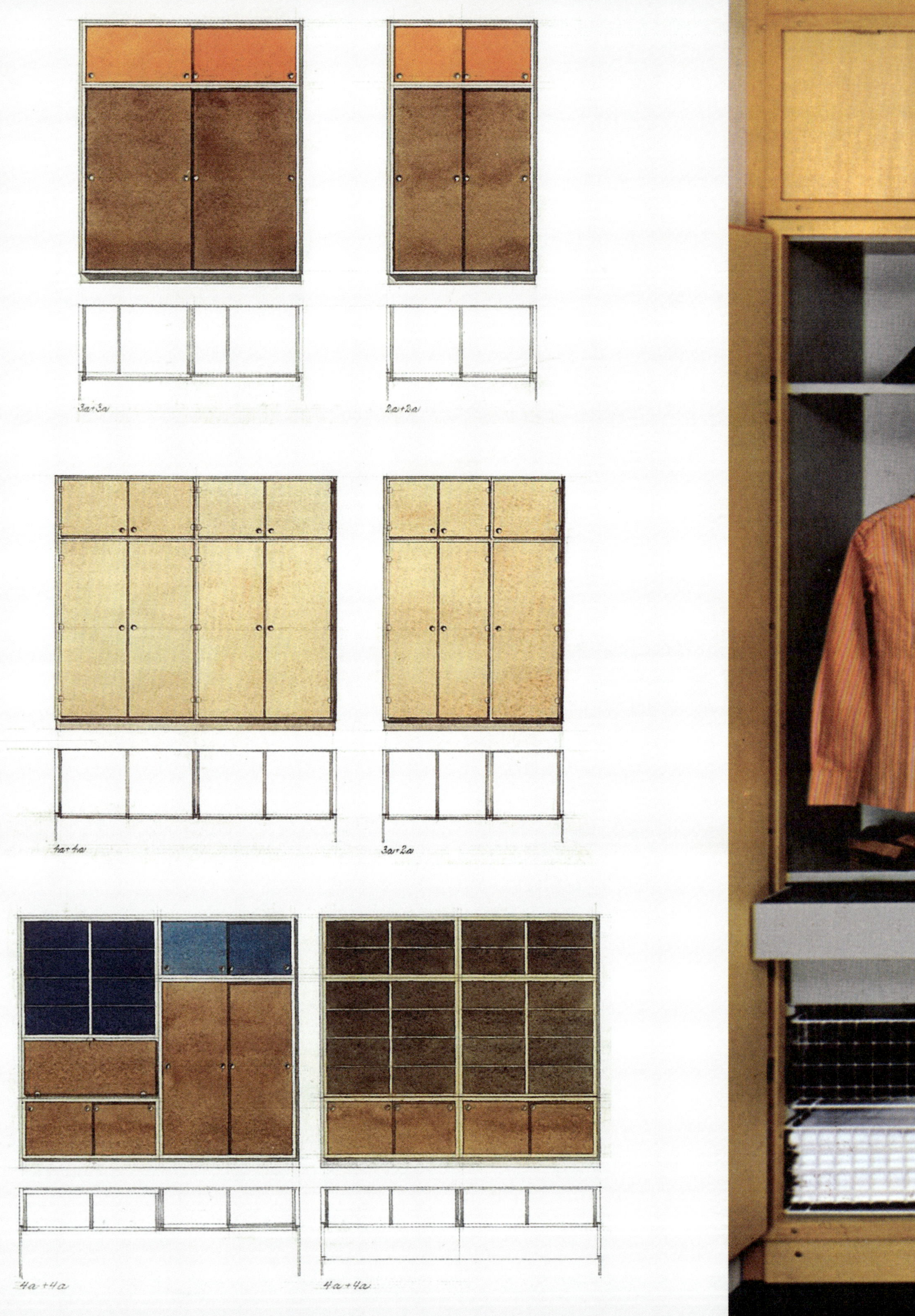
3a+3a
2a+2a
4a+4a
3a+2a
4a+4a
4a+4a

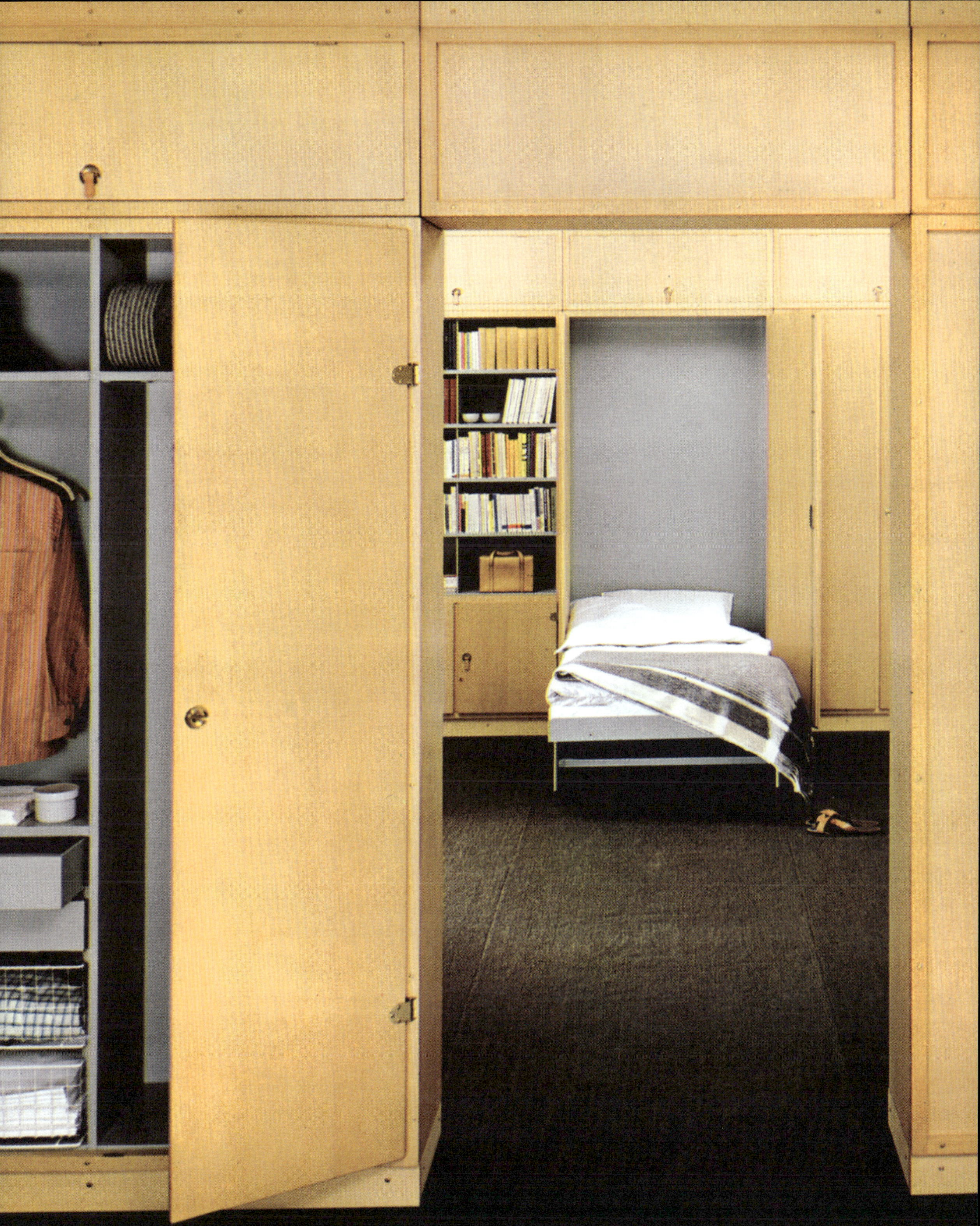

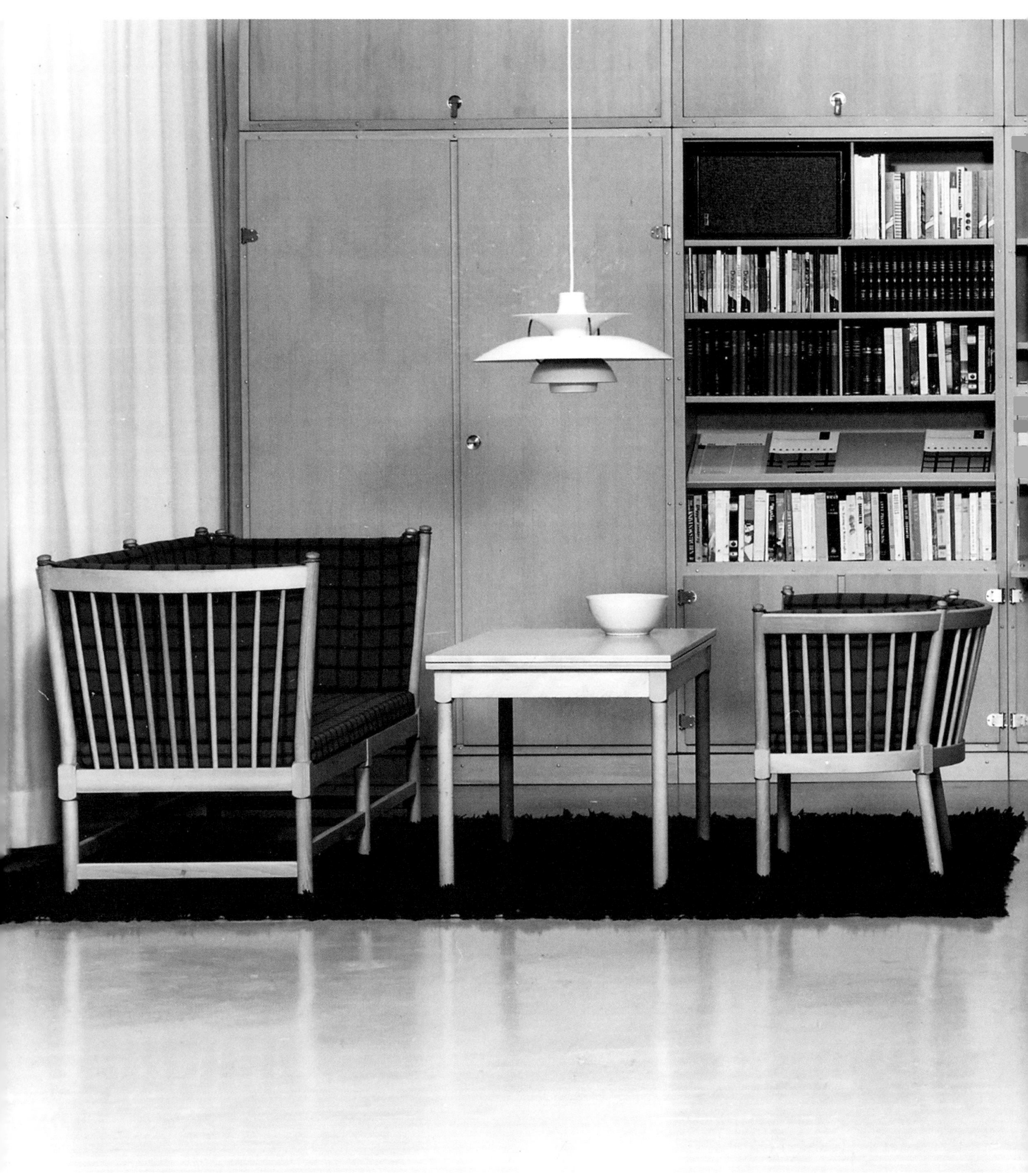

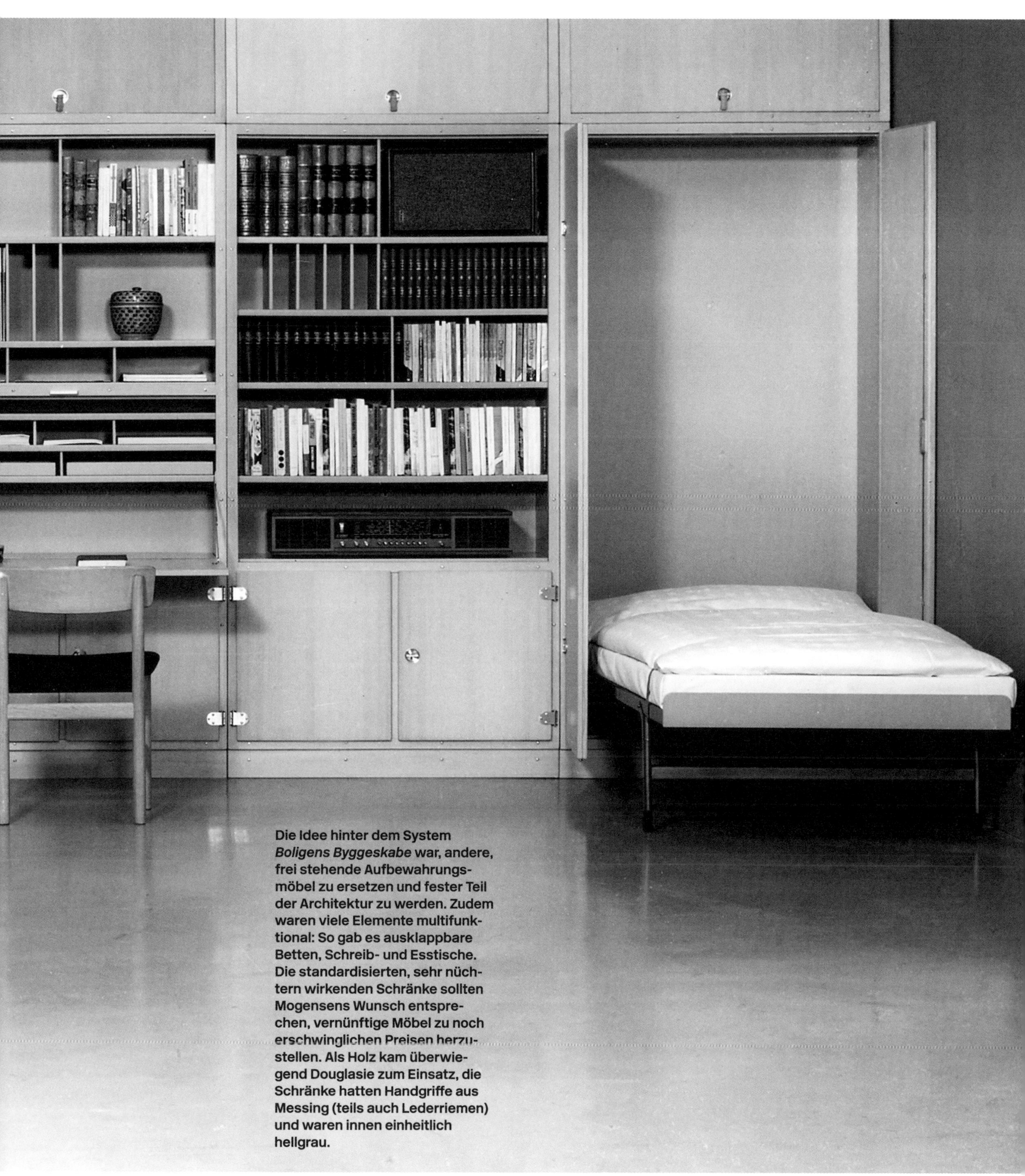

Die Idee hinter dem System *Boligens Byggeskabe* war, andere, frei stehende Aufbewahrungsmöbel zu ersetzen und fester Teil der Architektur zu werden. Zudem waren viele Elemente multifunktional: So gab es ausklappbare Betten, Schreib- und Esstische. Die standardisierten, sehr nüchtern wirkenden Schränke sollten Mogensens Wunsch entsprechen, vernünftige Möbel zu noch erschwinglichen Preisen herzustellen. Als Holz kam überwiegend Douglasie zum Einsatz, die Schränke hatten Handgriffe aus Messing (teils auch Lederriemen) und waren innen einheitlich hellgrau.

Diese differenzierte Zeichnung verdeutlicht schön die Liebe zum Detail, mit der Børge Mogensen und Grethe Meyer zu Werk gingen. Ausgehend von einer durchschnittlichen Deckenhöhe von 2,5 m und abzüglich Sockel und Oberkante blieb eine nutzbare Schrankhöhe von 237,6 cm, die in 36 Einheiten zu je 6,6 Zentimetern unterteilt war. Da alles aufeinander abgestimmt war, waren der Kombinierfreude keine Grenzen gesetzt.

zusammen mit der Architektin Grethe Meyer (1918–2008) entworfen. Das System, das zu einem seiner größten Verkaufserfolge wurde, baute auf den Erfahrungen auf, die er mit früheren Aufbewahrungsmöbeln gesammelt hatte. Nur dass er dieses Mal noch akribischere Vermessungsstudien durchführte. Bei ihrer Arbeit an *Boligens Byggeskabe* berücksichtigten Børge Mogensen und Grethe Meyer eine lange Reihe von Haushaltsgegenständen, die sie fein säuberlich vermaßen, von Porzellan und Kleidern bis zu Schallplatten und Papiermappen. Alles diente dem Zweck, deren Platzbedarf möglichst exakt zu bestimmen.

Grethe Meyer hatte schon einige Jahre am *Byggebogen* (Baubuch) mitgearbeitet, einer Sammlung wissenswerter Fakten aus den Bereichen Baumethoden und Wohnungseinrichtung, die in der Architektenausbildung als Unterrichtsmaterial verwendet wurde. Wie Mogensen vertrat Meyer einen analytischen, auf Funktion ausgerichteten Ansatz. Sie war für ihre strenge, gebrauchsgerechte Formgebung bekannt, etwa bei ihrer Arbeit mit Gebrauchskeramik und stapelbarem Fayence- und Porzellangeschirr, und ganz besonders mit ihrer Fayence-Serie *Blåkant* von 1965 mit feiner blauer Linie, die von Tassen und Tellern bis zu Schalen und Schüsseln das ganze Spektrum abdeckte. Dieses Service sprach mit seinen schmucklosen Formen die neue Mittelklasse an, was vielleicht der Grund war, weshalb Mogensen häufig darauf zurückgriff, wenn er seine Ausstellungsstände alltagsgerecht ausstaffieren wollte.

Die Schränke, die sage und schreibe 15 Jahre im Programm blieben, wurden von C. M. Madsen hergestellt und über das mondäne Möbelgeschäft C. Danel am Gammel Kongevej in Frederiksberg verkauft. Ein weiteres Mal wurden die Möbel erheblich teurer als gedacht, weil Mogensen bei der Materialqualität keine Kompromisse eingehen wollte. Grethe Meyer klagte 1973 in einem Interview mit der Möbel- und Designzeitschrift *Mobilia:*

»Mit *Boligens Byggeskabe* lässt es sich natürlich hervorragend wohnen, aber leider sind sie auch enorm teuer geworden, viel zu exklusiv für die jungen Leute. Ich hatte durchaus den Traum, diese Serie mit ganz anderen Ansprüchen zu machen. Man hätte die Funktion so belassen, aber die Materialien, hätten es weniger edle nicht auch getan? Musste alles bis ins letzte Detail perfekt sein? Hätte man den jungen Leuten nicht etwas Praktisches geben können, das noch bezahlbar war?«

Der Möbelarchitekt der Dänen

Børge Mogensen feierte nie die großen Exporterfolge, wie sie einigen seiner Kollegen nach dem Zweiten

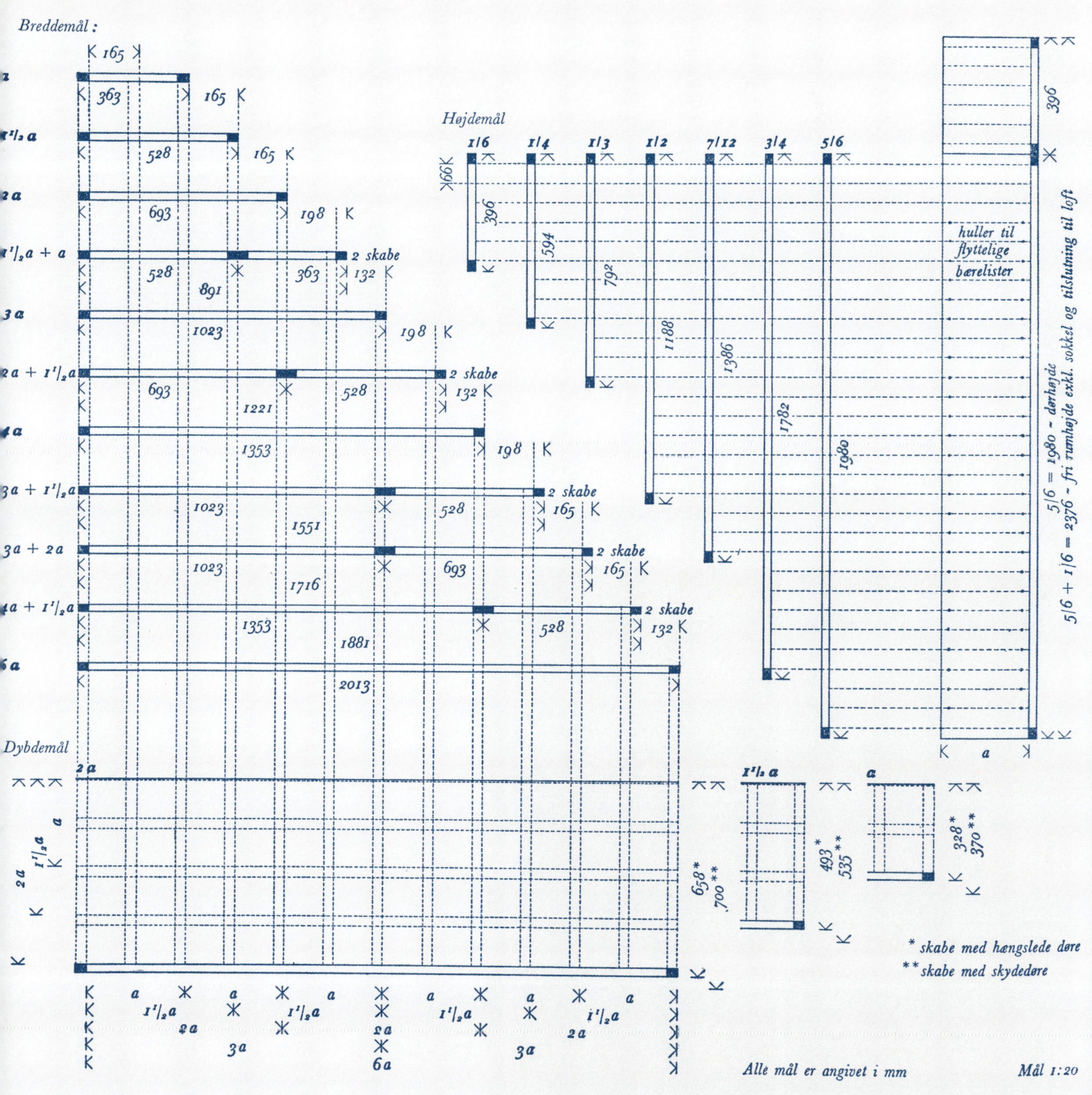

Breddemål:
Højdemål
Dybdemål
2 skabe
huller til flyttelige bærelister
5/6 = 1980 ~ dørhøjde
5/6 + 1/6 = 2376 ~ fri rumhøjde exkl. sokkel og tilslutning til loft
* skabe med hængslede døre
** skabe med skydedøre
Alle mål er angivet i mm
Mål 1:20

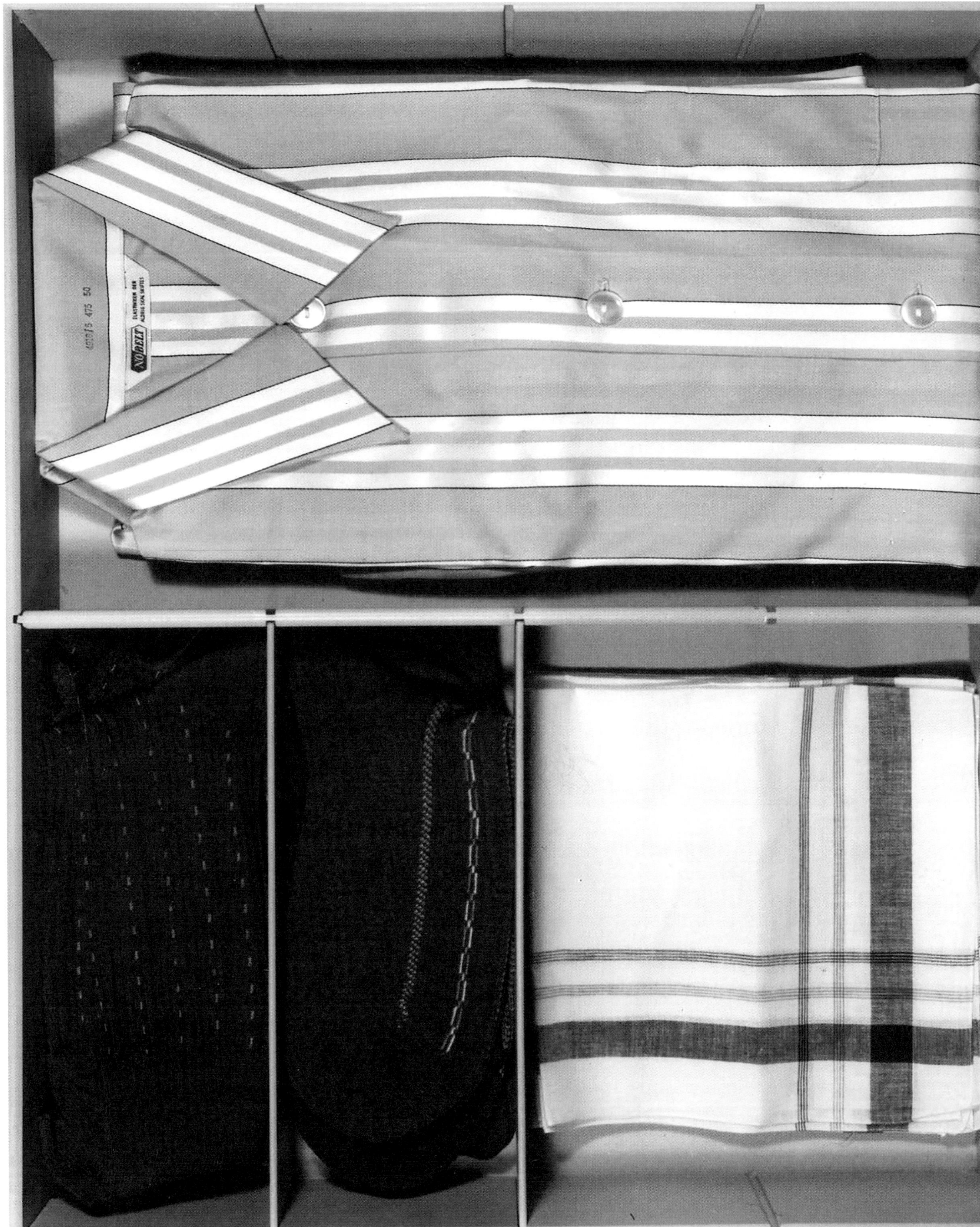

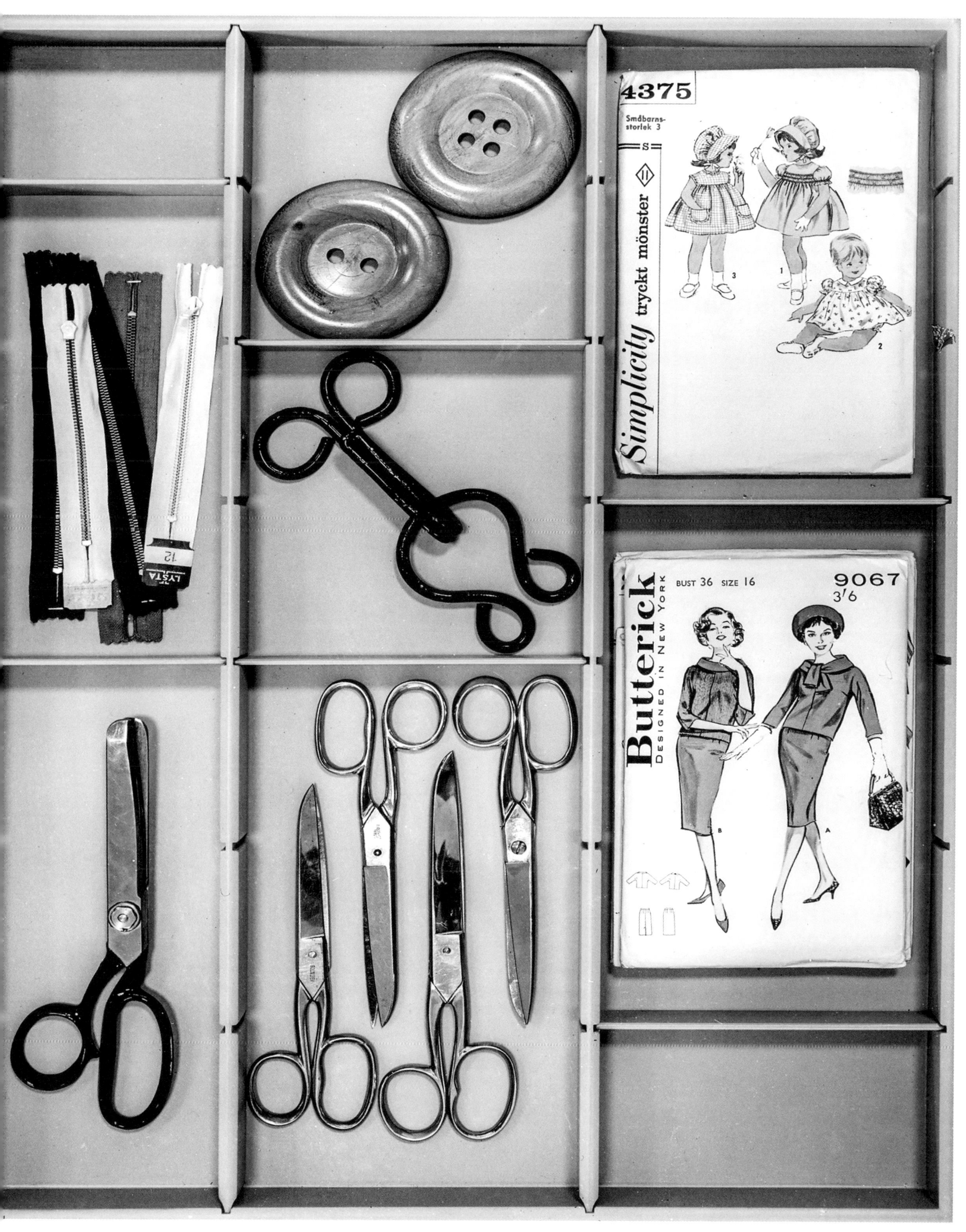
4375
Småbarns-
storlek 3
Simplicity tryckt mönster
BUST 36 SIZE 16
9067
3/6
Butterick
DESIGNED IN NEW YORK

Vorhergehende Doppelseite:
Die Schubladen von *Boligens Byggeskabe* besaßen verstellbare Unterteilungen. Die Schränke und Schubladen des Systems waren in mehreren Größen lieferbar, um auch wirklich für jede Wohnsituation eine Lösung parat zu haben.

Grethe Meyer und Børge Mogensen entwickelten in den 1950er-Jahren ein enges Arbeitsverhältnis. Mit viel Sinn für Funktionalität und die Bedürfnisse des Alltags schufen sie ein Stück dänischer Designgeschichte, das auch ein großer Verkaufserfolg wurde: *Boligens Byggeskabe*.

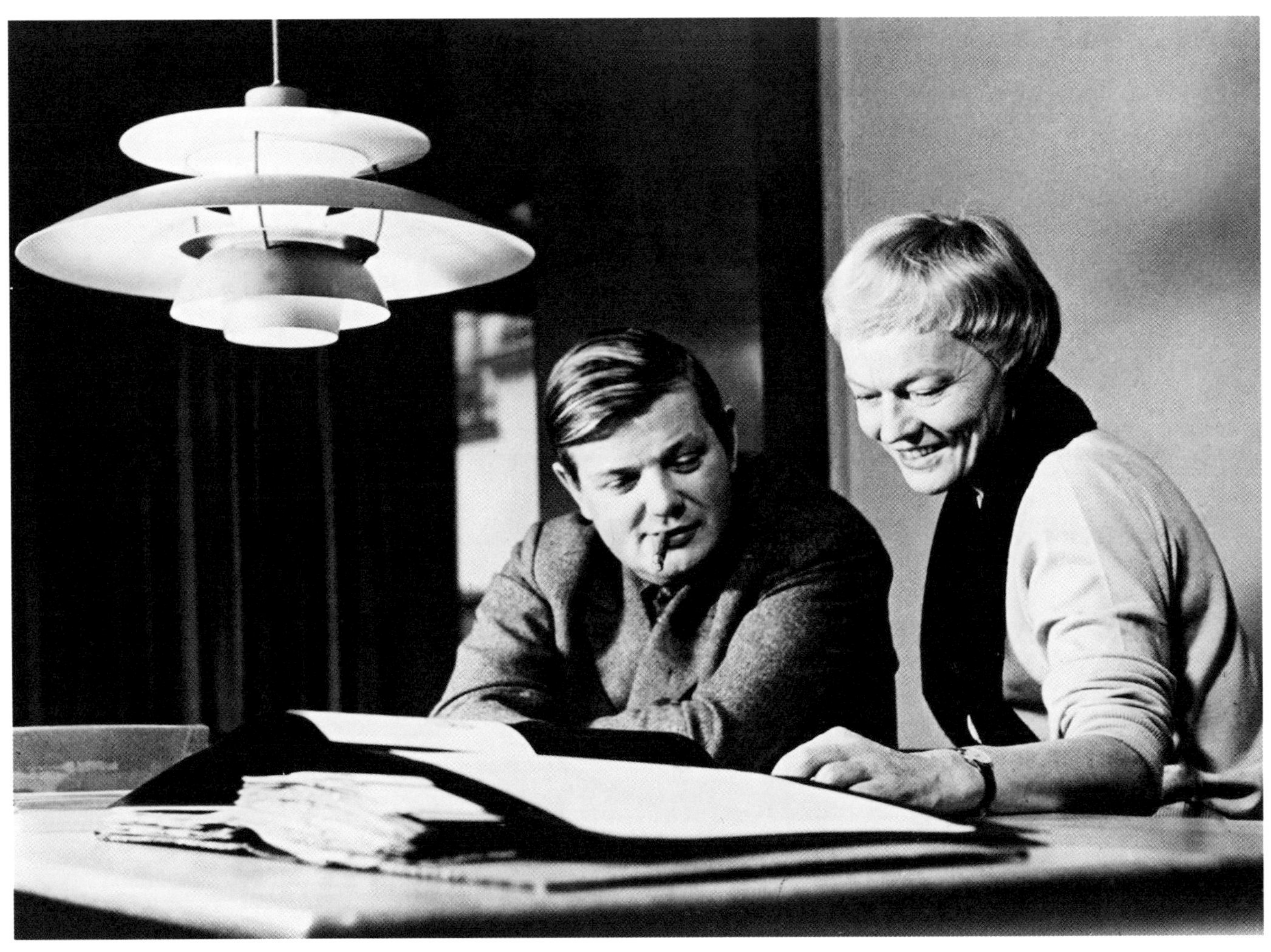

Weltkrieg zuteil wurden. In Skandinavien verkauften sich seine Möbel gut, aber es kam nie zu einem Durchbruch auf dem amerikanischen Markt, obwohl einige amerikanische und kanadische Magazine über seine Möbel berichteten. Für Mogensens mangelnden internationalen Erfolg gibt es wohl mehrere Gründe. Es mag damit zu tun gehabt haben, dass Juhls, Wegners und Jacobsens Möbel mehr Charisma besaßen als die seinen. Sie trafen besser den amerikanischen Geschmack. In den USA hatte der Funktionalismus zwar seine Spuren hinterlassen, doch es war der organische Modernismus, der die Kunstszene im Sturm erobert hatte, weshalb es ein großes Interesse für die Möbel von Wegner, Juhl und Jacobsen gab. Menschen aus dem näheren Umfeld Mogensens erzählen aber auch, dass dieser vielleicht gar keinen Ehrgeiz hatte, international Erfolge zu verzeichnen. Er war nicht versessen darauf, berühmt zu sein. 1964, als er seinen 50. Geburtstag feierte, reiste er mit seiner Familie in die USA – ein Versuch, der Aufmerksamkeit der Presse und der Öffentlichkeit in Dänemark zu entgehen.

Der Erfolg, der Børge Mogensen im Ausland verwehrt blieb, war ihm dafür in Dänemark beschieden, wo viele Käufer Wert auf Schlichtheit, Leichtigkeit und Qualität legten. In dem Maße, wie die Wohlstandsgesellschaft in den 1950er- und 1960er-Jahren wuchs, stiegen auch die Verkaufszahlen seiner Möbel, beispielsweise des FDB-Programms. Dänemark entwickelte sich von einer Mangelgesellschaft zu einem blühenden Wohlfahrtsstaat mit hoher Lebensqualität und geringer sozialer Ungleichheit – Werte, die sich gut mit der geistigen Grundhaltung vertrugen, die hinter seinen Entwürfen stand. Mogensens Möbel trafen genau den Nerv einer Gesellschaft im Wandel und ihr nationales Selbstverständnis. Insbesondere beim Bildungsbürgertum fanden sie großen Anklang. Vermutlich, weil Lehrer und Akademiker mit der Wahl ihrer Einrichtung kein Statement über ihre Kaufkraft abgeben wollten – eher schon über ihre ideologische Haltung. Überall im öffentlichen Raum stieß man auf Möbel Børge Mogensens – in Schulen, Wohnheimen, Bibliotheken, Krankenhäusern und Pflegeheimen. Mogensens Möbel wurden in der Nachkriegszeit ein Teil der dänischen Kulturgeschichte. Sie wurden zu einem Symbol des Wohlfahrtsstaats und der neuen Zeit. Und Mogensen wurde der Möbelarchitekt der Dänen.

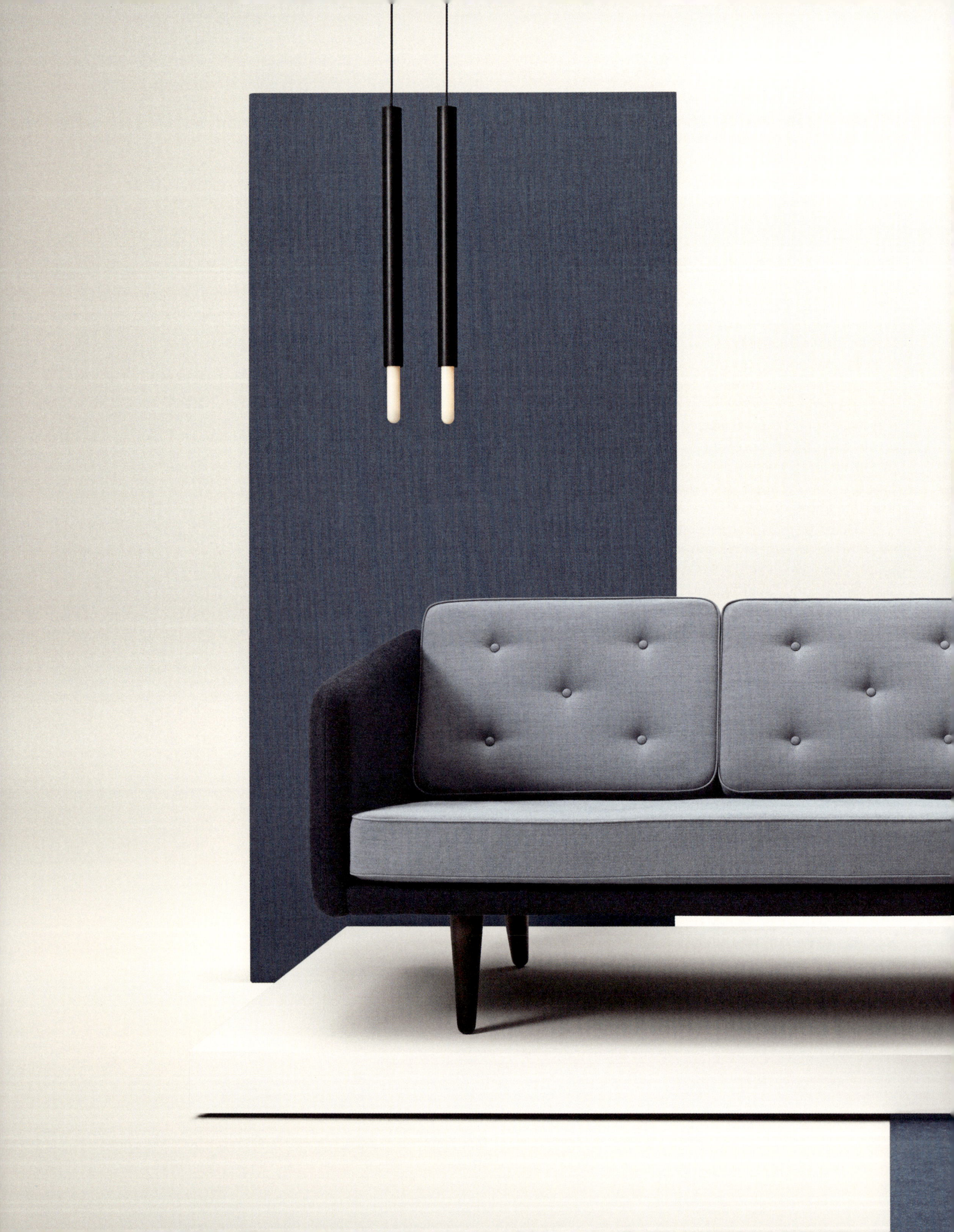

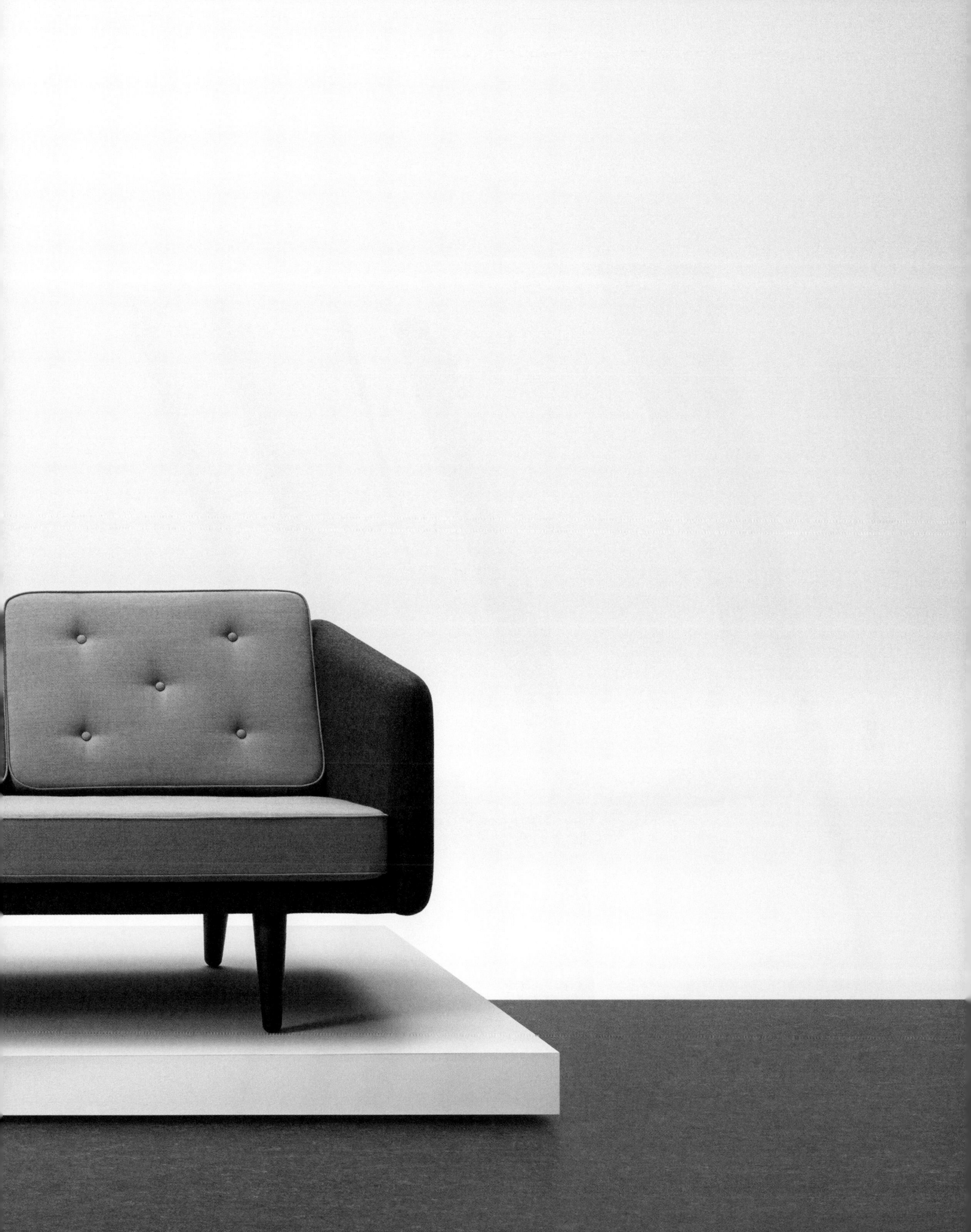

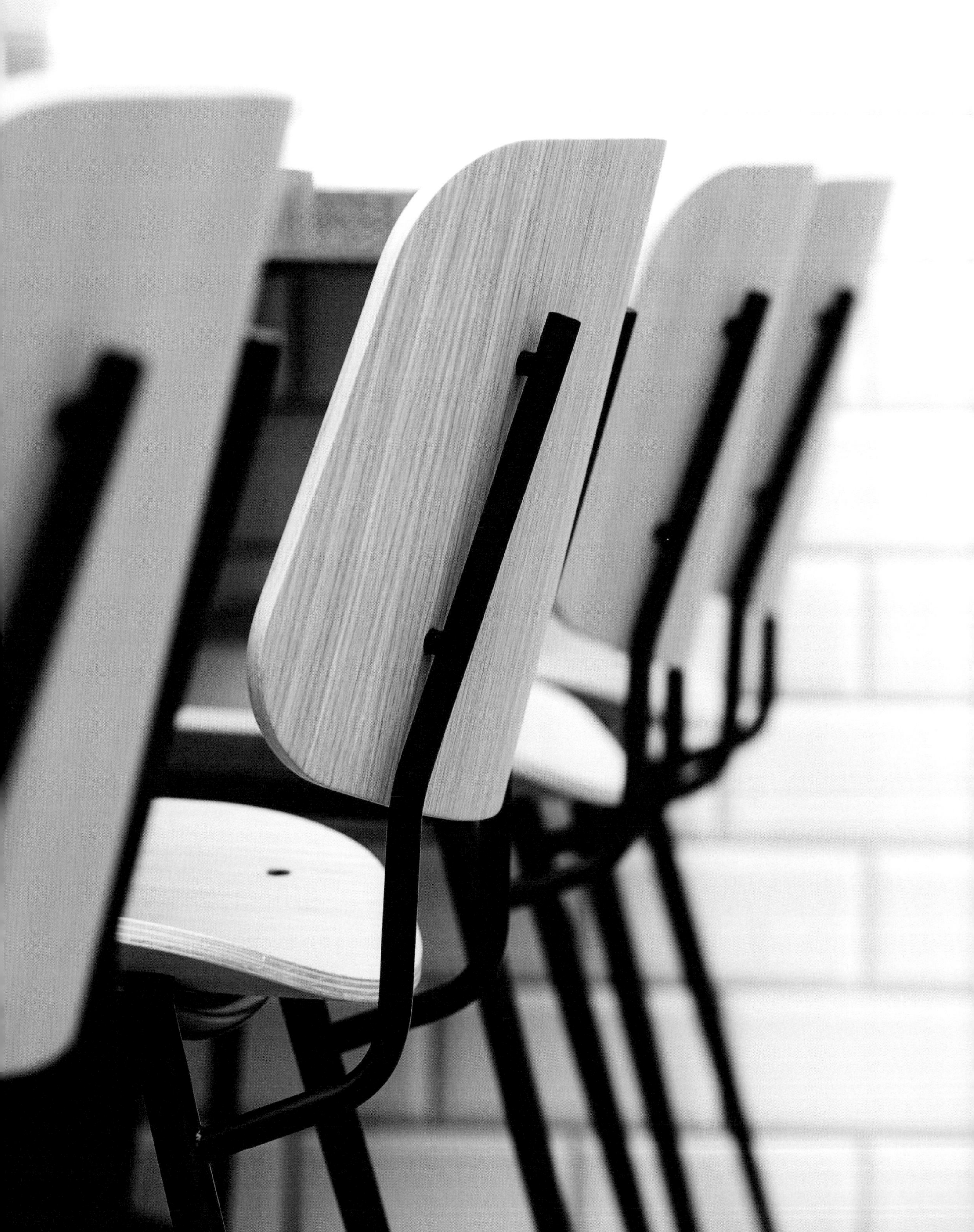

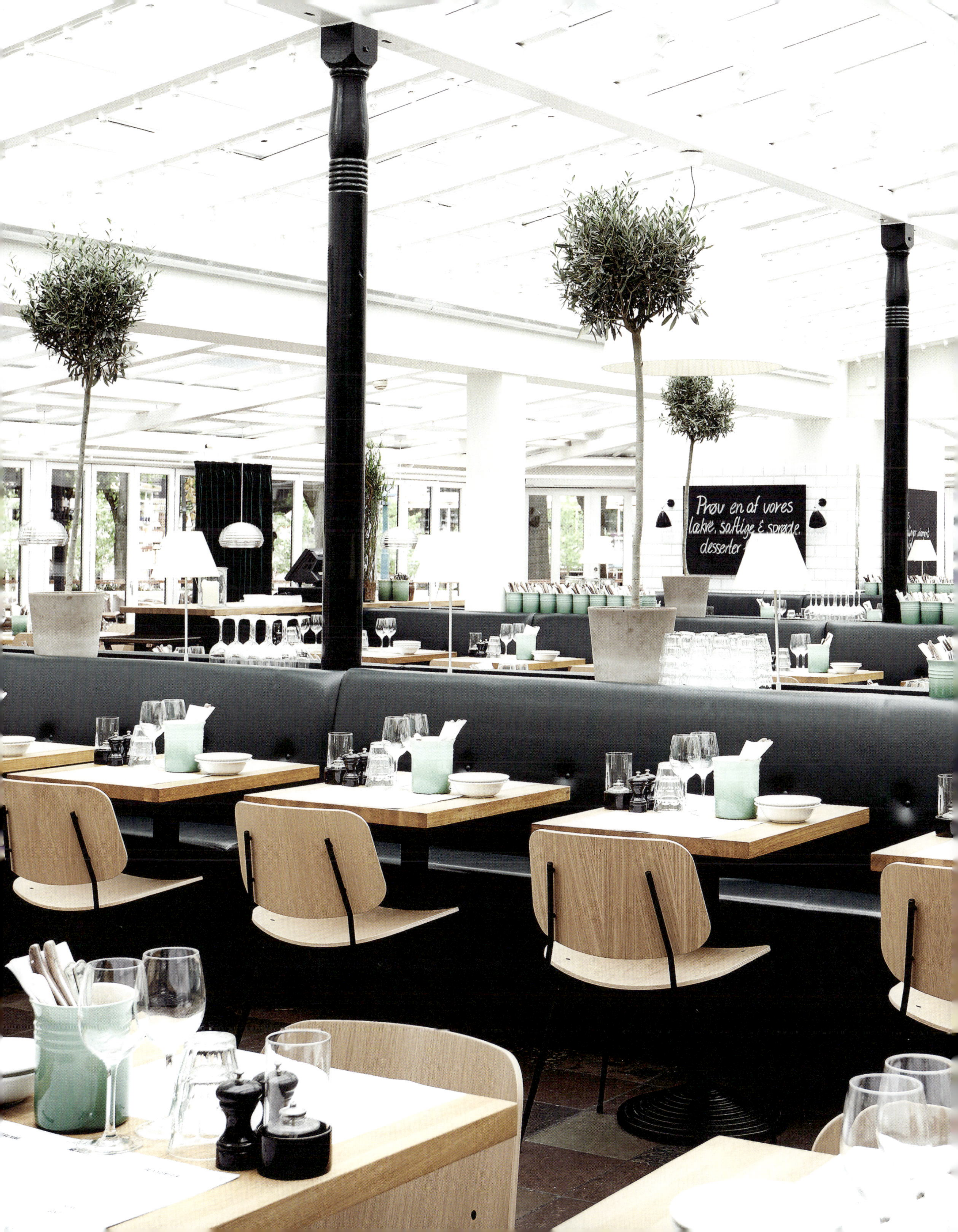
Prøv en af vores
lækre, saftige & sprøde
desserter

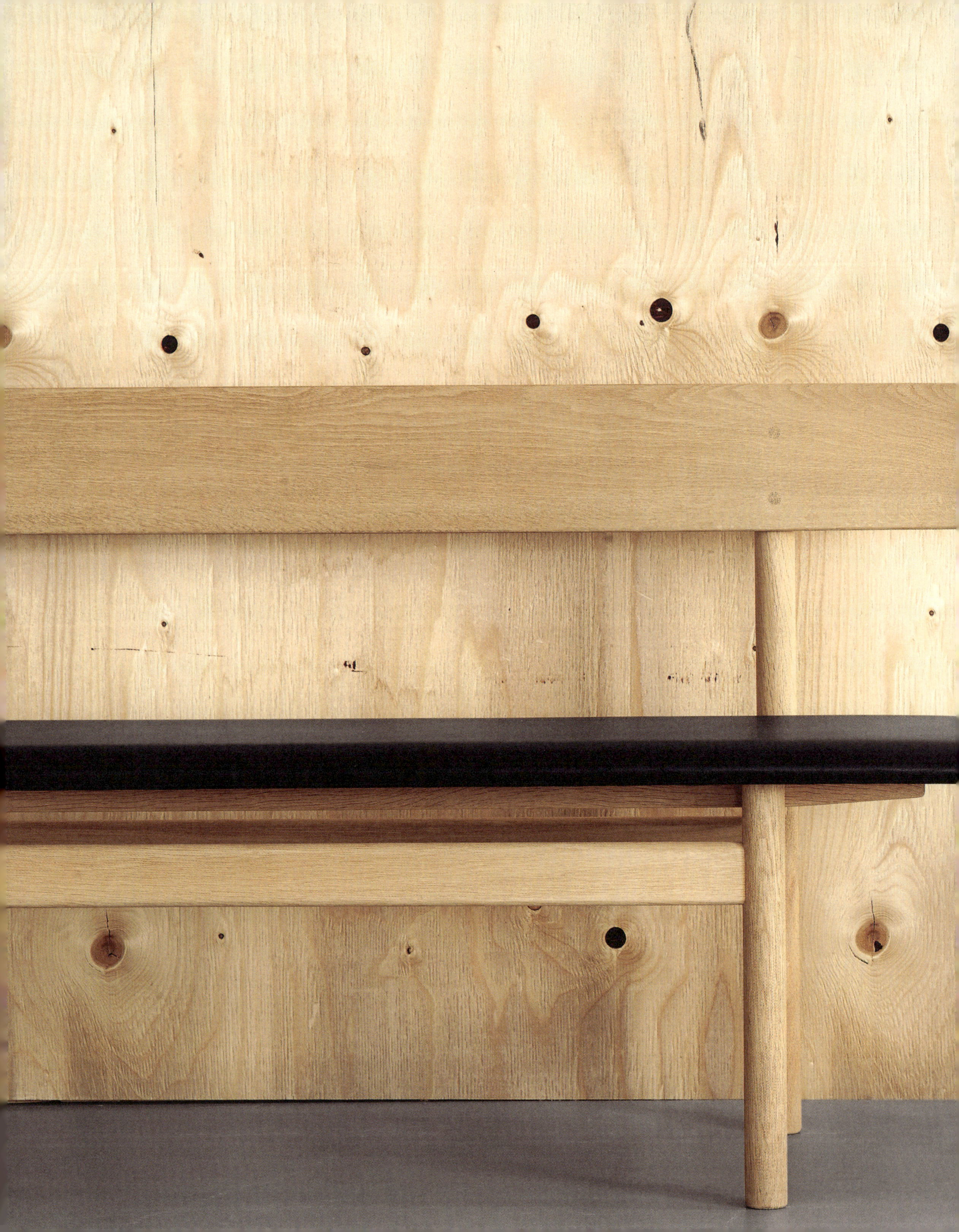

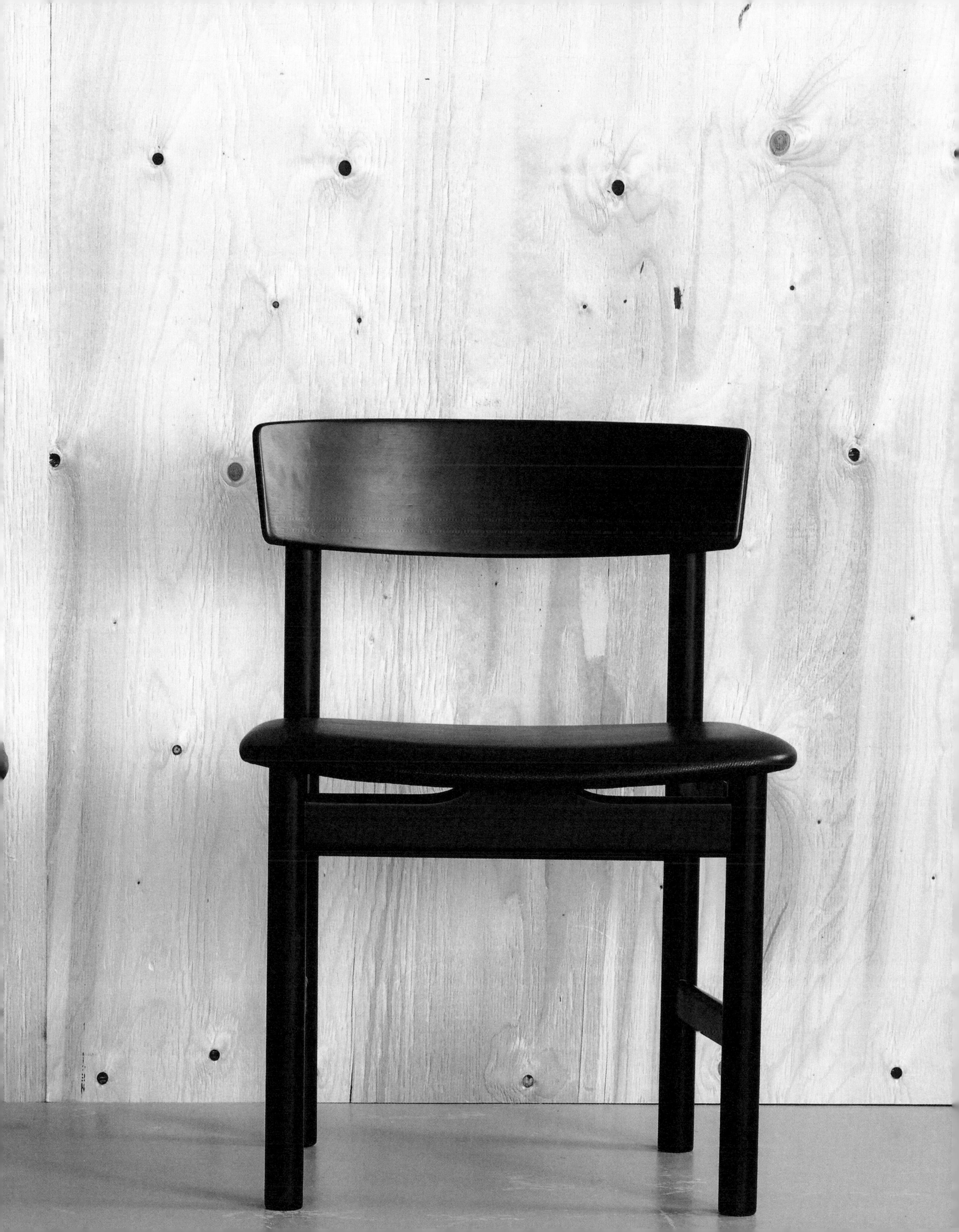

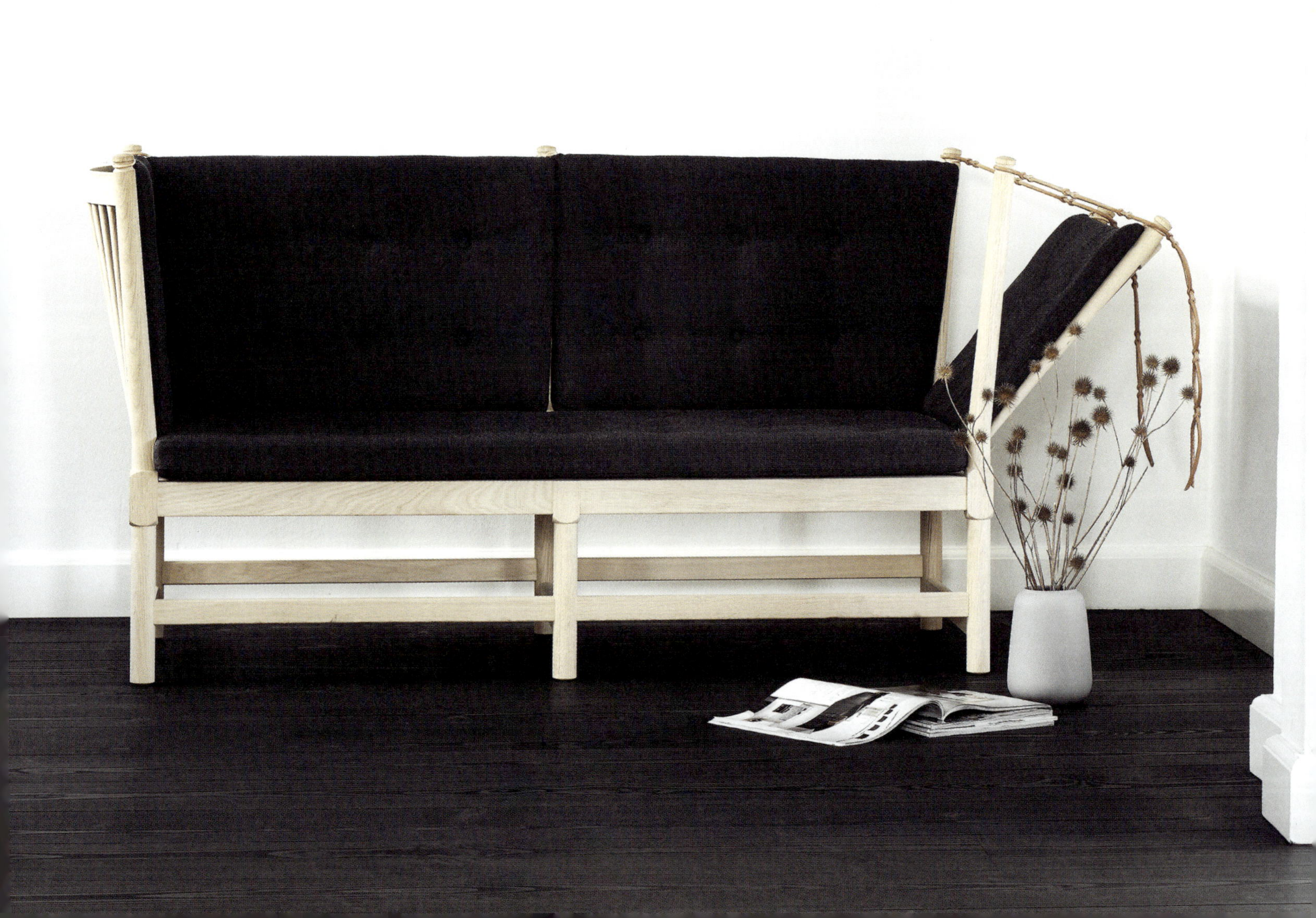

Børge Mogensens Möbel heute

Auch über 40 Jahre nach Børge Mogensens Tod sind viele seiner Möbel so aktuell wie eh und je. Der *Volksstuhl*, das *Botschaftssofa*, das *Sprossensofa*, der *Shakertisch* und der *Søborgstuhl* werden weiterhin hergestellt und sind auf Auktionen begehrt. Einige andere Möbel werden immer wieder neu aufgelegt, wie zum Beispiel Mogensens erstes Sofa für Fredericia Polstermøbelfabrik aus dem Jahr 1955. 2004 kam es anlässlich des 100. Geburtstags seines Schöpfers unter dem Namen *No. 1* wieder auf den Markt.

Heute werden die meisten der Möbel Mogensens von Fredericia Furniture hergestellt (wie die Nachfolgerin von Fredericia Polstermøbel- und später Stolefabrik inzwischen heißt), die auch die Rechte an einigen seiner Entwürfe von Søborg Möbelfabrik und der FDB übernommen hat. Dennoch stellt die Søborg Möbelfabrik weiterhin etwa den *Ruder-Konge-* (Karo-König) *Stuhl*, den *Chinaschrank* und mehrere Regalserien her. 2013 lancierte Coop mit großem Erfolg einige der alten FDB-Möbel.

Bei all den Holzvarianten und verschiedenen Farben und Mustern der Polsterbezüge liegt die Besonderheit dieser Möbel doch immer noch in der Rationalität und Schlichtheit ihres Designs.

Leider stellte sich Mogensens sympathische Vision, erschwingliche Möbel für einen breiten Käuferkreis zu schaffen, als utopisches Unterfangen heraus: Sein Sinn für Qualität und die Verwendung bester Materialien führten im Verbund mit der steigenden Nachfrage dazu, dass auch die Preise für seine Möbel deutlich anstiegen. Dabei darf man allerdings nicht vergessen, dass die hohe Verarbeitungsqualität den Möbeln eine lange Lebensdauer verleiht.

Mit ihren reduzierten Linien, ihrem schlichten Ausdruck und ihrer kompromisslosen Qualität passen Børge Mogensens Möbel hervorragend in das neue Jahrtausend, in dem Schlichtheit und Nachhaltigkeit Wesensmerkmale dänischen Designs sind.

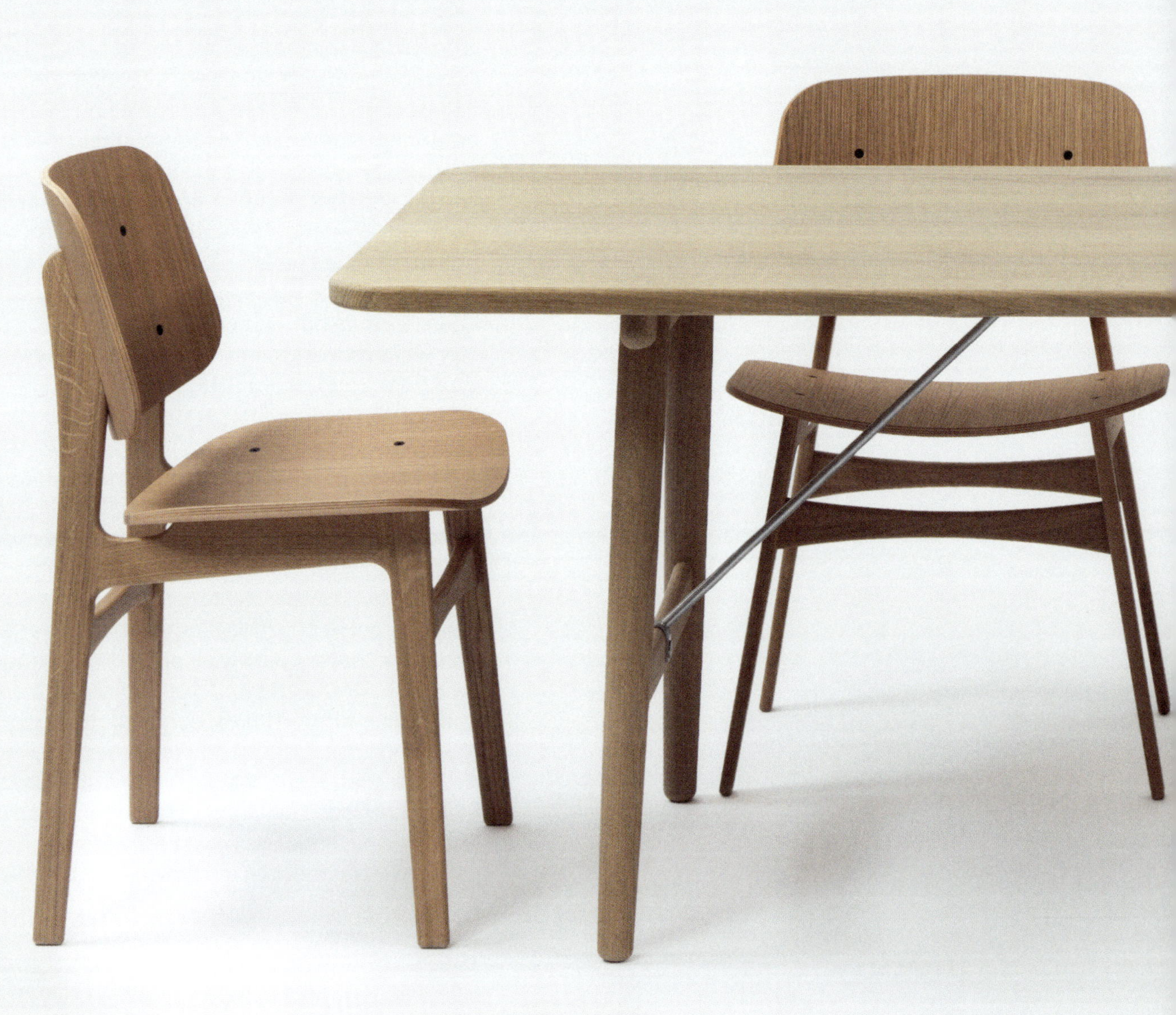

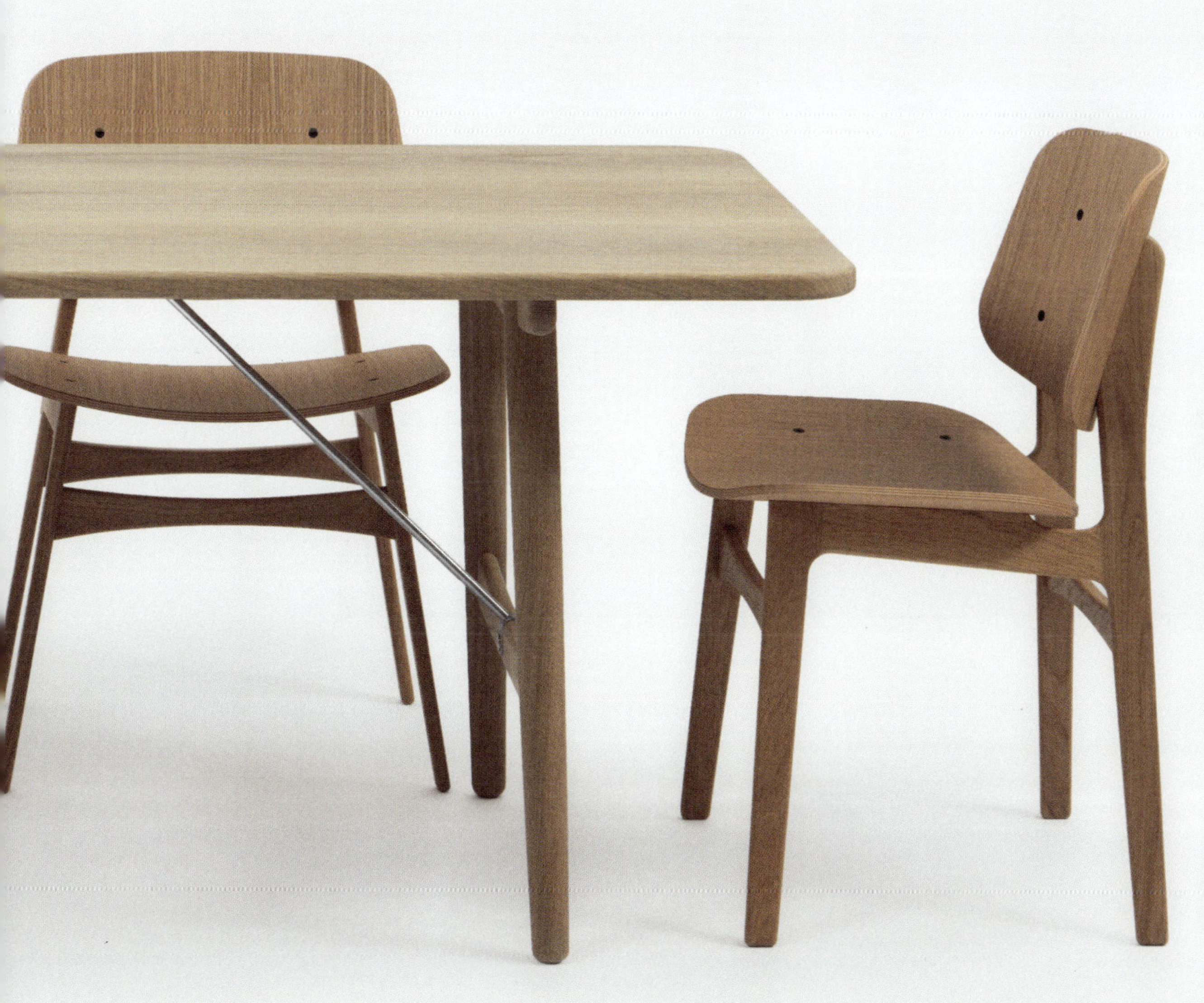

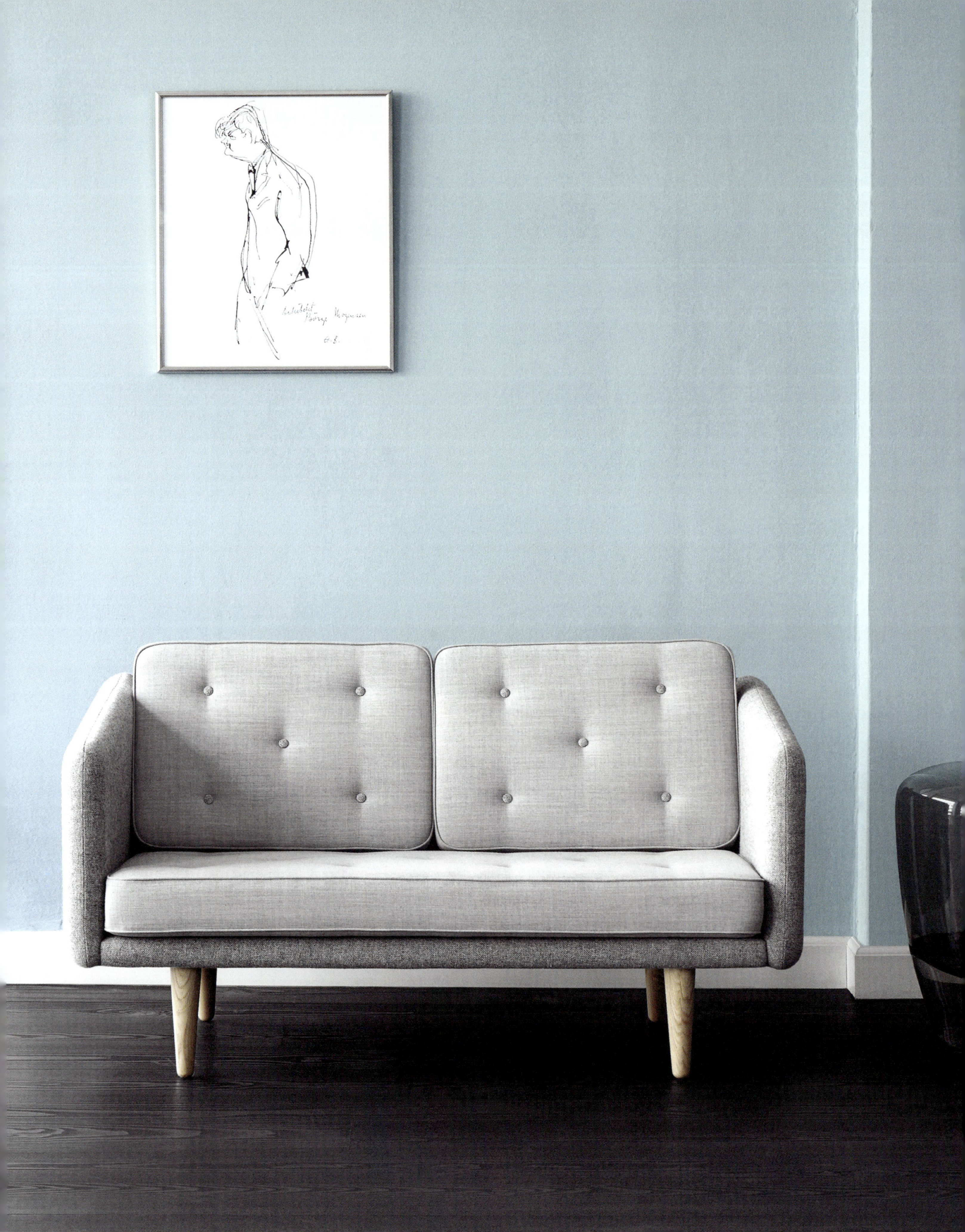

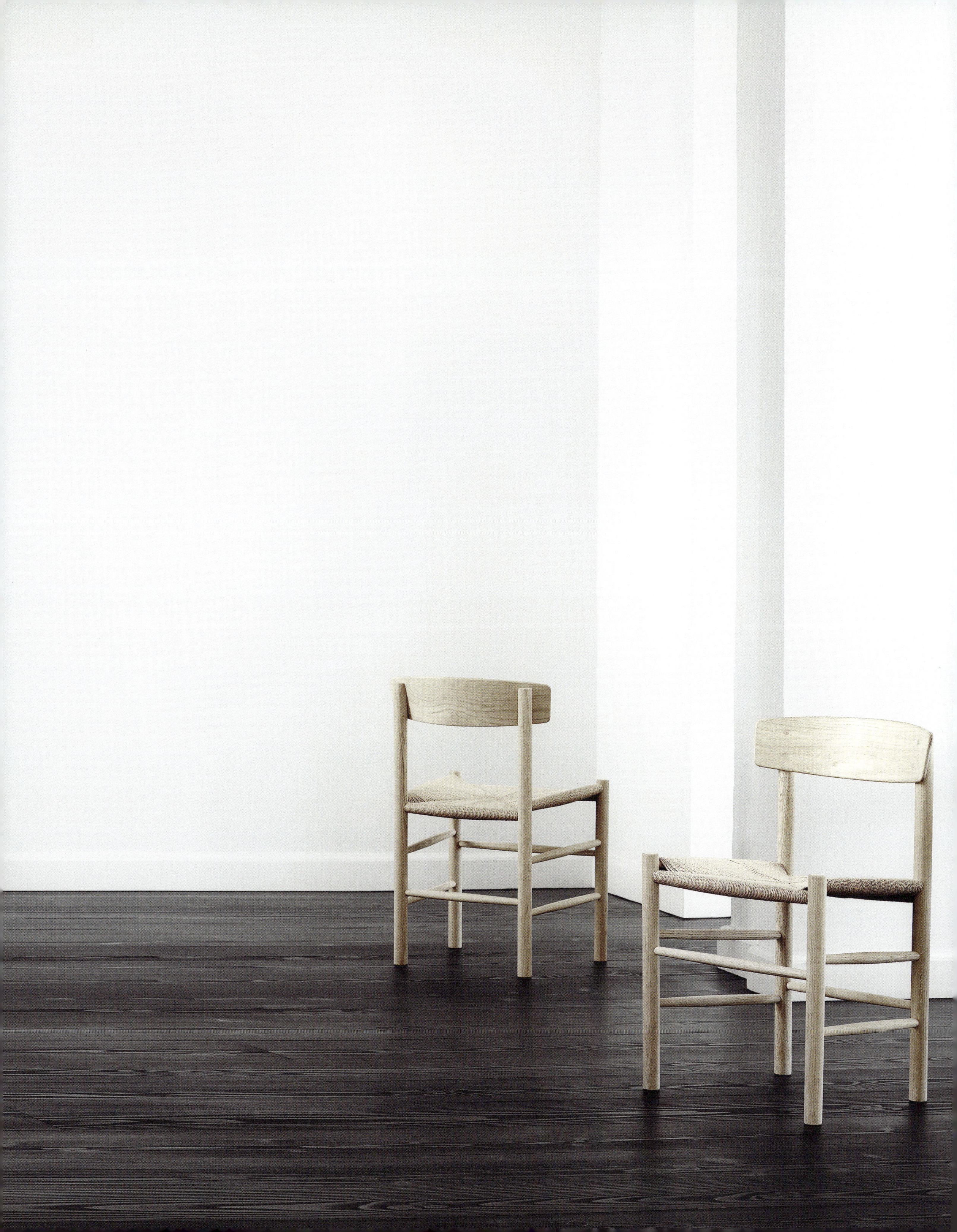

Eine markante Stimme

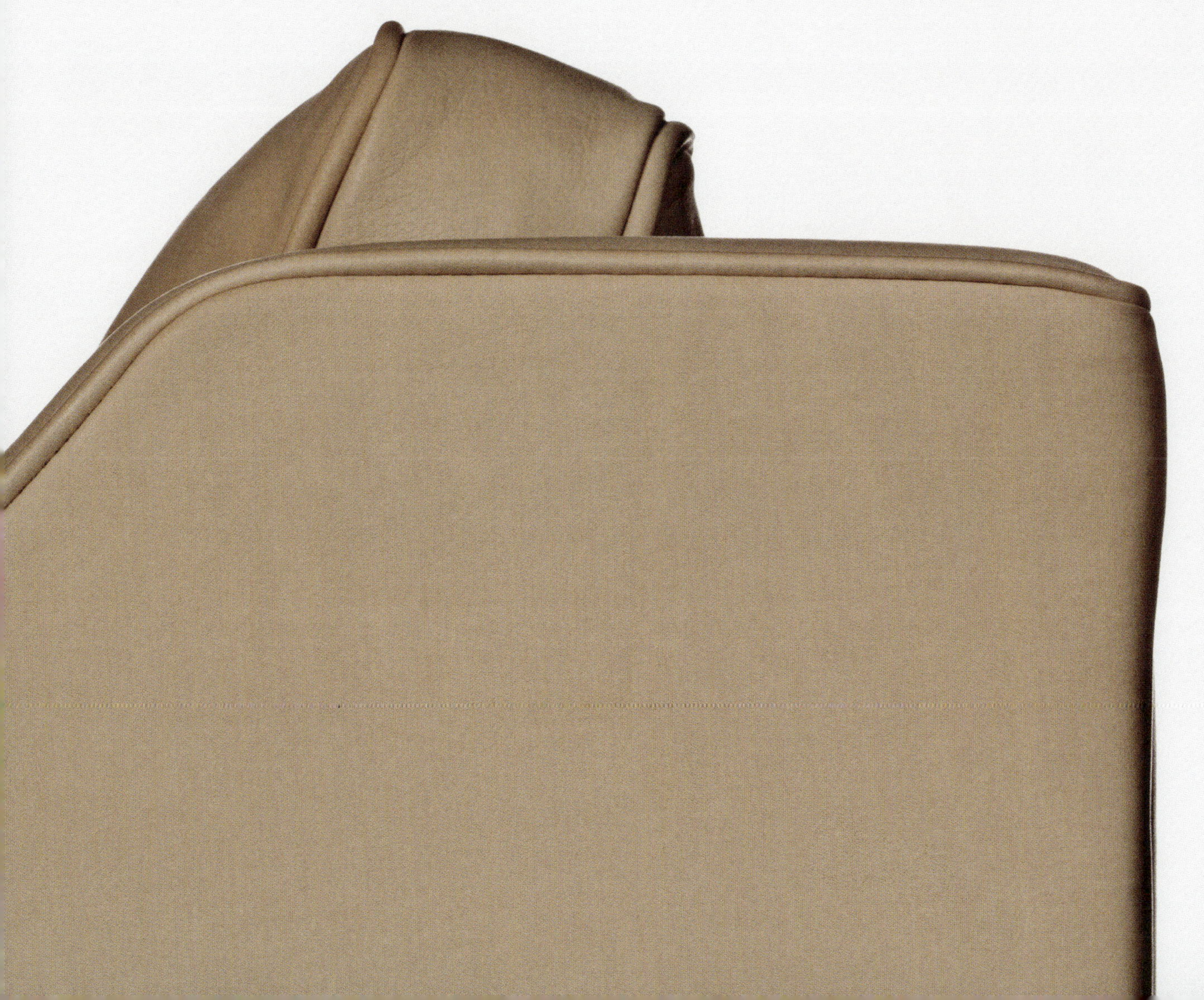

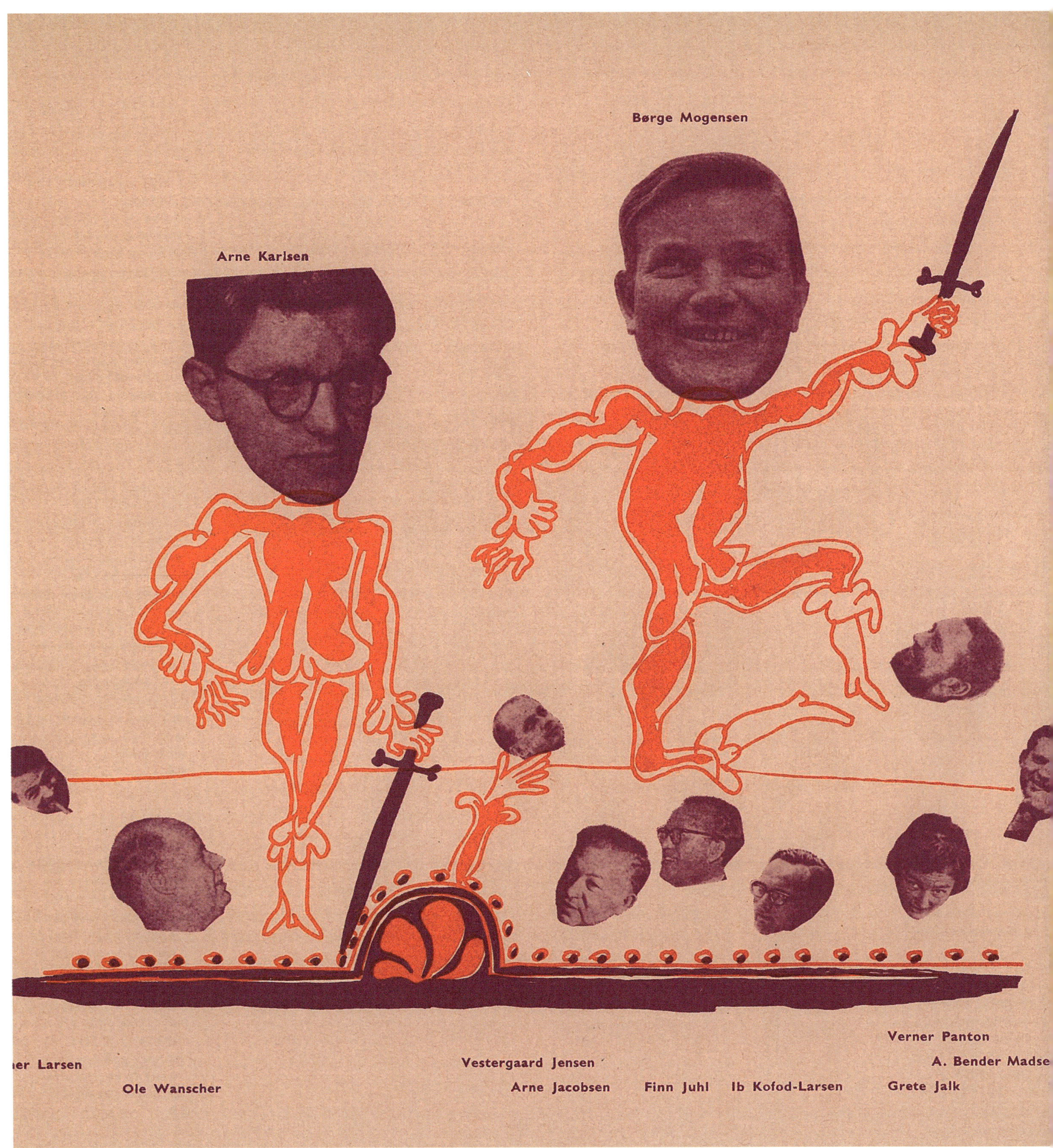
Børge Mogensen
Arne Karlsen
ier Larsen
Ole Wanscher
Vestergaard Jensen
Arne Jacobsen
Finn Juhl
Ib Kofod-Larsen
Verner Panton
A. Bender Madse
Grete Jalk

Als Børge Mogensen und Arne Karlsen im Fachorgan *Arkitekten* mit ihrem Artikel »Gebrauchskunst auf Abwegen« die dänische Designbranche kritisierten, lösten sie eine heftige Debatte unter ihren Kollegen aus. Als Reaktion auf ihren polemischen Beitrag brachte die Möbel- und Designzeitschrift *Mobilia* 1962 diese Satirezeichnung. Man sieht die Herren Kritiker, wie sie Finn Juhl und Arne Jacobsen (und andere Vertreter der dänischen Designelite) einen Kopf kürzer machen – was ihnen im übertragenen Sinn ja auch fast gelungen war.

Leidenschaftlicher Idealist

Børge Mogensen hatte eine gewinnende, aber auch sehr direkte Art. Er stürzte sich stets mit Charme und Verve in Gespräche und Diskussionen, ganz gleich ob beruflich oder privat. Seine Hemdsärmeligkeit und sein bisweilen aufbrausendes Temperament konnten über sein vielschichtiges und feinfühliges Inneres hinwegtäuschen. Er hielt mit seiner Meinung nie hinter dem Berg, vor allem nicht, wenn es um Möbel ging. Als leidenschaftlicher Idealist fiel er in Debatten oft mit sehr markant geäußerten Ansichten zum Thema auf, was gute dänische Möbelkunst sei. Schon in den 1940er-Jahren, als Leiter des Entwurfsbüros der FDB, gab er unmissverständlich zu verstehen, wie sich die Dänen am besten einzurichten hätten. Diese rigide Haltung begleitete ihn im Lauf seiner Karriere. Er schien stark fixiert auf seine eigene klare Linie und ließ eine Offenheit für die neuen Ideen und Arbeitsmethoden seiner Kollegen vermissen. Aufgrund seiner kompromisslosen Art war man entweder für oder gegen ihn, und wenn die Debatte an Fahrt aufnahm, waren leise Töne seine Sache nicht. Zum Beispiel als er 1957 der Zeitschrift *Mobilia* ein Interview gab, dessen Überschrift lautete »Man muss die Bedürfnisse kennen, das Material – und seine eigenen Grenzen«. Er klagte darin über den Trend hin zu einem weniger funktionsorientierten Design:

»Es gibt leider eine Tendenz, die Bedürfnisse der gewöhnlichen Leute zu verachten, da mache ich mir gar keine Illusionen – aber wenn es um Gebrauchsgegenstände geht, finde ich es völlig hirnrissig, um der Form willen die allerelementarsten Anforderungen zu ignorieren. Dass man buchstäblich versucht, den tiefen Teller neu zu erfinden, ohne mal kurz zu schauen, ob der alte vielleicht nicht schon tut, was er

1958 entwarf Mogensen für die Innungsausstellung den sogenannten *Bibliothekstisch*, der später von Fredericia Stolefabrik hergestellt wurde. Die beiden Klappen an den Enden waren vom englischen Gateleg-Tisch inspiriert, der in Renaissance und Barock verbreitet war. In ausgeklapptem Zustand verdoppelte sich die Länge des Tisches. Das schön proportionierte Untergestell bestand aus massiver Eiche.

soll«, erklärte er und fuhr fort: »Ich sehe eine gefährliche Tendenz, die Form zu einer isolierten Größe zu machen, ohne Fühlung mit den konstruktions- und gebrauchsmäßigen Verhältnissen; dass die Gegenstände zu gefühlsgeladen und persönlich werden, und wenn das so weitergeht, landen wir wieder bei einem schwülstigen Skønvirke-Stil.«

Mogensen war so stur wie konsequent, vielleicht lag darin teilweise sein Erfolg begründet. Die Formensprache sollte nicht zu romantisch und zwanglos werden, wie er 1958 in einem Interview mit der *Vendsyssel Tidende* erklärte: »Mit der Romantik bei Möbeln ist es wie mit einem romantischen Mädchen. Der Alltag kommt bestimmt. Es gibt sicher noch andere Wege, seinen Bedarf an Romantik zu decken.« Je öfter er bei Ausstellungen und im öffentlichen Raum auf diese – wie er es nannte – unverantwortlichen und unvernünftigen Möbel stieß, desto heftiger meldete er sich zu Wort und wetterte in Zeitungen und Zeitschriften gegen diesen Trend, vor allem Ende der 1950er- und zu Beginn der 1960er-Jahre.

Kritik an der Branche

Im Frühling 1962 platzte Mogensen endgültig der Kragen. Dieses Mal richtete sich sein Zorn gleich gegen die ganze dänische Möbelbranche. Zusammen mit dem befreundeten Architekten Arne Karlsen verfasste er den langen Artikel »Gebrauchskunst auf Abwegen«. In dem Fachorgan *Arkitekten* stand dann schwarz auf weiß, was nach Ansicht beider korrektes dänisches Design war. Schon 1959 hatten sie versucht, mit einem Artikel in der Zeitschrift *Dansk Kunsthåndværk* eine Debatte über Tendenzen bei der Möbelausstellung der Tischlerinnung desselben Jahres anzustoßen, waren jedoch auf Schweigen gestoßen. Jetzt kam ihr zweiter Anlauf. Ohne Umschweife machten sie Möbeldesignern und Formgebern den Vorwurf – und nannten dabei Namen! –, vor lauter Form die Funktion zu vernachlässigen und unbrauchbare Gebrauchsgegenstände zu entwerfen. Die beiden Kritiker meinten, die Designbranche kehre der dänischen Designtradition, die den Begriff »Danish Modern« hervorgebracht hatte, den Rücken, um stattdessen einem Individualismus und Ästhetizismus zu frönen. Experimente und künstlerische Ambitionen hätten in dänischem Design nichts verloren, meinten Mogensen und Karlsen. Die

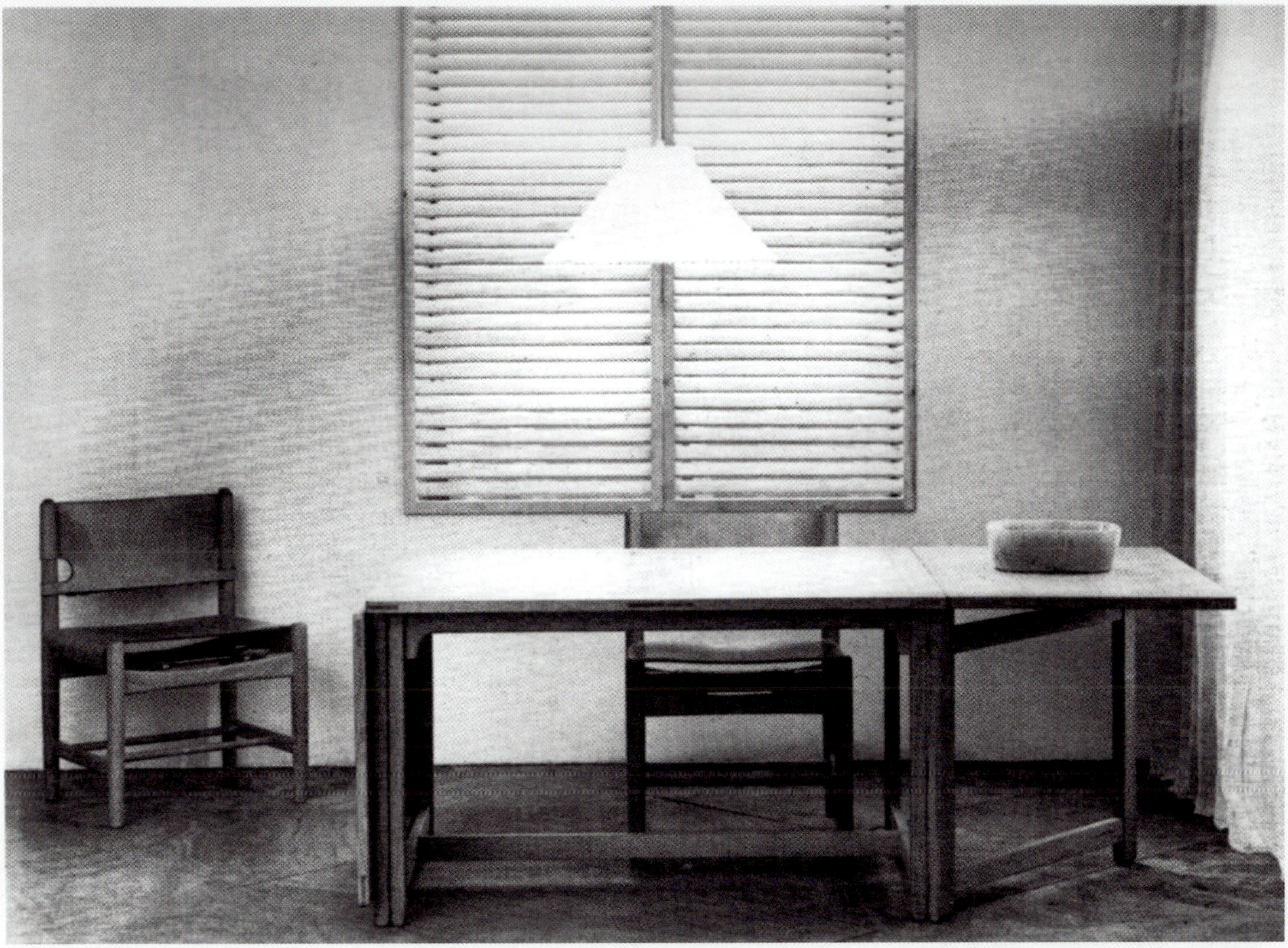

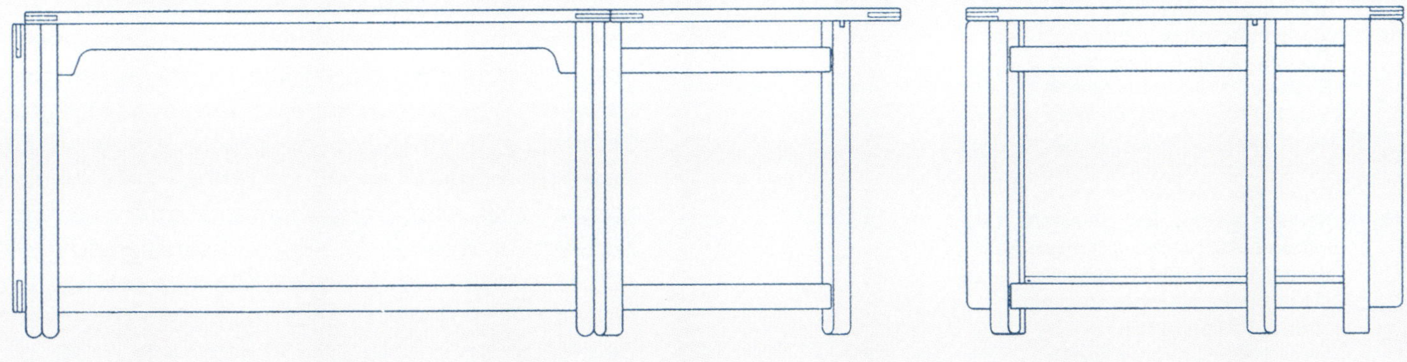

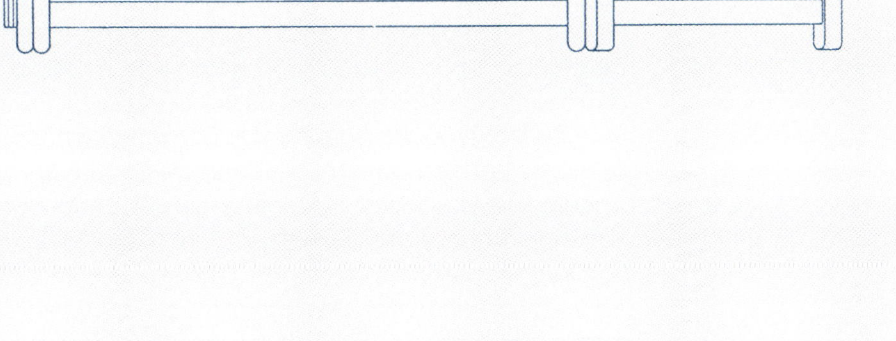

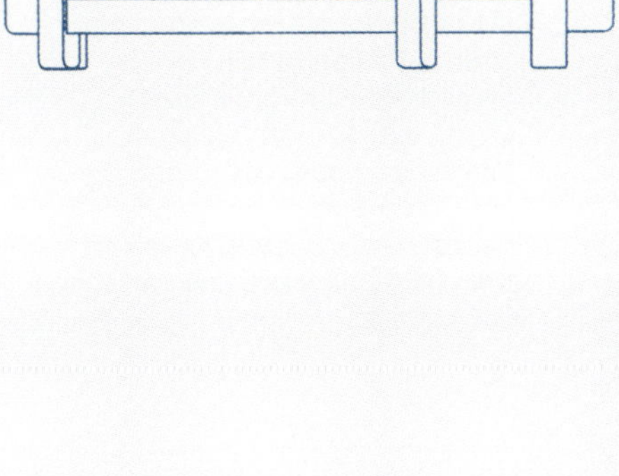

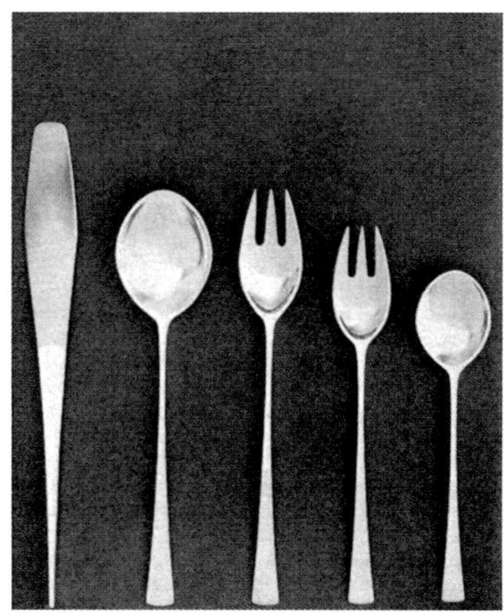

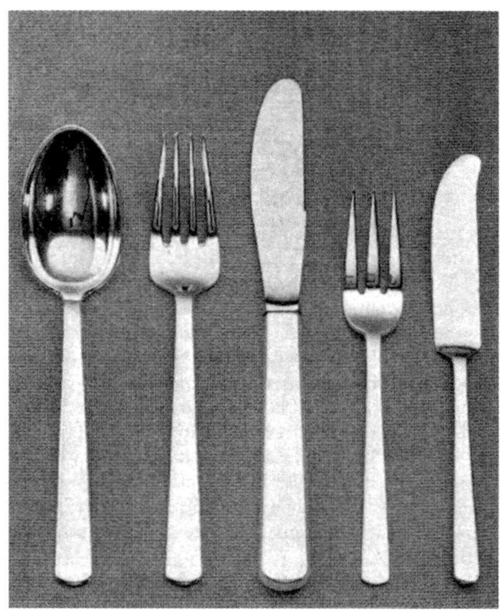

In ihrem polemischen Artikel »Gebrauchskunst auf Abwegen« bezeichneten Mogensen und Karlsen das Besteck *Tjørn* des Designers Jens H. Quistgaard (oben) als »geistigen Humbug«. Sie lobten stattdessen den geradlinigeren *Grand Prix*-Entwurf von Kay Bojesen (unten), dem sie einen höheren Gebrauchswert attestierten: »Wo Bojesen versucht, die Gebrauchsform zu entschlacken und zum Archetypen vorzudringen, begräbt Quistgaard selbigen unter allerlei Firlefanz, sodass der Käufer ihn gar nicht erkennt und im Jahr darauf nichts ahnend dasselbe Ding kauft, bloß neu und smart verpackt.«

Branche habe den Verbraucher im Stich gelassen und kreise mehr um den nächsten Blickfang für die Presse, als darum, den Menschen den Alltag zu erleichtern. Es sei Zeit, dass der Mensch wieder in den Mittelpunkt rücke, so der Tenor ihres Artikels.

Auslöser für ihren Artikel »Gebrauchskunst auf Abwegen« war die Innungsausstellung 1961, die Mogensen und Karlsen den Eindruck vermittelte, die skulpturale Formensprache sei aus dem Ruder gelaufen. Viel zu viele geschwungene Kurven, und viel zu wenig Sinn für Funktion. Architekten und Designer hätten sich von der äußeren Form blenden lassen und bekämen jetzt die Quittung dafür: »Palisander, Messing und schwarzes Leder sind jedes für sich nützliche und ehrenwerte Materialien, aber sie zynisch dafür auszunutzen, eine Atmosphäre von Wohlstand zu schaffen, heißt, sie zu prostituieren. Wer Vornehmheit anvisiert, ohne Gespür für Stil zu haben, wird höchstens mondän.« Einen polemischen Ton in ihrem Artikel hatten sie auch gleich mit dem Eingangszitat von Poul Henningsen aus dem Jahr 1927 angeschlagen. Die Stelle stammt aus der Zeitschrift *Kritisk Revy*, die von 1926 bis 1928 mal ernst, mal ironisch Aspekte der Architektur, Kultur und gesellschaftliche Fragen beleuchtete:

»Liebe Freunde im Kunsthandwerk! Wie könnt ihr erwarten, dass wir euch weiterhin mit Achtung begegnen, während unter dem Deckmantel der Kunst der Schwindel grassiert? Solange alle modernen Aufgaben noch ihrer Lösung harren? Wir haben kein einziges vernünftiges Wasserglas, keinen Teller, keine Waschschüssel, weder Löffel, Messer noch Gabel. Währenddessen kann man sich in den Häusern der besseren Gesellschaft gar nicht retten vor Murks und Plunder zu Mondpreisen! Reißt euch zusammen und packt die Aufgaben an, schafft Dinge, an denen die Menschen im Alltag Freude haben! Runter mit dem Künstlerhut, weg mit dem Künstlerschlips und rein in den Arbeitskittel. Weg mit den Künstlerprätentionen. Macht erst mal jeder einen brauchbaren Gegenstand. Da gibt es genug zu tun, der Absatzmarkt ist riesig, und es gibt jede Menge Geld zu verdienen!«

Zielscheibe der Angriffe von Børge Mogensen und Arne Karlsen war zum Beispiel der Bildhauer und Designer Jens H. Quistgaard (1919–2008). Er stammte aus einer Künstlerfamilie und entwarf alles Mögliche, von Küchenutensilien, Besteck, Steingut und Keramik bis zu dem bekannten Dosenöffner *Haifischflosse* aus rostfreiem Stahl. Er war 30 Jahre lang Chefdesigner der Firma Dansk Designs und feierte große Erfolge in

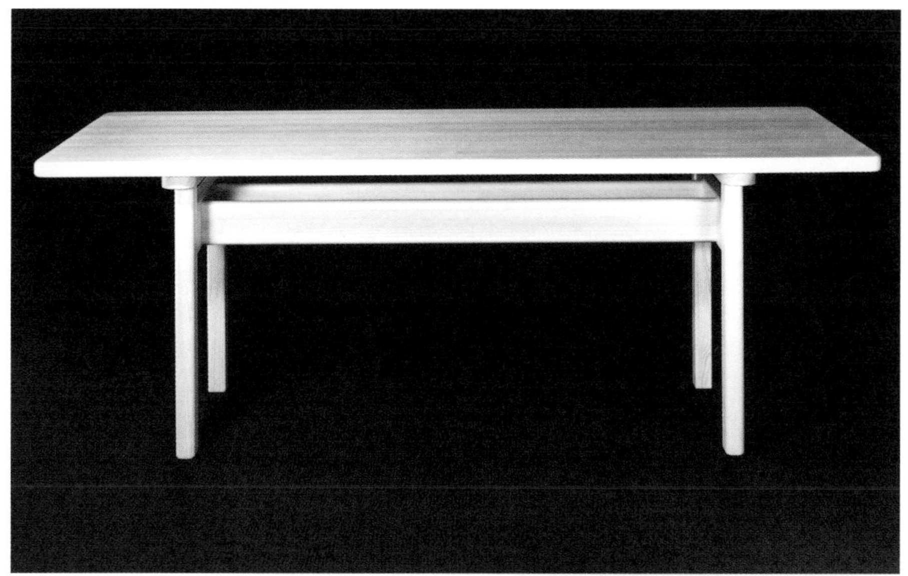

Anfang der 1960er-Jahre entwickelte Mogensen für die Möbelfabrik Karl Andersson & Söner die Möbelserie *Asserbo*. Sie bestand aus Esszimmermöbeln: Stühlen, einer Bank, Anrichte und einem langen Esstisch mit unter der Tischplatte eingerücktem Untergestell.

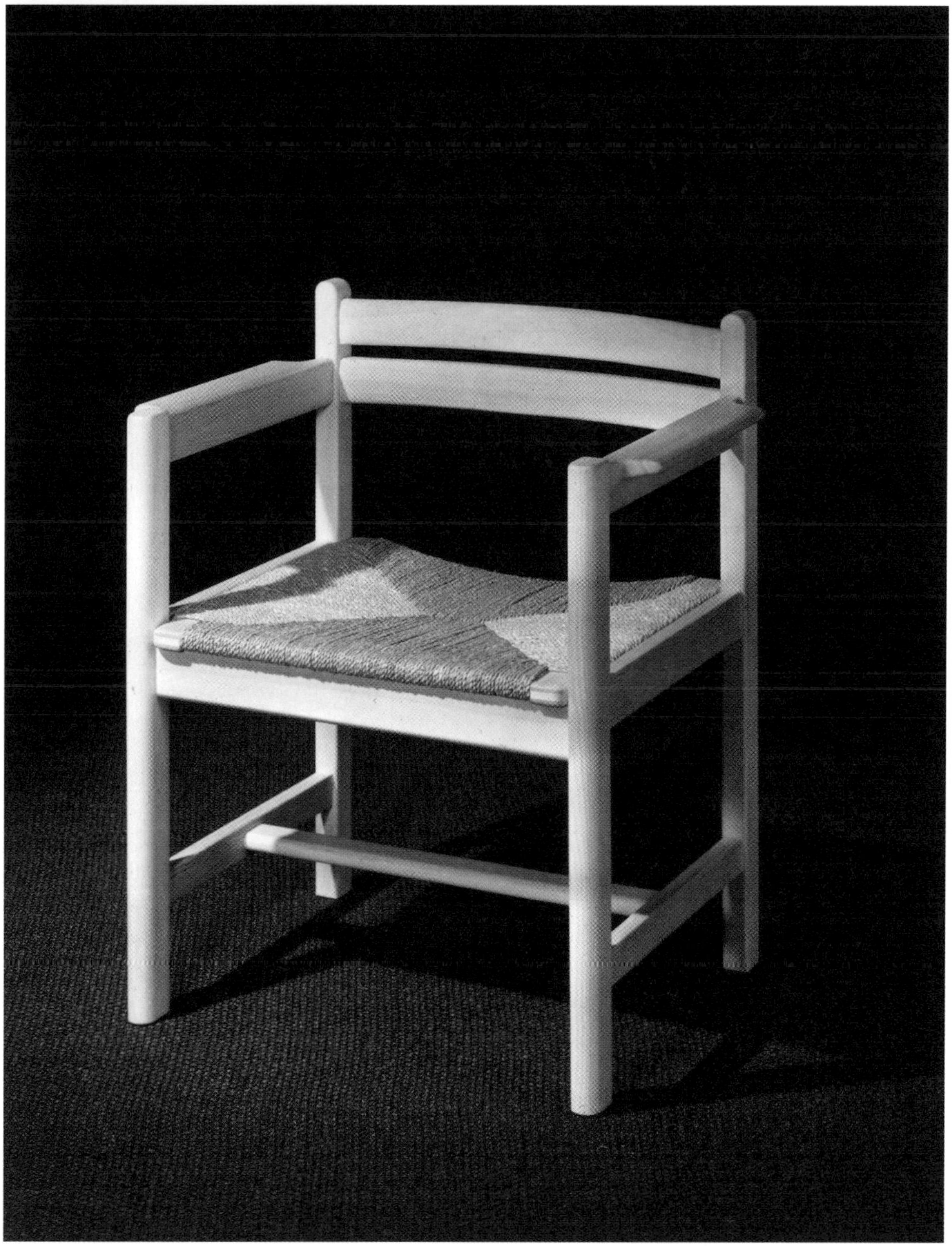

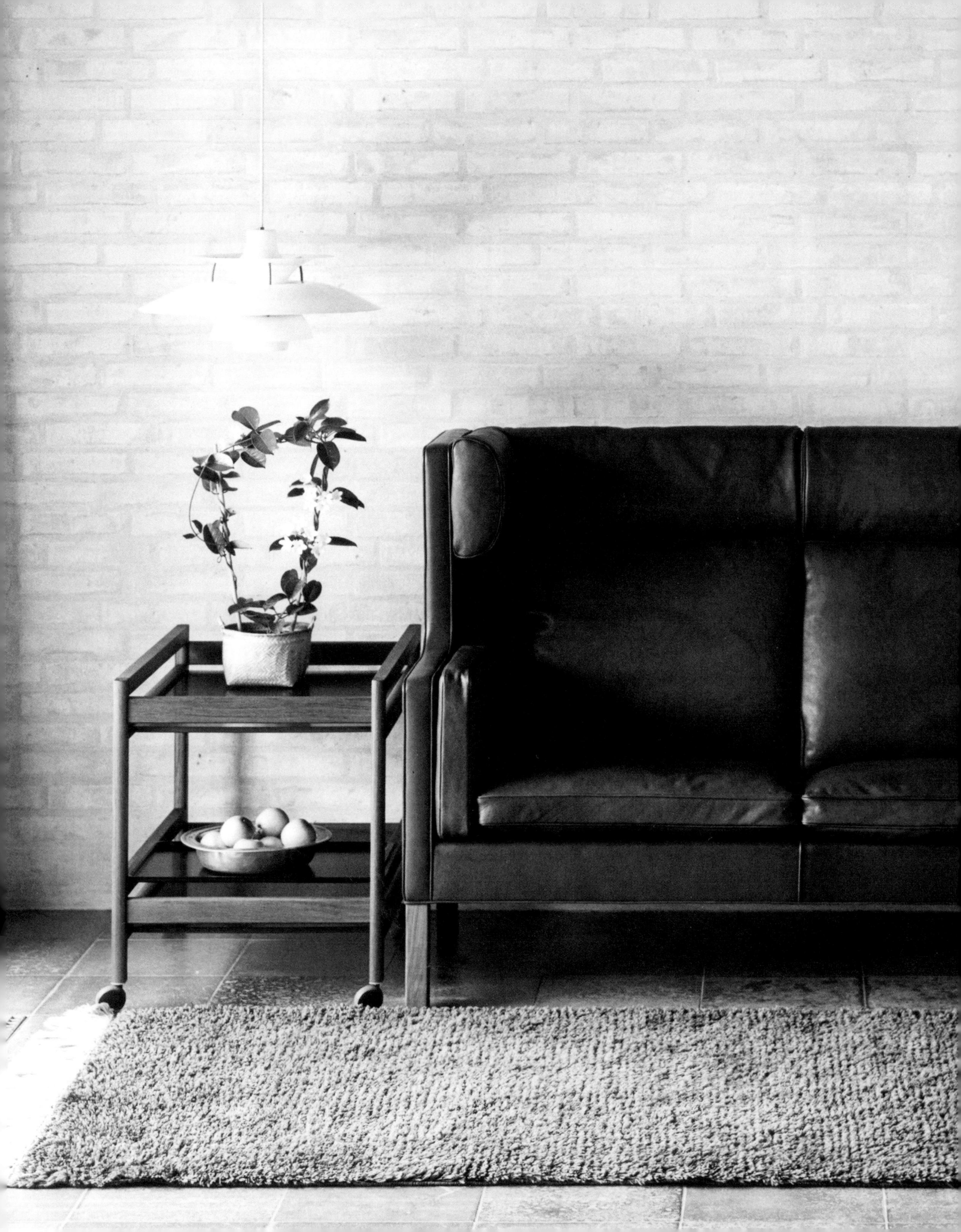

1971 entwarf Mogensen sein Modell *2192*, das sogenannte *Coupé-Sofa*, eine Weiterentwicklung des *Botschaftssofas* mit höherer Rückenlehne. Man fühlt sich stark an ein Zugabteil der Ersten Klasse erinnert, dabei stammt die Inspiration vom englischen »Porter's Chair«, einem klassischen Ohrensessel.

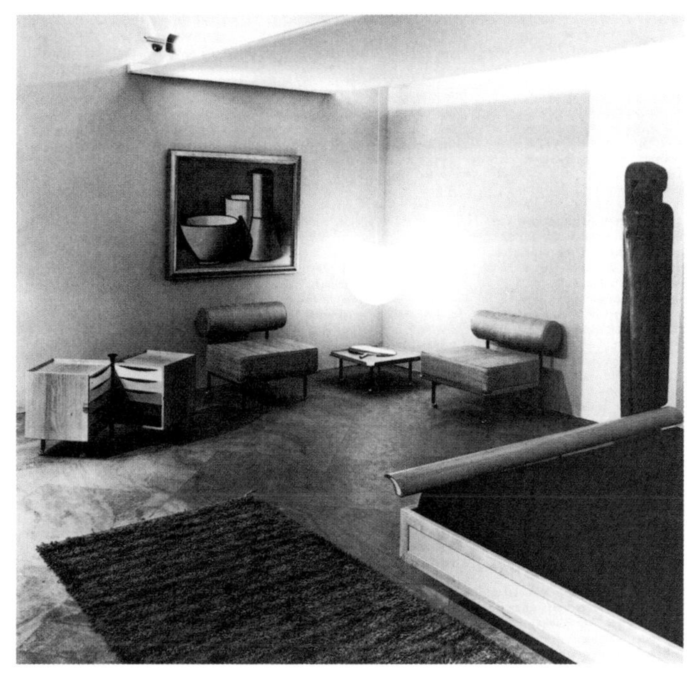

Auf der Möbelausstellung der Tischlerinnung 1961 präsentierte Finn Juhl diese Sitzmöbel für ein Schlafzimmer. In ihrem Artikel »Gebrauchskunst auf Abwegen« bezeichneten Mogensen und Arne Karlsen die Möbel als »verkrampft« und fahren sarkastisch fort: »Finn Juhls neue Möbel mögen von ihrem geometrischen Aufbau her Ähnlichkeiten etwa mit denen Marcel Breuers haben, doch fehlt ihnen deren ehrliche Nacktheit. In Finn Juhls parfümiertem Interieur lag Charleston und das Rascheln kniekurzer Hängerkleider in der Luft, nicht die logische Strenge und kühle Sachlichkeit, die Breuers Versuchshaus atmete. Finn Juhl pflegt die Unarten unserer Zeit, anstatt sie auszumerzen.«

den USA und später auch in Europa und Japan. Quistgaard arbeitete mit freien, geschwungenen Formen. Er legte durchaus Wert auf Funktion, sah sie aber nicht als Begrenzung seines künstlerischen Ausdrucks an. Er hatte kein Problem damit, wenn seine Designs aussahen wie Skulpturen. Da war Mogensen ganz anderer Meinung. So kritisierte er Quistgaards Silberbesteck *Tjørn* von 1959 als albern und unbrauchbar. Er stellte es Kay Bojesens Besteck *Grand Prix* von 1938 gegenüber, um zu verdeutlichen, wie man den Archetyp einer Gebrauchsform freilegen konnte, anstatt ihn mit dekorativen Elementen aufzublähen. Bojesens Besteck zitierte er als Beispiel dafür, wie sich Qualität und Tradition bewahren ließen. Zudem warf Mogensen Quistgaard vor, sich bei der Industrie und ihrer permanenten Forderung nach mehr Umsatz anzubiedern. Jahr für Jahr lanciere er ein und denselben Gebrauchsgegenstand in einem neuen, smarten Design und neuer Verpackung, um den naiven Käufer dazu zu verlocken, sich noch einmal dasselbe zu kaufen. Quistgaard wurde schonungslos an den Pranger gestellt: Er spiele in der Designbranche die Rolle des »frohgemuten Fahnenjunkers eines maß- und schamlosen Merkantilismus«.

Ähnlich hart ins Gericht gingen Mogensen und Karlsen auch mit Finn Juhl, wobei sie seine frühen Entwürfe aus den 1940er-Jahren wie den Armlehnstuhl *NV45* und den *Häuptlingsstuhl* ausklammerten. Diese Stühle lobte Mogensen dafür, dass bei ihnen »auch die Formensprache ein Teil der Funktion« sei, und fügte hinzu, »der Gedanke, die Möbelkunst mehr in Fühlung mit den anderen Kunstgattungen der Zeit zu bringen [...], schien neue Möglichkeiten eröffnet zu haben«. Aber sonst hielt sich seine Begeisterung sehr in Grenzen, sowohl für Finn Juhl als Person als auch für dessen Arbeit als Formgeber. Juhl war in allem der genaue Gegensatz zu Mogensen: Er war als Sohn eines Großhändlers in die Oberklasse hineingeboren. Seine skulpturalen Möbel waren weder für die breite Bevölkerung gedacht, noch stand bei seinen Entwürfen die Funktion im Vordergrund.

Als nächstes kam der Designer Verner Panton (1926–1998) an die Reihe: Panton verwarf alles, wofür Mogensen stand. Seine bevorzugten Materialien waren Plastik, Stahl, Glasfaser und Schaumstoff. Er brach konsequent mit der dänischen Designtradition und versuchte stets, Grenzen zu überschreiten, zu experimentieren und die Tradition herauszufordern. Ein klassisch eingerichtetes Wohnzimmer mit Sofa und Couchtisch war ihm ein Gräuel. Er entwarf Möbel, die man in der Höhe verstellen konnte, grellbunte Lampen, mehrstöckige, multifunktionale Möbel und vom futuristischen Stil und der Pop Art beeinflusste Wohnlandschaften.

Verner Panton fand, seine Möbel seien sowohl gebrauchsorientiert als auch gut für die Serienfertigung geeignet. Børge Mogensen dagegen sträubten sich die Haare angesichts dieser Entwürfe, die er für »reine Gags« hielt. Pantons extravaganter *Heart Cone Chair*, dessen flügelförmige Lehne neben einem Herz auch an Mickey-Mouse-Ohren erinnert, tauge vielleicht als Jux für ein paar Stunden oder einen Drink an der Bar, aber nicht für den Alltag.

Mogensen sah mit Bestürzung, dass viele Designer zu großen Wert auf Ästhetik legten und sich dem Diktat von Modelaunen beugten. Aus seiner Sicht bröckelte das Fundament der dänischen Möbelkunst. Was war aus den Errungenschaften des Funktionalismus geworden? Wer führte den Ansatz der Klint-Schule weiter? Arne Jacobsen wohl kaum, zumindest nicht, wenn es nach Mogensen ging. Er kritisierte Jacobsens *Grand Prix*-Stuhl aus dem Jahr 1957 mit der Bemerkung, wer ein für die industrielle Herstellung geeignetes Design entwerfe, müsse das eben von Anfang an konsequent durchdenken, weil andernfalls Qualität und Gestaltung litten. Mogensen bezeichnete den Stuhl als »konstruktionstechnische Niete«, da sich herausstellte, dass er nicht wie ursprünglich geplant produziert werden konnte. Die eleganten Beine mit ihrem filigranen Profil einfach nur mit der Sitzfläche zu verleimen, stellte sich nämlich nicht als haltbare Lösung heraus. Der Stuhl musste zurückgerufen werden, und an die Stelle der Leim- trat eine Schraubverbindung, die vier zusätzliche Sperrholzblöcke zwischen Sitzfläche und Stuhlbeinen erforderlich machte.

Aus ähnlichem Grund beanstandeten Mogensen und Karlsen den mit Preisen ausgezeichneten *AX*-Stuhl von Peter Hvidt und Orla Møllegaard-Nielsen. Dieser Entwurf aus dem Jahr 1947 mit Formsperrholzelementen, einer der meistgekauften Stühle Hvidts und Mølgaards, war für Mogensen ein Paradebeispiel dafür, was passierte, wenn Designer den Forderungen der Industrie nachgaben. Bei der ersten Version des Stuhls waren die breiten Lamellen an den Seiten nämlich noch so geschlitzt, dass ein Teil hochgebogen werden und als Armlehne dienen konnte, während der andere den Rahmen für die Lehne bildete. Diese Konstruktion erwies sich allerdings als zu komplex für die Serienfertigung. Stattdessen entwickelte man ein einfacheres, weniger elegantes Modell, bei dem die Armlehne kein integraler Bestandteil mehr war, sondern ein angeleimtes Anhängsel.

Der Artikel »Gebrauchskunst auf Abwegen« war zu großem Teil eine Kritik an der Konsumgesellschaft der frühen 1960er-Jahre. Mogensen und Karlsen mahnten zu Besinnung und Vernunft. Sie versuchten, an den Idealismus ihrer Kollegen zu appellieren: Lauft nicht dem Markt hinterher! Mogensen und Karlsen forderten Möbel mit Format. Möbel, die sich nicht mit künstlerischer Selbstverliebtheit, Sensationsdrang und luxuriösen Materialien in den Vordergrund drängten. Und auf gar keinen Fall durfte man den Verbraucher mit Möbeln im Stich lassen, die im Alltag versagten.

Gegenstimmen und Mogensens Sturköpfigkeit

Børge Mogensen und Arne Karlsen hatten sich letzten Endes mit der gesamten dänischen Designelite angelegt, und ihr Artikel löste im Frühjahr 1962 in der Designbranche eine heftige Debatte aus. Mehrere Architekten entgegneten ihnen mit Artikeln in Zeitschriften und Tageszeitungen, andere gaben zu bedenken, dass beide vielleicht nicht völlig unrecht hätten. *Mobilia* widmete der Debatte eine ganze Ausgabe mit Artikeln und Stellungnahmen, von denen die meisten sich kritisch zu den Urhebern der Debatte äußerten. Finn Juhl fühlte sich von der Kritik getroffen, er und Jens H. Quistgaard wollten die Sache nicht einfach auf sich beruhen lassen. Sie störten sich auch an Mogensens und Karlsens bisweilen unsachlichem Ton. Daher verfassten sie gemeinsam unter dem

Das Modell *3245* aus dem Jahr 1961 unterscheidet sich mit seiner gerundeten Sitz- und Lehnenform stark von den anderen Möbeln, die Mogensen in den 1960er-Jahren entwarf: Diese waren üblicherweise von kantigen, quadratischen Formen geprägt. Der Stuhl *3245* wurde aus Formsperrholz hergestellt, die Sitzfläche bestand aus kräftigem Leder.

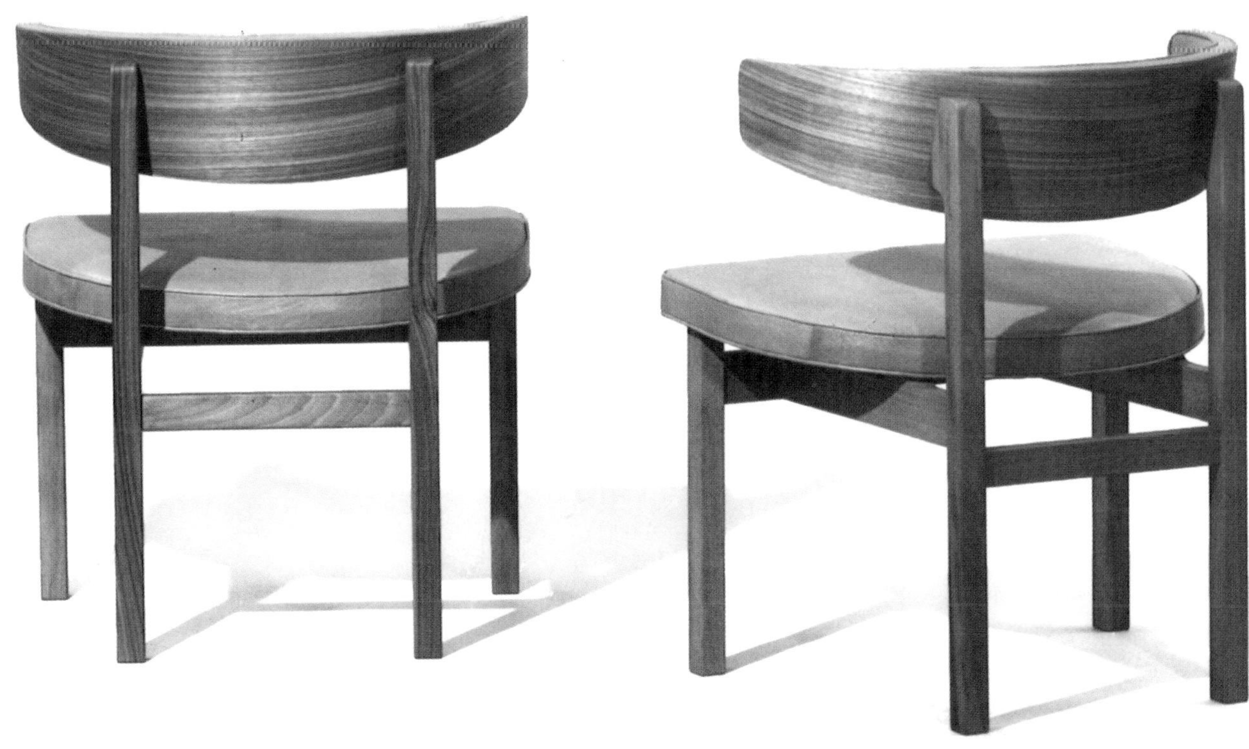

Dieses Sofa aus massivem Eichenholz von 1960 ist repräsentativ für die Möbel, die Mogensen in den 1960er-Jahren für die Fredericia Stolefabrik entwarf. Die Sitzpolster des Modells *216* waren abnehmbar.

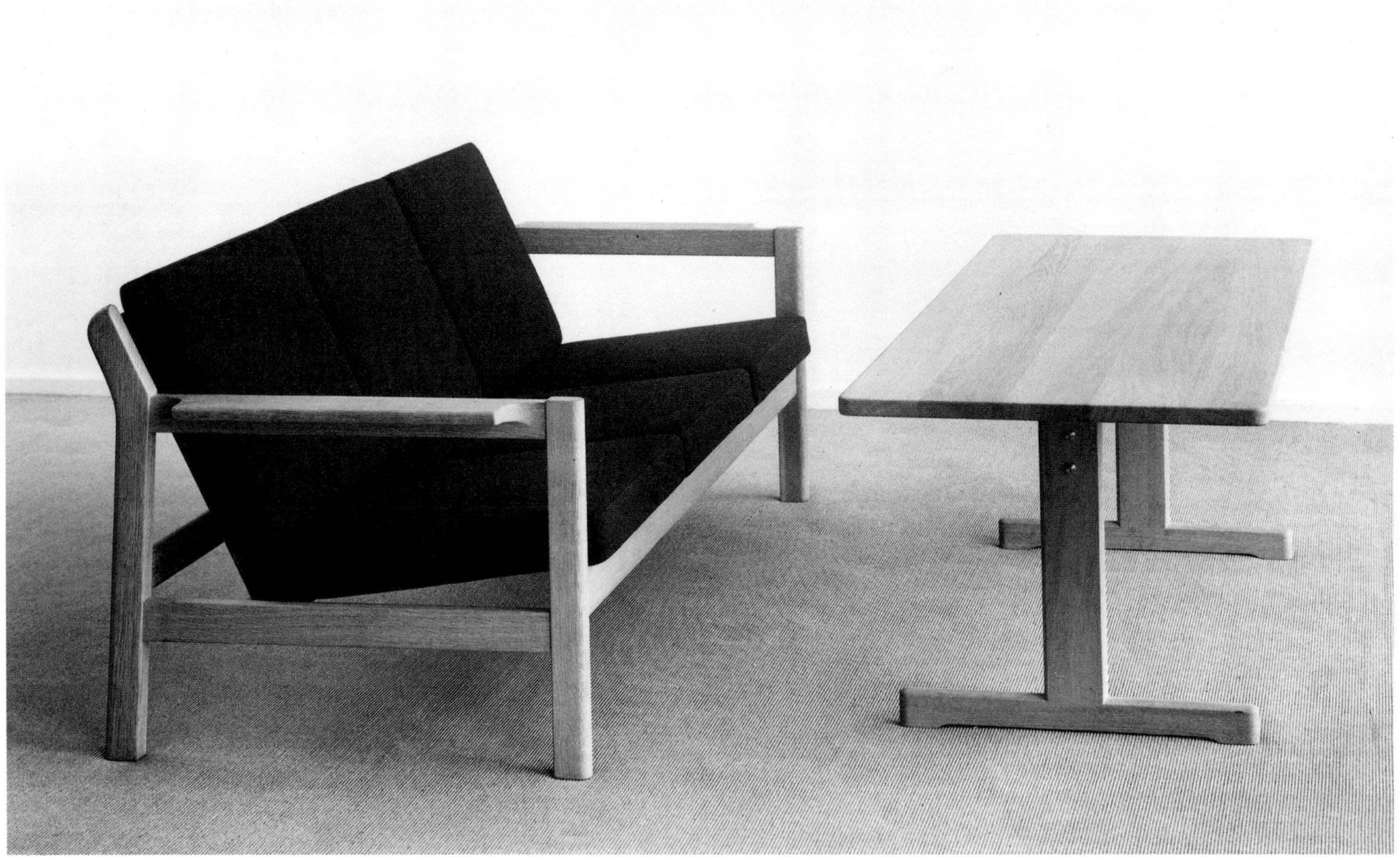

Titel »Danke, gleichfalls« eine nüchterne und ruhige Entgegnung. Finn Juhl verstand nicht, warum Möbel nicht auch schön anzusehen sein sollten. Er war wie Mogensen Verfechter einer funktionalen Formensprache, doch warum durften Möbel nicht Assoziationen mit Kunst wecken, und warum sollte man unter Berufung auf soziale Aspekte alles schlicht und trist gestalten – warum so ernst?

In Verbindung mit der Möbelausstellung der Tischlerinnung des Jahres 1962 war es dann mit der Zurückhaltung vorbei, und Finn Juhl verlieh seinem Zorn ungefiltert Ausdruck. Für das Boulevardblatt *B. T.* rezensierte er Mogensens und Karlsens Möbel mit sarkastischen Formulierungen wie: »Von Børge Mogensen stammen ein sehr großer, runder Esstisch und einige außergewöhnlich plumpe Stühle.« Ende vom Lied war, dass Juhl und Mogensen kein Wort mehr miteinander redeten. Der Redakteur und Architekt Svend Erik Møller lieferte in der Zeitung *Politiken* vielleicht die nüchternste Auslegung ihrer hitzigen Debatte:

»Arne Karlsen und Mogensen haben ja in vielem, was sie sagen, so recht, so recht – trotzdem muss man ihnen in einigen wesentlichen Punkten widersprechen. Die Position, die sie vertreten, ist stark, denn der wahre Glaube hat jetzt schon ein ganzes Menschenalter auf dem Buckel, und jeder kennt den Katechismus. Aber auch schwach, weil die beiden Verfasser nicht einsehen wollen, dass sich in den letzten dreißig Jahren einiges verändert hat und der Funktionalismus nicht mehr das Maß aller Dinge ist, wie damals in den seligen und einseitigen Kampfzeiten. Beide sind mit Haut und Haar Anhänger der Klint-Schule, mit all ihren Stärken, aber auch ihrer unverhohlenen Intoleranz gegenüber Andersdenkenden.«

Møller hatte einen wunden Punkt benannt: Mogensens mangelnde Aufgeschlossenheit gegenüber neuen Designtrends. Gegen Ende des Jahres 1962 verfasste Mogensen eine Notiz für sein privates Archiv, in der er Bilanz zog:

»Es ist wirklich kein Spaß, derart missverstanden zu werden. Uns sind, seit wir vor knapp einem Jahr »Gebrauchskunst auf Abwegen« verfassten, eine Menge abwegiger Haltungen in die Schuhe geschoben worden. Dass die Tagespresse Zitate aus dem Zusammenhang reißt, wie es ihr passt, und zu Aufmerksamkeit heischenden Schlagzeilen verwurstet, muss man wohl mit Gleichmut hinnehmen. Schwer zu ertragen ist es, wenn Fachjournalisten beim Lesen ein Auge zukneifen und einen nicht anhand des Wortlauts und im Kontext deuten – sondern aufgrund einer oberflächlichen Bekanntheit mit dem Verfasser. Man wird dafür verurteilt, der zu sein, für den die Leute einen *halten.*«

Ein nicht unerheblicher Teil seines Schaffens bestand ja gerade in Mogensens kritischer Haltung gegenüber der Branche und seinen Kollegen. Während seiner gesamten Karriere trug er dazu bei, die Diskussion lebendig zu halten, und musste auch selbst oft Kritik einstecken, von Kollegen wie von Rezensenten, die ihm vorwarfen, zu stark den Dogmen der Klint-Schule verhaftet zu sein. Doch Mogensen ließ sich nicht beirren. Ihm kam es darauf an, »Dinge zu kreieren, die dem Menschen dienen, mit dem Mensch im Mittelpunkt, statt auf Teufel komm raus den Mensch den Dingen anzupassen«, wie er es 1958 in einem Interview mit *B. T.* formulierte.

Und doch gelang es ihm zum Teil, sich von der Klint-Schule zu lösen. Zum einen schaffte er es, Qualitätsmöbel für die breite Bevölkerung in Serie zu fertigen. Kaare Klint war es nie gelungen, diese Vision zu verwirklichen, er war und blieb der Möbelarchitekt des Bürgertums. Einzig mit seinem *Safari*- und dem *Kirchenstuhl* erreichte Klint die Allgemeinheit. Zum anderen entwickelte Mogensen eine ganz eigene Handschrift, die aus vielen seiner Möbel spricht.

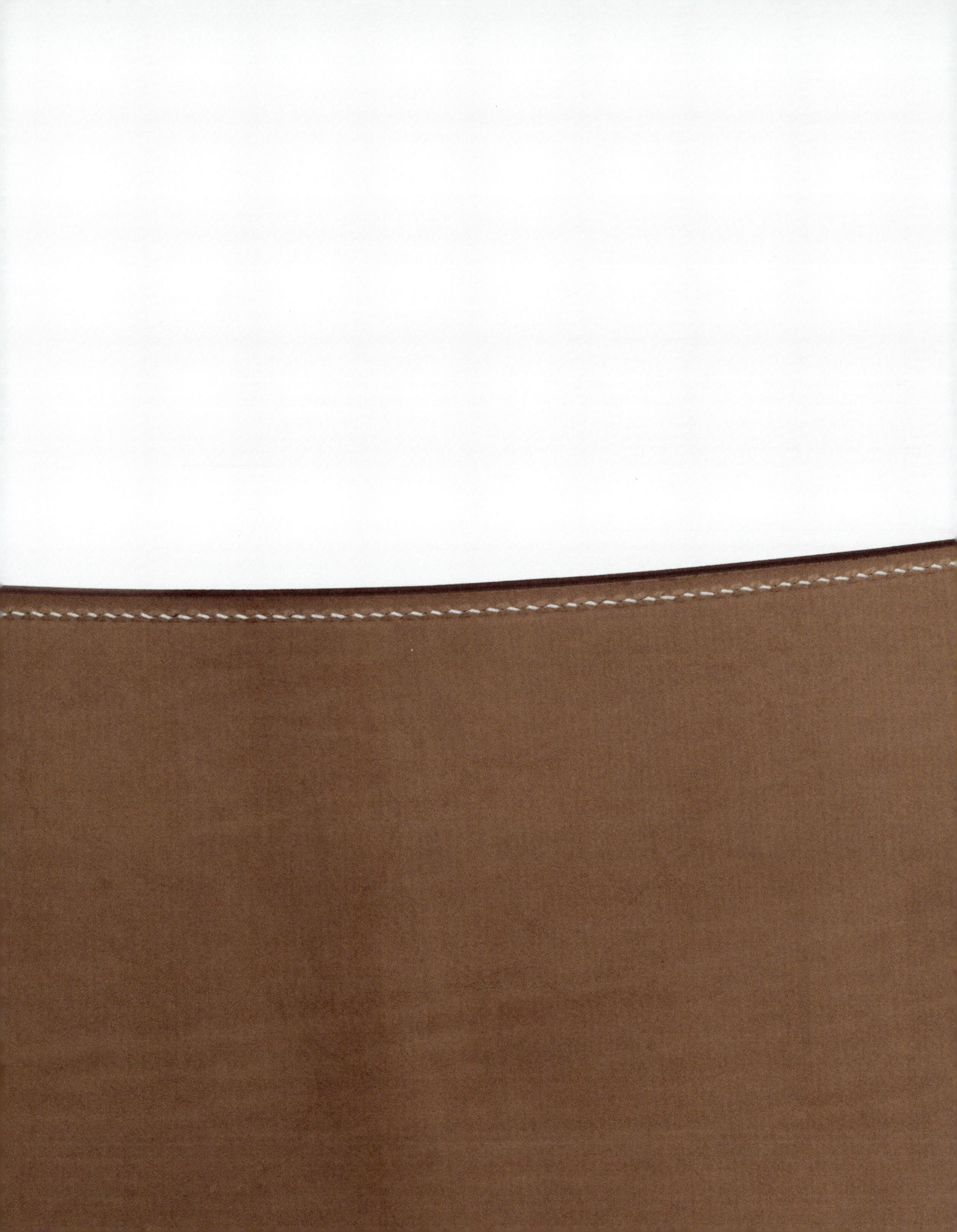

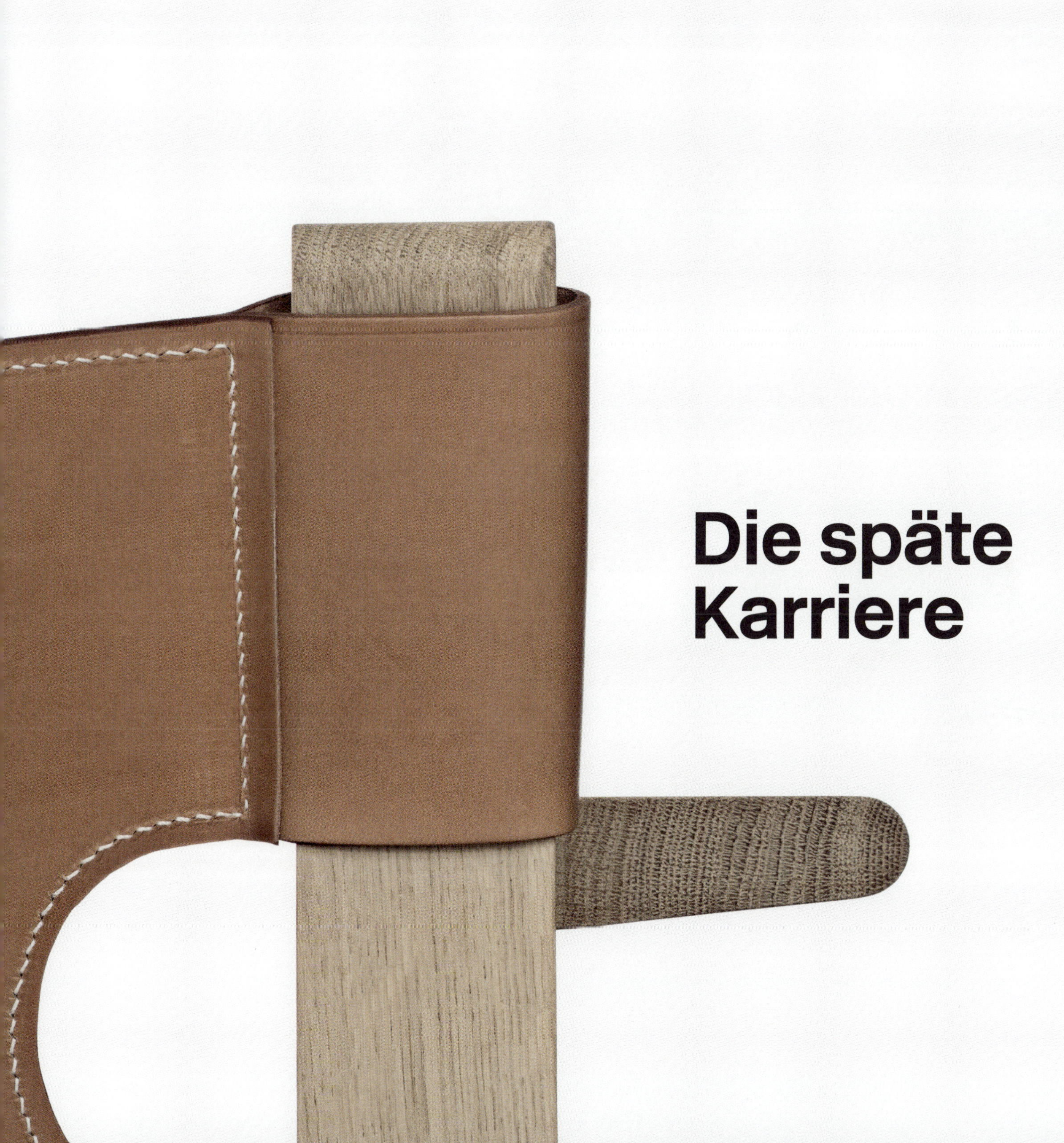

Die späte Karriere

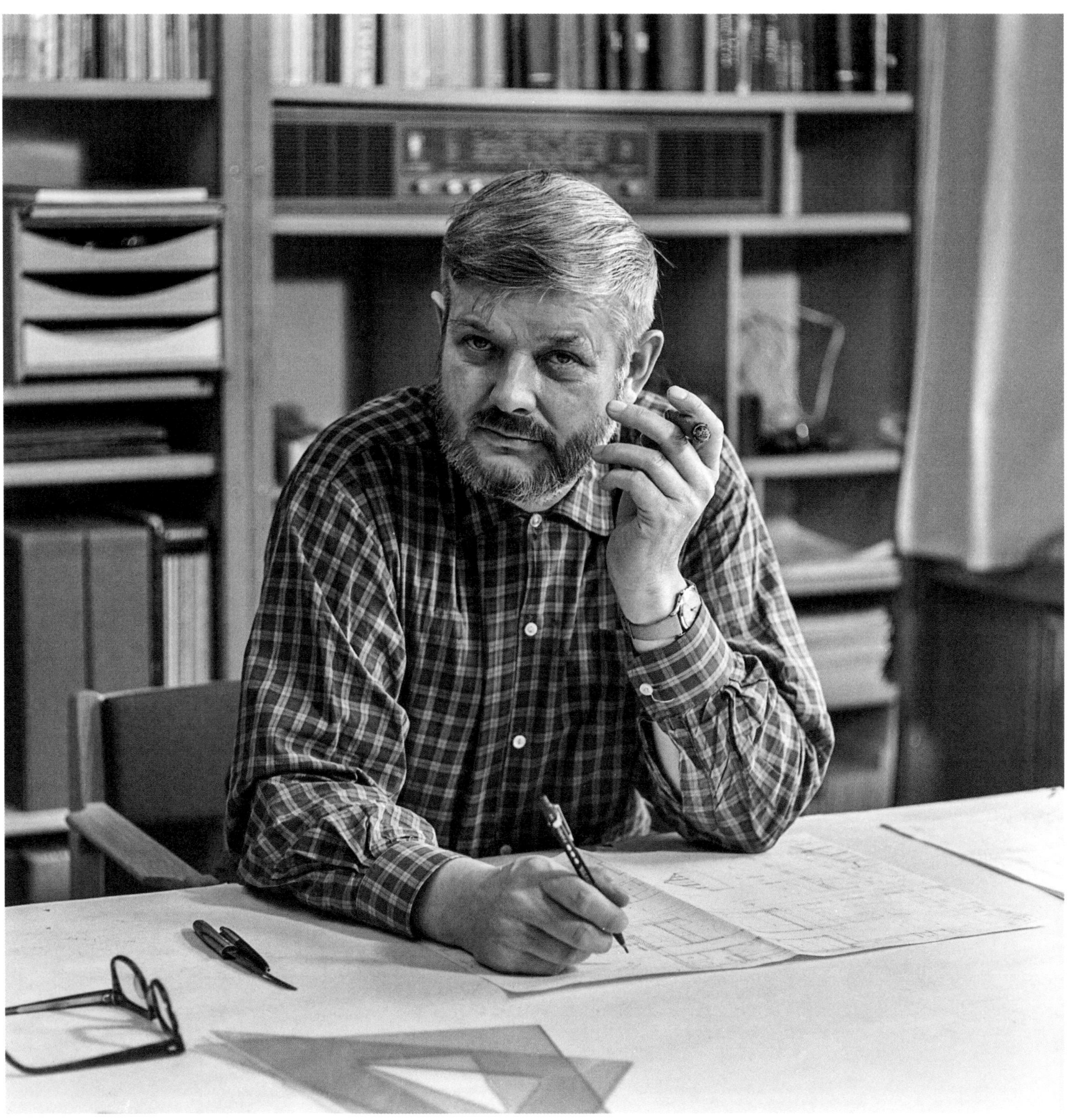

Børge Mogensen am Zeichentisch seines Ateliers im Haus am Soløsevej, Mitte der 1960er-Jahre. Hier verbrachte er jeden Tag viele Stunden, vertieft in seine Arbeit.

Das Haus am Soløsevej – ein Versuchslabor

Fünfzehn Jahre lang war das Haus am Soløsevej 37 Fixpunkt im Arbeitsleben Børge Mogensens (vgl. auch Text und Abbildungen S. 12–27). Er und seine Familie, die seit Anfang der 1940er-Jahre in Hostrups Have in Frederiksberg zur Miete gewohnt hatten, zogen 1958 in das Haus im Kopenhagener Vorort Gentofte. Hier konnte er seinen Wunsch verwirklichen, Wohnung und Zeichenatelier unter einem Dach zu vereinen. Er versprach sich davon nicht zuletzt mehr Zeit für die Familie – und man konnte sicherlich nicht leugnen, dass es praktisch war, immer alle Zeichnungen zur Hand zu haben.

Mogensen entwarf und baute das Haus am Soløsevej zusammen mit dem Architekten Arne Karlsen, mit dem er befreundet war, und dem Architekten Erling Zeuthen Nielsen. Für das Grundstück, das Hans J. Wegner für ihn ausfindig gemacht hatte, bezahlte er 36 000 Kronen. Bevor 1957 mit dem Neubau begonnen werden konnte, musste das alte Sommerhaus auf dem Grundstück abgerissen werden. Im Jahr darauf zog die Familie Mogensen ein.

Mogensen nannte das Haus sein »Versuchslabor«. Hier entwarf er nicht nur seine Möbel, er probierte sie auch aus, ehe sie in die Serienproduktion kamen. Viele seiner bekannten Möbel waren ursprünglich Entwürfe für sein neues Heim. Überall im Haus standen Prototypen. Kam ein neuer Stuhl oder ein neues Sofa frisch aus der Fabrikswerkstatt, war es Aufgabe der Familie, es einem Alltagstest zu unterziehen: Die Söhne hüpften auf den Sofas herum, Esszimmerstühle wurden tagein, tagaus gebraucht, und die Möbel standen mal in diesem, mal in jenem Zimmer. Nur was sich im täglichen Gebrauch bewährte, war gut genug.

Die Idee für den *Spanischen Stuhl* von 1958 kam Mogensen im Spanienurlaub mit seiner Familie. Die breiten Armlehnen und der niedrige Sitz traditioneller spanischer Stühle hatten es ihm angetan. Beim *Spanischen Stuhl* ließ er den ökonomischen Faktor außer Acht. Es wurde eines seiner teuersten Möbel.

Die grüne Gegend, in der das Haus lag, trug in den 1960er-Jahren den Spitznamen »Architektenmoor«, weil viele der damals bekannten Architekten dort hinzogen. Hier wohnten unter anderem Jørn Utzon (1918–2008), Eva (1916–2006) und Nils Koppel (1914–2009), Mogens Lassen (1901–1987), Karen (1917–2001) und Ebbe Clemmensen (1917–2003) und nur ein paar Hundert Meter von Mogensen entfernt Hans J. Wegner. Das Zeichenatelier lag im Untergeschoss und war verhältnismäßig klein. Wie viele seiner Kollegen wollte Mogensen kein großes Atelier mit vielen Angestellten. Hier saß er nun jeden Tag, arbeitete an den Entwürfen seiner Prototypen und rauchte dabei Zigarren. Nach dem Mittagessen mit Alice ging er wieder hinunter ins Atelier und machte sich erneut an die Arbeit.

Während der ganzen Jahre, die Mogensen mit seiner Familie am Soløsevej wohnte, nutzte er das Haus als kreative Spielwiese und Versuchslabor. Wie bei seinen Möbeln unterzog er auch das Haus selbst immer wieder Veränderungen. So kam es vor, dass er, während die Kinder in der Schule waren, in den Kinderzimmern die Decke unter der Dachschräge abhängte. Ein anderes Mal zog er in der Küche eine Trennwand ein, brachte Wandverkleidungen an oder möblierte das Wohnzimmer um.

Ein offenes Haus für Kunst und Freunde

Neben Mogensens Möbeln spielte Kunst eine wichtige Rolle bei der Einrichtung des Hauses. Sein Tor zur Gegenwartskunst war der Kunsthändler Viggo Clausen. In Clausens Geschäft in der Toldbodgade in Kopenhagen stieß Mogensen immer wieder auf spannende Objekte. Mogensen interessierte sich vor allem für zeitgenössische Künstler und Kunsthandwerker, die wie er selbst nach dem Natürlichen, Menschlichen strebten und ihre Inspiration in der Natur und den alltäglichen Dingen fanden. Ganz besonders faszinierten ihn der Grafiker Palle Nielsen (1920–2000) und der Bildhauer und Maler Svend Wiig Hansen (1922–1997), die sich beide mit den existenziellen Lebensbedingungen des modernen Menschen auseinandersetzten.

Oft bot das Haus am Soløsevej den Rahmen für gesellige Zusammenkünfte und Abendgesellschaften. Durch seine Arbeit bildete sich um Mogensen ein Kreis von Freunden und Kollegen, die regelmäßig am Soløsevej vorbeikamen. Da ging es nicht selten hoch her. Ob mittags mit Freunden bei traditionellem Smørrebrød (mit Bier und Schnaps, versteht sich), oder wenn Mogensen Geschäftspartner zum Abendessen einlud: Alice sorgte für gediegene dänische Küche, während Børge die Gäste unterhielt. Mogensen war ein großzügiger Gastgeber, der es nie an etwas fehlen ließ.

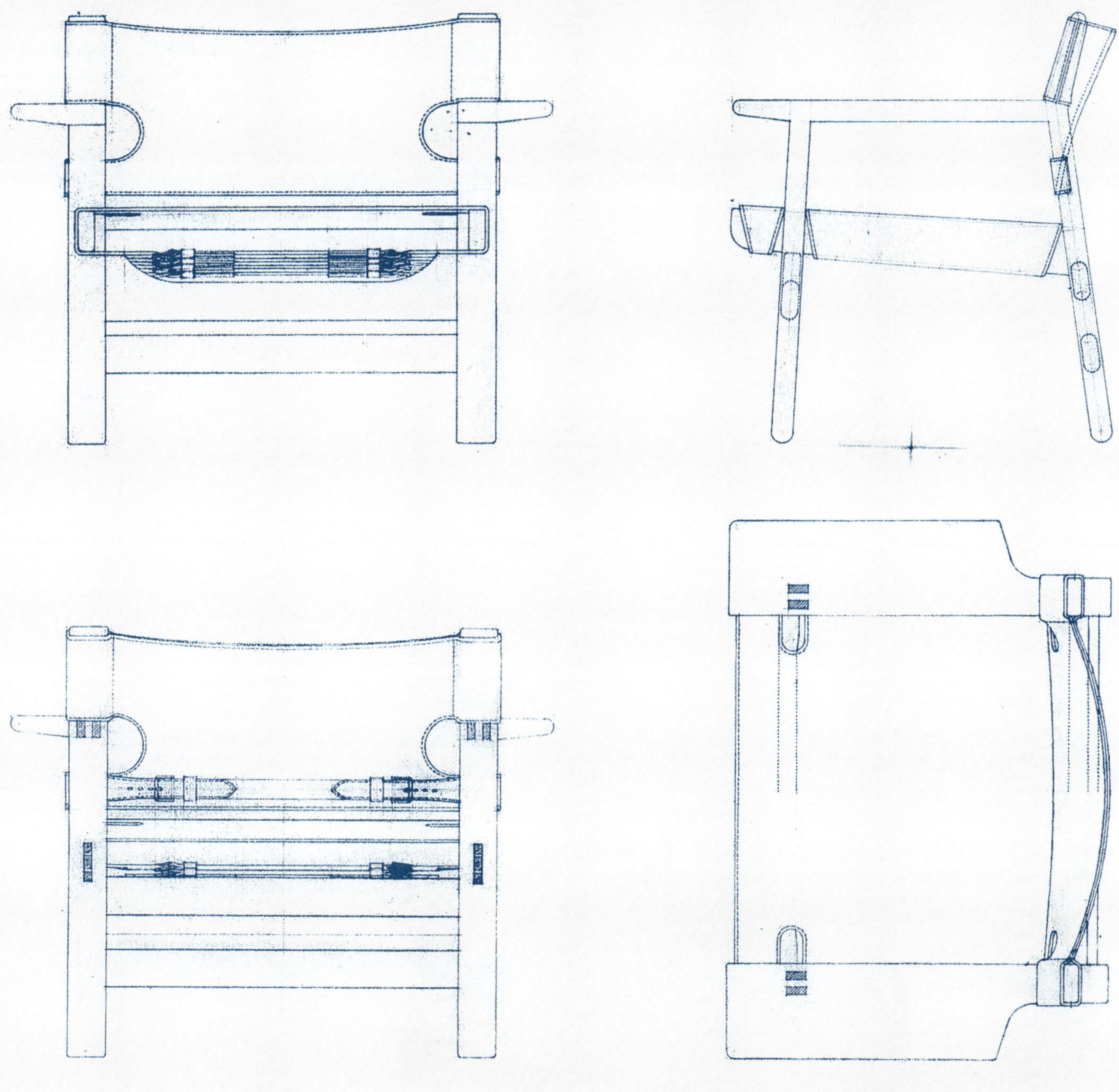

Stringente Linien waren charakteristisch für Mogensens Möbel. Er vermied Verzierungen und ließ alles Überflüssige weg. Für ihn lag die Schönheit in der Einfachheit der Konstruktion, der Maserung des Holzes und, wie hier bei dem *Spanischen Stuhl*, der Materialität des dicken, cognacfarbenen Kernleders, das mit den Jahren eine immer schönere Patina entwickelte.

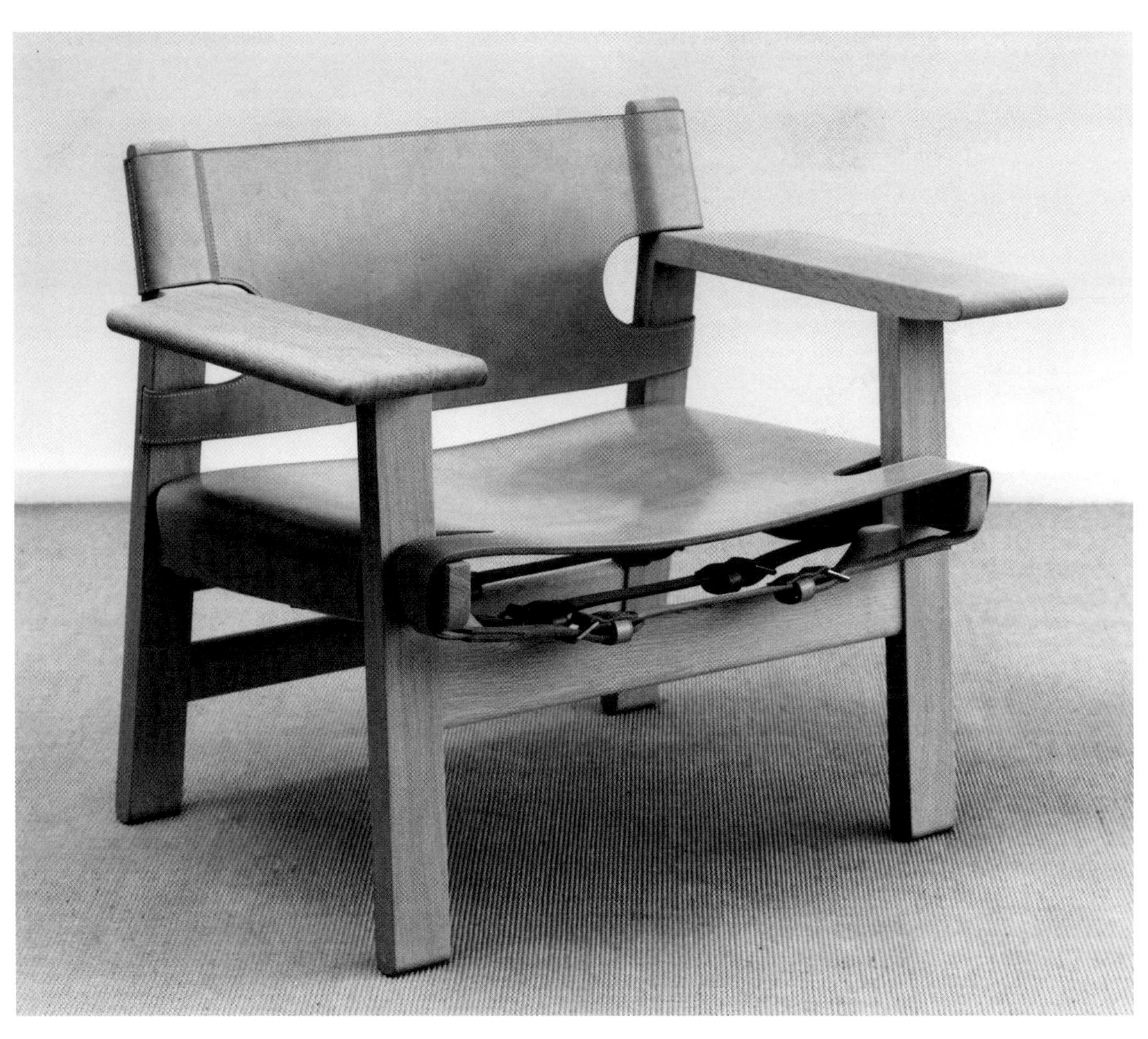

Nur Tischdecken suchte man in der Regel vergeblich – warum auch die schöne Maserung verstecken. Zu Alice und Børges engsten Freunden gehörten im Lauf der Zeit Palle Nielsen mit seiner Frau Elsa und Svend Wiig Hansen. Aber auch seine Mitarbeiter John Vedel-Rieper, Lis Ahlmann, Vibeke und Morten Klint, Gertrud Vasegaard, Andreas Graversen und Arne Karlsen waren oft am Soløsevej zu Gast.

Der Spanische Stuhl

Auf der Möbelausstellung der Tischlerinnung im Jahr 1958 erregte ein Möbelstück von Børge Mogensen ganz besondere Aufmerksamkeit: der *Spanische Stuhl*. Er gilt inzwischen als einer der Entwürfe Mogensens mit dem höchsten Wiedererkennungswert und als eine Ikone dänischer Möbelkunst. Die Anregung dafür verdankte Mogensen einem Familienurlaub in Spanien, wo ihm beim Herumreisen eine bestimmte Art von Stuhl besonders aufgefallen war. Von den breiten Armlehnen und dem tiefen Sitz war er sofort begeistert.

Ausgehend von diesem traditionellen spanischen Stuhltyp und mithilfe seiner in 20 Jahren gesammelten Erfahrung entwarf er einen Lehnstuhl mit perfekten Proportionen. Ein wuchtiger Stuhl, der trotzdem dezent wirkte. Die einfache Konstruktion kam mit wenigen Streben aus, die außer in der mit Kernleder bespannten Rückenpartie im rechten Winkel verliefen. Die ungewöhnlich breiten Armlehnen aus massivem Eichenholz waren ideale Stellflächen für ein Bier oder eine Kaffeetasse.

Auf der Möbelausstellung der Tischlerinnung zeigte er den *Spanischen Stuhl* zusammen mit dem *Fußballsofa* unter dem Motto »Möbel für ein Landhaus«. Der Stuhl, der zu den persönlichen Lieblingsmöbeln Mogensens zählte, wurde 1959 in das Programm von Fredericia Stolefabrik aufgenommen. Der *Spanische Stuhl* wurde von der Presse gut angenommen, denn an der Qualität und der Funktion gab es nichts zu kritteln, doch es wurden auch Stimmen laut, die sich über die Zielgruppe wunderten. Der Redakteur und Schriftsteller Johan Møller Nielsen etwa schrieb in der Zeitung *Social-Demokraten*:

»Schauen wir uns einmal Børge Mogensens Möbel für ein sogenanntes Landhaus an. Sie sind einfach wunderschön, und man sitzt auch hervorragend in ihnen. Da wären Stühle aus Holz und Leder,

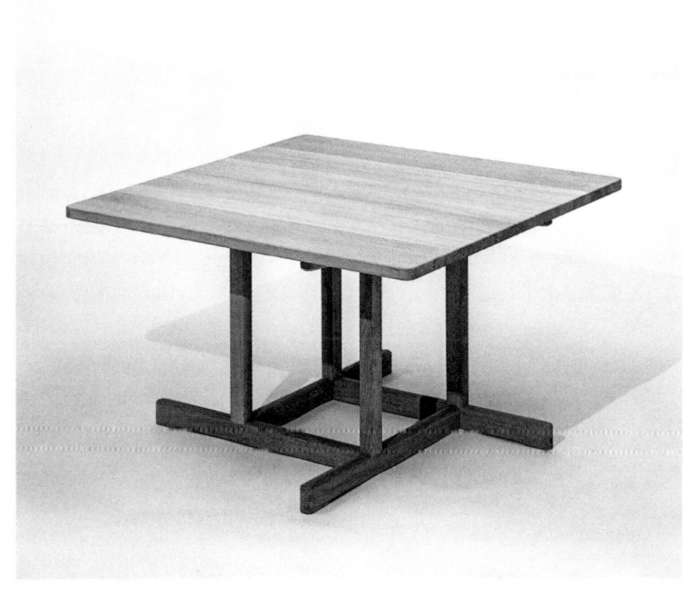

Mogensen entwarf seinen Sofatisch *5271* passend zum *Spanischen Stuhl*: Die Armlehne des Stuhls lag auf einer Ebene mit der Tischplatte. Der von Mogensens früheren Shaker-Tischen beeinflusste Sofatisch bestand aus massivem, unbehandeltem Eichenholz. Seine gegeneinander versetzten »Füße« verliehen den sonst strengen Linien eine gewisse Dynamik.

Dieses spektakuläre Kombinationsmöbel entwarf Børge Mogensen für die Möbelausstellung der Tischlerinnung im Jahr 1962. Es war für ein Arbeitszimmer gedacht und bestach durch seine Multifunktionalität: Man konnte an dem Stehpult arbeiten oder auf dem Daybed (das seinerseits mit einem vielseitig verwendbaren Tisch ausgestattet war) liegen oder sitzen. Die exklusive Kombination aus Teakholz war Mogensens letzter Beitrag zu den Innungsausstellungen.

Tische mit Tischflächen aus Flechtwerk und ein Lehnstuhl mit Knierolle und Nackenkissen: ein Liege-Sitz-Möbel für den ganz ausgebufften Faulenzer! All diese Möbel sind so teuer hergestellt, wie nur irgend möglich. Die ganze Einrichtung ist ein Traum und könnte ohne Weiteres im Louisiana-Museum als Beispiel für die beste Möbelkunst unserer Tage ausgestellt werden. Bloß – mit Blick auf die Bevölkerung hat diese Möbelgruppe keinerlei sozialen Wert. Auch nicht ansatzweise!«

Der *Spanische Stuhl* markierte eine deutliche Abkehr Mogensens von dem demokratischen Grundgedanken und der asketischen Formensprache, die ihn bisher bei all seinen Entwürfen geleitet hatten. Nicht unähnlich den Möbeln, für die er seine Kollegen gerügt hatte, spielte die Funktion nicht mehr die Hauptrolle.

Sein Stand auf der Innungsausstellung wurde mit dem Jahrespreis in Höhe von 3000 Kronen ausgezeichnet, für »geschickt und persönlich gestaltete Möbeltypen, in Zusammenarbeit mit Tischlermeister Erhard Rasmussen. In Anerkennung der Bedeutung, die seine Arbeit im Lauf der Jahre für die Ausstellung und die Entwicklung der dänischen Möbelkunst gehabt hat.« Auch hinsichtlich seiner Verkaufszahlen war der *Spanische Stuhl* ein Erfolg. In den 1960er- und 1970er-Jahren fand man ihn in vielen Typenhäusern vor dem offenen Kamin oder großen Fensterpartien. Der Stuhl wirkte am besten mit ausreichend Platz um sich herum, wenn man ihn von allen vier Seiten sehen konnte.

1962 nahm Mogensen zum letzten Mal an der Möbelausstellung der Tischlerinnung teil, im Rahmen einer Spezialausstellung, die er selbst mit angeregt hatte. Statt jedem Architekten seinen eigenen, in sich geschlossenen Stand zu geben, gestalteten zehn Architekten gemeinsam die Ausstellung in Form einer großen, offenen Wohnung. Mogensen steuerte ein Arbeitszimmer bei, dessen Möbel auf eine neue Art angeordnet waren. Neben einem gewöhnlichen Schreibtisch mit Schubladen war da noch ein Schreibpult mit verstellbarer Platte und ein Daybed mit integriertem Tisch, der sich ebenfalls als Schreibpult benutzen ließ. Sein Arbeitszimmer bot so gleich mehrere Arbeitsplätze für verschiedene Zwecke, an denen man im Stehen, Sitzen oder Liegen arbeiten konnte.

Das Botschaftssofa

1962 entwarf Mogensen zunächst für sein Haus am Soløsevej das Sofa *2213*, das später unter der Bezeichnung *Botschaftssofa* bekannt wurde. Es beinhaltete die Weiterentwicklung von Kaare Klints kastenförmigem *Barcelonasofa*, das dieser 1929 auf der Weltausstellung in Barcelona im dänischen Pavillon gezeigt hatte. Eine starke Ähnlichkeit, gerade im Hinblick auf die Konstruktion, ließ sich nicht verleugnen. Trotzdem gelang es Mogensen, seinem Entwurf einen neuen, modernen Anstrich zu verleihen, indem er die Höhe der Rückenlehne reduzierte und auf das mittlere Paar Sofafüße verzichtete.

Sein nicht gerade bescheidenes Ziel war, das beste Sofa der Welt zu bauen. Er hatte es satt, dass man sich als erwachsener Mensch nicht auch einmal der Länge nach hinlegen konnte. Darum entwickelte er ein Modell, das wesentlich breiter war als traditionelle Sofas. Mit seinen klaren Linien sah es von allen Seiten schön und schlicht aus, ohne dass Funktion oder Komfort in irgendeiner Form litten: Bequem war

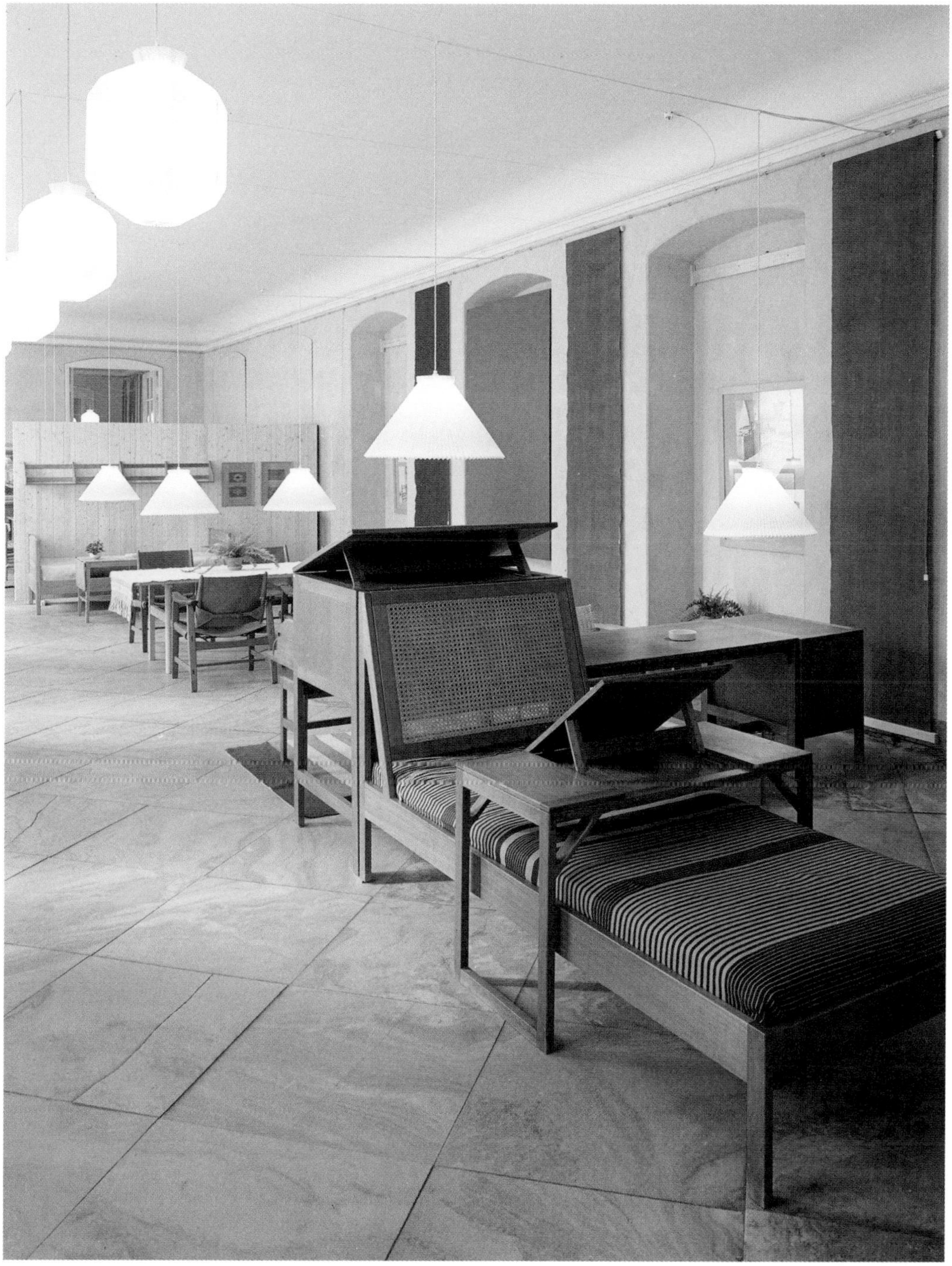

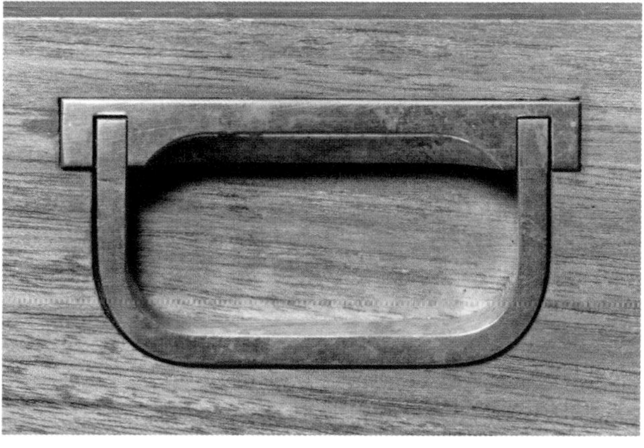

Wie die meisten der von Mogensen entworfenen Aufbewahrungsmöbel war auch dieses Schreibpult für die Innungsausstellung des Jahres 1962 mit einem bündig versenkten Messinggriff ausgestattet.

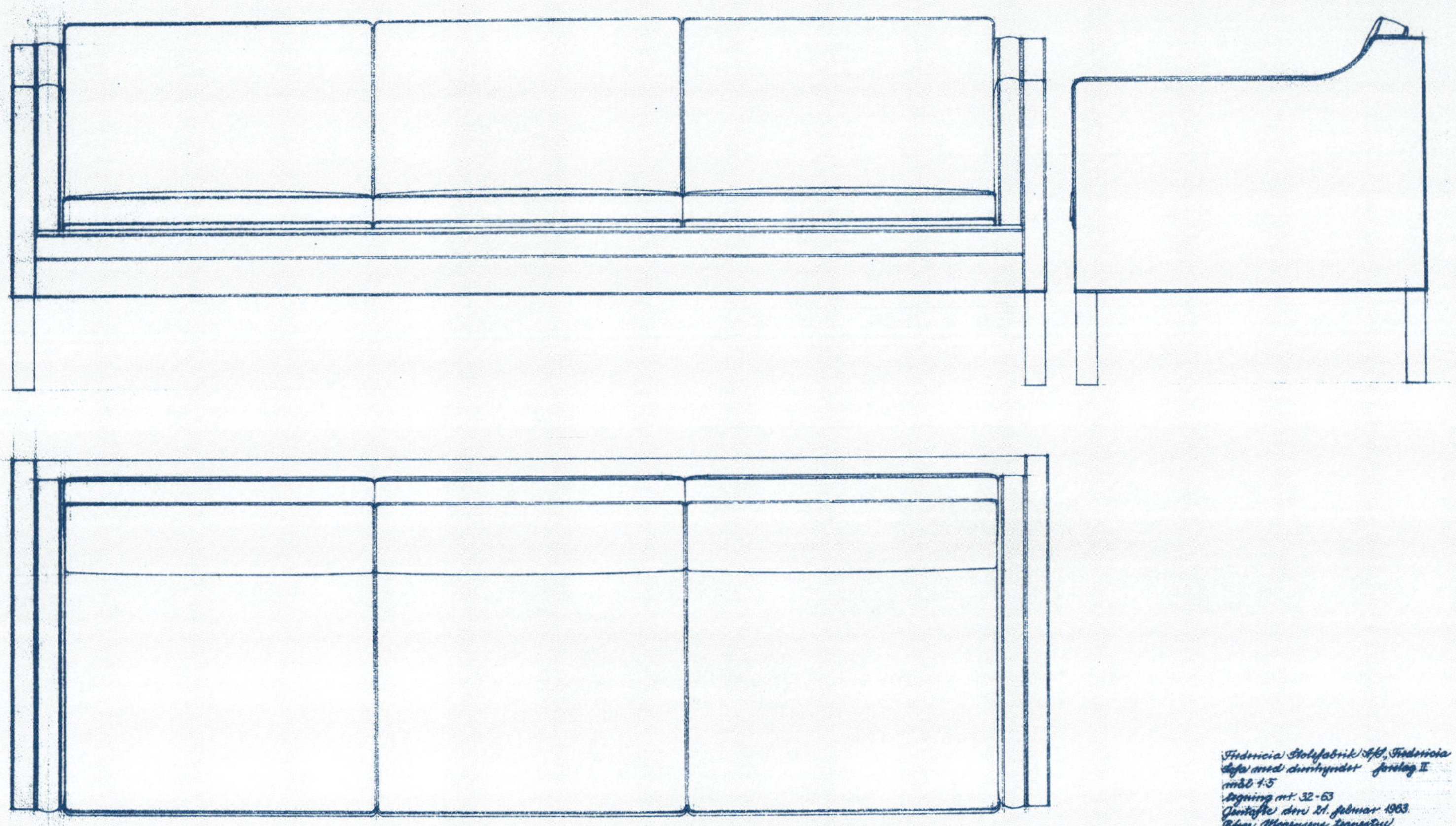

1962 entwarf Børge Mogensen das Ledersofa *2213* zunächst für sein eigenes Wohnzimmer im Haus am Soløsevej. Mit seiner Breite von 222 Zentimetern war es gerade so groß, dass Mogensen sich darauf in ganzer Länge hinlegen konnte. Ein größeres Sofa, fand er, brauchte kein Mensch. Das Sofa wurde von der Fredericia Stolefabrik hergestellt und später unter dem Namen *Botschaftssofa* bekannt, da es in einer Reihe von dänischen Botschaften im Ausland zum Mobiliar gehörte. Mogensen entwarf dazu auch einen Ohren- und einen Lounge-Sessel.

Für den Entwurf seines *Botschaftssofas* (folgende Doppelseite) orientierte sich Mogensen an Kaare Klints *Barcelonasofa* (rechts), das dieser für die Weltausstellung 1929 in Barcelona geschaffen hatte.

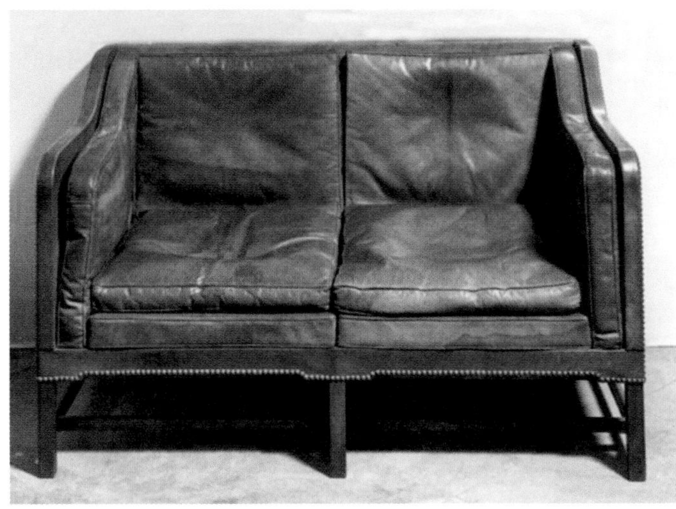

Die Stapeltische, Modell *5377*, konzipierte Mogensen passend zum *Botschaftssofa*. Auch bei sich zu Hause hatte er links und rechts des Sofas jeweils ein Exemplar stehen (vgl. Abb. S. 234/235).

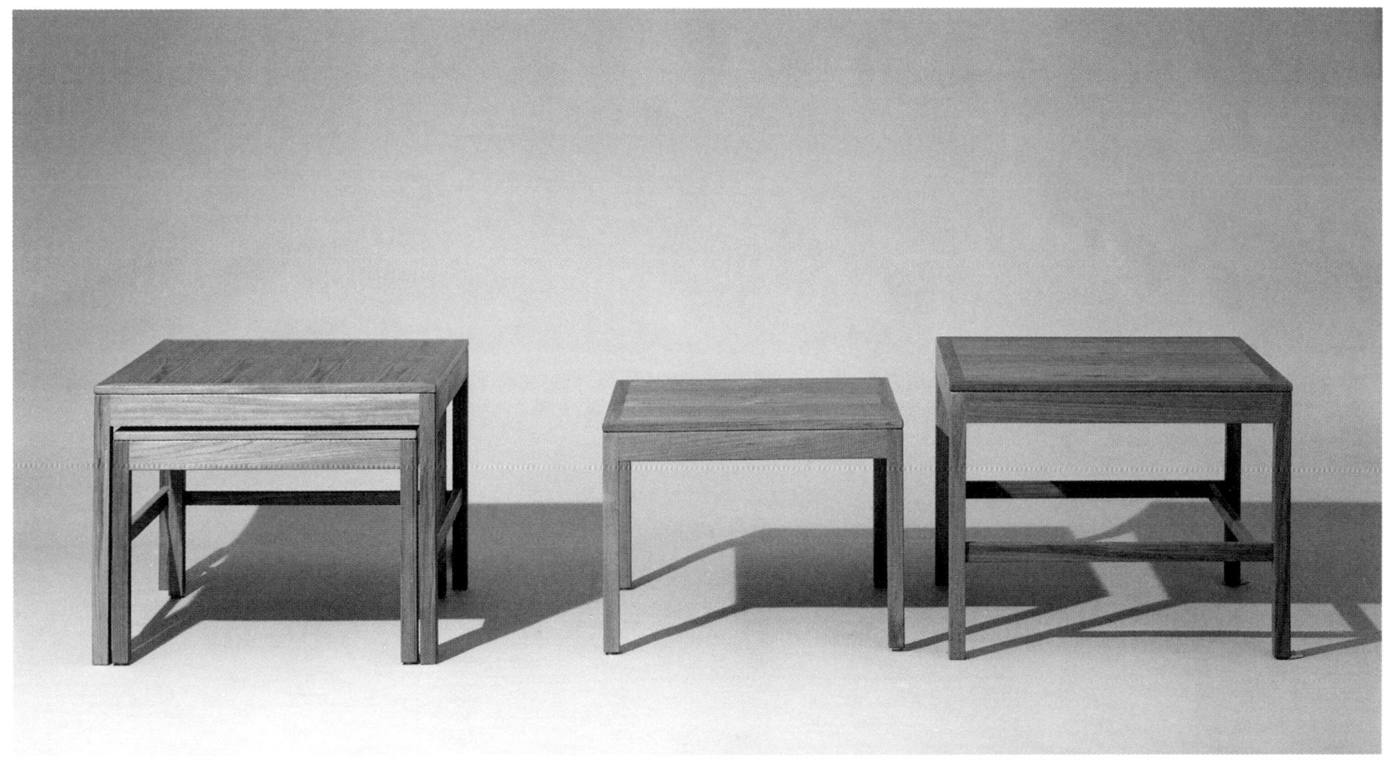

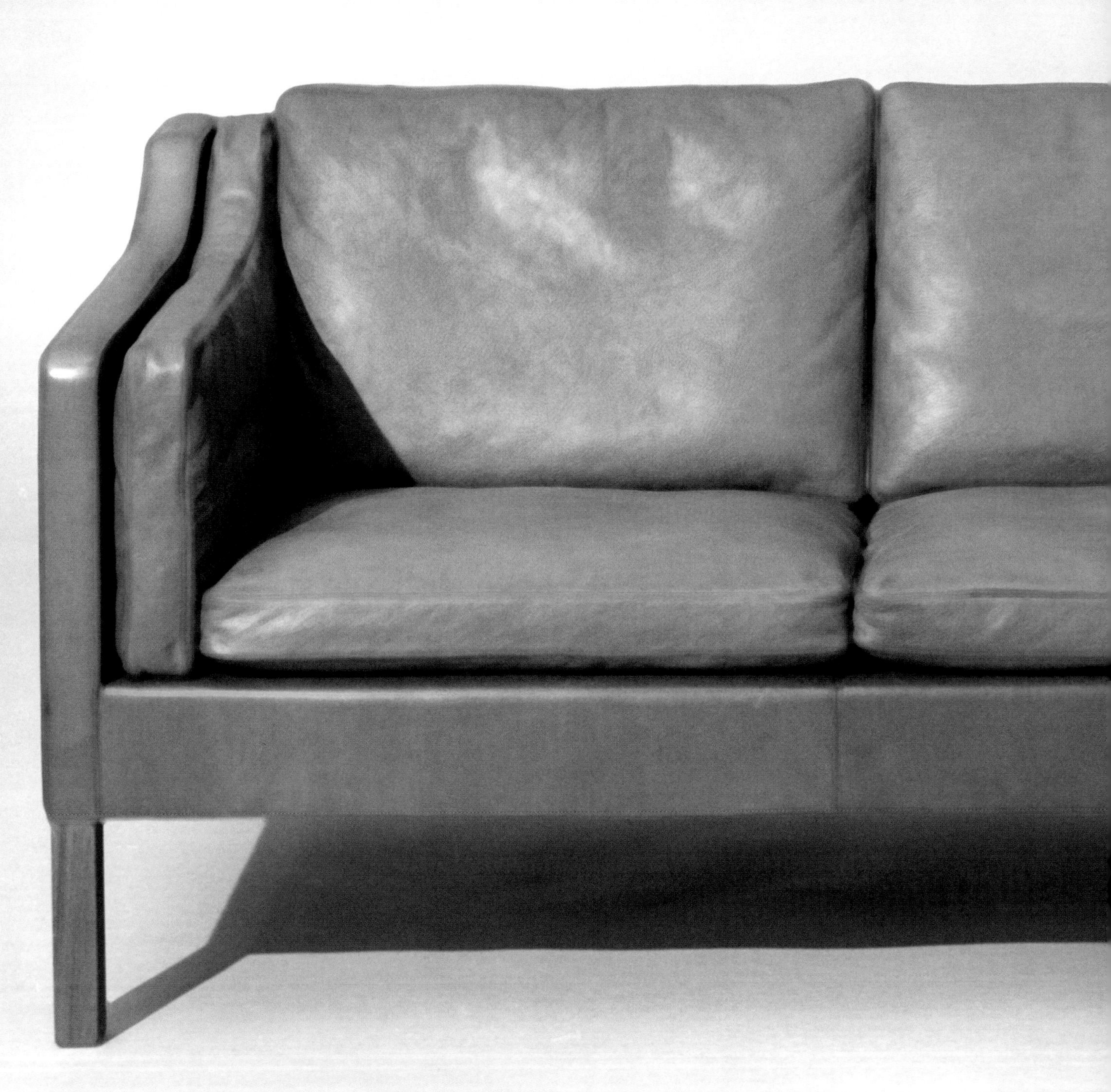

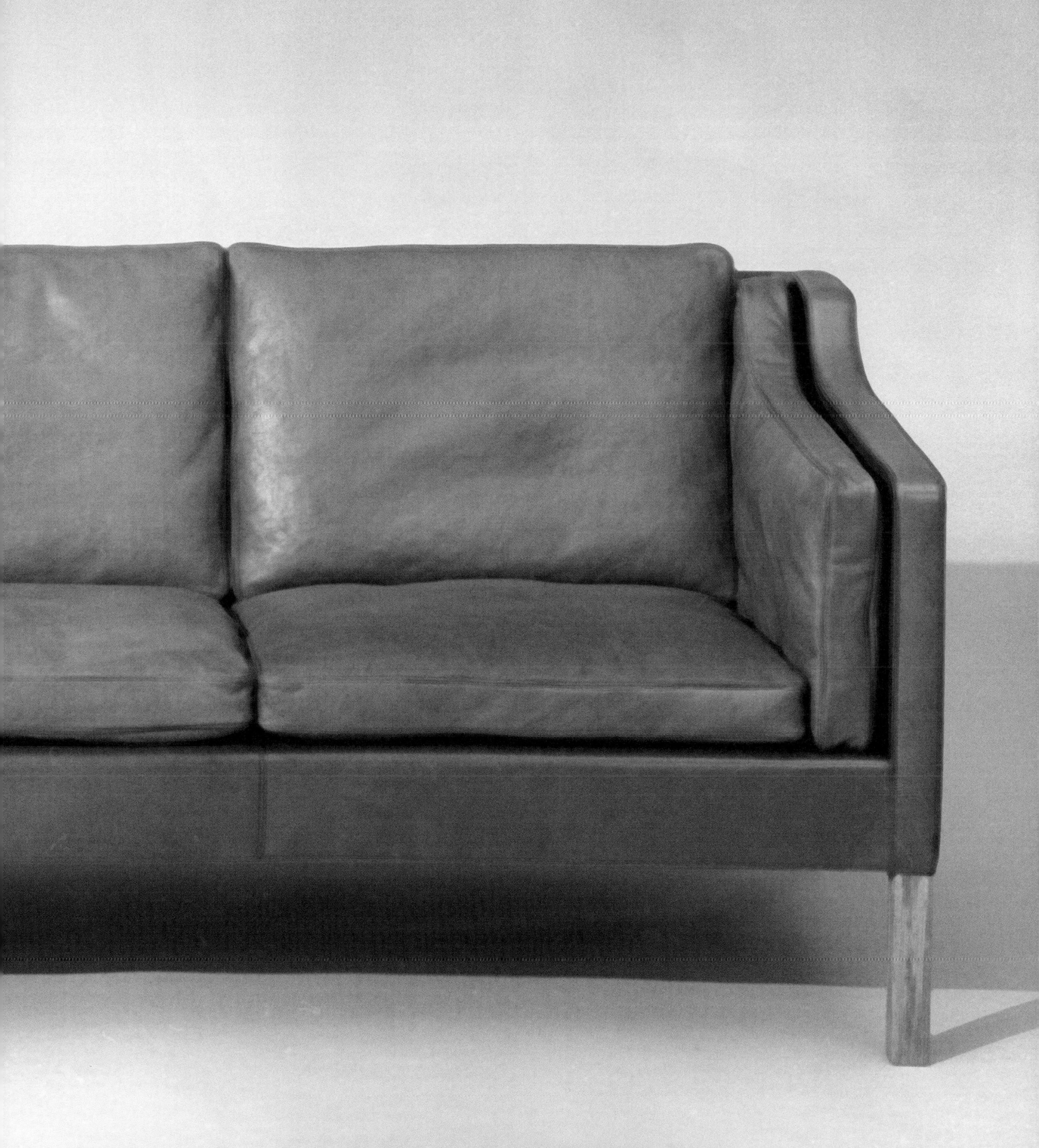

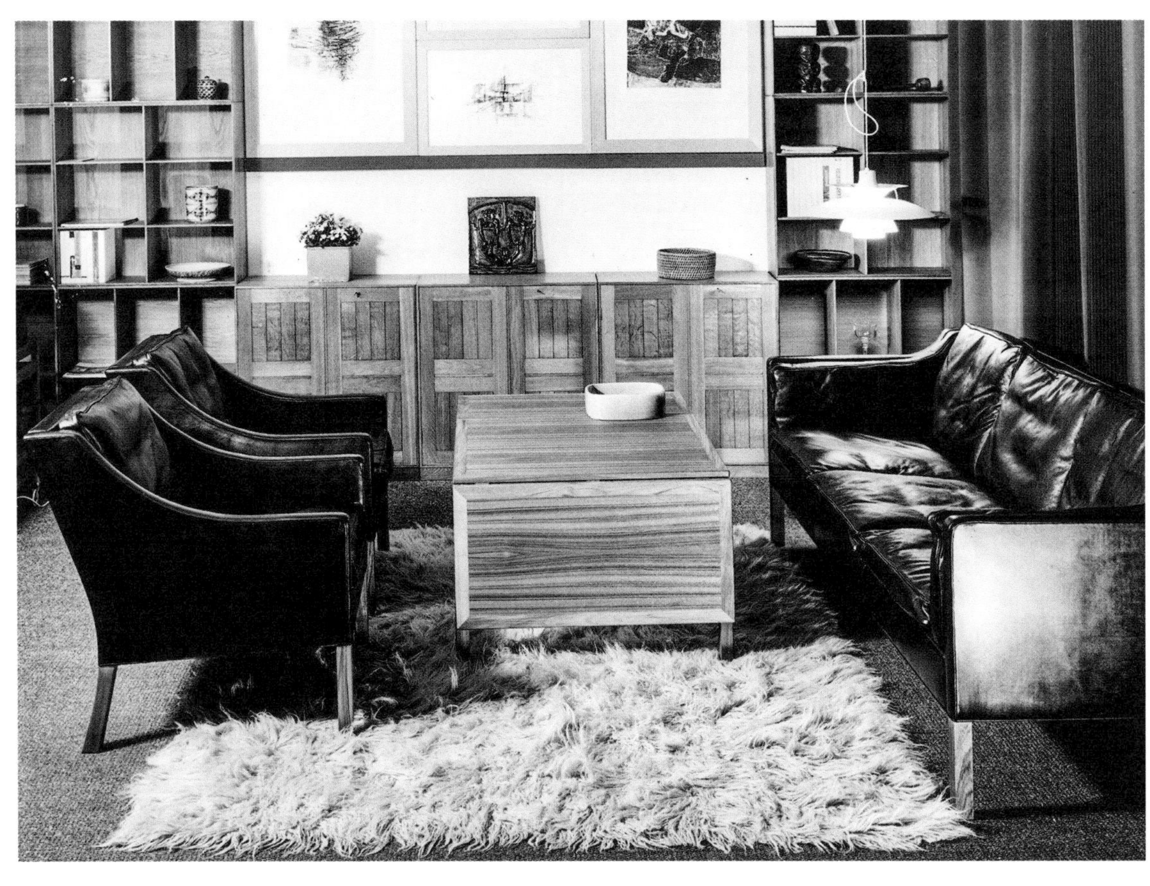

Diese Sofagruppe war eine Entwicklung Mogensens vom Anfang der 1960er-Jahre. Zusätzlich zum *Botschaftssofa* entwarf er 1963 den Lounge-Sessel Modell *2207*. Diese Ledermöbel, die heute noch in Produktion sind, zählen zu seinen ikonischsten Entwürfen. Außer in privaten Wohnungen sind diese Möbel heute oft in Ministerien und anderen staatlichen Institutionen vertreten.

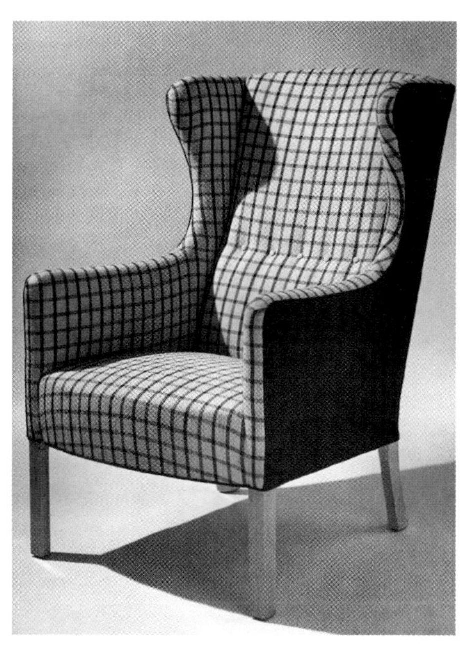

Ein gutes Beispiel für Mogensens Gewohnheit, stets an seinen eigenen Möbeln weiterzuarbeiten, ist sein bekannter *Ohrensessel*. Die erste Variante, damals mit einem karierten Textilbezug (oben), hatte er schon zu FDB-Zeiten entworfen. 1963 folgte eine Version aus Leder (unten). Von den verschiedenen Oberflächen abgesehen sind sich die beiden Sessel zum Verwechseln ähnlich. Charakteristisch für seine Arbeit: Immer wieder kehrte er zu früheren Möbeln zurück und justierte einzelne Details.

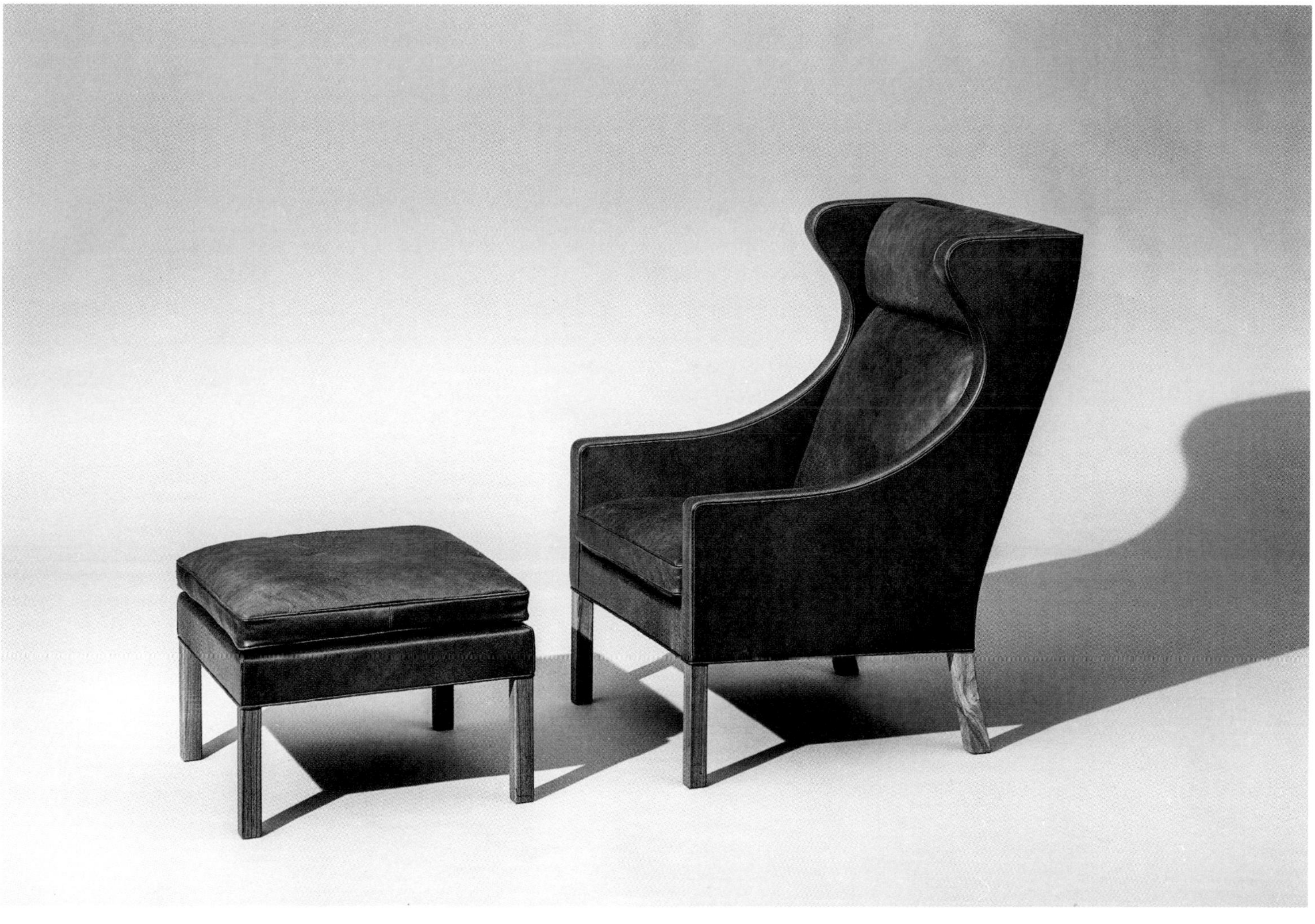

gar kein Ausdruck. Das pflanzlich gegerbte Leder des Sofas war von allerhöchster Qualität. Nur die besten, sorgfältig von Hand ausgesuchten Felle kamen in Frage. Dadurch entstand allerdings ein hoher Ausschuss, der sich eklatant im Preis niederschlug. Die exklusiven Materialien machten das *Botschaftssofa* zu etwas ganz Besonderem. Es bekam im Lauf der Zeit eine immer schönere Patina und war schlicht und einfach ein Sofa fürs Leben.

Das *Botschaftssofa* war eines der teuersten Möbel Børge Mogensens. Es war somit definitiv kein Sofa für jedermann, man musste es sich leisten können. Es hielt Einzug in die dänische Staatskanzlei, in Ministerbüros und viele dänische Botschaften auf der ganzen Welt. Die wachsende Mittelklasse sparte darauf, und selbst die linksintellektuelle Elite liebte dieses Sofa. Als der populäre Schriftsteller Leif Panduro (1923–1977) es schließlich in einem Essay mit folgenden Worten verewigte, war das *Botschaftssofa* endgültig kanonisiert: »Ein Häppchen Hering, ein Häppchen Kalte Platte, einen Schnaps, einen Schluck Bier, Kaffee mit Schuss – und dann ein schönes Nickerchen auf dem Børge Mogensen.«

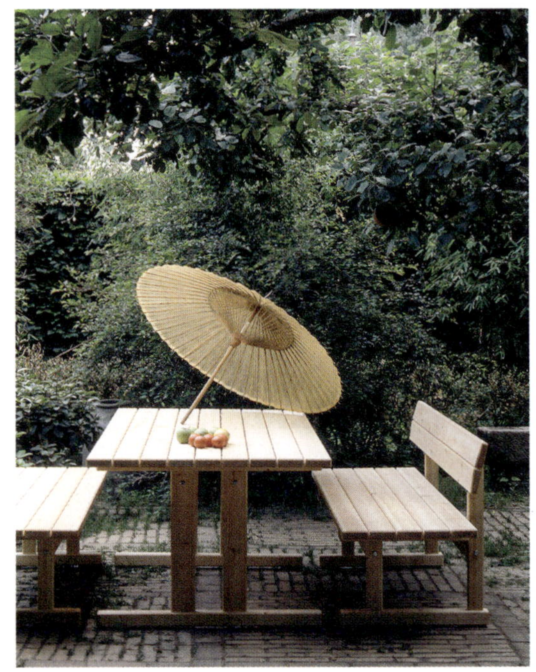

Möbel für den Wohlfahrtsstaat

Just als Kritiker Børge Mogensen vorwarfen, dass er seinen sozialen Idealen untreu geworden sei, flammte in ihm wieder sein alter Kampfgeist auf. Keine Spur ausgebrannt oder altersmilde, sondern ganz im Gegenteil voller Elan und so durchsetzungskräftig wie eh und je, machte er sich Ende der 1960er-Jahre daran, für Fredericia Stolefabrik eine große Zahl von Möbeln für Pflegeheime zu entwerfen. Die gepolsterten Lehnstühle und Sofas, ausgestattet mit Polsterbezügen von Lis Ahlmann, wurden gut angenommen und prägten die Einrichtung zahlreicher dänischer Pflegeheime und Krankenhäuser. Parallel zu diesem Auftrag zeichnete er für Fredericia Stolefabrik auch Alltagsmöbel: Stühle, Tische und Sofas. Darauf folgten zwei Serien von Gartenmöbeln, die letzten Möbel der *Øresund*-Serie für Karl Andersson & Söner und schließlich eine komplette Büromöbel-Serie für Søborg Möbelfabrik im Jahr 1970.

Mit vielen seiner Möbelentwürfe scheint Mogensen der Entwicklung des dänischen Wohlfahrtsstaates gefolgt zu sein: Während der Mangelwirtschaft der 1940er-Jahre entwarf er Volksmöbel und Sprossenstühle, in den 1950er-Jahren waren es Möbel für die

In den 1960er-Jahren entwarf Mogensen für Karl Andersson & Söner eine aus Bänken und Tischen bestehende Gartenmöbelserie in Kiefer. Er nannte sie *Ermelund*, nach dem angrenzenden Waldgebiet in der Nähe seines Hauses bei Gentofte. Die wetterfesten Möbel waren dafür gedacht, permanent draußen zu stehen. Die breiten, kufenartigen Füße verhinderten das Einsinken im Untergrund. Die an den *Shakertisch* angelehnte Konstruktion bestand aus massiven Holzplanken, die jedem Wetter trotzten und denen auch wechselnde Luftfeuchtigkeit und Temperaturen nichts anhaben konnten.

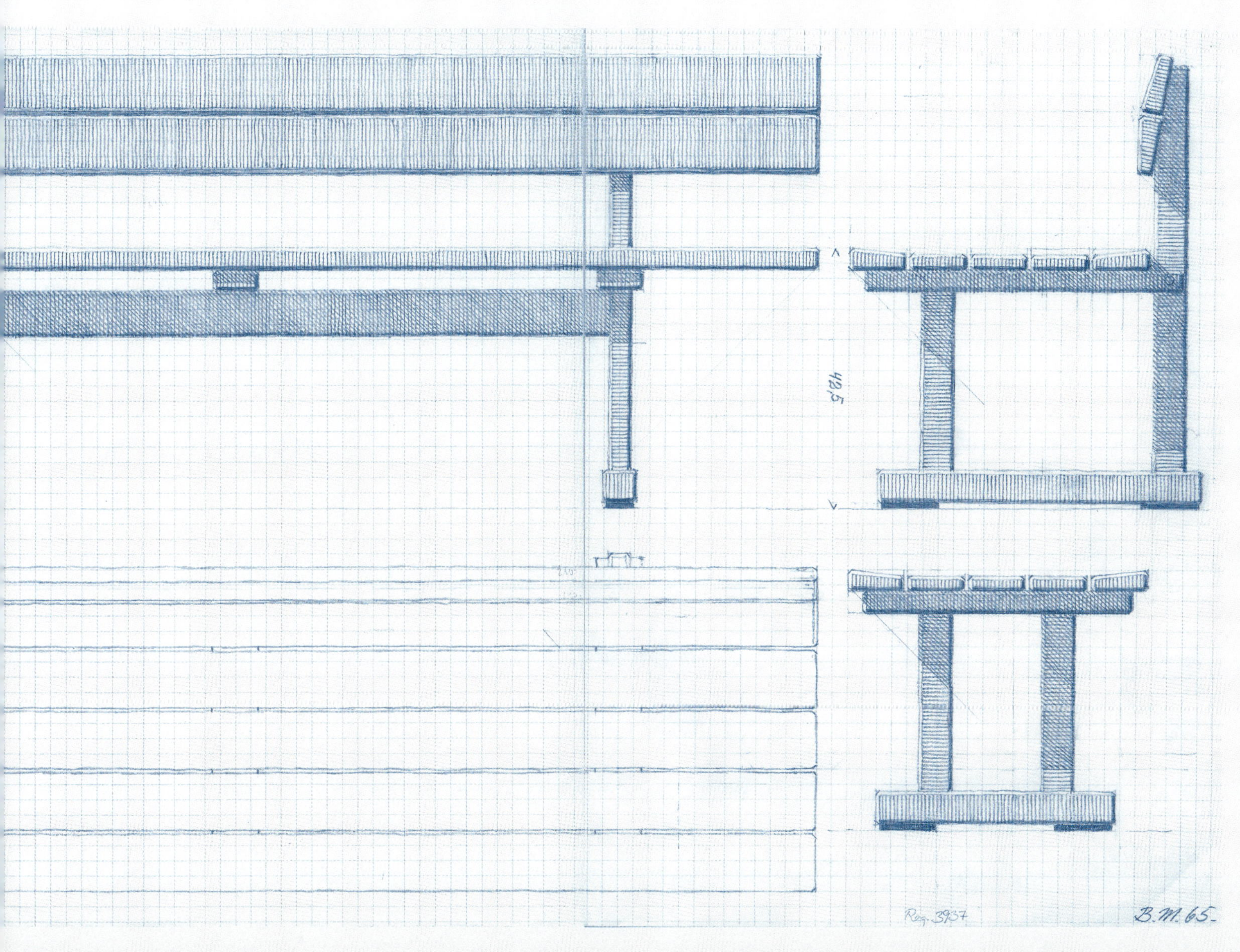

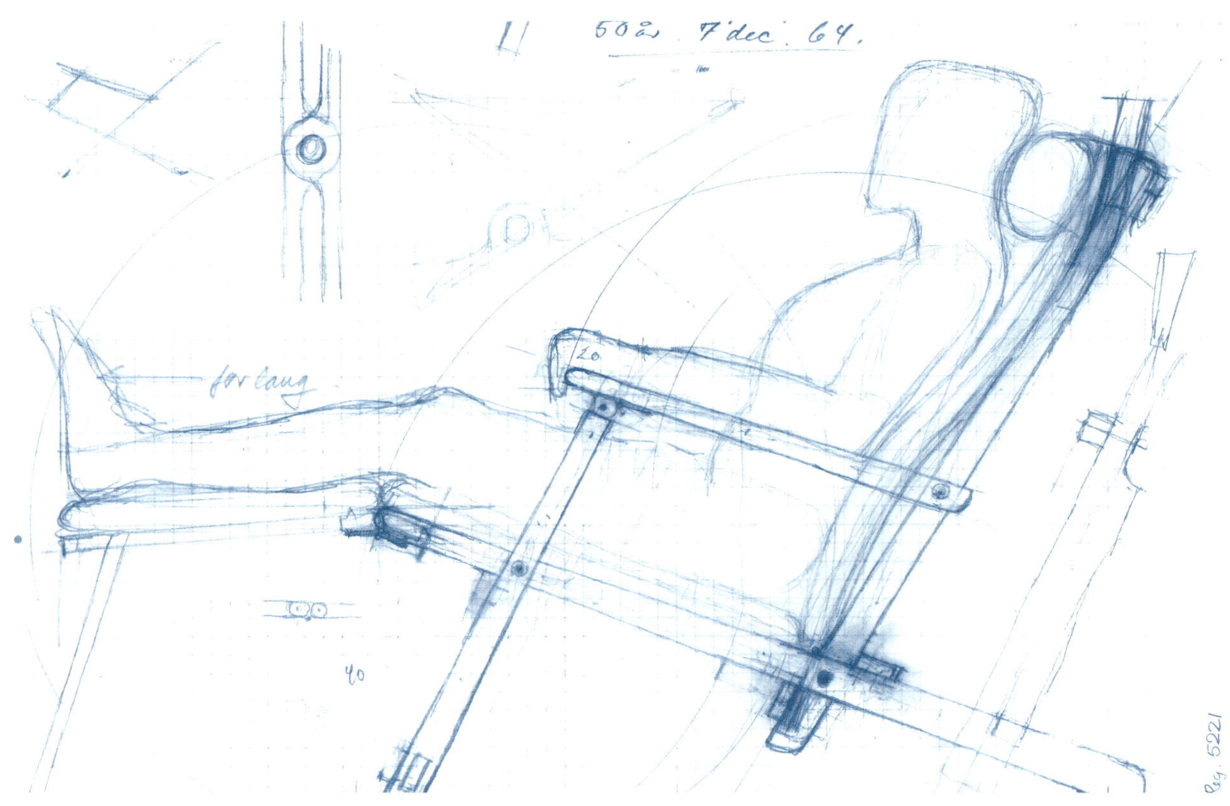

Mogensen entwarf auch mehrere Deckstühle, darunter dieses Modell aus dem Jahr 1965 mit integrierter Fußlehne. Auftraggeber war die Möbelfabrik C. M. Madsen.

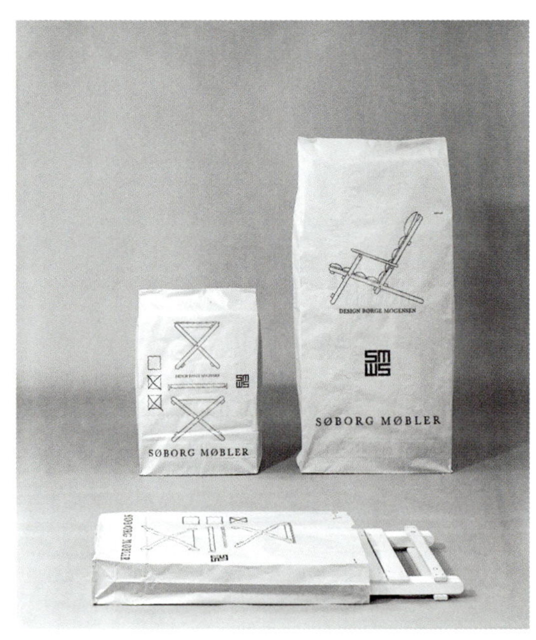

Von amerikanischen Shaker-Möbeln inspiriert, ließen sich die Gartenmöbel für die Søborg Möbelfabrik zusammenklappen und platzsparend aufhängen. Sie wurden aus Buchenholz hergestellt und in kräftigen Papiertüten geliefert – eine wahrlich günstige und rationale Verpackung.

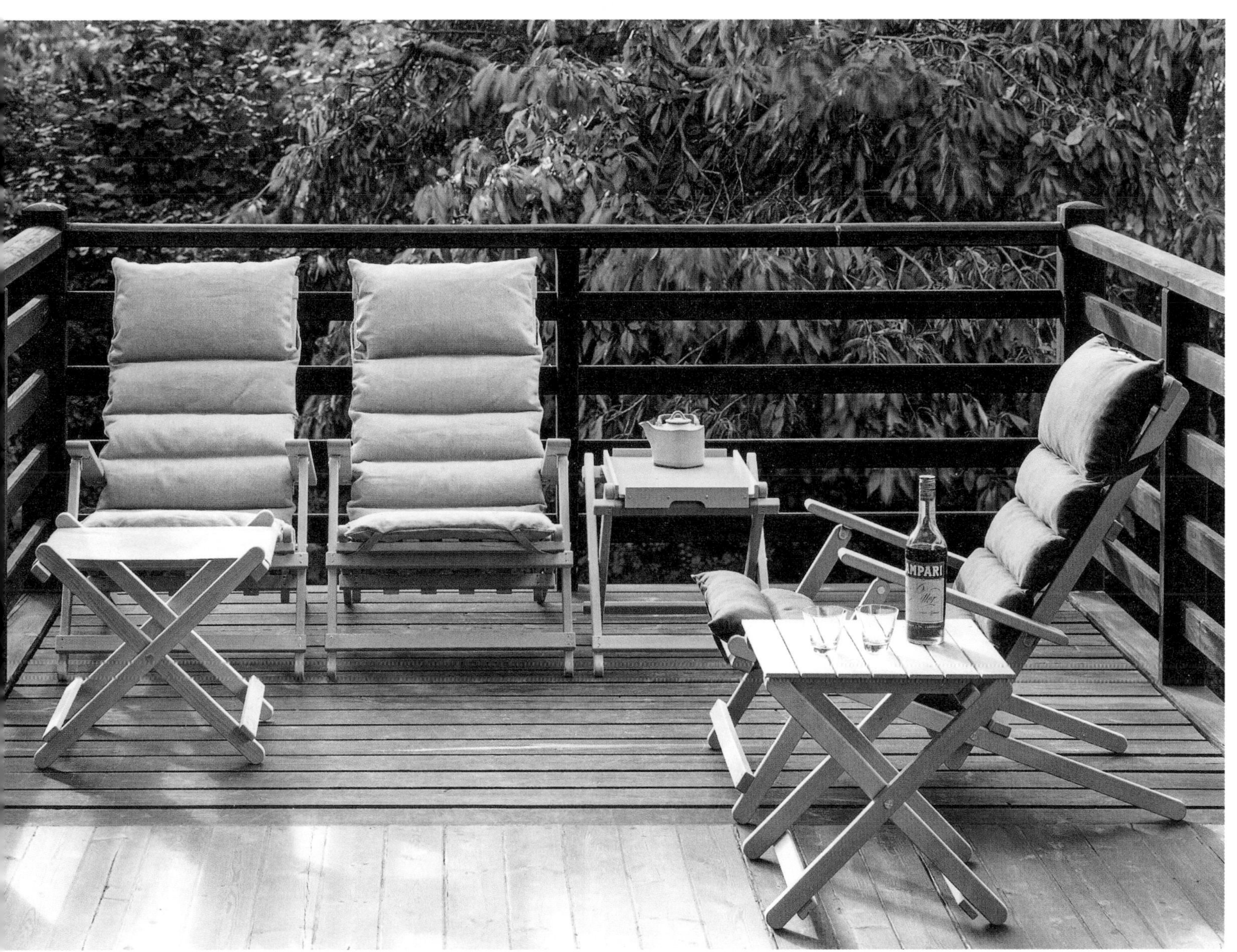

1966 gestaltete Mogensen einen weiteren Deckstuhl – dieses Mal für die Søborg Möbelfabrik. Er war für drinnen und draußen ausgelegt, und Mogensen entwarf dazu einen passenden Hocker und einen kleinen Tablett-Tisch. Hier sieht man die Garnitur auf seiner privaten Terrasse im Haus am Soløsevej.

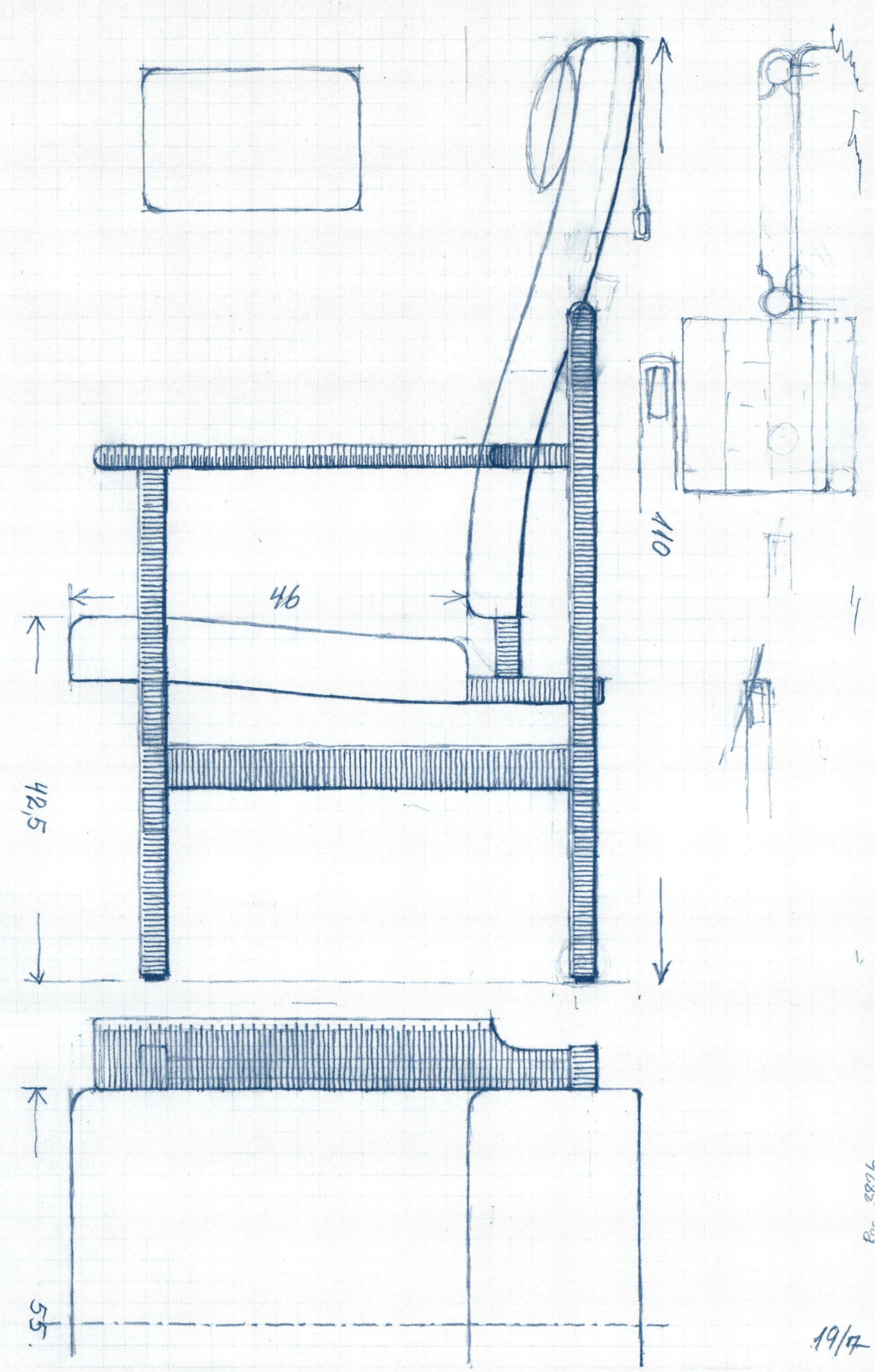

Hier sieht man Entwurfszeichnungen für den Pflegeheim-Sessel *2258* (diese Seite) und ein Sofa für zwei Personen (rechte Seite) aus einer Serie für die Fredericia Möbelfabrik. Die Möbel aus massivem Eichenholz hatten wollene Polsterbezüge. Die Serie umfasste außerdem Sofatische, Esstische und Esszimmerstühle.

Nachdem er eine Reihe exklusiver Ledermöbel entworfen hatte, widmete sich Mogensen Ende der 1960er-Jahre der Aufgabe, eine Serie von Pflegeheim-Möbeln für die Fredericia Stolefabrik zu gestalten. In hoher Qualität und aus massiver Eiche hergestellt sowie mit Textilbezügen von Lis Ahlmann ausgestattet, war diese Möbelserie recht teuer in der Produktion. Trotz ihres hohen Preises hielt sie in vielen Pflegeheimen und Krankenhäusern ganz Dänemarks Einzug. Diese Möbel gehören zu den letzten Entwürfen Børge Mogensens vor seinem Tod.

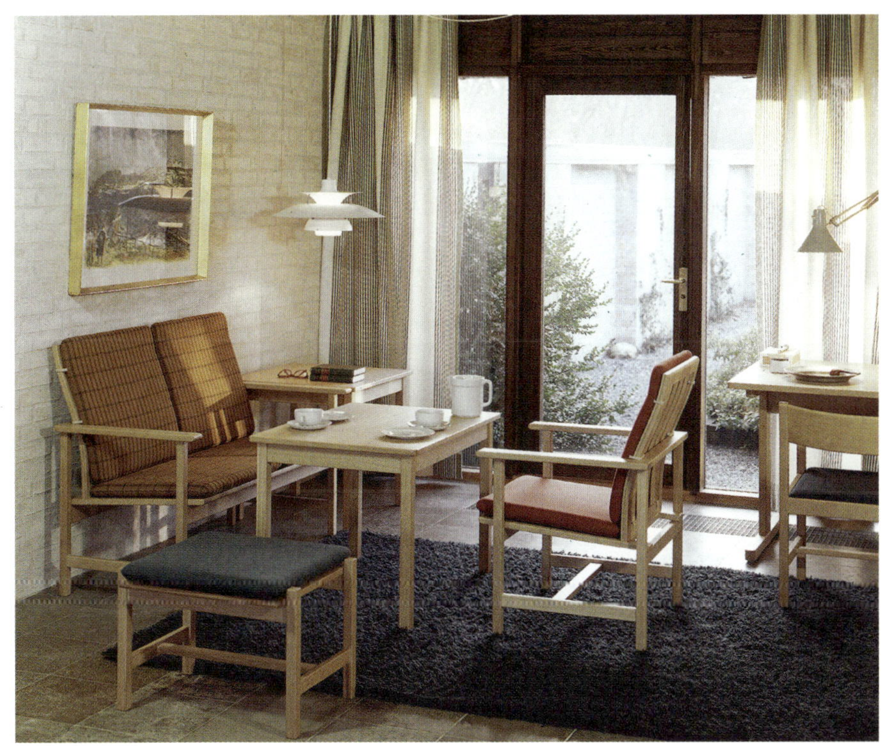

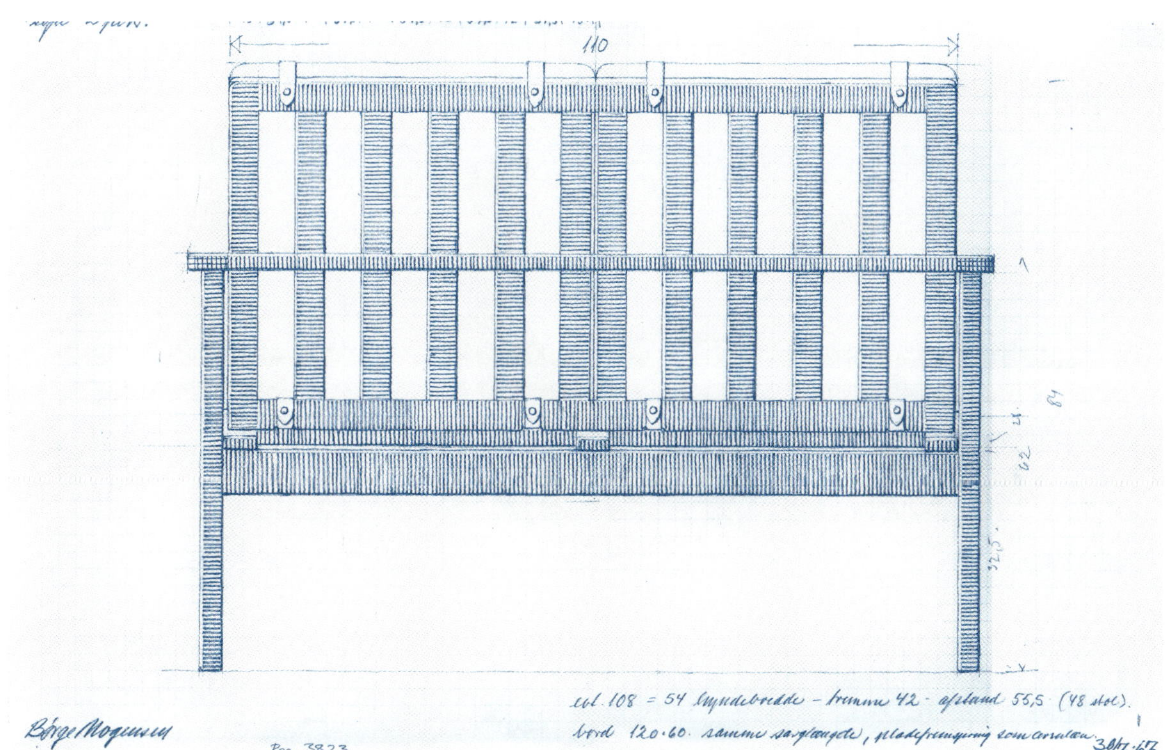

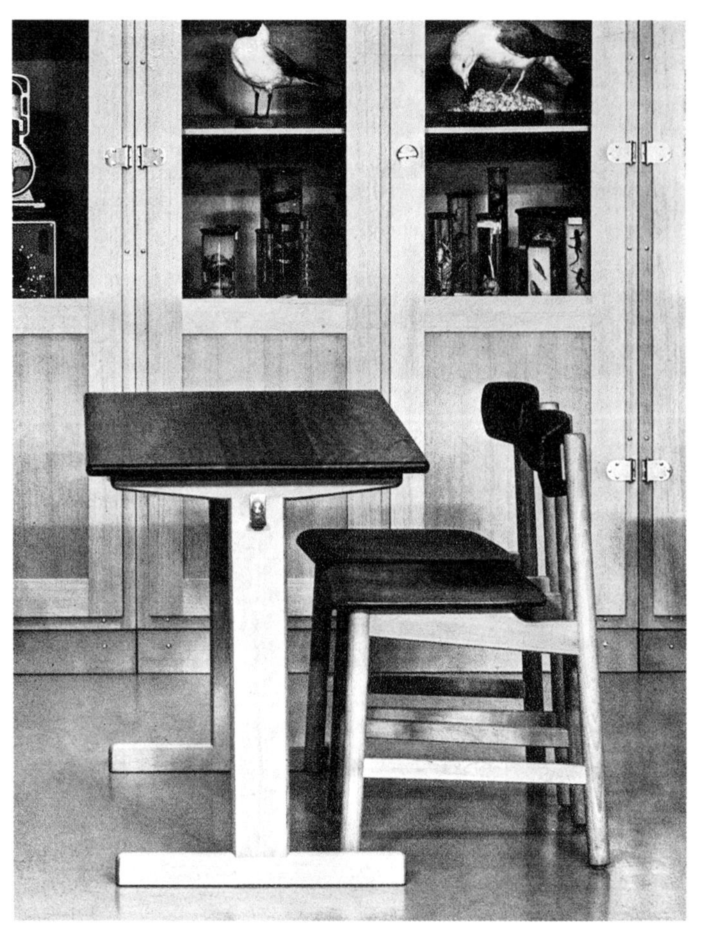

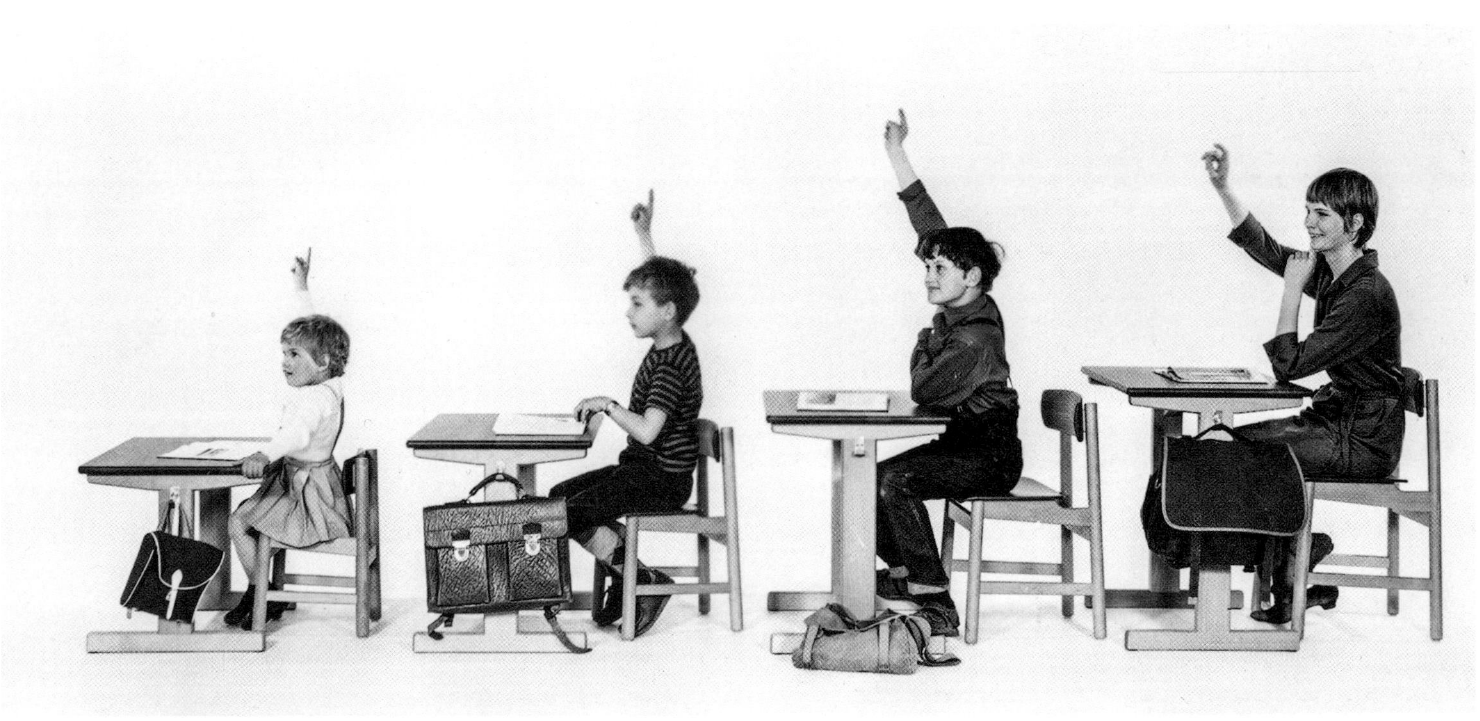

1962 konzipierte Børge Mogensen zusammen mit dem Architekten Esben Klint (dem Sohn Kaare Klints) eine Schulmöbel-Serie für die Munch Möbelfabrik, mit der in den 1960er- und 1970er-Jahren zahlreiche dänische Schulen ausgestattet wurden. Mit ihren abgerundeten Formen stellte sie einen Rückgriff auf Mogensens frühere Möbelentwürfe für die FDB und Søborg dar.

Typenhäuser der wachsenden Mittelschicht und in den 1960er-Jahren Polster- und Ledermöbel der gehobenen Kategorie. Er orientierte sich also immer an den Bedürfnissen und Gegebenheiten der jeweiligen Zeit.

Mogensen blieb in seinem Schaffen zwar immer den Prinzipien der Klint-Schule treu, emanzipierte sich aber insofern von seinem Lehrmeister, als es ihm gelang, seine Entwürfe für die industrielle Herstellung tauglich zu machen. Kaare Klint war es nicht gelungen, diese Vision in die Tat umzusetzen. Klint blieb mit seinen exklusiven Tischlermöbeln aus Mahagoni ein Möbelgestalter für das Bürgertum. Mogensens Möbel dagegen erreichten die breitere Bevölkerung und vor allem die Mittelklasse.

Mogensen zieht sich zurück

Nach 30 Jahren in Kopenhagen bekam Mogensen zunehmend Sehnsucht nach der Landschaft am Limfjord. Er hatte die Hektik und die Oberflächlichkeit des Großstadtlebens ziemlich satt. Außerdem bedrückte ihn die Tatsache, dass seine Möbel so teuer geworden waren, dass einfache Leute sie sich nicht leisten konnten. Die Fabriken kümmerte das nicht, doch Mogensen wurde allmählich alles zu viel. Die aufreibenden Diskussionen mit den Herstellern, die ständig neue Entwürfe mit hoher Profitmarge verlangten. Dazu die vielen Ausstellungen und neuen Möbelserien, die man von ihm erwartete. Schließlich hatte er genug und fragte Alice, ob sie sich vorstellen könne, alles aufzugeben und von vorne anzufangen. Er wollte sich zurückziehen, weit weg von Nachbarn und allen, die mit der Branche zu tun hatten, einen Ort finden, an dem er in seinem eigenen Tempo Möbel entwerfen und vielleicht sogar mit dem Malen anfangen konnte, was sein großer Traum war. Er nahm Kontakt mit dem Möbelfabrikanten Åge Lauritsen von der Möbelfabrik P. Lauritsen & Søn auf, der aus Nordjütland stammte und ein Haus am Limfjord besaß. Lauritsen schaute sich für ihn um und machte ein altes Bauernhaus am Fjord ausfindig, das zum Verkauf stand. Es war genau das, was Mogensen suchte. Hier gab es Ruhe, frische Luft und ein großes Grundstück, um ein neues Gebäude darauf zu bauen. Wenig später verkaufte er ein kleines Sommerhaus, das die Familie in der Nähe von Asserbo hatte, und kaufte das Haus in Lynderup. Zusammen mit Arne Karlsen begann er, ein neues Sommerhaus zu entwerfen, das an das alte Bauernhaus aus den

Die Schulmöbel, deren Gestell aus Buchen- und Padoukholz bestand, waren von Shaker-Möbeln inspiriert und basierten auf exakten Vermessungsstudien, die das dänische Schulministerium 1958 in Verbindung mit einem Forschungsprojekt hatte durchführen lassen. Die Serie war in vier Größen erhältlich: eine für Vorschulklassen, zwei für die neunjährige Volksschule und eine für Realschule und Gymnasium.

1920er-Jahren angebaut werden sollte. 1969 war der neue Sommerwohnsitz und Rückzugsort fertig (vgl. auch Text und Abbildungen S. 154–165).

Mogensen sollte jedoch keine lange Freude an dem neuen Sommerhaus haben. Nach der Diagnose einer Krebsgeschwulst im Gehirn blieb ihm nur wenig Zeit, bis er am 5. Oktober 1972 im Alter von nur 58 Jahren starb. Gemäß seinem Wunsch wurde er im Gemeinschaftsgrab des Friedhofs Mariebjerg in Gentofte bestattet. Das Sommerhaus in Lynderup ist seit seinem Tod unverändert, auch die Einrichtung blieb ganz erhalten. Das Haus ist nach wie vor in Familienbesitz.

Nach Børge Mogensens Tod wohnte Alice bis zu ihrem Lebensende im Jahr 2011 weiter am Soløsevej. In all den Jahren, die sie allein im Haus wohnte, bewahrte sie es wie zu Børges Lebzeiten. Die Möbel, die Zimmer, das ganze Inventar – alles blieb, wie es war, an seinem gewohnten Platz. Die beiden Söhne Peter und Thomas bemühten sich darum, das Haus unter Denkmalschutz stellen zu lassen, was aber nicht gelang. Das Haus wurde verkauft, der größte Teil des Mobiliars auf einer Auktion versteigert.

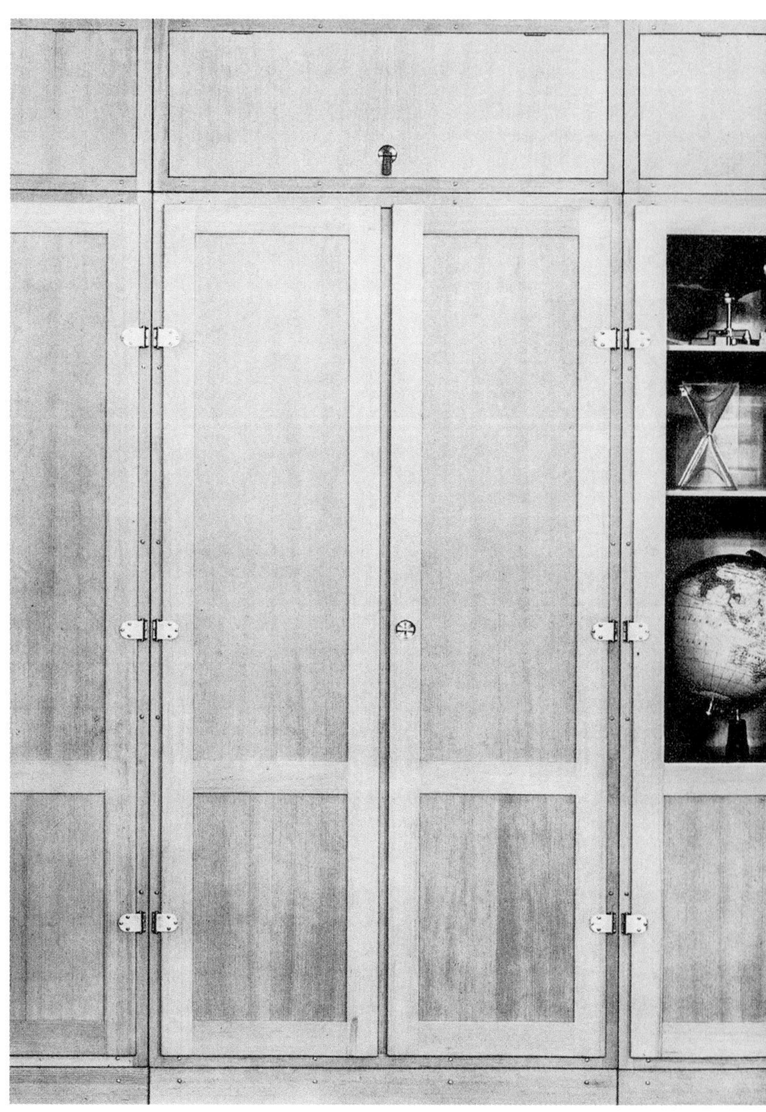

Epilog

Børge Mogensens Möbel stehen auch heute noch in vielen Privatwohnungen und öffentlichen Institutionen. Unberührt von neuen gesellschaftlichen Entwicklungen und Einrichtungstrends haben sie ihre ästhetische Dauerhaftigkeit bewiesen. Seine Entwürfe wirken zugleich wie Produkte ihrer Zeit und unbeeinflusst von wechselnden Stilmoden. Vom *Volksstuhl* und *Sprossensofa* bis hin zum *Spanischen Stuhl* und *Botschaftssofa* bilden seine Möbel ein umfangreiches, in sich geschlossenes Werk, das bis auf wenige Ausnahmen durch eine schlichte, funktionale Formensprache besticht.

Nach Børge Mogensens Tod lag das Zeichenatelier mehrere Jahre verwaist, bis sich sein ältester Sohn, der Architekt Peter Mogensen, entschloss, im Zeichenatelier des Hauses am Soløsevej wieder die Arbeit aufzunehmen. Die Produktion beliebter Möbelmodelle wurde fortgesetzt und nicht mehr lieferbare Möbel neu aufgelegt. Bis zum heutigen Tag sind eine Reihe der populärsten Entwürfe Mogensens weiterhin in Herstellung. Die meisten von ihnen fertigt Fredericia Furniture, etwa den *Spanischen Stuhl*, den *Jagdsessel*, das *Sprossensofa*, den *Volksstuhl*, den *Shakertisch* und die Leder-

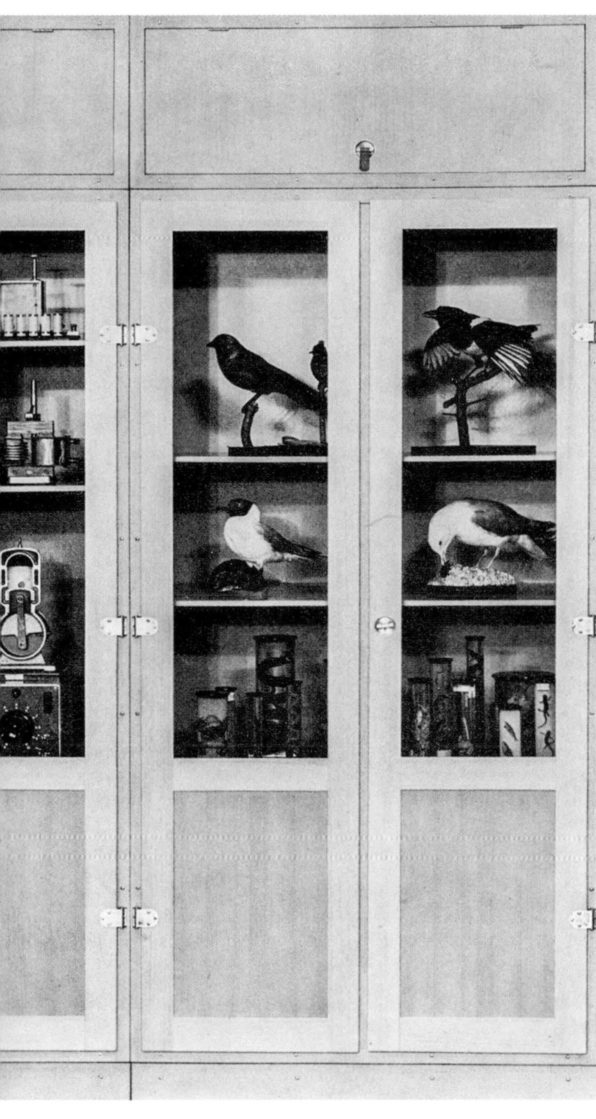

möbel. 2004 produzierte Fredericia Furniture anlässlich des 90. Geburtstags von Børge Mogensen 90 Exemplare des *Schalenstuhls*. In ähnlicher Weise wurde 2014 in Verbindung mit dem 100. Jubiläum der *Søborgstuhl* neu aufgelegt. Auch Søborg Møbler (die frühere Søborg Möbelfabrik) stellt noch einige der Möbel her, und 2013 brachte Coop (die frühere FDB) Neuauflagen einiger bekannter FDB-Möbel auf den Markt.

Dänische Möbelklassiker erleben seit den 1990er-Jahren und besonders seit der Jahrtausendwende eine regelrechte Renaissance. Die Möbelikonen der 1940er-, 1950er- und 1960er-Jahre erzielen auf Auktionen Spitzenpreise und finden in Möbel- und Designgeschäften des In- und Auslands ihre Käufer. Die Nachfrage nach Mogensens Möbeln reißt nicht ab, und viele Möbeldesigner lassen sich heute von seinen Arbeitsmethoden und seiner Formensprache inspirieren. Mehrere internationale Designer der Gegenwart legen wie Mogensen Wert auf Schlichtheit und Funktionalität. So machte etwa der Engländer Jasper Morrison (geb. 1959) mehrmals Anleihen bei der dänischen Designtradition. Wie Mogensen schafft er anonyme, industriell gefertigte Gebrauchsgegenstände, die dem Menschen im Alltag dienen sollen, und findet Anregungen bei historischen Möbeltypen, die er weiterbearbeitet und zeitgemäß gestaltet. Sein Stuhl *Trattoria* aus dem Jahr 2009 etwa ist Mogensens *Volksstuhl* von 1947 zum Verwechseln ähnlich. Tatsächlich eignet sich dieser Entwurf noch besser für die industrielle Herstellung, da er statt der geflochtenen Sitzfläche seines Vorbilds eine Sitzfläche aus Plastik hat. Des Weiteren interessiert sich auch Naoto Fukasawa, einer der führenden japanischen Designer, wie Morrison sehr für Mogensens Arbeitsmethoden. Ihr gemeinsames Konzept, das sie »Super Normal« nennen, kreist darum, nachhaltiges und gebrauchsgerechtes Design zu schaffen.

Der Verkauf von Børge Mogensens Möbeln ist seit seinem Tod im Jahr 1972 mehr oder weniger stabil. Die Nachfrage ist weder explodiert noch drastisch gefallen. Der stetige Absatz spricht für ihre Qualität und die Gestaltungsprinzipien, auf denen sie beruhen. Mit seiner an Sturheit grenzenden Beharrlichkeit und der Kompromisslosigkeit seines Arbeitsethos konnte sich Børge Mogensen einen herausragenden Platz unter den dänischen Möbelgestaltern sichern. Sein unablässiges Streben danach, traditionelle Möbeltypen weiterzuentwickeln, trug reiche Früchte: Gleich mehrere Entwürfe seines umfangreichen Schaffens zählen zu den Höhepunkten dänischen Möbeldesigns.

Wenn Borge Mogensen Schulmöbel entwarf, ließ er es nicht einfach mit Tischen und Stühlen bewenden. Er sah das Klassenzimmer als Gesamtheit und dachte auch an Schränke und Regale.

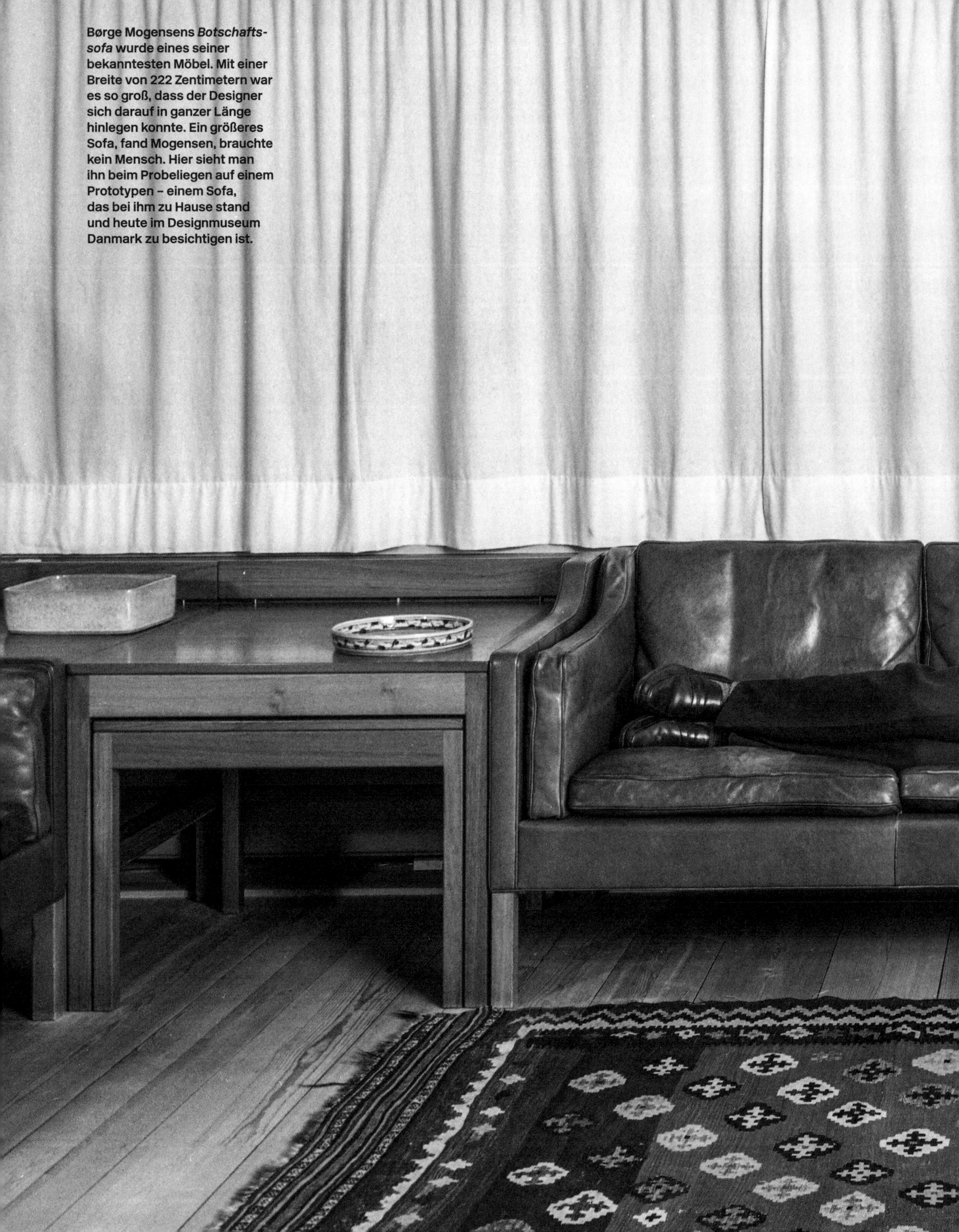

Børge Mogensens *Botschafts-sofa* wurde eines seiner bekanntesten Möbel. Mit einer Breite von 222 Zentimetern war es so groß, dass der Designer sich darauf in ganzer Länge hinlegen konnte. Ein größeres Sofa, fand Mogensen, brauchte kein Mensch. Hier sieht man ihn beim Probeliegen auf einem Prototypen – einem Sofa, das bei ihm zu Hause stand und heute im Designmuseum Danmark zu besichtigen ist.

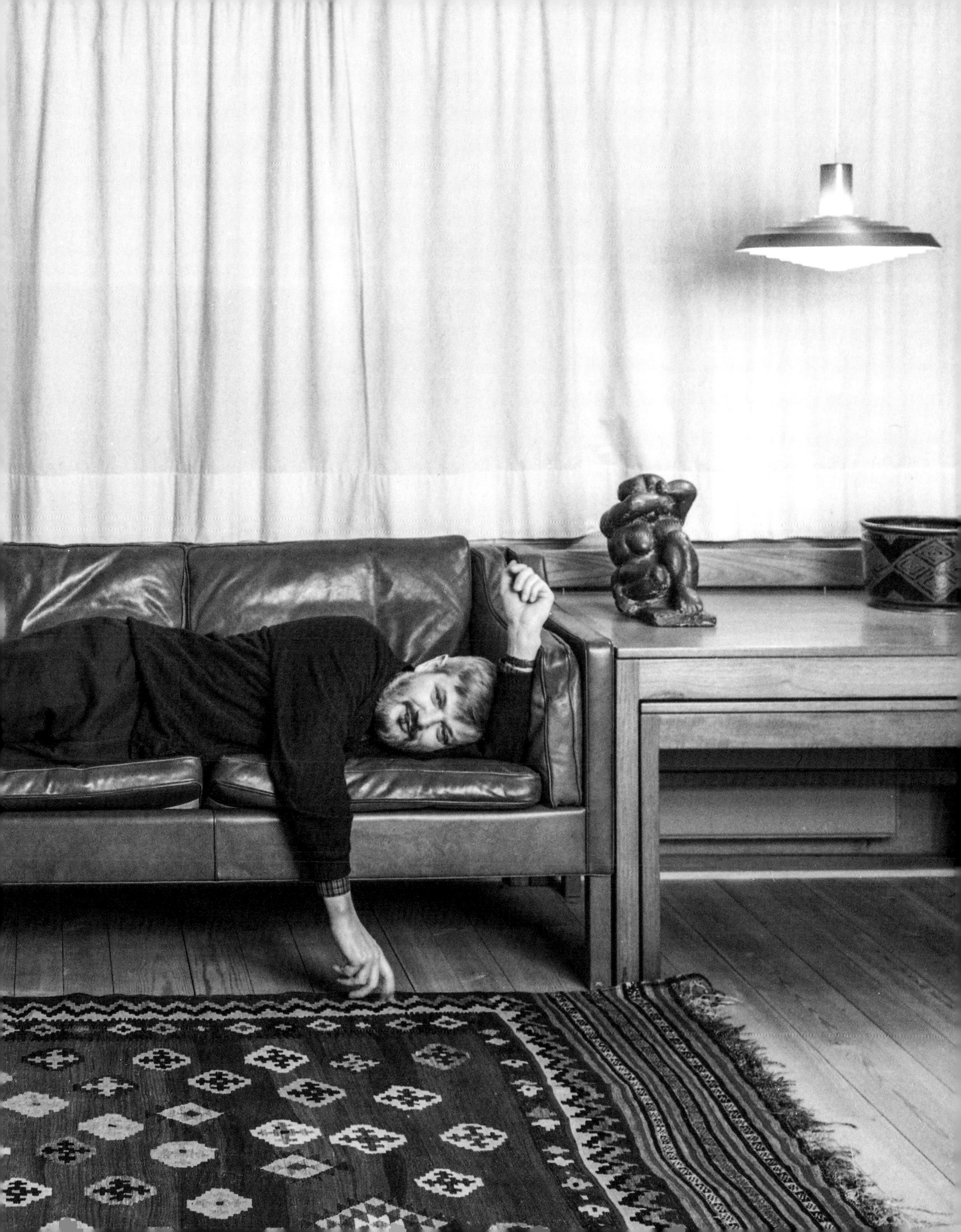

Biografie

1914
Am 13. April als Sohn von Ziegeleiarbeiter Niels Mogensen und Else Katrine Kirstine Pedersen Møller in Aalborg geboren.

1930–1934
Möbeltischlerlehre in einer Schreinerei in Aalborg. Nach bestandener Gesellenprüfung Umzug nach Kopenhagen.

1936–1938
Besuch der Kunsthandwerkschule in Kopenhagen. Lernt dort den Möbelarchitekten Hans J. Wegner kennen, mit dem ihn eine lebenslange Freundschaft verbindet.

1938–1941
Ausbildung zum Möbelarchitekten in der Möbelklasse der Kunstakademie.

1938–1942
Anstellung in den Zeichenateliers von Mogens Koch und Kaare Klint, unter anderem als Klints persönlicher Assistent.

1939
Debüt bei der Möbelausstellung der Tischlerinnung mit dem Entwurf eines Studentenzimmers für den Tischlermeister Erhard Rasmussen.

1940
Präsentiert Möbel für »Hannes Giebelzimmer« auf der Innungsausstellung, inspiriert von der damals höchst populären Zeichenfigur Hanne Hansen des Zeichners Arne Ungermann.

1942
Heiratet Alice Klüwer Krohn, mit der er in die Wohnanlage Hostrups Have im Kopenhagener Stadtteil Frederiksberg zieht.

1942–1950
Anstellung als Leiter des neuen Entwurfsbüros der FDB (Verbrauchergenossenschaften Dänemarks). Entwickelt ein komplettes Programm günstiger und moderner Volksmöbel.

1944
Geburt des Sohnes Peter Mogensen.

1945–1947
Unterrichtsassistent an der Kunstakademie unter Kaare Klint.

1945
Entwirft das *Sprossensofa* für einen gemeinsamen Ausstellungsstand mit Hans J. Wegner.

1947
Entwirft den Stuhl *J39*, der als *Volksstuhl* bekannt wird. Geburt des Sohnes Thomas Mogensen. Umzug in eine größere Wohnung in Hostrups Have.

1949
Entwirft den *Schalenstuhl*, der erst 2004 in Produktion geht, als Fredericia Furniture (ehemals Fredericia Stolefabrik) aus Anlass von Mogensens 90. Geburtstag 90 Exemplare herstellt.

1950
Eigenes Entwurfsbüro im Dachgeschoss der Falkonerallee 19 in Frederiksberg, lange Jahre unterstützt von seinem Mitarbeiter John Vedel-Rieper. Entwirft zum Thema »Jagdhütte« Möbel für die Innungsausstellung. (Fredericia Stolefabrik produziert davon später den *Jagdstuhl*.) Beginn der Zusammenarbeit mit der Søborg Möbelfabrik, für die er unter anderem das Regalsystem *SM-50* entwirft. Auszeichnung mit der Eckersberg-Medaille.

1953
Künstlerischer Berater für die Textilfabrik C. Olesen. Entwirft gemeinsam mit Lis Ahlmann eine umfangreiche Kollektion von Möbelstoffen.

1954–1959
Entwickelt gemeinsam mit der Architektin Grethe Meyer das Schranksystem *Boligens Byggeskabe*.

1954–1961
Wichtiger Einrichtungsauftrag für die Textilsammlung des Kunstindustriemuseums.

1955
Beginn der Zusammenarbeit mit Fredericia Stolefabrik, für die er später den Großteil seiner Entwürfe fertigt. Kongeniale Partnerschaft mit deren Firmendirektor Andreas Graversen.

1955–1968
Entwickelt die Möbelserie *Øresund* für Karl Andersson & Söner im schwedischen Huskvarna.

1958
Umzug von Hostrups Have in das Haus am Soløsevej im Kopenhagener Vorort Gentofte, das auch sein Zeichenatelier beherbergt. Entwirft den preisgekrönten *Spanischen Stuhl*, der von Fredericia Stolefabrik hergestellt wird. Einrichtung des Langelinie-Pavillons in Kopenhagen.

1959
Einrichtung der Schülerzimmer des Volkshochschulheims Krogerup.

1960
Einrichtung des Refugiums Løgumkloster.

1961
Einzelausstellung in London.

1962
Das *Sprossensofa* wird von dem Hersteller Fritz Hansen als »Das dänischste Sofa« neu aufgelegt. Entwirft eine Schulmöbel-Serie, mit der zahlreiche dänische Schulen ausgestattet werden. Nimmt zum 23. und letzten Mal an der Möbelausstellung der Tischlerinnung teil. Entwirft das Ledersofa *2213*.

1967
Entwirft eine große Serie von Möbeln für Pflegeheime und Krankenhäuser.

1969
Bau eines Sommerhauses in Lynderup am Limfjord.

1971
Auszeichnung mit der C. F. Hansen-Medaille.

1972
Mogensen stirbt am 5. Oktober. Beisetzung auf dem Friedhof Mariebjerg in Gentofte.

1974
Gedächtnisausstellung im Kunstindustriemuseum.

2014
Große Ausstellung im Museum Trapholt aus Anlass seines 100. Geburtstags.

Register

Literatur

Monografien
Rigmor Andersen, *Kaare Klint Møbler*, 1979.
Povl Christiansen, *Fyrretyve år med Snedkerlaugets Møbeludstillinger*, 1986.
Thomas Dickson, *Dansk design*, 2006.
Lars Dybdahl, *101 danske designikoner*, 2014.
Per H. Hansen, *En lys og lykkelig fremtid – historien om FDB-møbler*, 2014.
Per H. Hansen und Klaus Petersen, *Den store danske møbelguide*, 2005.
Per H. Hansen, *Finn Juhl og hans hus*, 2009.
Christian Holmsted Olesen, *Wegner – bare een god stol*, 2014.
Grete Jalk, *Dansk Møbelkunst gennem 40 aar – Københavns Snedkerlaugs Møbeludstillinger 1927–1966*, Bd. 1–4, 1987.
Birgit Kaiser, *Den ideologiske funktionalisme*, 1992.
Arne Karlsen, *Møbler tegnet af Børge Mogensen*, 1968.
Thomas Mogensen, *Et fuldt møbleret liv: en bog om Børge Mogensen*, 2004.
Lars Olsen Hedebo, *Danske designere: Børge Mogensen*, 2006.
Frederik Sieck, *Dansk Møbelkunst*, 1999.
Erik Zahle, *Det Danske Kunstindustrimuseums virksomhed 1954–1959*, 1960.

Broschüren und Kataloge
Karl Andersson & Söner, *Modell Öresund*, 1956.
C. Danel, *BB-additionssystemet, tegnet af Grethe Meyer og Børge Mogensen*, 1969.
C. Danel, *Møbler tegnet af Børge Mogensen*, 1973.
Leif Fabricius, *Tarm Stole & Møbelfabrik gennem 100 år*, 1996.
Fredericia Furniture, *Børge Mogensen 100 years*, 2014.
Arne Karlsen, *Børge Mogensen, Svend Wiig Hansen*, 1961.
Kunstindustrimuseet, *Børge Mogensen møbler, Lis Ahlmann tekstiler*, 1974.
Søborg Møbelfabrik, *J. Jacobsen og Sønner, snedkermestrene siden 1890*, 1950.
Søborg Møbelfabrik, *Søborg bygge-møbler efter tegning af arkitekt Børge Mogensen*, 1951.

Zeitschriftenartikel
Asger Dam, »Man må kende behovet, materialerne og sin egen begrænsning«, in: *Mobilia*, 1957.
Flemming Darnø, »Romantikken skal ikke med ind i dagligdagen«, in: *Vendsyssel Tidende*, 1958.
Aase Gliemann, »Familien bor i skabe, huset fungerer som laboratorium«, in: *Jyllands-Posten*, 1965.
Jørgen Hartmann-Petersen, »Om at begrænse sig. En rullebordssamtale mellem tre af pionererne i dansk kunsthåndværk«, in: *Politiken*, 1964.
Ebbe Linnemann, »Facetter af et venskab«, in: *Politiken*, 1974.
Børge Mogensen, »Tradition og fornyelse«, in: *Spatium*, 1963.
Børge Mogensen und Arne Karlsen, »Brugskunst på afveje«, in: *Arkitekten*, 1962.
Børge Mogensen und Arne Karlsen, »Illusion og realitet«, in: *Dansk Kunsthåndværk*, 1959.

Børge Mogensen.
Möbel mit Format

Redaktion der Originalausgabe:
Sidsel Kjærulff Rasmussen
Bildredaktion: Sidsel Vogdrup-Schmidt und Michael Müller
Übersetzung aus dem Dänischen:
Hannes Langendörfer, Berlin
Lektorat der deutschen Ausgabe: Dagmar Lutz, München
Gestaltung: Søren Damstedt, Trefold
Schrift: New Rail Alphabet
Reproduktionen: Narayana Press
Druck und Bindung: Livonia Print, Lettland
Papier: Munken Lynx, 130 g/m²

Die dänische Originalausgabe erschien bei Strandberg Publishing A/S, Kopenhagen, die deutsche Ausgabe *Børge Mogensen. Möbel mit Format* als Kooperation von Hatje Cantz mit Strandberg Publishing A/S.

Erschienen bei
Hatje Cantz Verlag GmbH
Mommsenstr. 27
10629 Berlin
Deutschland
Tel. +49 30 3464678-00
Fax +49 30 3464678-29
www.hatjecantz.de
A Ganske Publishing Group Company

ISBN 978-3-7757-4210-8 (deutsche Ausgabe)
ISBN 978-3-7757-4211-5 (englische Ausgabe)

Umschlag: *Sprossensofa,* Zeichnung, 1945 (vgl. Abb. S. 96)

Besonderer Dank geht an:

Peter Mogensen
Thomas Mogensen
Karl Andersson & Söner
Designmuseum Danmark
Fredericia Furniture
Rasmus Graversen
Thomas Graversen
Karen Grøn
Christian Holmsted Olesen
Mogens S. Koch
Bente Linnemann
Grethe Meyer Design
Børge Mogensens Tegnestue
Monika Martha Magdalene Paustian
Ole Paustian
Dorte Salicath
Poul Erik Skriver
Søborg Møbler
Hans J. Wegners Tegnestue

Bildnachweis

Kira Brandt: S. 28 f., 56 f., 88 f., 166 f., 194 f., 208 f.
Munthe-Brun, Neel: S. 182-188, 192 f.
Dansk Kunsthåndværk (1960): S. 75
Designmuseum Danmark: S. 37
FDB-Katalog: S. 74
Fredericia Furniture: S. 28 f., 129, 182 f., 188, 222
Jakob Galtt / Bo Bedre: S. 154–159, 162 f.
Erik Hansen: S. 118, 128 unten, 132 f., 174 f., 230 unten
Per H. Hansen, *En lys og lykkelig fremtid – historien om FDB-møbler* (2014): S. 82
Gorm Harkær, *Monografi om Kaare Klint* (2011): S. 219 oben
Jesper Høm: S. 136–137 oben
Grete Jalk, *Dansk Møbelkunst gennem 40 aar* (1987): S. 47–50, 53–55, 92, 95, 98, 100 f., 103, 105, 109, 119, 122 f., 137 unten, 199 oben, 203
Aage Lund Jensen: S. 39, 41
Birgit Kaiser, *Den ideologiske funktionalisme* (1992): S. 86
Arne Karlsen, *Møbler tegnet af Børge Mogensen* (1968): S. 177, 232 f.
Arne Karlsen und Børge Mogensen, »Brugskunst på afveje«, in: *Arkitekten* (1962): S. 200
Mogens S. Koch: S. 72 f., 83–85, 91, 106 f., 120 unten, 124 f., 130–131 unten, 152, 173, 178 f., 202, 205, 210, 215, 217, 219 unten, 220 f., 223 unten, 224, 226 unten, 227, 229 oben, 234 f.
Grethe Meyer Design: S. 180
Mobilia: S. 196
Børge Mogensens Tegnestue: S. 2 f., 10, 20 f., 30, 32 f., 34 oben, 42, 44, 58, 61–64, 66–71, 76–80, 87, 90, 93, 96, 99, 102, 105, 108, 110, 112–117, 120 f., 124 oben, 126 f., 128 oben, 130 oben, 131 oben, 134 f., 136 unten, 138–140, 142–151, 153, 160, 164 f., 168, 171 f., 199 unten, 201, 206, 213 f., 218, 223 oben, 225, 226 oben, 228, 229 unten, 230 oben
Mads Mogensen / Bo Bedre: S. 12–19, 22–27
John G. Shea, *The American Shakers and Their Furniture: With Measured Drawings of Museum Classics* (1992): S. 38
Anne-Louise Sommer, *Kaare Klint* (2008): S. 34 unten, 36, 38 oben, 43
Aage Strüwing: S. 97, 113
Søborg Møbler (1952, 1954): S. 190 f.
Line Ungermann: S. 51
Hans J. Wegners Tegnestue: S. 8